21世纪经济管理新形态教材·金融学系列

证券投资学

郭玉侠　刘雨奇 ◎ 主　编
薛　琳　王　莹　张雪飞 ◎ 副主编

清华大学出版社
北京

内 容 简 介

本书系统介绍了证券投资的基本理论、市场运作及投资策略。本书涵盖证券市场、股票、债券、基金、金融衍生工具等核心内容,并深入探讨证券投资的基本分析、技术分析、价值分析及投资组合管理,帮助读者全面理解证券市场的运行机制。

本书注重理论与实践结合,通过丰富的案例分析,使学生能够将投资理论应用于实际市场,引导学生树立正确的投资理念和金融伦理观,培养社会责任感和全球视野。

本书适用于金融、经济、管理等相关专业的本科生和研究生,同时也可作为证券从业人员及投资者的参考读物,为其提供系统的证券投资知识和实践指导。

图书在版编目(CIP)数据

证券投资学 / 郭玉侠, 刘雨奇主编. -- 北京 : 清华大学出版社, 2025.8.
(21世纪经济管理新形态教材). -- ISBN 978-7-302-70096-8

Ⅰ. F830.91

中国国家版本馆 CIP 数据核字第 2025RQ5342 号

责任编辑:付潭蛟
封面设计:汉风唐韵
责任校对:王荣静
责任印制:沈 露
出版发行:清华大学出版社
 　　网　　　址:https://www.tup.com.cn,https://www.wqxuetang.com
 　　地　　　址:北京清华大学学研大厦 A 座　　　　　邮　　编:100084
 　　社 总 机:010-83470000　　　　　　　　　　　　邮　　购:010-62786544
 　　投稿与读者服务:010-62776969,c-service@tup.tsinghua.edu.cn
 　　质 量 反 馈:010-62772015,zhiliang@tup.tsinghua.edu.cn
 　　课 件 下 载:https://www.tup.com.cn,010-83470332
印 装 者:三河市铭诚印务有限公司
经　　销:全国新华书店
开　　本:185mm×260mm　　　　　印　张:18.5　　　字　　数:392 千字
版　　次:2025 年 9 月第 1 版　　　　　　　　　　　印　　次:2025 年 9 月第 1 次印刷
定　　价:59.00 元

产品编号:105143-01

前　言

随着全球金融市场的快速发展，证券投资已成为现代经济活动的重要组成部分。证券市场的运行不仅影响经济发展，还与投资者的财富管理密切相关。在此背景下，学习证券投资理论和实务，掌握科学的投资方法与风险控制手段，具有重要的现实意义。《证券投资学》正是在此需求下编写而成的，旨在为读者提供全面、系统的证券投资知识，并帮助其提升分析与实践能力。本书的主要特色体现在以下几个方面。

1. 体系完整，内容全面

本书构建了从证券市场基础到投资策略分析的完整知识体系，既介绍了证券市场的基本概念、结构及运行机制，也涵盖了不同证券产品的特点、交易方式及投资价值评估。特别是投资分析部分，系统阐述了基本分析、技术分析及价值分析方法，使读者能够综合运用多种投资策略进行决策。

2. 理论与实践相结合，案例丰富

证券投资是一门实践性极强的学科。本书在注重理论系统性的同时，紧密结合国内外证券市场的实际情况，通过经典案例分析，帮助读者更直观地理解证券市场的运行逻辑，提升投资实务操作能力。

3. 强调风险管理，培养理性投资观念

在金融市场高度波动的环境下，如何控制投资风险成为投资者关注的重点。本书特别设置了证券投资收益与风险管理章节，系统讲解了风险类别、风险衡量方法及对冲策略，帮助读者形成科学的风险意识，树立理性投资观念。

4. 数据更新，紧跟市场动态

本书注重内容的时效性，所有涉及市场数据、政策法规、金融工具的内容均根据最新统计资料、市场趋势及研究成果进行更新，确保读者获取的是最新的证券市场信息。通过最新数据分析，使读者能够理解当前市场环境下的投资机会与风险，为科学决策提供支持。

5. 课程思政融入，强化社会责任感

作为一部新形态教材，本书将课程思政理念贯穿全书，结合证券市场的实际案例，引导学生理解金融市场的公平、公正原则，强调投资者保护、公司治理及金融市场稳定的重要性。通过金融伦理教育，帮助学生树立正确的价值观和社会责任感，培养具

有国际视野和社会担当的金融人才。

6. 适用范围广，兼顾不同层次读者需求

本书既适合高等院校金融、经济、管理类专业的本科生和研究生作为教材使用，也可作为证券从业人员的学习参考书。此外，对于希望提升证券投资知识的个人投资者而言，本书也提供了系统的理论支持和实务指导。

本书由郭玉侠、刘雨奇主编，并对全书进行了总撰和定稿。本书第 1 章由黑龙江财经学院郭玉侠完成，第 2、3、4 章由黑龙江财经学院王莹完成，第 5、6 章由黑龙江财经学院薛琳完成，第 7、8、9 章由黑龙江财经学院刘雨奇完成，第 10、11 章由黑龙江财经学院张雪飞完成。

本书的编写得到了多位专家学者的支持与指导，在此特别感谢于长福校长、郭强教授等专家的学术贡献。尽管本书在编写过程中力求严谨和完善，但证券市场瞬息万变，书中内容仍难免存在不足之处，恳请广大读者批评指正。希望本书能够为广大读者提供有益的知识和实践指导，助力大家在证券投资领域取得更好的发展。

郭玉侠

2025 年 1 月

目 录

第 1 章

证券与证券市场

【本章学习目标】

通过本章学习，学员应该能够：

1. 了解什么是证券，并对证券市场有一个全面、清晰的认知。
2. 了解证券市场的特点及证券市场产生的背景。
3. 熟悉和掌握证券的定义及有价证券的定义、特征和基本类型。
4. 理解证券市场的功能和主要参与者。

引导案例

中国的第一只股票：飞乐音响

中国的第一只股票是"飞乐音响"，诞生于 1984 年。这只股票的发行标志着中国证券市场发展的起步，也代表了中国经济改革的一个重要探索阶段。

飞乐音响是上海飞乐音响股份有限公司发行的股票，也是中国第一家股份制企业发行的股票。当时，这种融资方式在国内尚属首次，具有里程碑式的意义。公司发行了 10 000 股股票，每股面值 50 元，总价值 50 万元。这些股票通过内部认购和定向分配的方式售出，吸引了一些企业职工和地方投资者参与。

作为中国第一只股票，飞乐音响的发行并不完善，也没有现行的证券交易市场。投资者只能通过私下交易完成股票的转让。这种情况反映了中国证券市场在起步阶段的初级状态，也暴露了相关法律和制度尚未健全的问题。

尽管存在诸多限制，飞乐音响的成功发行为后来中国证券市场的建立和发展积累了经验。它为改革开放背景下的企业探索多元化融资渠道提供了借鉴，也唤起了社会各界对股票和证券市场的关注。

飞乐音响的出现，不仅奠定了中国资本市场的基础，也为日后上海证券交易所和深圳证券交易所的成立开辟了道路。这只股票的诞生，可以被看作是中国资本市场从无到有的重要里程碑，为中国现代经济的发展提供了新的动力。

资料来源：朱红梅. 资本市场的探索与中国第一只股票——飞乐音响[J]. 中国资本市场研究,2019, 14(2): 30-35.

1.1　证　券　概　述

1.1.1　证券

1. 含义

证券是指代表特定权利并可以作为买卖、流通对象的法律凭证。它通常以纸质或电子形式记录、证明持有人对发行人享有某种权益或债权。证券是现代经济活动中的重要工具，广泛应用于融资、投资和资源配置领域。

2. 分类

按照证券的性质不同，可以将证券分为无价证券和有价证券。证券的本质是具有法律效力的权利凭证，用以证明持有人对发行人享有特定权益或债权。无价证券是指不以市场价格为主要特征，通常不具有直接流通和交易功能的法律凭证。这类证券本质上是一种权利证明文件，其持有人享有特定的权利或义务，通常用于特定目的或场景，而非作为投资或交易工具。

1）无价证券的主要特点

非流通性：无价证券通常不能在公开市场上买卖或自由流通。它们的持有和使用受到一定限制，如仅限特定机构或个人持有。

扩展阅读 1.1　2023 年京东物流优先认购权证

非市场化：无价证券没有市场价格，不能像股票或债券那样通过供求关系决定其价值。其价值通常由其所赋予的权利或义务决定，如优先认购权或特定身份资格。

用途特定：无价证券多用于证明持有人在某种法律关系中的权益或地位，如优先股权证、土地使用权证书、基金份额持有人证书等。

扩展阅读 1.2　中国石油 2023 年内部员工股权激励计划与非流通股凭证的应用

法律凭证性：无价证券同样具备法律凭证的特性，持有人可以根据证券上的内容主张自己的权利。

2）无价证券的常见类型

优先权凭证：如优先认购权证，持有人可优先购买公司新发行的股票，但这种凭证本身并无市场交易价值。

资格凭证：如基金持有人证明书，持有人享有参与分红或提取收益的权利，但不能自由转让。

非流通股凭证：某些特定情况下的股权凭证，如政策性限制转让的股权或内部员工持股凭证。

1.1.2　有价证券

1. 含义与特征

1）含义

有价证券是指以法律形式证明持有人享有某种财产权利的凭证，具有经济价值，可以在市场上买卖、流通。它代表持有人的权益或债权，并广泛应用于投资、融资等领域。通常以纸质或电子形式存在，具备流通性、收益性与风险性，是现代金融市场的重要工具。

2）特征

产权性：有价证券是法律认可的权利凭证，持有人可主张权益。例如，股票持有人拥有股东权益，债券持有人则可按约定获得利息和本金。

收益性：有价证券提供经济回报，如股票的股息或债券的利息。不同证券的收益模式各异，股票的收益与公司经营及市场波动相关，债券则提供相对固定的收益。

流通性：有价证券能在市场上自由买卖，具有高度流动性。投资者可通过证券市场快速变现或调整投资组合。证券的流通性与证券类型和市场环境相关。

风险性：有价证券的风险性与收益性并存。股票价格波动较大，受市场、公司状况及政策影响；债券的风险较低，但也可能受到违约、利率变化等因素的影响。

波动性：证券市场价格波动性强，受供需关系、发行人状况及宏观经济等因素的影响。例如，股票价格受公司业绩和经济形势的影响，债券价格受市场利率变化的影响。

规范性：证券的发行与交易受到严格的法律法规监管，以确保市场秩序与投资者权益，防止市场操纵和内幕交易。规范性保障了市场的健康发展，增强了投资者的信任。

多样性：有价证券种类繁多，能够满足不同投资者的需求。股票适合高风险偏好者，债券适合低风险偏好者，衍生品为高级投资者提供更多交易策略的选择。

2. 类型

1）按性质分类

权益性证券：如股票，代表持有人对发行人的所有权，享有分红权、表决权等。

债权性证券：如债券，代表持有人对发行人的债权，享有按期收取利息和本金的权利。

衍生证券：如期权、期货，基于基础资产的价值变化，适合高级投资者用于风险管理或投机。

2）按发行主体分类

政府证券：由国家或地方政府发行，如国债，用于财政支出或特定项目融资。

公司证券：由企业发行，包括股票和公司债券，主要用于满足资金需求。

金融机构证券：如银行、保险公司发行的债券，通常用于金融机构的融资需求。

3）按流通性分类

流通证券：如上市股票和可交易债券，可以在市场上自由买卖，流动性高。

非流通证券：如内部股权、职工股等，由于政策或法律限制，不能公开交易。

4）按期限分类

短期证券：期限通常在一年以内，如商业票据和短期债券，主要用于短期融资。

长期证券：期限超过一年，如长期债券和股票，适合长期投资者，通常具有更高的收益潜力。

5）按形态分类

记名证券：证券上载明持有人的姓名或身份信息，持有人享有明确的权利。

扩展阅读 1.3　美国宝洁公司与吉列的敌意收购

不记名证券：不记载持有人信息，流通性强，但安全性较低。

指示证券：通过特定指示转移证券所有权，需遵循法律程序要求。

6）按功能分类

投资性证券：如股票和债券，主要用于获取投资收益。

融资性证券：如企业债券和权证，主要用于发行人筹集资金。

即测练习题 1.1

自学自测　扫描此码

案例讨论 1.1　伦敦金属交易所的"魔鬼交易"——Barings 银行倒闭

1.2　证券市场概述

证券市场是指买卖有价证券的场所和机制，是连接证券发行与证券投资的桥梁，也是现代金融体系的重要组成部分。证券市场不仅为企业、政府等发行主体提供融资渠道，还为投资者提供多样化的投资选择和资产配置机会。它是资源配置、资金流动和价格发现的关键场所，具有深远的经济影响。

1.2.1　基本功能

证券市场是金融体系的核心组成部分，承担着促进资本流动、资源配置和风险管理等多重功能。其主要功能包括融资功能、投资功能、流动性功能、价格发现功能和风险管理功能。

1. 融资功能

证券市场的融资功能是其最基本的功能之一。企业、政府及其他融资主体通过证券市场发行股票、债券等工具，快速筹集资金。股票发行帮助企业吸引投资者资金，投资者获得股东权益并可参与决策和分红；债券发行则允许企业或政府借款，承诺按期支付利息并偿还本金。债券通常风险较低，但能够筹集大量资金用于长期项目。证券市场提供低成本且灵活的融资渠道，促进了资本的有效流动。

2. 投资功能

证券市场为个人和机构投资者提供多样化的投资选择，满足不同风险承受能力和收益预期的需求。投资者可以通过购买股票、债券等证券，获得资本利得和固定收益。股票的资本利得通常来自股价上涨，而债券提供较为稳定的利息回报。证券市场的多样性使投资者能够根据资金状况和风险偏好制定合适的投资策略，分散风险并实现收益。

3. 流动性功能

证券市场具有高度的流动性，允许证券在市场中自由买卖。流动性是指资产转化为现金的速度和难易程度，证券市场的流动性使投资者能够快速变现资产。公开交易的股票和债券具有较高的流动性，投资者可以随时买入或卖出证券，从而优化资金配置。证券市场的流动性促进了资本的高效配置，提高了资金使用效率，并支持了经济发展。

4. 价格发现功能

证券市场通过价格发现功能反映市场对企业、行业和经济的预期。证券价格的波动受市场供需关系、公司业绩和经济形势等多种因素的影响，真实反映了证券的市场价值。当公司业绩好于预期时，其股价通常会上涨；当公司业绩不佳或市场信心不足时，股价则可能下跌。价格发现功能不仅为投资者提供交易参考，还为决策者和政策制定者提供重要的市场信息，帮助优化资源配置。

5. 风险管理功能

证券市场为投资者提供了有效的风险管理工具。通过多样化投资，投资者可以分散风险，降低单一资产波动带来的影响。证券市场中的衍生金融工具，如期货和期权，可以帮助投资者对冲市场风险。期货和期权使投资者能够在未来以预定价格买卖资产，从而减少市场波动带来的不确定性。投资者还可以根据市场变化调整投资组合，优化资产配置，最大限度地降低风险并实现稳定收益。

扩展阅读 1.4　2024 年"科技创新 ETF"发行案例：低成本投资中国科技龙头企业的机会

1.2.2 分类

证券市场是资本市场的重要组成部分,依据不同的分类标准,证券市场可以分为多种类型。

1. 按交易时间分类

现货市场:指证券的交割和支付在交易时或在短期内完成,通常价格受市场供需影响,具有较高流动性。交易快速且及时。

期货市场:指买卖双方约定在未来某一时间以约定价格交割商品或金融工具,适用于对冲风险或实现资本保值增值。期货市场价格波动较大,投资者可利用杠杆效应进行投机。

2. 按交易方式分类

场内市场(有组织市场):由证券交易所组织并规范,交易在特定地点和时间进行,如纽约证券交易所、上海证券交易所。所有交易通过交易所撮合,规则透明。

场外市场(无组织市场):没有固定交易场所,通过经纪商或银行等渠道进行交易,如 OTC 市场。交易规则较为灵活,但透明度较低,投资者保护程度较低。

3. 按市场功能分类

一级市场(初级市场):指证券首次发行的市场。融资主体(企业、政府等)通过发行新证券向投资者募集资金。交易仅涉及证券发行过程,由承销商或投资银行协调。

二级市场(次级市场):指已发行证券的买卖市场,投资者通过市场供求交易证券。主要功能是为投资者提供流动性,使他们能够自由交易和变现所持证券。

4. 按市场规模分类

主板市场:规模较大、上市要求严格的市场。适合大型企业上市,市场监管规范,交易量大,如纽约证券交易所、上海证券交易所主板。

中小板市场:为中型或成长型企业设计,上市门槛较主板低,适合成长型企业,提供融资机会,如深圳证券交易所中小板。

创业板市场:专为创新型、科技型企业提供融资平台,准入门槛低,但要求企业有较高创新能力,适合高风险、高回报的投资,深圳证券交易所的创业板为典型例子。

5. 按市场类型分类

股票市场:专门进行股票交易的市场。投资者通过买卖股票获取资本利得或股息收益。包括主板、中小板和创业板等多个层次,涵盖不同企业规模、行业和发展阶段。

债券市场:主要交易债券的市场。债券为固定收益证券,适合寻求稳定回报的投资者。债券市场包括政府债券、公司债券等多种类型。

衍生品市场:以基础证券(如股票、债券)为标的物的衍生金融工具(如期货、期权等）交易市场，具有较高风险，适合风险承受能力较高的投资者，主要用于对冲、投机或套利。

1.2.3　参与主体

证券市场是一个复杂的金融系统，涉及多个参与主体。每个主体在市场中担任不同角色，共同推动市场运作。主要的市场主体包括发行主体、投资者、中介机构和监管机构。

1. 发行主体

发行主体是证券市场中的资金需求方，主要包括政府、企业和金融机构。

政府：通过发行国债、地方政府债券等筹集资金，主要用于基础设施建设、社会福利、国防等公共事务。政府债券通常被视为低风险投资，因为政府有能力保障债务偿还。

企业：通过发行股票和债券等方式融资，以支持技术创新、扩大业务或进行并购重组。股票发行能够吸引资本并提升企业知名度，而债券融资则具有稳定性且不会稀释股东权益。证券市场为企业提供了多样化的融资渠道，帮助其分散融资风险。

金融机构：银行、保险公司、信托公司等金融机构在市场中充当中介角色，发行金融产品或债券以筹集资金，并将资金提供给其他市场参与者。它们也通过投资和交易获取收益。

2. 投资者

投资者是证券市场的资金提供者，分为个人投资者、机构投资者和外国投资者。

个人投资者：个人投资者通常投资金额较小，风险承受能力较弱，但灵活性高，且数量庞大。随着投资教育的普及，越来越多的个人投资者参与资本市场，对市场波动和股价变化产生了重要影响。

机构投资者：包括投资基金、养老基金、保险公司、银行等。这些投资者资金雄厚，具备丰富的投资经验和更强的风险承受能力。机构投资者通过多元化投资和资产配置优化回报，对市场的价格形成、流动性及效率有着深远影响。

外国投资者：外国投资者包括跨国公司或外国个人投资者。他们为本国市场带来资金流入，推动市场开放、透明度提升，并为国内企业提供更多融资渠道。

3. 中介机构

中介机构在证券市场中负责提供服务，协助证券交易的顺利进行。主要中介机构包括证券公司、投资银行、会计师事务所和律师事务所。

证券公司：证券公司是最常见的中介机构，提供股票、债券等证券买卖服务，并提供投资咨询、资产管理、融资融券等业务。作为承销商，证券公司帮助企业进行证券发行，确保证券顺利上市。

投资银行：投资银行从事企业融资、并购重组、债务承销等业务，帮助企业进行资本运作，并提供证券定价、市场推广等服务。它们在资本市场的稳定和发展中起着至关重要的作用。

会计师事务所和律师事务所：会计师事务所负责对发行主体的财务状况进行审计，确保数据的真实性和合规性；律师事务所则保障证券发行过程中的法律合规性，确保符合相关法律法规。

4. 监管机构

证券市场的监管机构负责制定和执行市场规则，确保市场的公平、公正和透明。监管机构分为国家级的证券监管机构和交易所的监管机构。

国家证券监管机构：如中国证券监督管理委员会（以下简称"证监会"），其主要职能包括制定和实施证券市场的政策法规、审核证券发行、监管信息披露、打击市场操纵行为、维护市场秩序、保护投资者权益。

交易所监管机构：证券交易所（如上海证券交易所和深圳证券交易所）负责日常交易的监管和管理，确保交易规则的遵守，监控异常交易行为，并发布市场信息。它们还负责处理市场风险和违规行为，确保市场的正常运作。

1.2.4 产生与发展

证券市场是现代资本市场的核心组成部分，伴随着经济发展和商业需求的变化而逐步演化。它不仅为政府和企业提供融资渠道，也为投资者提供了多样化的投资选择。

1. 起源

证券市场的雏形可以追溯到 16 世纪的欧洲。当时，随着商业贸易和航运业的发展，商人需要筹集资金支持冒险活动，推动了证券市场的初步形成。最早的证券形式是债务融资，企业和政府通过发行债券等形式向投资者借款。

世界上最早的证券交易所之一是荷兰的阿姆斯特丹证券交易所，成立于 1602 年。阿姆斯特丹证券交易所的成立标志着现代证券市场的起步，而荷兰东印度公司是第一个公开发行股票的公司。这一举措为企业提供了资金筹集的新方式，也为投资者创造了投资机会，推动了全球证券市场的发展。

2. 发展历程

证券市场的历史随着经济全球化与金融工具的创新，逐渐从简单的债务融资工具发展为一个复杂的多元化体系。

（1）18 世纪至 19 世纪：证券市场的扩展。18 世纪末至 19 世纪，随着工业革命的到来，资本需求激增，证券市场成为企业和政府融资的主要渠道。英国伦敦证券交易所和美国纽约证券交易所的成立，标志着证券市场的全球扩展，证券种类也逐渐多样化，股票和债券等金融工具开始成为投资者的重要标的。

（2）20世纪：证券市场的快速发展。20世纪，证券市场经历了飞速发展的时期。1929年股市崩盘后的大萧条，促使各国加强了证券市场监管，出台了证券法和证券交易法等法律，增强了市场的透明度和公正性。此时，全球资本市场逐渐国际化，形成了全球金融网络。

（3）电子化和全球化的兴起。20世纪80年代末期，计算机技术的进步使证券交易逐步实现电子化。20世纪90年代，全球证券市场进入互联网时代，电子交易平台的出现提高了交易效率，降低了成本，并拓宽了市场接入渠道。纳斯达克和香港恒生指数等电子化交易市场成为国际知名平台。进入21世纪，随着全球化和金融创新的深入，证券市场不仅在发达国家发展，还在新兴市场如中国、印度等国崭露头角。

3. 中国证券市场的起源与发展

中国证券市场起步较晚，但发展迅速，正式起步可以追溯到20世纪80年代末期。1981年，上海证券交易所进行股份制试点，1990年正式成立，标志着中国证券市场的正式起步。

（1）初期阶段：股市的起步与发展。20世纪90年代初期，深圳证券交易所和上海证券交易所相继成立，标志着中国股市的起步。此时，国有企业主导中国股市，市场规范化和法治化建设逐步展开。1998年，《中华人民共和国证券法》的出台为市场的规范发展提供了法律保障。

（2）21世纪：市场深化与国际化。进入21世纪，中国证券市场经历了转型与深化，上市公司质量提升，市场透明度和法治化水平不断提高。2007年，中国股市经历了历史性的牛市。尽管在2008年金融危机后市场遭遇冲击，但国家加大了监管力度。近年来，中国证券市场的国际化进程加速，沪港通、A股纳入MSCI指数和科创板的设立等举措推动了市场的进一步开放与国际接轨。

4. 证券市场发展的未来趋势

随着全球经济一体化和信息技术的进步，证券市场正在经历深刻变革。以下是证券市场未来发展的几大趋势。

（1）市场国际化。全球资本流动加速，国际投资需求增加，推动了证券市场的国际化进程。过去，证券市场主要局限于单一国家或地区，如今，资本市场越来越全球化，跨境投资和交易规模不断扩大。例如，沪港通和深港通等跨境投资渠道的开放推动了中国资本市场与国际市场的对接。未来，证券市场将更加国际化，全球资本配置和投资机会将更加多元化。

（2）电子化交易。电子化交易是证券市场现代化的重要标志。随着计算机和互联网技术的进步，证券市场逐步转向电子化和自动化交易，交易效率显著提升，成本降低，市场透明度增强。全球证券交易所，如纽约证券交易所、伦敦证券交易所及上海证券交易所和深圳证券交易所，都已实现电子化交易系统。自动化交易算法的应用，使交易速度大幅提高，增加了市场流动性和透明度。

（3）多元化产品。金融创新推动了证券市场产品的多样化，投资者拥有了更多选择。除传统股票和债券外，ETF（交易型开放式指数基金）、REITs（房地产投资信托基金）、衍生品等金融工具逐渐成为市场的重要组成部分。例如，ETF通过跟踪指数或商品，提供低成本且分散化的投资机会，深受投资者欢迎；REITs为投资者提供了灵活的房地产投资方式，而衍生品则为市场提供了风险对冲和套利的机会。

（4）绿色金融。随着环保和可持续发展理念的普及，绿色金融逐渐成为证券市场的重要组成部分。绿色金融通过绿色债券和环保企业股票等形式，支持环保和可持续发展项目，吸引了大量社会责任投资者的关注。绿色债券专门用于资助环保项目，而环保企业的股票则为投资者提供了参与环保投资的机会。随着全球环保法规的完善和投资者环保意识的提高，绿色金融将占据越来越重要的地位。

扩展阅读 1.5　2023年A股进一步纳入全球指数——推动中国证券市场国际化进程

扩展阅读 1.6　从纽约证券交易所到纳斯达克的转变

即测练习题 1.2

自学自测　扫描此码

案例讨论 1.2　日本的"失去的十年"

1.3　证券市场监管

1.3.1　国外证券市场监管

国外证券市场的监管旨在确保市场的公正、透明、有效运行，维护市场秩序，保护投资者权益，防范金融风险，促进资本市场健康发展。不同国家根据自身经济结构和法律制度，采用独特的监管模式。了解这些模式有助于理解全球市场的运行机制，并为市场改革提供参考。

1. 证券市场监管的理论基础

（1）不完全竞争市场理论。证券市场并非总处于完全竞争状态，信息不对称、市场结构垄断及参与者的操控行为会导致市场失效。为了确保市场公平，监管机构需要通过法规减少信息不对称、打击内幕交易、市场操纵等行为，增强市场透明性和竞争性。

（2）市场失灵理论。市场失灵指市场机制无法有效配置资源，导致社会福利最大化无法实现。证券市场中的市场失灵表现为信息不对称、外部性、垄断、金融泡沫等。监管机构需要介入，确保资源配置效率，减少市场失灵的负面效应，保障投资者和市场的长期健康。

（3）证券市场有效性理论。该理论由尤金·法玛提出，认为证券市场能够迅速反映所有可用信息。市场效率较高时，价格反映所有已知信息，投资者无法超越市场获取额外利润。有效市场理论挑战证券市场监管的必要性，在现实中，市场往往并非完全有效，因此监管仍然至关重要。

（4）公共利益理论。公共利益理论认为证券市场不仅要追求经济利益，还应关注社会整体福祉。监管不仅要确保市场效率和透明度，还应考虑社会的可持续发展与金融系统的稳定，防止市场行为损害社会整体利益。监管机构需要通过政策支持绿色金融、可持续投资等，推动经济长远发展。

证券市场监管是确保市场公平、透明、有效运行的核心机制。其主要目的是通过制定和执行法律、法规，防范金融风险，保护投资者权益，并促进市场健康发展。监管方式和手段是证券市场监管的重要组成部分，涵盖注册制与许可制两种监管模式，以及多种具体的监管手段。

2. 证券市场监管的方式

（1）注册制监管方式。注册制是一种较为宽松的监管方式，强调信息披露的充分性和透明度，而非行政审批的干预。该方式适用于成熟市场，降低行政干预，提高市场效率。注册制的核心理念是：企业只需要符合特定条件并公开披露相关信息，就可以自由发行证券。具体应用包括以下几点。

①券商的注册制。券商要满足资本、运营等基本要求，向监管机构提交注册材料并公开披露信息，不需要经过严格审批。监管机构主要审核合规性。

②证券发行的注册制。企业在公开发行时需要提交财务报表、经营状况等信息，监管机构审查信息的完整性与真实性，而不评估市场接受度。投资者根据披露信息进行决策。

③证券交易所的注册制。交易所审核上市公司是否符合财务状况、盈利能力等标准，并确保公司信息披露合规。市场自我调节决定上市申请是否被接受。

注册制的优势在于能推动企业迅速上市，激发市场活力，通过信息透明度实现价格发现。

（2）许可制监管方式。许可制相比注册制更加严格，由政府主管部门主导。证券市场的主体需要经过政府审批才能合法参与证券业务，以确保市场参与者符合特定法律、政策要求。其核心特征是行政审批和政府的强干预权。具体应用包括以下方面。

①券商的许可制。券商需要通过政府审批，审查其资本、合规性、管理能力等，

确保其运营不影响市场秩序。

②证券发行的许可制。证券发行需要提交详细材料并通过政府审批。监管机构不仅审查企业的合法性，还评估发行是否符合宏观经济政策。

③证券交易所的许可制。交易所的设立需要经过政府审批。政府对其运营、交易规则等进行全程监管，确保市场行为符合国家政策。

许可制的优势在于能够保障市场准入门槛，防止不合规企业扰乱市场，但也可能导致市场的行政化和过度干预。

3. 证券市场监管的手段

（1）法律手段。法律手段是证券市场监管的基础，通过一系列法律法规确保市场参与者遵守规则，并对违规行为进行处罚。主要包括以下方面。

①证券法。对证券发行、交易、信息披露等进行规定，确保市场透明性和合法性。

②公司法与金融法规。明确企业治理结构、财务报告等要求，对金融机构运营提出标准。

③内幕交易与市场操纵的法律。对内幕交易、市场操纵等行为予以禁止，违法者将受到法律惩处。

法律手段为证券市场健康发展提供了坚实的法律框架和处罚机制。

（2）经济手段。经济手段通过市场化调控引导市场行为，主要包括以下方面。

①税收政策。通过税收优惠调控市场资金流向，促进市场发展。

②利率政策。中央银行的利率调控影响证券市场资金流动，降低利率可能促使投资者更多地投资股票。

③资本充足率与杠杆管理。监管机构要求金融机构保持足够资金，以应对市场波动，防范系统性风险。

经济手段通过政策调节市场活动，确保市场稳定。

（3）行政手段。行政手段由政府主管部门直接监管市场行为，主要包括以下方面。

①市场准入管理。对新发行证券、上市公司等进行审批，确保其符合资质标准，防止低质量企业进入市场。

②交易监管与审批。政府监管证券交易活动，确保市场交易合规，及时查处违规行为。

③监控与查处违法行为。通过日常监控，查处内幕交易、虚假披露、市场操纵等违法行为，确保市场公平。

行政手段通过政府干预，确保市场规则的执行。

（4）技术手段。随着信息技术的发展，证券市场监管越来越依赖技术手段，主要体现在以下方面。

①电子化交易系统。现代证券市场依赖电子交易平台实时监控交易数据，可自动检测异常行为并发出警报，提高监管的精准度和及时性。

②大数据与人工智能。利用大数据和人工智能分析市场数据，实时发现潜在风险点，

帮助监管机构及时介入。

③区块链技术。区块链技术保障证券发行与交易的数据安全和透明，防止信息被篡改或伪造。

技术手段提供了高效、精准的市场监管工具。

（5）信息披露手段。信息披露是保障市场透明度和公平性的核心手段，主要包括以下方面。

①定期财务报告。上市公司需要定期发布财务报告，以便投资者了解公司的经营状况。

②重大事项披露。公司发生重大事项时，必须及时披露信息，确保市场参与者获取对称信息。

③投资者教育。监管机构通过培训等方式向投资者普及市场规则，提升其风险识别能力。

信息披露手段通过提高市场透明度来减少信息不对称、提升市场效率。

（6）自律手段。自律手段由行业自律组织负责，主要通过行业规范和行为准则进行市场管理。具体包括以下方面。

①行业规范和行为准则。证券交易所和行业协会制定规范，要求市场参与者遵守，以确保市场秩序。

②自律检查与惩罚机制。行业协会和交易所对市场参与者的行为进行检查，发现违规行为时采取处罚措施。

自律手段通过行业自我约束，进一步提升市场合规性和透明度。

扩展阅读 1.7　2024 年深圳证券交易所智能交易平台的推出——推动电子化交易与高频交易的发展

4．证券市场监管模式

证券市场的监管模式是保障金融市场健康运行的关键因素之一。随着全球金融市场的发展，各国根据自己的市场环境和法律体系，选择了不同的监管模式。常见的证券市场监管模式包括单一监管模式、双重监管模式、自律监管模式和多层次监管模式。这些模式反映了政府部门与市场自律组织之间的权力分配，以及不同监管机构之间的分工合作。

（1）单一监管模式。单一监管模式是指证券市场的所有监管职能由一个单独的政府部门或监管机构负责。在这种模式下，监管机构全面负责证券市场的监管工作，包括制定和执行相关法律法规、监管证券交易、处理市场纠纷等。单一监管模式的优点在于能够统一管理，避免不同监管机构之间的职责交叉与矛盾，从而提高监管效率。

美国证券交易委员会（SEC）是采用单一监管模式的典型代表。SEC 不仅负责监管证券交易市场的秩序，还负责监督证券的发行、上市和信息披露等方面。它通过制定并执行相关法规（如《中华人民共和国证券法》和《中华人民共和国证券交易法》），确保资本市场的公开、公平和透明。SEC 还负责打击市场中的内幕交易、市场操纵等违法行为，以及对投资者进行教育和保护。

通过美国证券交易委员会（SEC）的监管，美国证券市场能够确保投资者的合法权益，并保持市场的流动性和透明度。然而，在这种模式下，市场参与者只需要与一个监管机构打交道，减少了不必要的行政成本和程序复杂性。这种模式也可能面临监管机构职责过于集中、监管效率低下等问题，特别是当市场规模庞大时，监管机构的工作压力会显著增加。

（2）双重监管模式。双重监管模式是指证券市场的监管职能由两个或更多的监管机构共同分担，在不同职能领域进行分工合作。通常，一个机构负责监管证券交易和市场行为，另一个机构则负责监管证券的发行、公司治理、信息披露等内容。这种模式能够在不同的领域内提供专业的监管服务，提高监管的深度和广度。

英国是双重监管模式的代表之一。英国的证券市场监管主要由两个机构负责：金融行为监管局（FCA）和伦敦证券交易所（LSE）。FCA负责监督市场的行为和交易，确保市场操作的透明性和公正性，处理市场操纵、内幕交易等违法行为；伦敦证券交易所则负责管理证券的交易和市场流动性，确保交易的顺畅运行。这种模式能够实现监管职能的细分，提升监管效率，避免过度集中于单一监管机构。

双重监管模式也有其挑战：①两个监管机构之间可能存在职能重叠或不明确的情况，造成协调上的困难；②过多的监管机构可能导致市场主体面临更多的监管要求和合规成本。因此，双重监管模式要求各监管机构之间具备良好的沟通与合作机制，确保不同职能之间的协调与统一。

（3）自律监管模式。自律监管模式是一种市场自我管理的模式。在这种模式下，证券市场的监管主要由行业自律组织负责。这些自律组织根据政府监管机构的授权，制定行业内的规则和标准，并对市场中的各类参与者进行监督和管理。自律监管模式通常适用于金融市场较为成熟和规范的地区，能够充分发挥市场主体的自我约束和管理能力。

日本证券业协会（JSDA）和中国证券业协会（SAC）是自律监管模式的典型例子。JSDA负责制定行业内的行为规范，向会员公司提供合规指导，并对其进行日常监督；中国证券业协会（SAC）则为证券公司提供行业规范和行业标准，并确保其遵守国家有关证券市场的法律法规。这些自律组织通常具有一定的强制执行力，可以对违反规定的市场参与者进行处罚，如暂停交易、公开警告等。

自律监管模式的优势在于其能够结合行业特点，灵活调整和适应市场变化。行业自律组织通常更了解市场参与者的实际需求，能够提出更具针对性和操作性的监管措施。这一模式也有其局限性。由于自律组织是由行业内部人员组成，可能会出现"监管松懈"的情况，特别是当自律组织的权力和执行力不足时，可能会导致市场中不法行为的出现。

（4）多层次监管模式。多层次监管模式是在政府监管机构的框架下，结合不同市场主体和区域的特点，实行分层次、差异化的监管。这种模式通常适用于多国联合的区域市场或跨国资本流动频繁的金融市场。多层次监管模式允许不同的监管机构根据本地区市场的实际情况进行定制化的监管，从而在全球化的背景下保证市场的有效监管。

欧盟的证券市场监管是多层次监管模式的典型例子。欧盟委员会负责制定统一的金融市场法规，为所有欧盟成员国提供法律框架，而各成员国的监管机构则负责实施这些法规，并根据本国的具体情况进行相应的监管。例如，德国的金融监管机构 BaFin 负责德国境内的证券市场监管，而法国的 AMF 则负责法国的证券市场。通过这种多层次的监管模式，欧盟能够确保各国证券市场的监管与欧盟总体金融市场规则的协调性，同时根据各国的市场特点进行差异化管理。

这种模式的优势在于能够灵活应对不同市场的监管需求，确保监管的一致性和协调性。多层次监管模式的挑战在于，不同国家和地区的监管标准、法规和执行力度可能存在差异，这需要监管机构之间建立良好的协调机制，以避免监管空白和监管冲突。

证券市场监管模式的选择与各国的市场规模、发展阶段、法律体系及监管需求密切相关。单一监管模式通过集中监管提高效率，但可能面临过度集中的风险；双重监管模式通过分工合作实现专业化，但也可能存在协调问题；自律监管模式能够发挥市场自我约束的优势，但容易受到行业利益的影响；多层次监管模式则适应全球化市场的需要，但需要在国际协调上做出更大努力。无论采用哪种监管模式，证券市场的监管目标始终是确保市场的公平、公正、透明和高效运作，保护投资者的权益，防范系统性金融风险。

5. 政府监管部门与自律机构

在证券市场的监管中，政府监管部门和自律机构发挥着各自独特的重要作用。

1）政府对资本市场的监管机构

资本市场的监管是确保金融体系健康、稳定发展的关键之一。各国政府通过不同的监管模式和结构来管理证券市场，以保障市场的公平、透明和有效运作。根据监管机构的独立性、职能范围及与政府部门的关系，可以将资本市场的监管机构分为两大类：独立机构管理和政府机构兼管。以下将详细介绍这两种监管模式及其代表性机构。

（1）独立机构管理：独立机构管理模式是指证券市场的监管机构作为独立的法律实体或行政单位，独立于立法、司法和行政三权之外，专门负责证券市场的监管工作。这种模式的优点在于能够保持监管机构的独立性和中立性，避免政治干预，确保监管的公正性和透明度。独立监管机构通常拥有较强的法定权力，能够独立制定和执行证券市场的监管政策。

美国证券交易委员会。美国的证券市场监管由证券交易委员会（Securities and Exchange Commission，SEC）负责。SEC 成立于 1934 年，其主要任务是监督证券市场，确保市场的公平和透明。SEC 独立于立法、司法和行政机构，具有广泛的监管职能，包括制定证券市场的法律法规、监督证券的发行和交易、保护投资者权益、打击内幕交易和市场操纵等。SEC 的独立性使其能够有效履行其职能，减少外部政治压力的干扰，确保市场秩序和对投资者利益的保护。

法国证券交易所管理委员会。法国的证券市场由法国证券交易所管理委员会（Commission des Opérations de Bourse，COB）监管。与美国 SEC 不同，法国的 COB 隶属于行政内阁。虽然在一定程度上属于政府部门，但它在执行证券市场监管职能时具有相对独立性。COB 的任务包括对证券交易的监控、市场透明度的审查、投资者保护及对上市公司的监管。COB 有权制定相关规定并要求上市公司披露信息，以确保市场运行的公正性。虽然隶属于行政部门，但其独立性依然较强，能够较为中立地执行其监管职责。

意大利全国公司与证券交易所管理委员会。意大利的证券市场监管由全国公司与证券交易所管理委员会（Consob）负责。Consob 是一个政府管理机构，负责协调意大利证券市场的各个方面，包括证券发行、公司治理和市场操作等。Consob 的设立和运作既考虑金融市场的监管要求，又确保了政府部门在监管过程中的合理介入。作为一个协调机构，Consob 不仅要监管证券市场的行为，还需要与其他相关政府部门和自律组织协调合作，以确保市场的健康运行。

这些国家的监管机构通过独立或相对独立的方式行使其职能，确保证券市场在有效监管下能够保持一定的自由度和灵活性，从而促进资本市场的健康发展。

（2）政府机构兼管：政府机构兼管模式是指政府的某些部门不仅负责证券市场的监管工作，还兼具一定的行政管理职能。在这种模式下，证券市场的监管往往与其他政府职能相结合，政府部门拥有更多的权力和责任，并且这些部门直接参与或主导监管工作。这种模式的优点在于，政府部门通常具有强大的行政资源和决策权力，能够迅速做出反应，确保证券市场的稳定。

日本大藏省证券局。在日本，证券市场的监管主要由大藏省证券局负责。大藏省证券局是日本政府的一个重要部门，负责制定和实施证券市场的监管政策。该部门不仅负责监督证券交易和市场秩序，还承担对证券发行及上市公司治理结构的监管职能。大藏省证券局的权力较大，可以对证券市场中的交易行为和公司治理进行严格监管，以确保证券市场的公平性和透明性。大藏省证券局的监管职能具有高度的行政技术性质，其决策不仅考虑市场规范和监管要求，还融入了政府的宏观经济政策。大藏省证券局与日本证券交易所及其他自律组织紧密合作，确保市场运作的合规性和市场秩序的稳定。尽管其监管职能广泛且具有权威性，但这种政府主导的模式也可能导致监管过度干预市场，从而影响市场的自由发展。

荷兰财政部证券司。荷兰证券市场的监管由财政部证券司（Securities Division of the Ministry of Finance）负责。与日本的政府机构兼管模式不同，荷兰的财政部证券司更多扮演的是监管指导角色，主要负责对证券市场进行一般性的监督。财政部证券司并不直接干预证券市场的具体操作，而是通过对证券交易所自律机构的监管，确保市场运作的合规性。

财政部证券司与荷兰证券交易所的自律监管机构之间的关系非常密切。财政部证券司通过制定总体的法律法规，确保证券市场的透明度和稳定性，而证券交易所的自律机构则在实际操作中进行更为细致的市场监督。这种模式体现了政府监管与市场自律的结合，既能够保障市场的公正性，又能够避免过度干预市场运作。

（3）监管模式的比较与分析：独立机构管理模式和政府机构兼管模式各有其优缺点。独立机构管理模式能够减少政府干预，确保监管的公正性和透明性，适用于市场机制较为完善的国家。这种模式要求监管机构具有较高的独立性和专业能力，同时避免因过度独立而缺乏协调性。政府机构兼管模式则能够确保监管部门具备较强的行政资源和执行力，在市场出现异常波动时，能够迅速采取措施。然而过多的行政干预可能会影响市场自由和市场主体的自主决策，甚至导致政府与市场之间的关系过于紧张。

2）自律性监管机构

自律性监管机构在全球金融市场中扮演着重要角色，尤其是在一些成熟市场中，它们通常与政府监管机构共同发挥作用，以确保市场秩序与透明度。自律性监管机构的核心理念是通过行业内部组织来监督和管理市场行为。这种模式通常适用于市场发展较为成熟的国家。在这种模式下，行业协会和相关机构负责制定市场规则、标准和行为规范，并在一定程度上实施自我监管和自我约束。

在英国，自律性监管的代表性机构是英国证券业理事会（Securities and Investment Board）和证券交易所协会（The Stock Exchange Association）。这些自律机构负责制定金融市场的操作规则和行为规范，确保市场参与者遵守行业标准和道德规范。英国证券市场的自律性监管体现出金融服务业高度自我约束的特性，市场规则和监管政策大部分由行业本身制定，而政府机构则承担更为宏观的监督职能。

扩展阅读 1.8　伦敦证券交易所与内幕交易案例：酒吧案件

在美国，自律性监管同样占据重要地位。美国证券交易所、美国全国证券交易商协会等机构都有各自的监管职能。美国证券交易所根据其运作特点制定交易规则，并对市场参与者的行为进行监督。美国全国证券交易商协会则对证券经纪人和交易员的行为进行管理，确保其遵循职业道德和法律规定。这些自律机构不仅设定交易标准，还承担市场秩序的维护工作，并确保各类金融产品交易的公平性和透明性。通过这种行业自律，能够有效降低政府监管的压力，增强市场的自我调节能力和反应速度。

扩展阅读 1.9　英国金融市场的监管合作——FCA与伦敦证券交易所的联合监管（2023 年）

1.3.2　中国证券市场监管的历史

中国证券市场的监管体制经历了从无实体监管部门到集中监管体制的逐步发展过

程。这一过程反映了中国资本市场的不断成熟与国际化，也体现了中国政府对证券市场监管机制的不断完善。

1. 无实体监管部门阶段（1981—1985 年）

1981—1985 年，中国证券市场尚处于萌芽阶段。除国库券发行外，几乎没有股票和企业债券市场。1984 年中国首次公开发行股票，但范围极为有限，股票交易尚未正式启动。此时，除了政府对债券市场的少量管理外，没有专门的监管机构或制度。市场缺乏有效监管，交易活动零散且松散，信息披露制度不完善。虽然证券市场初步启航，但规范化和透明度仍未得到保障。

2. 多部门分散监管阶段（1986—1992 年）

1986 年起，随着证券市场的逐步发展，政府认识到监管的重要性，进入了多部门分散管理阶段。中国人民银行（以下简称"央行"）成为最早承担证券监管职能的部门，国务院颁布了《中华人民共和国银行管理暂行条例》，对债券和股票进行初步管理。央行的监管职能局限于金融货币管理，缺乏专职的证券市场监管职能。地方政府尤其是上海和深圳等地开始参与监管，但由于地方与整体利益的冲突，市场监管局面显得分散且不统一。自 1991 年起，随着股份制改革推进，多个部门如国家体改委、国家发展改革委、财政部等加入了证券市场的监管框架。1992 年，国务院证券管理办公会议制度开始执行，为日常监管奠定了基础。

3. 从分散监管到集中监管的过渡阶段（1992 年 10 月—1998 年 6 月）

1992 年 10 月，国务院证券委员会和中国证券监督管理委员会（以下简称"证监会"）成立，标志着中国证券市场进入向集中监管体制过渡的新阶段。证监会作为中央政府的专职监管机构，开始行使全国证券市场的监管职能，并逐步建立了证券市场的法律框架。1993 年，国务院颁布了《股票发行与交易管理暂行条例》，进一步加强市场规范。证监会作为执行机构，负责法律法规的执行、市场交易的监控和公司治理的监督等职能，逐步取代了此前的多部门分散监管模式。

4. 集中监管体制建立与巩固阶段（1998 年 6 月至今）

1998 年 6 月，《中华人民共和国证券法》（以下简称《证券法》）的通过标志着中国证券市场监管体制的集中与完善。根据《证券法》，证监会成为全国证券期货市场的主管部门，负责全面监管工作。这一法律的实施使证券市场监管更加规范，证监会的权威性和职能进一步明确。证监会不仅负责监管证券交易行为，还负责证券发行、信息披露和公司治理等方面的管理。随着证券市场的发展，证监会的职能进一步扩展，包括对证券公司、基金公司、期货公司等金融机构的监管，以提升市场的透明度和规范性。

中国证券业协会在此阶段逐步强化其角色定位，协助政府监管并维护市场秩序。自 1991 年成立以来，中国证券业协会在推动行业自律管理、规范市场业务、制定行业规则、提升从业人员素质等方面发挥了重要作用。通过资格管理和培训，中国证券业协会增强了行业合规经营意识，提高了市场专业化水平。

证监会推动了从业人员资格审核的规范化，确保市场健康发展。行业自律机制逐渐成熟，政府监管与行业自律协同发展，完善了证券市场的监管体系。中国证券市场的监管逐步适应了全球化、现代化的市场需求，形成了相对完善的制度框架。

1.3.3　中国证券市场监管体制

1. 中国现行证券监管体制

中国现行证券监管体制属于集中型监管体制模式，具备集中监管的基本特征，并与中国证券市场的实际情况相结合，形成了独特的监管框架。集中型监管体制通常由一个主要的监管机构负责所有证券市场的管理和监督，以保证市场的公平、公正和透明。中国的证券监管体制由证监会主导，承担广泛且深入的监管职责。

（1）证监会：证监会的法定职能涵盖多个方面。它负责起草和完善证券市场的相关法规，确保监管政策和法规的有效性与时俱进。证监会监督管理证券的发行、上市和交易过程，确保证券市场的运行符合公开、公平、公正的原则，防止市场操纵、内幕交易等违法违规行为的发生。证监会还负责对证券经营机构、证券清算机构、保管机构、过户登记公司等证券服务机构进行监督，确保其合规运营和服务质量。

证监会还承担着对证券从业人员的管理职能，负责颁发证券从业资格证书，并制定与从业人员资格、业务操作等相关的标准和规范。它还会同其他相关政府部门对证券投资基金经营机构、律师事务所、会计师事务所等行业机构进行审查和监管，保障证券市场的法律和财务透明度。

证监会还专门监管上市公司，确保其信息披露的真实、准确、及时，避免投资者受到不实信息的误导。证监会还负责监管境内企业向境外发行股票和上市的行为，确保跨境资本流动的规范化和安全性。证监会对证券交易所的各项业务活动进行监管，确保交易平台的稳定、公正和透明。

（2）自律监管：目前，中国证券市场存在许多被称为自律性管理组织的机构，如沪深证券交易所、中国证券业协会及证券登记结算公司等。这些组织理论上应通过制定行业规范和规则来确保市场的公平、公正和透明，并通过自律管理维护市场秩序。然而实际上，这些组织在履行自律管理职能方面存在一定困难，未能有效发挥应有的作用。以中国证券业协会为例，作为一个由证券经营机构组成的全国性会员组织，证券业协会设立的初衷是为了保证证券发行和交易的公正性，保护投资者的利益，并促进证券业的健康发展。根据规定，证券经营机构必须加入证券业协会，否则将无法合法开展业务。

尽管证券业协会在理论上具有重要的自律职能，但其实际操作中却面临诸多问题。证券业协会的组织领导体系曾一度呈现半官半民的特征，既受政府部门领导，又具有一定的民间性质，这导致其在履行自律职能时缺乏足够的权威性和独立性。证券业协会的权利和职责并未得到真正落实，无法通过法规和规则对行业内的不当行为进行有效约束。证券交易所作为证券业协会的会员，这种双重身份的存在导致了自律组织之间的职能重叠，使整个自律管理体系的功能受到限制。

证券业协会未能很好地处理与证券经营机构之间的关系，无法有效反映会员的利益和要求。在实践中，证券业协会有时难以代表所有证券经营机构的声音，且未能在行业内形成强有力的共识。这种缺乏有效沟通和协调的局面使协会的自律职能大打折扣，尤其是在面对违法违规行为时，证券业协会未能对违法的券商给予及时且足够的惩戒。

中国证券市场的政府监管体系较为刚性，过度依赖政府的强制性措施和行政干预，导致市场缺乏足够的自主性。在这种监管模式下，证券经营机构的自律管理变得较为困难，缺乏对自身行为的自我约束。政府的严格干预虽然有助于维护市场稳定和防范风险，但也在一定程度上压制了市场的自主治理机制，使证券市场的自律性受到削弱。

2. 选择现行监管体制的原因

中国在证券监管的实践中，充分借鉴了国外的成功经验，并结合自身国情，选择了集中型证券监管体制模式。这一选择的背后有多方面的考虑和原因。

（1）长期以来，中国在经济管理实践中积累了丰富的集中组织、指导和管理经验。中国的经济管理模式一贯强调集中力量办大事，政府主导的管理体制在诸多领域取得了成功。对于当时正在向社会主义市场经济体制转型的中国而言，建立证券市场后，采用以政府监管为主导的集中型监管体制模式，可以充分发挥已有的管理优势、提升市场监管的效率。政府在中央层面的强大调控能力可以确保证券市场更加稳定和高效地运行，避免市场在起步阶段因缺乏有效监管而出现大的波动。

（2）中国的证券市场仍处于起步阶段，相关的法律、法规建设及监管体系还不完善。证券交易活动中时常出现投机过度、信息披露失真、机构操纵、内幕交易、欺诈等问题，这些都严重扰乱了市场秩序，损害了投资者的利益。如果没有一个集中的、权威的证券监管机构，证券市场很难在如此复杂的环境下进行有效管理。尤其是在证券市场运行的初期，在制度不健全、市场规范不足的情况下，集中型监管体制显得尤为重要。集中监管能够通过建立统一的监管框架和市场规则，避免不同部门监管的分散和重复，保证监管的高效性和公正性。

（3）中国的证券从业人员整体素质较低，且自我约束和自我管理的能力不足。由于中国证券市场发展历史较短，证券业缺乏足够的行业自律监管经验。在这种情况下，自律机制尚未建立或尚不完善，市场参与者的合规意识和自律意识普遍较弱。虽然证券业自律监管组织（如证券交易所和中国证券业协会等）已逐渐建立，但这些组织的自律职能尚未得到充分发挥。在很多情况下，仅依靠自律机制很难有效约束市场行为。

集中型监管体制能够弥补这一短板，政府通过强有力的监管手段，规范市场行为，减少违规现象的发生。

（4）尽管集中型监管体制在初期阶段具有显著优势，但在实施过程中，中国还需要针对自身幅员辽阔、市场发展不平衡的实际情况，调整监管策略。我国地域广阔，各地经济发展水平差异较大，证券市场在各地的分布和发展程度也有所不同。中央政府在实施统一监管体制时，必须与地方政府进行有效协调，特别是在地方证券市场的监管中，地方政府的配合和执行力显得尤为重要。为了确保市场监管政策在全国范围内的有效落实，地方政府在证券市场的监管中应当承担一定的责任，特别是在处理地方性问题和特殊情况时，地方政府需要根据中央的指导意见进行灵活调整和执行。

3. 中国证券市场监管新体制的目标模式

随着全球证券市场的发展，集中统一的监管体制逐渐成为主流。这一模式既符合市场经济的需求，也推动证券市场走向成熟。在中国，集中统一监管符合经济、政治体制以及证券市场发展阶段的要求。特别是在中国加入 WTO 后，证券市场开放加速，监管体制改革迫在眉睫。通过借鉴国际经验并结合中国实际，应逐步实现高效、透明的监管体系。理想的监管目标模式应具有以下特征。

（1）集中但非集权型的市场监管体制。集中型监管体制由单一主管部门统一管理证券市场，有助于避免多头管理导致的权责分散和政策执行不一致。这种模式提高了监管效率和协调性，但并不意味着直接干预市场经营活动。非集权型监管强调监管机构的职责是制定规则、维护秩序，而非介入市场主体的具体决策。通过减少行政干预，为市场主体提供创新和竞争空间，集中监管能够在保障市场稳定的同时激发市场活力。

（2）政府与市场相对独立。理想的监管体制应保持政府与市场的相对独立性。政府应专注于宏观管理和政策制定，而非参与日常运营。其主要职责包括监督市场运行、协调利益冲突、解决纠纷以及打击违法行为。在市场失序或违法行为严重时，政府应迅速介入，确保公平性和透明度。通过分离政府和市场的角色，市场主体可根据自身利益做出优化决策，而政府则能在关键时刻维护市场秩序。

（3）充分发挥证券市场自律功能。目前，中国证券市场的自律性组织，如证券交易所和证券业协会，仍然具有较强的行政色彩，独立性不足。要强化自律监管，需要通过法律明确自律组织的地位和权利，使其能够制定规则、监管市场并执行规范。自律机制能够减少政府干预频率，提高市场的自主性和透明度。通过行业内部的规则执行，市场参与者能更自觉地遵守规范，提升市场效率和公平性。

（4）综合运用法律与市场调节手段。现代证券市场的监管应结合法律和市场手段。法律监管通过法规制定、信息披露和惩治违法行为，确保市场规范运行。例如，审核企业上市文件能够保障投资者获取真实信息。市场调节手段则通过利率、税收和产业政策影响市场的供需和资金流向，从而间接引导证券市场的行为。综合采用两种手段，可以在保持市场稳定的同时，避免过度干预，充分发挥市场机制的作用。

4. 中国证券市场监管的完善

随着中国证券市场的快速发展和国际化进程的推进，现有的证券市场监管体制虽然取得了显著成效，但仍存在一些不足，特别是在市场透明度、监管协调性、法治环境和行业自律等方面。为了促进中国证券市场的健康发展，提升市场的竞争力和吸引力，亟须完善现有的监管体制。完善中国证券市场监管的路径可从以下几个方面入手。

（1）增强市场透明度，完善信息披露制度。信息披露是证券市场监管的重要组成部分，是保护投资者权益、提高市场效率和减少信息不对称的关键手段。在中国证券市场的现阶段，信息披露制度仍存在一些问题，如披露内容不够全面、信息更新不及时、披露形式复杂且不统一等。这些问题导致投资者在做出投资决策时缺乏充分的信息保障，市场出现了投机和操纵的空间，极大地损害了市场的透明度和公正性。

为了完善信息披露制度，应进一步加强对上市公司财务报告、经营情况、重大风险事项的披露要求，严格信息披露的时效性和真实性。还应强化对中介机构（如会计师事务所、律师事务所等）的监管，确保其独立性和公正性，避免其为不法企业提供虚假或误导性的审计意见。在信息披露过程中，监管机构应鼓励使用标准化、可比的披露格式，使投资者能够更方便、直观地获取信息，减少投资决策的难度。

（2）加强法律法规建设，提高市场法治化水平。中国证券市场的发展离不开健全的法律法规体系。近年来，虽然中国的证券法规逐步完善，但仍存在一些问题，如部分法律规定滞后于市场发展、部分新兴市场行为缺乏法律支持、市场主体的违法成本较低、违法行为得不到有效惩治等。为了进一步完善证券市场的监管，必须加快法律法规的建设，弥补现有法规的空白和漏洞。

应进一步完善《中华人民共和国证券法》《中华人民共和国公司法》《中华人民共和国反垄断法》等相关法律，针对新兴的市场行为，如互联网金融、金融科技等领域的金融创新，制定更加明确的法律框架和监管规定。要提高证券市场的法治化水平，增强法律的威慑力，使违法行为的成本大大增加，形成有效的法律制裁机制。尤其是针对内幕交易、市场操纵等行为，监管机构应加大对违法者的处罚力度，做到"零容忍"，从而增强市场的规则意识和法治信任。

（3）加强行业自律，提升市场主体的自我约束能力。中国证券市场在过去的发展中，尽管通过政府强力监管取得了一定成效，但仍然依赖政府的行政手段，未能充分发挥市场主体的自律作用。现阶段，证券市场的自律机制存在较大的改进空间，尤其是在证券交易所、证券业协会等自律性组织的作用发挥方面。当前，这些自律性组织仍具有较强的行政色彩，缺乏独立性，未能真正实现市场主体自我约束的功能。

为加强行业自律，可采取以下措施。①通过法律和政策手段，赋予证券交易所和证券业协会更大的独立性和监管权力，确保其在市场监管中的地位和作用。通过明确这些自律性组织的职责和权利，使其能够在不依赖政府干预的情况下，独立执行市场规则和行业规范。②监管机构应通过完善自律规则和加强市场规则的执行力度，督促市场主体加强自身的合规管理，促进其自我约束和责任意识的增强。③证券市场的参与者（包括投资者、券商、上市公司等）需要增强自律意识。通过提高证券市场参与者的合规意识和道德标准，推动形成健康的市场文化，减少市场中的违法行为和不正当竞争，提升市场的整体公信力。

（4）完善跨境监管，适应国际化发展需求。随着中国证券市场的不断对外开放，尤其是通过沪港通、深港通、债券通等机制，中国资本市场与国际资本市场的联系越来越紧密，跨境监管问题逐渐成为中国证券市场监管的重要课题。由于国际证券市场监管存在差异及资本流动的复杂性，跨境监管的难度和风险不断增加。有效协调国内外监管机构的职责、防止跨境金融风险的传递和市场操纵，是中国证券监管体制需要完善的一个重要方面。

在跨境监管方面，中国应加强与其他国家和地区的监管合作，建立健全跨境监管机制。例如，可以通过建立国际证券监管合作平台，加强信息交流与共享，提升对国际资本流动和跨境投资行为的监管能力；针对跨境证券市场的违法行为，中国应强化司法协作机制，确保跨境违法行为得到及时制裁，并提升监管部门对境外证券市场的认知和监控能力。

（5）加强监管技术应用，提升监管效率。随着科技的进步，尤其是大数据、人工智能、区块链等技术的应用，证券市场的监管方式正面临转型。传统的人工监管方式已经难以应对证券市场的复杂性和动态变化。如何通过技术手段提高监管效率和精准度，已成为亟待解决的问题。

中国证券监管机构应加强科技手段的应用，推动监管数字化、智能化的发展。例如，运用大数据分析技术，对证券市场的交易数据、信息披露、资金流动等进行全面分析，提前识别潜在的市场风险和违法违规行为，做到早预警、早发现；通过人工智能技术，提高对市场异动和违法违规行为的识别能力，提升对投资者行为的监督效率。区块链技术可以在提高信息透明度、确保信息安全和防止数据篡改等方面发挥重要作用。

扩展阅读 1.10　2023 年 A 股全面实施注册制改革：提升市场透明度与国际竞争力

即测练习题 1.3

案例讨论 1.3　2008 年金融危机与证券市场监管失误

自学自测

扫描此码

复习思考题

1. 证券的基本定义是什么？请列举几种常见的证券类型，并简要描述每种类型的特点。

2. 证券市场按功能可分为哪几类？每类市场的主要功能是什么？

3. 请简述股票与债券的基本区别，并分别介绍其在证券市场中的作用。

4. 证券市场如何通过信息的传播和价格的发现来促进资源的配置？

5. 证券市场的流动性对投资者和公司有何意义？请结合实际案例说明。

6. 证券市场的主要参与者包括哪些？请分别简要介绍其在市场中的角色与功能。

7. 机构投资者与个人投资者在证券市场中的角色有何不同？为什么机构投资者的作用日益重要？

8. 请简述证券交易所和证券经纪商在证券市场中的作用，它们如何促进证券交易的顺畅进行？

9. 证券市场的监管机制分为哪些层次？它们的具体职能是什么？

10. 自律性监管机构与政府监管机构在证券市场中如何协同工作？请举例说明。

11. 证监会在中国证券市场中的主要职能是什么？它是如何提高市场的透明度与公平性的？

12. 请简述中国证券市场监管的发展历程，特别是从无实体监管部门到集中监管体制的过渡过程中，主要的阶段性变化有哪些。

13. 在中国证券市场的历史发展中，1981—1992 年是一个重要的时期。请描述这一时期中国证券市场监管的特点，并分析多部门分散监管体制带来的问题与挑战。

14. 中国证券市场的监管体制在法治建设和机构建设方面有哪些具体的成就？这些成就如何促进了市场的稳定和透明？

15. 随着市场的不断发展，中国证券市场的监管体系逐步完善。请分析证监会在推动市场透明度、合规性和国际化方面的主要举措，并探讨这些举措对市场投资者的影响。

第 2 章

股　票

【本章学习目标】

通过本章学习，学员应该能够：
1. 了解股票的含义，对股票有一个全面、清晰的认识。
2. 掌握股票的性质和特征。
3. 熟悉并掌握股票的类型及不同类型的特点。
4. 理解我国现行股票的种类及其作用。
5. 了解世界股票的历史和中国股票的发展历程。

引导案例

伯克希尔·哈撒韦经典投资——巴菲特锚定可口可乐

1987 年 10 月，全球股灾爆发，众多优质股票大幅下跌，可口可乐的股价也从高点每股 53 美元跌至 29 美元。1988 年年末，巴菲特开始买入可口可乐股票，当年以每股 41.80 美元的价格买入 1 417 万股。1989 年，他又以每股 47 美元的价格买入 918 万股。1994 年，巴菲特再次追加 660 万股，将持股总数凑整为 1 亿股。

对可口可乐的投资是巴菲特的经典之作。截至 1998 年年底，巴菲特在可口可乐的持股市值为 134 亿美元，10 年里增长了约 11 倍，年均复合收益率约 27%。巴菲特认为，可口可乐会继续成长，成为世界范围内的领先者，其投资的时点与远东经济的崛起——1988 年（中国改革开放 10 年）相匹配，一个更大的市场正向可口可乐打开大门。人口密集的亚洲四小龙、四小虎更是在 20 世纪 80 年代和 90 年代风头无两，预示着一个庞大的新兴消费市场正在形成。由此不难想象巴菲特为何强调可口可乐会成为世界范围内的领先者。巴菲特对可口可乐的投资不仅是对其品牌价值的认可，更是对全球消费趋势和市场前景的深刻洞察。

资料来源：鲁汇智，李喆飞，孙龙. 伯克希尔 60 年持续高增长之道[J]. 企业管理，2024(4)：81-84.

2.1 股票概述

被誉为"价值投资之父"的本杰明·格雷厄姆曾经提出过一个经典的比喻,他说:"资本市场长期来看是一台称重机,短期来看是一台投票机。"这意味着,从长期来看,股票的价格会反映公司的内在价值;而短期股票价格的波动则受市场参与者的情绪、心理预期、政策变动等多种因素的影响,就像投票一样具有不确定性。股票作为宏观经济的"晴雨表",能够反映出经济的整体状况和未来的发展趋势,对企业自身、投资者和整个经济体具有重要作用和深远意义。

2.1.1 股票的含义

股票的市场价值会随着公司业绩和市场预期的变化而波动,因此股票投资具有一定的风险。股票市场是资本市场的重要组成部分,为公司提供融资渠道,同时也为投资者提供了投资和获取收益的机会。

股票是有价证券的一种主要形式,是股份公司在筹集资本时发行的,用来证明投资者的股东身份和权益,并据此获得股息、红利,同时承担相应义务的书面凭证。投资者购买股票后,便成为公司的股东,有权参与公司的利润分配,并在公司决策中拥有一定的投票权,同时也需分担公司的责任和经营风险。购买股票也是购买企业生意的一部分,意味着可以与企业共同成长、发展。一旦投资者认购了某公司的股票,持有者便不能以任何理由向公司要求退还股本,但可以在证券市场上进行流通和转让。这意味着股票持有者可以在二级市场上将股票卖给其他投资者,从而实现资金的回笼。这种流通转让机制为投资者提供了灵活性,使他们可以在需要时退出投资,同时也为其他投资者提供了购买股票的机会。

2.1.2 股票的性质

1. 股票是有价证券——反映财产权

有价证券是财产和价值的统一表现形式。如果手中持有有价证券,一方面表示拥有一定价值量的财产;另一方面也可以行使该证券所代表的权利,包括股东要求股份公司按规定分配股息和红利的请求权。有价证券不仅仅是一张纸,它背后蕴含着一系列经济利益和法律权益,使持有者能够在公司运营中获得相应的回报。尽管股票本身没有内在价值,但股票所代表的请求权可以用财产价值来衡量,从而可以在证券市场上进行买卖和转让。

2. 股票是要式证券——证明合法权

股票必须符合《中华人民共和国公司法》所规定的基本要求和内容。这些要求包括但不限于公司的基本信息、股东的权利和义务、股票的种类和数量等。所有这些记载事项必须真实、准确、完整，不得有任何虚假或遗漏。只有当股票具备了这些法定要件，才能确保其具备法律效力，从而在市场上流通和交易。如果股票缺少了这些规定要件，那么它将无法得到法律的认可和保护，进而失去其应有的法律效力，持有者也无法通过法律途径维护自己的权益。股票的要式性保证了股票的规范性、合法性及交易的安全性，这对于维护证券市场秩序起到了至关重要的作用。

3. 股票是证权证券——证明股东权

证权证券是指证券作为权利的一种物化外在形式，它是权利的载体，而权利本身是已经存在的。我们知道股票代表股东的权利，只是把已经存在的股东权利表现为证券的形式，它的作用不是创造，而是证明股东的权利。股东的权利不会因股票的损毁或遗失而消失，所以说股票被称为证权证券。这可以类比为一个人已经拥有了房子，房产证用来证明房子归这个人所有。而设权证券则是指证券所代表的权利本来不存在，而是随着证券的制作而产生，即权利的发生是以证券的制作和存在为条件，如票据类的汇票、本票、支票。

4. 股票是资本证券——虚拟资本

对于公司而言，股份公司发行股票是一种吸引认购者投资以筹措公司自有资本的手段；对于认购股票的人来说，购买股票就是一种投资行为。因此，股票是投入股份公司资本份额的证券化，属于资本证券。股票不是一种现实的资本，股份公司通过发行股票筹措的资金是公司运营的真实资本，而股票独立于真实资本之外，在股票市场上进行着独立的价值运动，是一种虚拟资本。

5. 股票是综合权利证券——权利综合性

股票不属于物权证券，也不属于债权证券，而是一种综合权利证券。物权证券是指证券持有者对公司财产有直接支配处理权的证券。债权证券是指证券持有者为公司债权人的证券。股票持有者作为股份公司的股东，享有股东权，是一种综合权利，包括参加股东大会、投票表决权、参与公司的重大决策和知情权。此外，股票还附带一些经济利益，如股息分配权和剩余财产分配权等。这些权利的综合体现了股东在公司中的地位和利益，使股票成为一种复杂的金融工具，它将所有权、管理权和经济利益紧密结合在一起，但股东也需共同承担公司运作失误所带来的风险。

2.1.3 股票的特征

1. 收益性

收益性是股票具有的最基本特征。从投资者的角度分析，其持有股票的目的在于获取收益。股票的收益来源可分为两类：一是来自股份公司，持有者享有从公司领取股息和分享公司红利的权利。二是来自股票流通，投资者在二级市场中进行转让买卖，通过低买高卖的方式获得差价收益（资本利得）。股票收益的大小取决于公司的经营状况、盈利水平及市场对公司的预期。因此，投资者在选择股票时需要综合考虑公司的财务状况、行业地位、成长性及市场情绪等因素。通常，投资股票所获收益高于银行储蓄的利息收入，也高于投资债券的利息收入。

2. 风险性

股票风险性的内涵即股票投资收益的不确定性，或者说是实际收益与预期收益之间的偏离程度。股票的风险性是与股票的收益性相对应的，投资者投资股票既可能获得较高的预期投资收益，也可能承担较大的投资风险。由于股票价格受多种因素影响，如市场供求关系、宏观经济状况、公司经营业绩、政治事件、自然灾害等，股票价格波动较大，投资风险也相应较高。股票市场价值会随着公司业绩和市场预期的变化而波动，股票投资具有一定的风险性。所以投资者在享受股票带来的潜在高收益的同时，也必须面对可能的资本损失。此外，股票市场的波动性还意味着投资者可能面临流动性风险，即在需要时无法及时以合理价格卖出股票。因此，投资者在进行股票投资时，应充分评估自身的风险承受能力，并采取相应的风险管理措施，如分散投资、设置止损点等，以降低潜在的损失风险。

3. 流通性

流通性也可称为流动性，是指股票可以依法转让并变现的特征，即股票能够在市场上自由买卖，且买卖过程简便快捷，不会受到过多限制的特性。股票作为一种有价证券，它保证了投资者可以随时在二级市场上买卖或转让，也可用作抵押，因此持票人在需要现金时可立即在股票市场上出售股票，从而满足其资金需求或调整投资组合。由此可见，股票是一种流通性较强的有价证券，是一种灵活的投资工具。正因如此，股票在会计上被划分为流动资产。但是股票本身也存在流通性强弱之分，投资者在选择股票时，除了考虑收益性和风险性外，流通性也成为一个重要的考量因素。

4. 永久性

股票所承载权利的有效性是始终不变的，因为它是一种无期限的法律凭证，也称为无期限性。假设小郑同学投资某公司股票，在一般情况下，只要股份公司存在，小郑同学就可以一直持有该股票，并且公司不能中途要求其退股抽回资金。所以说，股票投资具有不可撤回性，是一种长期且无确定期限的永久性投资。由于股票的永久性，投资者在购买股票时可以更加放心，因为这些权利不会在短期内消失，从而为其提供了一种稳定的投资保障。

5. 权责性

（1）参与经营权。股票持有人有权参与公司重大决策，主要方式包括出席股东大会、对重大经营事项进行投票表决、有选举权与被选举权等。

（2）盈余分配权。股东有权参与公司盈利分配，即股东可凭其持有的股份向股份公司领取股息和参与分红。

（3）剩余财产分配权。在公司解散或破产时，在清偿债权人的债务后，股东对公司剩余财产享有分配请求权。

（4）有限责任。在公司解散或破产时，股东应向公司的债权人承担清偿债务的责任，但该责任为有限责任，仅以股东所持股份为限。

综上所述，股票作为一种重要的证券投资工具，在现代金融市场中扮演着举足轻重的角色。它不仅是投资者实现资本增值和获取收益的重要手段，也是企业筹集资金、扩大经营规模的重要途径。通过发行股票，企业能够吸引更多的投资者，从而获得更多的资金支持，推动业务发展和技术创新。同时，股票市场的波动也反映了宏观经济的运行状况，成为投资者和政策制定者关注的焦点。因此，股票在现代金融体系中具有不可替代的地位和作用。

扩展阅读 2.1　透视 2024 年拼多多股票——收益与风险共舞

2.1.4　股票的功能

股票作为现代证券市场中的有价证券，其作用主要体现在以下几个方面。

1. 对于企业而言

（1）拓宽融资渠道。如果企业仅依赖银行贷款或内部融资等少数融资渠道，一旦这些渠道出现问题，如银行收紧信贷政策或者企业自身资金积累不足，企业就会面临资金短缺的问题。股票发行使企业能够广泛地从社会公众、机构投资者等各类主体筹集大量资金，这些资金可直接用于企业的创办设立、扩大生产规模、更新技术设备、研发新产品或开拓新市场等关键发展环节，有力推动企业的成长与扩张，助力企业实现规模经济和产业升级，增强企业在市场中的竞争力与可持续发展能力。

（2）有效分散风险。发行股票有助于企业将经营风险分散给广大股东，使企业的股权结构更加分散，也有助于防止企业被少数内部人（如控股股东或管理层）过度控制。特别是一些高新技术产业，由于经营风险较大，通过发行股票可以将风险转嫁或分摊给他人，降低企业自身的风险承担。发行股票后，企业会有众多股东，这些股东有不同的背景，他们可能在行业经验、管理理念、市场洞察等方面各有所长。在企业的重大经营决策过程中，股东可以发挥监督作用，并且能够提供多样化的建议。例如，有的股东可能在市场营销方面具有丰富的经验，他们可以为企业的产品推广和品牌建设提供新思路；有的股东对行业技术发展趋势有深入研究，能够为企业的研发方向提供参考。这种多视角的监督和建议有助于企业做出更科学合理的经营决策，降低因管理层决策失误而导致的经营风险。

（3）优化资本结构。相较于债务融资，股权融资（发行股票）无须偿还本金和固定利息，企业可以将筹集到的资金灵活应用于长期发展项目，减轻企业在短期内的财务压力，优化企业的财务结构，使企业在面对经济周期波动和市场不确定性时，拥有更稳健的财务状况和更强的经营灵活性。当企业经营遇到困难、利润下滑时，债务融资的利息支出会成为企业沉重的负担，甚至可能导致企业资金链断裂。而通过发行股票筹集的资金，没有固定的偿债压力，企业可以更灵活地安排资金使用，即使在公司经营不善期间，也能将更多精力放在业务调整和恢复上，降低因偿债压力导致的财务风险，为企业的长期稳定运营提供保障。

（4）增强市场认可度。成功发行股票的企业通常经过了严格的审核和市场的认可，会被市场认为具有一定的规模和发展潜力。这会提升企业在供应商、客户和合作伙伴心中的形象，提升企业的信誉度。例如，当一家企业成功上市发行股票时，它在行业内的声誉可能会提高，更容易吸引优质的供应商与其合作，获得更有利的采购条件；也会让客户对其更加信任，增加产品的市场竞争力，从而推动企业的盈利增长，实现创业资本增值。在面对市场波动、行业危机或者不可抗力因素时，信誉良好的企业更容易获得金融机构的支持，如在需要额外资金进行债务展期、应急资金贷款或者贸易信贷等方面，会比非上市公司更具优势。这种额外的融资能力可使企业在遭遇风险时有更多的资源来应对危机，增强企业的抗风险能力。

（5）公司监督治理。股票的公开发行使企业的所有权分散化，众多股东基于自身利益对公司管理层的经营决策进行监督和约束，促使管理层更加勤勉尽责地运营公司，努力提升公司业绩，以实现股东价值最大化，避免管理层的短视行为和道德风险，保障企业的长期健康发展，提升公司治理水平和透明度，增强市场对企业的信心。

股东通过行使投票权，参与公司的重大决策，如选举董事会成员、审批重大投资项目、决定公司战略方向等，能够将市场机制引入公司治理过程，使公司决策更加科学、民主，符合市场规律和股东利益，促进企业内部治理结构的完善和优化，提高企业应对市场变化和竞争挑战的能力，增强企业的可持续发展能力和市场竞争力。

2. 对于投资者而言

（1）拓宽投资渠道。股票为投资者提供了一种参与企业利润分配和资本增值的方式。投资者通过购买股票成为企业的股东，有权获得企业的分红，并在股票价格上涨时获得资本利得。股票作为一种风险资产，与债券、现金、房地产等其他资产类别具有不同的风险收益特征。在投资组合中纳入股票，可通过资产配置的多元化降低单一资产波动对整体资产组合的影响，提高投资组合的预期收益，帮助投资者在不同的经济环境和市场条件下，实现风险与收益的平衡，构建更加稳健、高效的投资组合，满足不同投资者的风险偏好和投资目标。

（2）分散投资风险。投资者在构建投资组合时，往往希望实现风险的分散，避免将所有资金投入单一资产或行业中。通过购买不同公司、不同行业，甚至不同国家的股票，投资者可以将资金分散到多个投资标的上，从而降低单一投资带来的风险。当某个行业或公司遭遇困境时，其他行业或公司的表现可能相对较好，从而在一定程度上抵消了部分投资风险。这种风险分散的效果有助于投资者保持投资组合的稳定性和可持续性，避免因单一投资失败而导致的重大损失。投资者可以通过购买不同行业、不同地区的股票来分散投资风险，降低单一投资带来的风险。

（3）实现财富增值。长期来看，优质股票的价格往往随着企业的成长和盈利增加而上涨，投资者通过持有股票，除了可能获得企业分红收益外，还能实现资本增值，分享经济增长带来的财富效应，为个人和家庭积累财富，提升生活质量和经济保障，实现资产的保值增值。尤其是在长期投资视野下，股票投资为投资者提供了战胜通货膨胀、实现资产稳健增长的重要途径。

3. 对于国家而言

（1）促进经济发展。上市公司通过发行股票筹集资金，用于扩大生产规模、引进先进技术、研发新产品及提升市场竞争力。这些活动直接推动了企业的快速发展，为企业提供了融资渠道，有助于推动经济发展。同时，还增加了就业机会。上市公司的发展可以带动相关产业的发展，从而增加就业机会，促进社会经济稳定发展。

（2）资源配置功能。股票交易通过价格机制和投资者的买卖决策，引导资金流向那些经营效益良好、发展前景广阔、创新能力强的企业，使这些企业能够获得充足的资金支持，实现资源的高效利用和优化配置，促进产业结构的调整与升级，推动经济朝着创新驱动、高效发展的方向迈进，提升整个社会经济的运行效率和质量。

投资者根据对不同行业、企业的预期和分析进行股票投资，可以促使资金从低效或夕阳产业流向新兴、高效产业，加速淘汰落后产能，扶持新兴产业发展，实现社会资源在各产业间的合理分配，助力经济结构的优化转型，推动经济的可持续发展和创新发展，增强经济的整体活力和竞争力。

2.1.5　股票的历史发展

随着企业经营规模的扩大与资本需求不足的情况出现，需要一种新的方式来帮助公司获得大量的资本金，于是产生了以股份公司形态出现的、股东共同出资经营的企业组织。股份公司的变化和发展催生了股票形态的融资活动；股票融资的发展促进了股票交易的需求；股票交易的需求推动了股票市场的形成和发展；而股票市场的成长与演化最终又加速了股票融资活动以及股份公司的完善与发展。

1. 世界股票历史

股票最早出现于资本主义国家。至 2025 年，股票已有将近 400 年的历史，它伴随着股份公司的出现而诞生。

（1）早期形成（17—18 世纪）。世界上最早的股份有限公司制度诞生于 17 世纪。荷兰东印度公司于 1602 年成为历史上第一家发行股票的公司。股份公司这种企业组织形态出现以后，很快被资本主义国家广泛利用，成为资本主义国家企业组织的重要形式之一。伴随着股份公司的诞生和发展，以股票形式集资入股的方式也得到了发展，并且产生了买卖、交易、转让股票的需求。这样，就带动了股票市场的出现和形成，并促使股票市场完善和发展。

自 1611 年起，东印度公司的股东就在阿姆斯特丹股票交易所进行股票交易，并且后来有了专门的经纪人撮合交易。阿姆斯特丹股票交易所形成了世界上第一个股票市场，这一创新举措标志着股市的初步形成，并为后续的金融市场发展奠定了基础。随着时间的推移，股市逐渐发展起来，吸引了越来越多的投资者和企业参与。现今股份有限公司已经成为最基本的企业组织形式之一，股票已经成为大企业筹资的重要渠道和方式，亦是投资者投资的基本选择方式。

18 世纪，华尔街开始崭露头角，并逐渐发展成为全球最重要的金融中心之一。这一时期的华尔街见证了金融市场的繁荣和交易的活跃，为后续的股市发展提供了有力的支撑。

（2）快速发展（19 世纪）。19 世纪，工业革命在全球范围内迅速推进，推动了经济的快速增长。伴随着企业对资金需求的不断增加，股票市场也迎来了快速增长期，并随之进一步壮大。这一时期，股票市场成为企业融资的重要渠道，同时也为投资者提供了丰富的投资选择。例如，美国为了促进内陆运输和贸易发展，掀起了一股运河建设热潮。为了筹集运河建设的巨额资金，许多运河公司开始发行股票，吸引公众投资。这些股票不仅为运河建设提供了资金支持，也为投资者提供了分享运河运营收益的机会。

在英国，随着铁路技术的成熟和运输需求的增加，铁路建设成为当时最重要的基础设施建设项目之一。为了筹集铁路建设的资金，许多铁路公司开始发行股票。这些股票的发行不仅满足了铁路建设的资金需求，也推动了铁路网络的扩展和完善，进而促进了经济的快速发展。发行铁路股票的目的还包括增加自有资本、扩大经营规模及满足证券交易所的上市标准等。通过发行股票，铁路公司能够吸引更多的投资者和资金，为公司的长期发展奠定基础。

随着工业革命的深入，钢铁、纺织等工业部门得到了快速发展。为了筹集生产资金、扩大生产规模以及提高生产效率，这些工业公司也开始发行股票。这些股票的发行不仅满足了公司的资金需求，也为投资者提供了分享工业发展成果的机会。此外，一些已经成立的工业公司为了改善经营、增加自有资本或满足其他特定需求，也会选择发行新股。这些新股的发行通常具有明确的发行目的和计划，能够为公司带来新的资金和发展机遇。19 世纪的股票市场上涌现出了多种典型的股票种类，它们的发行目的各不相同，但都是为了满足当时经济发展的需要。这些股票的发行不仅推动了相关产业的快速发展，也为投资者提供了多样化的投资选择和机会。

（3）波动与调整（20 世纪）。20 世纪，股市经历了多次重大事件的冲击，包括两次世界大战、经济大萧条及石油危机等。这些事件对股市产生了深远的影响，导致股市出现大幅波动。然而，在经历这些挑战后，股市逐渐形成了更为完善的监管制度，为后续的稳定发展提供了有力保障。

在 20 世纪 20 年代，美国经济繁荣，股市经历了长期的上涨，投机氛围浓厚。然而，1929 年 10 月 24 日，美国股市突然暴跌，随后几天股价持续大幅下跌，引发了全球经济大萧条。在这次股灾中，许多股票遭受了重创，如美国通用汽车公司、无线电公司等，这些公司的股价在短时间内大幅下跌，投资者损失惨重。

1987 年 10 月 19 日，全球股市遭遇了历史上最大单日跌幅之一，美国股市道琼斯工业平均指数暴跌 508 点，跌幅达 22.6%，创下历史最大单日跌幅。全球其他主要股市也纷纷大幅下跌。在这次股灾中，许多知名公司的股票都受到了严重影响，如 IBM、可口可乐等，它们的股价在短时间内大幅下跌，投资者信心受到严重打击。

20 世纪股市经历了多次重大波动与调整，这些事件对股市产生了深远的影响。然而，这些事件也促使股市监管制度的不断完善和后续的稳定发展。

扩展阅读 2.2　1929 年美国股市大萧条——美国铁路公司

（4）现代创新（20 世纪末至今）。20 世纪 90 年代末至21 世纪初，互联网热潮席卷全球，许多互联网公司纷纷上市，股价飙升。然而，在 2000 年至 2002 年间，纳斯达克综合指数在互联网热潮的推动下达到了前所未有的高度后急剧下滑，标志着互联网泡沫的破裂。在这次泡沫破裂中，许多未实现盈利的互联网创业公司破产，如雅虎、网景等，它们的股价从高点大幅下跌，投资者损失惨重。

2008 年，由美国次贷危机引发的全球金融危机爆发，导致全球股市大幅下挫。在这场危机中，许多金融机构和大型企业的股票都受到了严重影响，如雷曼兄弟公司、美林证券等，这些公司最终破产或被收购，股价跌幅巨大。同时，许多其他行业的公司股票也受到了波及，如汽车制造商通用汽车、福特等，它们的股价也大幅下跌。

进入 21 世纪，随着科技的飞速发展，电子交易逐渐普及，股市交易更加便捷、高效。同时，金融衍生品也呈现出多样化的趋势，为投资者提供了更为丰富的投资工具和策略选择。这些创新举措不仅推动了股市的持续发展，也为全球金融市场的繁荣做出了重要贡献。

2. 中国股票史

1）早期萌芽阶段（19 世纪末至 1949 年）

1872 年，李鸿章受到容闳的启发，与盛宣怀面向社会筹集资本兴办了轮船招商局，并发行了股票。这只股票在十年间从原始股每股 100 两白银被炒到了每股 265 两白银，引起了其他民族工商企业的效仿，成为中国近代股份制企业和股票市场的开端，这是中国人自己发行的第一张股票。

1882 年，华商组织了上海"平准股票公司"，外商组织了"股票掮客公会"，这是中国最早出现的专门从事股票交易的机构。

1891 年，洋商开办上海股份公所。

1902 年，清政府建立了上海众业公所。

1914 年，上海证券物品交易所成立，交易品种主要是外资公司股票，逐渐发展到包括民族资本企业的股票。

20 世纪 20—30 年代，民族资本崛起，许多新兴工业公司开始发行股票，上海成为亚洲最重要的金融中心之一，股市一度繁荣。

1937—1949 年，抗日战争与解放战争期间，股市交易频繁中断，经济动荡严重。

2）改革开放前的停滞阶段（1949—1980 年）

新中国成立后至改革开放前，我国实行计划经济体制，证券市场被完全取缔，股票交易和资本市场几乎在中国消失，国有企业以国家直接投资为主。

3）改革开放后的恢复与初步发展阶段（1980—1990 年）

1984 年 11 月 18 日，上海飞乐音响公司发行股票，这是新中国第一只公开发行的股票。

1986 年 9 月 26 日，飞乐音响与延中实业两只股票率先在中国工商银行上海信托投资公司静安证券部进行柜台交易，这是我国改革开放以来第一次进行的股票买卖交易。

1986 年 11 月 14 日，邓小平会见美国纽约证券交易所董事长约翰·凡尔霖，并将一张面额为人民币 50 元的上海飞乐音响公司股票送给凡尔霖。这张"小飞乐"股票成为第一张被外国人拥有的中国股票。

1987 年 9 月 27 日，第一家证券公司——深圳特区证券公司成立。

1988 年 7 月 9 日，人民银行召开了证券市场座谈会，由人民银行牵头组成证券交易所研究设计小组。

4）交易所成立与市场规范阶段（1990 年）

1990 年 12 月 1 日，深圳证券交易所试营业。

1990 年 12 月 19 日，上海证券交易所举行开业典礼，首批"老八股"上市，包括延中实业、申华电工、真空电子、爱使电子、飞乐音响、飞乐股份、豫园商城、浙江凤凰等。

1991 年 7 月 3 日，深圳证券交易所正式营业。

5）快速发展阶段（20 世纪 90 年代末至 21 世纪初）

1992 年，放开涨跌幅并实行 T + 0 交易制度。

1996 年，开始实行涨跌幅限制。

1997 年，香港回归，恒生指数创出历史新高。

6）进一步完善与国际化阶段（21 世纪初至今）。

2004 年 7 月 16 日，沪港通开通，中国资本市场对外开放迈出重要步伐。

2015 年，"疯牛"与"股灾"交替，千股涨停与千股跌停奇观频频出现。

2016 年，熔断制度导致两市全天仅交易 15 分钟的奇观。

2019 年，科创板在上海证券交易所设立，为科技创新企业提供了更加灵活的融资渠道。

2023 年，中国全面实行股票发行注册制改革正式启动。

2024 年，中国股市在经历了长达三年的下跌后，迎来了转机。

中国股票市场与世界股票市场都是为企业提供融资的平台，促进资本的流动和优化配置，都经历了从无到有、从小到大的发展过程，在发展过程中都不断完善交易制度、监管制度等，都受宏观经济环境、政策变化、国际经济形势等因素的影响。但中国股票市场发展时间相对较短，在发展初期受到政府的较多干预和引导，是在从计划经济向市场经济转型过程中逐步形成的，是在改革开放后逐步建立和发展起来的；世界股票市场发展时间较长，如荷兰、美国等国家的股票市场已有数百年历史，而世界上一些成熟的股票市场，在早期更多地是由商业活动和市场需求自然推动形成的。

融资需求推动股票市场从无到有、从简单到复杂逐步形成和发展，而股票市场在形成后，又反作用于股票融资活动，促使其在制度、规模、效率等方面不断完善和扩张。这个过程不是简单的循环。在每一次互动中，股票融资和股票市场都上升到一个新的高度，就像螺旋一样逐步向上发展，这可以称为"股票融资—股票市场协同进化机制"。两者相互影响、共同进步，就像生物界中的协同进化一样，彼此适应、共同成长。

扩展阅读 2.3　中国资本市场的萌芽——上海飞乐音响公司股票

即测练习题 2.1

案例讨论 2.1　中国股市"泰坦尼克号"——琼民源

自学自测

扫描此码

2.2 股票的分类

股票的分类是指根据不同的标准和特征,将股票市场上的各种股票进行划分和归类的过程。不同的分类方式有助于投资者更好地理解股票的特性和风险,从而做出更为明智的投资决策。

2.2.1 按股票有无记名划分

按股票有无记名划分,股票可以分为记名股票和不记名股票。

记名股票是指在发行时,股票上记载了股东的姓名或名称,并且在公司股东名册上登记的股票。这种股票的特点是股东身份明确,便于公司管理和分红派息。而不记名股票则不记载股东姓名,持有者即为股东,这种股票的转让相对简便,但公司对股东的了解可能较少,管理上不如记名股票直接。

在实际操作中,记名股票和不记名股票各有其适用场景。例如,对于一些需要严格控制股东身份的公司,如家族企业或特定行业的企业,记名股票可以更好地维护公司的控制权,也有利于保障股东的权益。而对于希望简化交易流程、提高股票流动性、吸引更广泛投资者的公司,不记名股票则较受欢迎。

在现代金融市场中,个人投资者购买的股票主要是记名股票。证券交易所的交易系统会记录股票所有者的信息。如果股票被盗、遗失或被非法转让,投资者可以通过法律程序和证券登记机构的记录来主张自己的权益,要求恢复股权登记等相关措施。同时,金融监管机构要求证券登记结算机构对股票的所有权进行明确登记,以确保市场的公平、公正、有序,防止市场操纵和欺诈行为。所以从监管和维护市场秩序的角度来看,记名股票是主流形式。

2.2.2 按是否在股票上标明票面金额划分

按是否在股票上标明票面金额划分,股票可以分为有面额股票和无面额股票。

有面额股票是指在股票票面上记载一定金额的股票,这金额也称为票面金额、票面价值或股票面值。在股票发行阶段,有票面金额的股票便于公司确定筹资的规模和股本结构。比如,公司计划筹资1 000万元,若股票票面金额为1元,就可以发行1 000万股。从投资者的角度来看,票面金额是一个参考。在证券市场交易初期,有面额股票有助于投资者直观地了解股票的价值基础,尤其是对新入市的个人投资者来说,更容易理解股票的基本价值。无面额股票指在股票票面上不记载股票金额,只注明它在公司总股本中所占比例的股票,也称为比例股票或份额股票。目前世界上很多国家(包括中国)的公司规定不允许发行这种股票。

股票的实际价值（市场价格）因受多种因素的影响，可能与票面金额不同。例如，某公司经营良好，市场预期其未来盈利会持续增长，那么这只股票的市场价格可能会达到 10 元。此时，票面金额 1 元主要用于计算公司的股本等数据。例如，公司发行了 1 000 万股，那么股本就是 1 000 万元（1 元/股 × 1 000 万股）；而 10 元的市场价格则是投资者在股票市场上买卖这只股票的实际价格，这个价格反映了公司的盈利能力、行业前景、宏观经济环境等诸多因素。

2.2.3 按股票所代表的股东权利划分

按股票所代表的股东权利划分，股票可以分为普通股和优先股。

1. 普通股

普通股（common stock）是最基本、最常见、风险较大的一种标准股票，其持有者享有股东的基本权利和义务。普通股是构成公司资本的基础，是股票的一种基本形式。

现在在上海和深圳证券交易所进行交易的股票都是普通股。例如，小郑同学购买某公司的普通股后，其股利随公司盈利情况而变化，在公司盈利较多时，小郑同学可获得较高的股利收益，但在公司盈利和财产分配顺序上列在债权人和优先股股东之后，故其承担的风险也较高。

普通股股东按其所持股份比例享有以下基本权利。

（1）公司重大决策参与权。普通股股东有权参与股东大会，并享有表决权和选举权，也可以委托他人代表其行使股东权利。

（2）利润分配权。普通股股东有权从公司利润中获得股息。普通股的股息是不固定的，由公司盈利状况及其分配政策决定。普通股股东必须在优先股股东取得固定股息之后，才有权享受股息分配。

（3）优先认股权。如果公司因扩张需要增发普通股股票，现有普通股股东有权按其持股比例，以低于市价的某一特定价格优先购买一定数量的新发行股票，从而保持其原有的持股比例。这意味着，在公司发行新股时，他们有权按照持股比例优先购买新发行的股票，以维持其在公司中的股权比例不变。这种权利对于普通股股东来说是一种保护措施，防止因新资本的注入而稀释其股权。

（4）剩余资产分配权。当公司破产或清算时，若公司的资产在偿还债务后还有剩余，其剩余部分将按先优先股股东、后普通股股东的顺序进行分配。

2. 优先股

优先股（preferred stock）是一种特殊类型的股票。一般情况下，优先股股东不能参与公司的经营管理，不享有投票表决权，而是在其股东权利、义务中附加了某些特别条件，即优先权利。

（1）优先股的特征。其大致可以分为以下几个方面。

①优先分配权。优先股股东虽然在决策上没有表决权，但在收益分配上与普通股股东有很大不同，即享有优先分配权。在公司分配利润时，持有优先股的股东比持有普通股的股东优先分配，同时享受固定金额的股利。优先股的股利是相对固定的，在公司发行股票时就已确定了未来的股息率。优先股股东在公司盈利良好时，可以得到固定的股息收益，但当公司面临财务困境时，优先股的固定股息支付也可能会受到影响。

②优先求偿权。若公司破产或清算时，优先股股东相较于普通股股东有更高的求偿顺序，即在分配剩余财产时，优先股股东优先于普通股股东分配。因此，优先股的风险比普通股要小。

③优先股股票可由公司赎回。这种赎回机制通常在公司发行优先股时就已经明确，公司有权在特定条件下购回这些股票。例如，公司可能在优先股发行时约定，经过一定年限后，公司可以按照事先约定的价格赎回这些股票。这种做法对投资者而言，提供了一定程度的资本保障，因为公司赎回通常意味着投资者可以得到固定的回报。同时，对发行公司而言，赎回条款可以作为一种财务策略，帮助公司调整资本结构、优化财务状况。此外，赎回条款的存在也使公司能够在未来市场条件有利时，减少支付的股息负担，从而提高公司的财务灵活性。然而，赎回机制也可能带来一定的风险。比如，在市场利率下降时，公司赎回优先股可能会导致投资者错失更高收益的机会。因此，投资者在购买优先股时，需要仔细评估赎回条款，理解其对投资回报和风险的影响。

（2）优先股的分类。根据优先股所包含的权利和义务的不同，优先股可以分为以下几种。

①累积优先股和非累积优先股。累积优先股是指在某经营年度内，在公司盈利的情况下，如果当年的股息未能完全支付，即盈利不足以分派规定的股息时，未支付的部分将会累计到下一年度，与下一年度的股息一起补发。这种优先股为投资者提供了稳定的收入保障，尤其在公司盈利波动较大的情况下，能够给予投资者更多的安全感。

非累积优先股则没有这种累积支付的特性，如果当年的股息未能支付，这部分股息就会丧失，不会转移到下一年度，股东也不可要求公司在以后的财务年度补发。优先股股东只能获得当年实际支付的股息。

累积优先股和非累积优先股是两种不同类型的优先股，它们在股息分配方面有本质的区别，在两者间选择时，投资者需要考虑自身的风险偏好和投资策略。对于寻求稳定现金流的投资者来说，累积优先股可能是一个更好的选择，因为它能够提供一种潜在的收入保障，具有更大的优越性；而对于那些能够接受更高风险、寻求更高回报的投资者，非累积优先股可能更具吸引力，尤其是在公司前景看好、预期未来会有较高盈利的情况下。

②可转换优先股和不可转换优先股。可转换优先股是允许持有者在一定时期内的特定条件下将优先股转换为普通股或公司债券的一种优先股。转换的比例往往是事先确定的，其数值取决于优先股和普通股的现行价格。例如，每股可转换优先股的价格为 100 元，每股普通股的现行价格为 25 元，就可能会规定在今后一定时期（如 2 年）内，以 1 股优先股转换为 4 股普通股。这种转换权为投资者提供了额外的灵活性和潜在的增值机会。如当公司盈利增加、股价上涨到一定程度时，投资者可以选择将优先股转换成普通股，从而享受普通股可能带来的更高资本增值，并同时获得公司表决权，参与公司的经营和管理；当公司的发展受阻、盈利减少、支付股息发生困难时，持有者可选择将手中优先股转换成公司债券，将股东身份转换为债权人身份，从而在规定期限内收回本金以减少损失。

不可转换优先股是指不能转换成普通股的优先股，不具备转换的权利，不可转换优先股只能获得固定股利报酬，而不能获得转换收益。

③参与分配优先股和不参与分配优先股。参与分配优先股是指在公司盈利增加分配利润时，除了获得固定比率的股息外，还可以和普通股一样按照约定的比例参与额外利润的分配。这种优先股通常具有较高的吸引力，因为它为投资者提供了额外的收益机会。

相比之下，不参与分配优先股则仅限于获得固定的股息，不参与公司利润的额外分配。例如，一家公司发行了参与分配优先股，其固定股息率为 5%，并且在公司盈利超过一定水平后，优先股股东还可以获得额外的 2% 的利润分配。这使优先股股东在公司业绩良好时能够享受到更多的收益。而另一家公司发行的不参与分配优先股，虽然固定股息率也是 5%，但无论公司盈利如何，股东都只能获得这 5% 的股息，没有额外的利润分配。

④可回购优先股和不可回购优先股。可回购优先股又称可赎回优先股，它赋予股份公司在未来某一特定时间根据自身需要以预定价格回购股份的权利，这为公司提供了资金管理的灵活性。例如，当公司拥有充足的现金流时，可以选择回购这些股份，从而减少财务成本，回购价格一般会高于发行价格。发行人要求回购优先股的，必须完全支付所欠股息，但商业银行发行优先股补充资本的除外。优先股回购后，相应减记发行在外的优先股股份总数。

不可回购优先股则没有这种灵活性，股东需持有这些股份直至公司解散或清算。这种类型的优先股通常为投资者提供更高的固定股息率，作为对其缺乏流动性的一种补偿。在投资决策中，投资者需要权衡可赎回优先股的灵活性与不可赎回优先股的高固定收益之间的利弊。

⑤股息可调优先股和股息不可调优先股。股息可调优先股通常具有一定的灵活性，允许公司在特定条件下调整股息支付率。这种优先股的特点是：当公司盈利状况良好

时，可以提高股息率，以吸引投资者；而在公司盈利不佳时，则可以适当降低股息率，减轻公司的财务压力。相比之下，股息不可调优先股则为投资者提供一个固定的股息回报，无论公司经营状况如何变化，投资者都能获得稳定的收益。这种优先股的稳定性对于寻求稳定收入的投资者来说具有很大吸引力。例如，在经济环境不稳定或市场波动较大的时期，股息不可调优先股能够为投资者提供一个相对安全的避风港，帮助他们规避市场风险，保持投资组合的稳定性。然而，这种优先股的缺点在于，它不能反映公司盈利状况的改善，投资者无法享受到公司业绩增长带来的额外收益。因此，投资者在选择股息可调优先股还是股息不可调优先股时，需要根据自身的风险偏好和投资目标进行权衡。

综上所述，这种分类方式是最主要且最基本的分类方法，即按照股票所代表的股东权利不同进行划分。普通股和优先股的区别显而易见。

普通股通常赋予股东发言和投票表决权，允许他们在公司决策中发表意见，而优先股则通常不提供投票权；普通股持有者根据公司盈利状况按比例获得不固定股息，而优先股股东在股息分配上享有优先权，即在普通股股东之前获得固定股息；在公司破产清算时，在偿还债务后，优先股股东通常也比普通股股东有更高的剩余资产分配优先级；在优先认股权上，普通股股东通常享有优先认股权，相比之下，优先股股东一般不享有这种权利，因为优先股的股息通常是固定的，与公司盈利状况关联不大，所以优先股股东在公司融资时的权益不会受到太大影响。在流通性方面，优先股一般不上市流通，而普通股可以上市流通。这种分类方式不仅体现了股东权利的差异，也反映了公司融资结构的复杂性。投资者可以根据自己的投资偏好和风险承受能力，更明智地选择适合自己的投资产品，公司也能根据自身发展需要，选择合适的融资方式。

扩展阅读 2.4 阿里巴巴和蚂蚁金服认购滴滴出行 2 亿美元优先股

2.2.4 按照是否可上市交易划分

按照是否可上市交易划分，股票可以分为上市交易股票和非上市交易股票。

（1）上市交易股票。通常指的是在证券交易所注册并公开交易的股票。这类股票的流通性较强，投资者可以随时在市场上买卖。

（2）非上市交易股票。包括私人持有的股票及一些未在公开市场上市的公司股票。这类股票的流通性较低，通常不能在公开市场上自由买卖，交易需要通过柜台转让或私下协议转让进行。我国目前上市公司的部分国有股、法人股的上市交易会有一定限制，还有一些公司高级管理人员所持有的股票在规定期限内不得上市流通交易。

即测练习题 2.2

案例讨论 2.2　"蔚来汽车"的
多渠道融资之路

自学自测　　扫描此码

2.3　中国现行股票种类

中国现行的股票种类主要分为两大类：普通股和优先股。普通股是公司股份中最常见的一种，它赋予股东参与公司决策的权利，包括投票权和选举董事会成员的权利。普通股股东按照持股比例享有公司利润分配的权利，但同时也承担公司经营风险。优先股则是一种特殊类型的股票，它通常不赋予股东投票权，但提供固定的股息收益，且在公司清算时，优先股股东的权益通常优先于普通股股东得到偿还。了解股票分类有助于投资者更好地分散风险，优化投资组合，实现投资收益最大化。

2.3.1　按股票的上市地点划分

按股票的上市地点划分，可以分为 A 股、B 股、H 股、N 股、S 股等。

（1）A 股的正式名称是人民币普通股票。它是由中国境内公司发行，供境内机构、组织和个人（不含港、澳、台）以人民币认购和交易的普通股股票，主要面向国内投资者，是在上海证券交易所、深圳证券交易所、北京证券交易所上市的股票。

（2）B 股的正式名称是人民币特种股票。它是由中国境内公司按照特定程序发行、以人民币标明面值、以外币认购和买卖、在境内证券交易所上市交易的股票。B 股公司的注册地和上市地都在境内，主要面向外国投资者以及我国港、澳、台地区的投资者。

（3）H 股，即注册地在内地但在香港联合交易所上市的外资股。其连接了中国内地与国际资本市场。

（4）N 股是指在中国大陆注册但在美国纽约证券交易所上市的股票。

（5）S 股是指在新加坡上市的股票。

设立 H 股，使中国内地企业能够直接进入香港这个国际金融中心，吸引全球资本的关注和投资。而设立 N 股和 S 股，则让中国公司能够在美国和新加坡等成熟市场展示自身价值，提升国际知名度。中国公司能够借此更好地融入全球经济体系，同时为投资者提供多元化的投资选择。

2.3.2   按我国现有投资主体性质划分

按照我国现有投资主体性质，股票可以分为国家股、法人股、社会公众股、外资股。

（1）国家股，即国有资产股，是指有权代表国家投资的部门或机构以国有资产向公司投资形成的股份，包括公司现有国有资产投资形成的股份。国家股的代表是中国石油，这类股票体现了国家对关键行业的控制。

（2）法人股，是指企业法人或具有法人资格的事业单位和社会团体以其依法可支配的资产投入公司形成的股份。法人股多见于企业间的交叉持股，如腾讯控股持有的京东股票。

（3）社会公众股，是指我国境内个人和机构以其合法财产向公司可上市流通股权部分投资所形成的股份。这类股份的流通性较强，是股票市场中最常见的股份类型之一。社会公众股的发行和交易不仅为公司提供了融资渠道，也使普通投资者能够参与到公司的成长和盈利中，从而分享经济发展的成果。社会公众股的流通性保证了资本市场的活力，同时也为投资者提供了灵活的投资选择。

（4）外资股，是指那些注册地在中国大陆，但主要面向外国投资者，并且在海外证券交易所上市的股票。这类股票的发行和交易通常需要遵循国际市场的规则和要求，因此它们在信息披露、财务报告和公司治理等方面往往更加透明和规范。外资股的上市不仅为公司提供了更广阔的融资渠道，也为国际投资者提供了参与中国经济增长的机会。

2.3.3   按市值大小划分

按市值大小划分，股票可以分为大盘股、中盘股、小盘股和微盘股。

（1）大盘股通常指的是市值较大的公司股票，一般在千亿元以上，部分观点认为，市值大于 200 亿元的也可归为大盘股。这类公司通常是行业中的领军者，往往具有稳定的盈利和良好的市场信誉，拥有较高的投资价值，但也可能缺乏较高的成长性。因此被认为风险较低、股价波动相对较小，适合稳健型投资者，如工商银行、中国石油等。

（2）中盘股市值在百亿元到千亿元之间，也有观点认为是市值大于 100 亿元小于 200 亿元，或 100 亿元到 500 亿元之间的股票。其规模适中，市场影响力相对大盘股较弱，但业绩一般也比较稳定，成长性强于大盘股，流动性不如小盘股。

（3）小盘股通常指的是市值较小的公司股票，市值在百亿元以下，常见的是市值 20 亿元到 100 亿元之间的股票。这类公司通常处于成长阶段，发展潜力较大，但也伴随着较高的风险，其股价波动较大，容易受到市场波动的影响。

投资者在选择小盘股时，需要对公司的基本面进行深入分析，以评估其成长性和潜在风险。一些新兴行业的公司，如互联网科技公司、生物科技公司等，往往具有较高的成长性，但同时也需要投资者具备较高的风险承受能力和市场洞察力。这些公司市值一般在几十亿元及以下。这些公司往往处于成长期，具有较大的发展空间和创新潜力，但同时也面临较大的经营风险和市场波动。

（4）微盘股市值一般在 20 亿元以下，公司规模非常小，但其市场影响力也不可小视。由于市值较小，稍有资金流动就可能导致其价格产生较大波动，从而容易出现大涨大跌的情况。微盘股因具有市值较小、波动性高、流动性低等特点，在市场上受到的关注度往往偏低，市场影响力有限。

2.3.4 按照所属行业划分

按照所属行业，股票可以分为科技股、金融股、能源股、医疗股、消费股、工业股、通信股、地产股、公用事业股等。

（1）科技股通常指信息技术、互联网、人工智能、生物科技等领域，产品和服务具有高技术含量，在行业领域领先的企业发行的股票。这些企业具有高研发投入、高成长潜力、高估值水平等特点，市场竞争格局变化迅速，企业的创新能力强，成长速度快，市场关注度较高。

（2）金融股是指那些在金融市场上活跃、主要从事金融业务的上市公司发行的股票。这类企业包括银行、保险、证券等传统金融机构以及金融科技公司。金融股通常具有收益相对稳定的特点，其表现往往与经济发展、货币政策和金融市场的波动密切相关，在经济体系中扮演着重要角色，对市场波动较为敏感。

（3）能源股涉及石油、天然气、可再生能源等能源行业，主要是指从事能源开发、生产、销售等业务的公司发行的股票。这些行业与国家能源安全和全球气候变化紧密相关，因此受到宏观经济环境和政策的显著影响。能源股的业绩通常受能源价格波动的影响较大。

（4）医疗股是指制药、医疗器械、医疗服务等公司发行的股票。随着人口老龄化和健康意识的提升，医疗行业展现出稳定的增长趋势。医疗股的业绩受政策环境、研发创新能力、市场竞争等因素的影响较大。

（5）消费股是指那些生产和销售日常消费品的公司发行的股票。这些公司的业绩通常与消费者的消费习惯和经济周期有一定关联，但相对比较稳定。消费股又可以细分为可选消费股和必选消费股。必选消费股包括与食品饮料、日用品等生活必需品相关的股票；可选消费股包括与家电、汽车、旅游等非必需消费品相关的股票。

（6）工业股主要是指那些从事工业生产、制造等业务的公司发行的股票。这些公司的业务范围广泛，涵盖机械制造、化工、建筑材料等多个领域。工业股的业绩通常与宏观经济形势、基础设施建设、制造业投资等因素密切相关，具有一定的周期性。

（7）通信股主要指通信设备制造、通信服务运营等领域的公司发行的股票。随着信息技术的快速发展和 5G 时代的到来，通信股的发展前景广阔。这些公司的业绩受技术创新、网络建设进度、用户增长等因素的影响较大。

（8）地产股主要是指从事房地产开发、销售、物业管理等业务的公司发行的股票。房地产行业是典型的资金密集型行业，与宏观经济、货币政策、人口流动等因素密切相关。房地产股的业绩主要取决于房地产项目的开发进度、销售情况和房价走势。

（9）公用事业股是指那些为社会公众提供基本公共服务的公司发行的股票，如电力、水务、燃气等行业企业。这些公司的业务具有自然垄断、稳定的特点，业绩受政府政策调控和需求稳定性影响较大，通常股息率较高，是追求稳定收益的投资者的选择之一。

2.3.5　按上市板块划分

按上市板块分类，股票可以分为主板、中小板、创业板、科创板、新三板。

（1）主板，如上海证券交易所（代码以 60 开头）、深圳证券交易所（代码以 00 开头）的部分股票。上市标准较高，多为大型成熟企业，具有较大的规模和稳定的盈利能力，对市场的稳定性和整体走势起着重要的作用。

（2）中小板一般指中盘股，多为中型、相对稳定的企业。中国的中小板市场代码以 002 开头。其上市条件相对主板稍宽松，侧重于企业的成长性和发展潜力，企业通常在特定领域具有一定的竞争优势，对市场的活力和创新氛围有着积极的推动作用。

（3）创业板上市标准较低，主要以高科技、高成长的中小企业为服务对象。创业板侧重于支持那些具有自主创新能力和高成长潜力的企业，其分类标准更注重企业的创新能力、技术含量及未来的发展前景，但风险相对较高，也可能带来巨大的回报，能为市场注入新的动力和投资机会。

（4）科创板是专为科技创新型企业设立的板块。分类标准重点考察企业的核心技术、研发投入、创新成果等。科创板企业多处于前沿科技领域，对推动产业升级和经济结构转型具有重要意义。

（5）新三板指全国中小企业股份转让系统，是非上市股份有限公司但可以在新三板买卖公司股份的板块系统，通常是中小微企业。新三板交易所地点在北京，代码以 83 开头。

2.3.6　按股票的收益能力、风险特征划分

按照股票的收益能力和风险特征划分，可以分为蓝筹股、成长股、收入股、周期股等。

（1）蓝筹股。通常指那些在各自行业内具有领导地位、业绩稳定、分红丰厚且市值较大的公司的股票。这些公司往往拥有良好的品牌知名度和市场占有率，能够为投资者提供相对稳定的回报。投资者在选择蓝筹股时，往往看重的是公司的长期增长潜力和稳健的财务状况，而不是短期的市场波动。蓝筹股的稳定性使其成为许多投资者的首选，尤其是在市场不确定性增加时，蓝筹股往往能够提供避风港的作用。然而，

蓝筹股的股价通常较高，因此，投资者在购买时需要考虑自己的资金状况和投资组合的多样性。

（2）成长股。通常指处于成长期的公司的股票，这些公司往往处于快速扩张阶段，具有较高的增长潜力。成长股可能不会支付高额的股息，因为公司倾向于将利润再投资以支持其增长。投资者购买成长股是基于对公司未来盈利能力的预期，因此，当公司业绩超出市场预期时，成长股的价格往往会上涨。然而，由于成长股的高增长预期，它们的价格通常也包含较高的市盈率，这意味着如果公司未能达到预期的增长目标，股价可能会遭受重挫。

（3）收入股则更注重股息收入，这类股票通常由那些已经进入成熟期、增长速度放缓但现金流稳定的公司发行。收入股的特点是提供稳定的股息支付，以吸引寻求稳定收入的投资者。这类股票的风险相对较低，因为它们通常与公司的稳定现金流相关联，但它们的增长潜力也相对有限。

（4）周期股是指公司业绩与经济周期密切相关的股票。这些公司的业务表现往往随着经济的扩张和收缩而波动。在经济繁荣时期，周期股的业绩和股价通常会上升；而在经济衰退时，它们的业绩和股价则可能下降。投资者在投资周期股时需要对经济周期有深刻的理解，以便在适当的时机买入或卖出。

随着中国资本市场的不断发展和国际化进程的加快，股票种类也在不断丰富。例如，近年来，随着科创板的设立，中国推出了科创板股票，为科技创新型企业提供了新的融资平台。科创板股票在上市标准、交易机制等方面与传统股票有所不同，更加注重企业的科技创新能力和成长潜力。此外，中国还在探索推出更多符合市场需求的金融产品，如可转换债券等，以满足不同投资者的需求，促进资本市场的多元化发展。

扩展阅读 2.5　新能源浪潮下以创新驱动成长的成长股典范——宁德时代

投资者在选择中国不同类型的股票时，需要综合考虑行业特性、公司基本面、宏观经济状况及个人投资策略，以做出明智的投资决策。在投资决策过程中，投资者应深入分析各行业的发展趋势和公司基本面，结合自身的风险承受能力和投资目标，选择适合自己的投资产品。同时，投资者还应关注宏观经济政策、行业监管变化及市场情绪等因素，以更好地把握投资时机并规避潜在风险。通过全面的分析和审慎的决策，投资者可以更有效地实现资产的保值增值，为自己的财务未来打下坚实的基础。

2.3.7　按股票的公司业绩划分

按照股票的公司业绩划分，可以分为绩优股、蓝筹股、白马股、黑马股、龙头股、ST 股、垃圾股等。

（1）绩优股指每股税后利润在全体上市公司中处于中上地位、公司上市后净资产收益率连续三年显著超过 10% 的股票。这类公司经营状况良好，盈利能力强。

（2）蓝筹股指在其所属行业内占有重要支配性地位、业绩优良、成交活跃、红利优厚的大公司股票，具有较高的投资价值和稳定性，是投资者构建投资组合的重要选择之一。

（3）白马股指长期绩优、回报率高并具有较高投资价值的股票。这类公司通常具有良好的市场声誉和稳定的业绩增长，是投资者较为青睐的投资标的。

（4）黑马股指价格可能脱离过去的价位而在短期内大幅上涨的股票，往往具有突发的利好消息、业绩超预期增长或受到市场热点题材追捧等因素，但其上涨的可持续性存在不确定性，风险也相对较高。

（5）龙头股指在股票市场的炒作中对同行业板块的其他股票具有影响和号召力的股票。这类公司通常是行业内的领军企业，具有较强的市场竞争力和品牌影响力，在行业发展中起到引领作用。

（6）ST 股，即股票名称前加上 ST，表示该股票存在投资风险，如公司连续两年亏损等。如果加上*ST，则表示该股票有退市风险。

扩展阅读 2.6　不同行业领域的龙头股票分析

（7）垃圾股指生产或经营出现问题亏损、政策性亏损（公共事业）、违规的上市公司股票。这类股票的投资价值较低，风险较高，但有时也会因重组、转型等预期而出现短期的炒作机会。走势与大盘或常理相悖，完全不符合基本技术分析规律，其价格波动往往受到市场情绪、资金炒作等非理性因素的影响，投资风险极大，被称为妖股。

即测练习题 2.3

案例讨论 2.3　创业板上市，必须过的坎

自学自测　　扫描此码

复习思考题

1. 股票的基本定义是什么？其本质是什么？
2. 股票按股东所代表的权利不同可分为哪几类？每类的主要特点是什么？
3. 请简述作为有价证券的股票的性质有哪些，并分别阐述其具体内涵。
4. 如何理解股票是资本证券——虚拟资本？
5. 如何理解股票的特点之一——期限性？这一特点的优势是什么？
6. 优先股和普通股是按照什么标准分类的？其区别主要体现在哪些方面？

7. 为什么说社会公众股的流通性保证了资本市场的活力？

8. 科技股、金融股、能源股、医疗股、消费股、工业股、通信股、地产股和公用事业股分别涉及哪些行业？并举例说明。

9. 为什么说蓝筹股在市场不确定性增加时能够提供避风港的作用？

10. 如何理解投资股票时，其风险性与收益性之间的关系？

11. H 股、N 股和 S 股分别指的是什么？这些股票市场对于中国大陆的企业有怎样的优势？试着举例说明。

12. 投资者在选择可转换优先股和不可转换优先股时应考虑哪些因素？

13. 请列举几种常见的股票类型，并简要描述每种类型的特点。

14. 收入股通常由哪些类型的公司发行？它们吸引哪类投资者？

15. 请结合实际谈谈股票作为重要的证券投资工具对于企业和个人的意义。

第 3 章

债　券

【本章学习目标】

通过本章学习，学员应该能够：
1. 了解债券的含义，对债券有全面、清晰的认知。
2. 掌握债券的性质和特征。
3. 熟悉并掌握债券的类型及不同类型的特点。
4. 理解我国现行债券的种类及意义。
5. 掌握国际债券的含义和特点，熟悉其历史发展及对我国金融市场的影响。

引导案例

国家重大战略政策——超长期特别国债

1981 年，为降低财政预算赤字，中央政府恢复了国债的发行工作。次年，国家首次批准有限制地发行企业债券。这一阶段的债券发行主要目的是弥补财政赤字、筹集建设资金。

2024 年的政府工作报告中明确指出，我国计划发行 1 万亿元的"超长期特别国债"，旨在支持国家重大战略和重点领域安全能力建设。一般认为，发行期限在 10 年以上的利率债为"超长期债券"。根据发行安排，本次发行的超长期特别国债包括三个品种，分别是 20 年期、30 年期和 50 年期。历史上，我国共发行过五次特别国债，包括 1998 年为补充四大银行的资本金、2007 年为购买外汇注资中投公司、2020 年为抗击新冠疫情的三次新发，以及 2017 年、2022 年的两次对前期发行国债的续发。

从历次特别国债的发行期限来看，发行期限在 5~10 年的国债相对集中，最长期限则为 30 年。因此，严格来讲，只有 1998 年发行的 30 年期特别国债和 2007 年发行的 15 年期特别国债可归入"超长期特别国债"。这两次"超长期特别国债"的发行也主要是出于"国家重大战略"的目的。超长期特别国债的发行，不仅能够缓解中短期偿债压力，还能为重大项目建设提供资金支持，促进经济持续回升向好。它对于优化债务结构、拉动投资和消费具有重要意义。

资料来源：倪嘉苒. 我国超长期特别国债的发行现状及国际实践[J]. 金融纵横，2024(10): 64-71.

3.1　债　券　概　述

在金融市场上，债券作为一种重要的固定收益证券，扮演着连接资金需求方和供给方的桥梁角色。无论是政府、企业还是金融机构，都可以通过发行债券来筹集资金。投资者购买债券，实质上是对发行者的一种贷款行为，期望通过债券的利息收入和本金的返还来获得收益。

微课视频 3.1　债券概述

3.1.1　债券的含义

债券是指发行人（如国家政府、金融机构、工商企业等）为筹集资金而向投资者发行的，并承诺按规定利率支付利息、按约定条件偿还本金的债权债务凭证。债券的本质是债的证明书，具有法律效力，是按照合同的约定或者依照法律的规定，在当事人之间产生特定的权利和义务关系。

债券是一种债务凭证，代表了债券持有人与发行者之间的债权债务关系。债券持有人作为债权人，有权在债券到期时获得本金的偿还，并在债券存续期间获得定期支付的利息。

债券所规定的借贷双方的权利义务关系包含四个方面的含义。

1. 发行人是借入资金的经济主体，即资金短缺方、需求方

发行人通过发行债券，能够以相对较低的成本筹集到大量资金，这在很大程度上缓解了其资金压力，还能够为长期项目运营提供稳定的资金来源。例如，政府通过发行国债，可以筹集到用于基础设施建设、教育、医疗等公共服务领域的资金，而企业则可以利用发行的公司债券来扩大生产规模、研发新产品或进行并购活动等。债券的发行不仅为发行人提供了资金来源，也为投资者提供了一种相对安全的投资渠道。投资者购买债券，可以获得固定的利息收入，并在债券到期时收回本金，这在一定程度上保障了投资者的资金安全。

2. 投资者是提供出借资金的经济主体，即资金盈余方、供给方

投资者作为资金的盈余方，通过购买债券，将资金借给发行人，从而成为资金的供给者。这种资金流动的投资行为不仅为投资者提供了获取利息收入的机会，还为发行人解决了资金短缺的问题，同时促进了资本市场的资金流动。

投资者在选择债券时，会考虑多种因素，如发行人的信用等级、债券的利率、期限及市场环境等。信用等级较高的发行人发行的债券，其风险相对较低，投资者可以获得更为稳定的利息收入。债券的期限和利率则直接影响投资者的资金回报率和资金流动性。

相应地，债券的利率直接决定了投资者每年的收益水平，高利率的债券可以吸引更多的投资者，但同时也意味着发行人需要承担更高的融资成本。因此，发行人在设计债券产品时，需要在期限和利率之间找到一个平衡点，以吸引足够的投资者并控制融资成本。同时，投资者在选择债券时，也会根据自身的风险承受能力和投资目标，权衡债券的期限和利率，选择最适合自己的投资产品。

3. 发行人需要在一定期限内付息还本

这是债券发行的基本条款之一。债券的利息支付通常按照固定的周期进行，如每半年或每年支付一次，而本金的偿还则是在债券到期时进行。债券的这一特性确保了投资者的资金安全，这种定期支付利息的现金流和最终偿还本金的机制对于投资者来说是一种重要的收入来源，尤其是对于一些寻求稳定收益的投资者，如退休基金和保险机构，为投资者提供了一种相对稳定的投资回报方式。对于发行人而言，这意味着必须在债券发行时就规划好资金的使用和偿还计划，确保在约定的时间内能够履行其财务义务。此外，债券的付息还本机制也反映了债券市场与股票市场的一个关键区别，即债券投资者通常不参与发行人的经营决策，而股票投资者则可能通过投票权参与公司的管理。

4. 债券反映了发行者和投资者之间的债权债务关系，并且是这一关系的法律凭证

债券交易的当事人即债券的投资者与发行者，投资者是贷方即债权人，发行者是借方即债务人。债券的发行和购买过程，实质上是建立在法律框架下的金融交易过程。债券作为债务凭证，详细记录了发行者和投资者之间的权利和义务。投资者持有债券，意味着他们有权在约定的时间内获得利息收入，并在债券到期时收回本金。同时，债券的条款通常会明确约定利率、偿还期限、支付方式等关键信息，并通过法律文件的形式固定下来。这些条款不仅为投资者提供了明确的收益预期和风险评估依据，也为发行人设定了必须遵守的义务。如果发行人未能按时支付利息或偿还本金，投资者可以依据债券合同采取法律行动，要求发行人履行其义务。这种法律保障机制是债券市场稳定运行的基础，也是投资者信心的来源。

扩展阅读 3.1　海航集团债务违约事件始末——从辉煌到重生

3.1.2　债券的票面要素

债券的发行通常伴随着明确的利率、偿还期限和偿还条件，这些要素在债券发行时就已确定，并在债券的票面上予以体现。通过发行债券，政府和企业能够以较低的成本筹集到大量资金，用于满足基础设施建设、公共服务、企业扩张等多方面的需求。

无论哪种债券，都具备以下四种票面要素。

1. 债券发行者名称

这一要素指明了债券的发行主体，如国家、金融机构、工商企业，明确了债券发行人应履行对债权人偿还本息的义务，也为债权人到期追索本金和利息提供了依据，同时还有助于评估债券的信用风险和潜在回报。投资者通常会根据发行者的信用评级、财务状况及历史偿债能力来决定是否购买其发行的债券。

信用评级高的发行者发行的债券往往被认为风险较低，因此更受投资者青睐。财务状况稳健的发行者通常能够按时支付利息和偿还本金，保障投资者的利益。而历史偿债能力强的发行者则通过过去的良好表现，增强了投资者对其的信任。因此，债券发行者名称不仅是一个简单的标识，更是投资者评估债券风险和收益的重要依据。

2. 票面价值

是债券上标明的货币价值，是债券发行人承诺在债券到期日偿还给债券持有人的金额。一般包括注明币种和票面金额，且均为整数。

票面价值是债券的基本属性之一，它决定了债券的初始投资成本和未来到期时的回报。债券的票面价值可以视为债券的"面值"，它通常与债券的市场价值有所不同，尤其是在债券发行后，其市场价值往往会随着市场利率的变化而波动。

票面价值还影响债券的收益率计算。投资者购买债券时，通常会期望获得一定的利息回报，这一回报通常以票面价值为基础，按照固定的利率进行支付。因此，票面价值越高，投资者在债券到期时获得的回报也就越高。同时，在债券发行时，票面价值也决定了债券的发行规模和融资成本。

3. 还本期限

是指从发行之日起至偿清本息之日为止的时间，即投资者可以收回本金的特定日期。这也是债券的特点，即按票面规定日期，期满归还本金。了解债券的到期日期可以帮助投资者规划自己的财务状况，确保在需要时能够获得资金。一般来说，债券到期日期会在债券发行时就明确规定，并在债券的发行文件中详细说明。投资者在购买债券之前，应该仔细阅读相关文件，确保对债券的到期日期有清晰的认识。而发行人在确定债券期限时，要考虑多种因素，其中起决定性作用的因素主要有市场利率环境、资金需求与用途、偿债能力、投资者偏好、宏观经济环境等。

（1）市场利率环境。市场利率水平直接影响债券的融资成本。当市场利率较低时，发行人倾向于发行期限较长的债券，以锁定低成本的资金；而当市场利率较高时，则可能选择发行期限较短的债券，以减少未来的利息支出。

（2）资金需求与用途。发行人的资金需求量和资金用途也是决定债券期限的重要因素。如果资金需求量大且用途明确，如用于长期投资或基础设施建设，那么发行人可能会选择发行期限较长的债券；如果资金需求量小或用途灵活，则可能选择发行期限较短的债券。

（3）偿债能力。发行人的偿债能力也是决定债券期限的关键因素。如果发行人具有较强的偿债能力，能够承担较高的利息支出，那么可能会选择发行期限较长的债券；如果偿债能力较弱，则可能选择发行期限较短的债券，以降低偿债风险。

（4）投资者偏好。投资者的偏好也会影响债券期限的确定。不同的投资者对风险、收益和流动性的需求不同，因此会对不同期限的债券产生不同的偏好。发行人需要根据投资者的需求来确定债券的期限，以吸引更多的投资者。

（5）宏观经济环境。宏观经济环境也是影响债券期限的重要因素之一。经济增长、通货膨胀、政策调整等都会影响债券市场的走势和投资者的预期，进而影响债券期限的确定。

例如，在经济高速增长时期，投资者对未来的预期较为乐观，可能会更倾向于投资期限较长的债券，以获取更高的收益。而在通货膨胀较为严重的时期，发行人可能会选择发行期限较短的债券，以避免未来偿还本金时面临更高的通胀风险。此外，政府的政策调整，如货币政策、财政政策等，也会对债券市场的走势产生影响，从而影响债券期限的选择。因此，发行人在确定债券期限时，需要综合考虑宏观经济环境的变化，以制定出合理的债券期限策略。

通常情况下，债券的期限越长，投资者面临的潜在风险越大，因此要求的回报率也越高。

4. 票面利率

债券的票面利率也称名义利率，是债券的年利息与债券票面价值的比率，通常用百分数表示年利率。利率是债券票面要素中不可缺少的内容，影响票面利率的因素包括借贷资金市场利率水平、筹资者的资信状况及债券期限的长短。

（1）借贷资金市场利率水平。一般来说，当借贷资金市场利率水平较高时，债券的票面利率也会相应提高，以吸引投资者。相反，当市场利率水平较低时，票面利率也可能相应降低。

这是因为债券的票面利率需要与市场上的资金借贷利率保持一定的竞争力。如果市场利率较高，而债券的票面利率较低，那么投资者可能会选择将资金投向其他更高收益的借贷项目，而不是购买债券。相反，如果市场利率较低，债券的票面利率过高，则可能增加筹资者的融资成本，不利于债券的发行。因此，债券的票面利率通常会根据借贷资金市场利率的变化进行相应的调整，以保持其吸引力和竞争力。

（2）筹资者的资信状况。筹资者的资信状况也会影响票面利率的设定。在债券市场中，发行人通常会通过信用评级机构获得信用评级，以反映其偿还债务的能力。信用评级较高的发行人能够以较低的利率发行债券，因为投资者认为这些发行人违约的风险较低，对其偿债能力有信心，愿意接受较低的回报率。相反，信用评级较低的发行人、资信较差的筹资者则需要提供更高的票面利率来吸引投资者购买其债券。因此，债券的付息、还本条款不仅关系到发行人的资金成本，也关系到投资者的投资决策。

（3）债券期限的长短。债券期限的长短也会影响票面利率。通常情况下，较短的偿还期限可能意味着较低的利率，因为投资者承担的风险较小；而较长的偿还期限则可能需要较高的利率来补偿投资者承担的更大风险，这被称为风险补偿。发行人会根据自身的资金需求和市场条件来确定最合适的偿还期限及利息支付方式。

3.1.3　债券的特征

债券的特征不仅体现在其票面要素上，还包括其他几个重要方面。

（1）收益性。债券具有固定收益的特性。投资者购买债券的目的是获得利息收入，这也是债券作为一种证券投资工具的基本属性。这意味着债券持有人可以预期在债券到期时获得固定的利息收入，即债券投资的报酬，以及本金的返还。这种确定性使债券成为投资者在构建投资组合时的重要选择，尤其是在市场波动较大时，债券的稳定收益特性尤为突出。债券作为金融投资工具的另一种表现形式是投资者可以通过二级市场买卖债券而获取买卖差价。

这种买卖差价来自债券市场价格与票面价格之间的差异。当市场利率发生变化或者市场对债券发行主体信用状况的预期发生改变时，债券的市场价格也会随之波动。因此，投资者可以通过在债券市场中进行买卖操作，捕捉这些价格波动带来的盈利机会。

（2）流动性。流动性是指债券能随时在二级市场进行流通转让、自由买卖，这使得投资者能够在需要时快速变现债券，提前收回本金，提高资金的灵活性。例如，当小郑同学手中持有的债券还未到期却急需资金时，可以在市场上出售债券收回投资。因此，债券的流动性很强，一般高于银行定期存款。债券市场较好的流动性为投资者提供了较为便利的交易条件，使债券成为一种相对灵活的投资工具。

（3）安全性。安全性是指债券作为一种固定收益证券，其本息偿付有较为可靠的保障。债券发行主体在发行债券时，通常会承诺按照约定的期限和利率支付利息，并在到期时偿还本金。这种承诺在法律上具有约束力，为投资者提供了一定的安全保障。此外，债券发行主体的信用状况也是衡量债券安全性的重要因素。信用等级较高的发行主体，其债券的安全性通常也较高，因为这些主体通常具有较强的偿债能力和较低的违约风险。因此，投资者在选择债券时，可以关注发行主体的信用评级，以评估债券的安全性。

债券与其他有价证券（如股票）相比，收益相对稳定，安全性较高，投资风险较小，其主要原因有以下三点。

一是债券利率固定，与债券发行人利益无关，相应的二级市场价格也较为稳定，可以避免因市场价格剧烈波动而遭受严重损失。

二是国债的流动性较高，因为其发行量大、市场参与者多、交易成本低，且有政府信用背书，可在急需资金时在二级市场抛售债券以回收资金。

三是债券的发行要经过有关部门的严格审查，一般信誉较高的发行人才能获准发行债券。债券到期的违约风险较小。

债券的风险相对较低，尤其是政府债券，通常被视为无风险投资。这是因为政府拥有征税权和货币发行权，理论上可以无限期地偿还债务。即便是在企业债券中，由于债券持有人在公司破产清算时的优先偿还权，其风险也低于普通股投资者。

（4）偿还性。债务人必须按规定时间向债权人支付利息和本金，筹资人不能无限期占用债券投资人的资金。历史上曾有国家发行过无期公债或永久性公债，如英国、法国和德国都曾发行过这种公债，主要用于筹集基础设施建设和军事开支的资金。这些公债的特点包括按期支付利息、市场交易便利、政府有权回购但无偿还义务等，因此持券者不能要求政府清偿，只能按期取息。随着金融市场的不断发展，有期限的公债逐渐取代了无期公债，成为国债的主要组成部分。尽管如此，无期公债在历史上曾发挥过重要作用，为现代债券市场的发展提供了宝贵的经验。

（5）波动性。债券的另一个重要特征是其价格波动性。债券的价格受多种因素的影响，如市场利率的变化、通货膨胀预期、宏观经济环境的变化等。当市场利率上升时，债券价格通常会下跌，因为新发行的债券将提供更高的收益率，使现有债券的相对吸引力下降；相反，当市场利率下降时，债券价格通常会上涨，因为新发行的债券收益率较低，投资者可能会转向购买现有债券以获取更高的收益率。债券价格与市场利率呈反向变动关系。

此外，债券价格的波动性也受投资者对风险和回报预期的影响。当投资者对未来经济前景感到乐观时，他们可能会更愿意承担风险，从而减少对债券的需求，导致债券价格下跌。这种价格波动性为投资者提供了通过市场交易获得资本利得的机会，但同时也带来了价格风险。债券可以在投资者之间转让，但转让时可能受市场条件和发行条款的限制，这也体现了债券的可转让性。

综上所述，债券的特征使债券成为投资者投资组合中的重要组成部分。收益固定性意味着债券投资者可以按照约定的利率获得固定的利息收入，这为投资者提供了稳定的现金流。市场的流动性保证了债券可以在市场上自由买卖，投资者可以根据需要随时调整投资组合。相对较低的风险性是因为债券的本金和利息支付通常受法律保护，并且发行债券的机构通常承诺按时还款，这使得债券相对于股票等其他投资工具来说风险较小。有期限的偿还性意味着债券有一个明确的到期日，投资者可以在到期时收回本金，这为投资者提供了明确的投资期限。价格波动性则为投资者提供了通过市场交易获得资本利得的机会，但同时也要求投资者具备相应的风险承受能力和市场分析能力。这些特征使债券成为金融市场中不可或缺的投资工具，为投资者提供了多样化的投资选择和风险控制手段。

3.1.4　债券的功能

债券通过多种方式促进了资本市场资金的流动。首先，债券作为融资工具，为企业和政府提供了筹集资金的重要途径。其次，作为一种投资工具，债券为投资者提供了丰富的投资选择和稳定的回报。投资者可以根据自己的风险偏好和投资目标，选择不同类型的债券进行投资，实现资产的多元化配置。债券的交易和流通也促进了金融市场的活跃和发展，为市场参与者提供了更多的交易机会和风险管理手段。最后，债券还具有调节宏观经济、优化资源配置和价格发现的功能。

（1）融资功能。债券作为金融工具，其核心功能之一是为政府和企业提供筹集资金的渠道。债券是一种融资工具，可以帮助发行人筹集资金，用于支持业务发展、项目建设等。通过发行债券，政府能够筹集用于基础设施建设、公共服务改善等公共项目的资金，而企业则在不稀释股权的前提下利用债券市场筹集资金，用于扩大生产、研发新产品或进行并购重组等商业活动，以扩大规模、提高效益，促进经济发展，如三峡水利工程的建设、京广铁路的修建等都是如此。发行债券这种融资方式相较于股权融资，不会稀释原有股东的股权，因此对于不希望改变公司控制权的企业来说，发行债券是一种理想的选择。

（2）投资功能。债券作为一种固定收益类金融产品，其投资功能体现在为投资者提供了一种相对稳定、安全的投资选择，即低风险投资工具。由于债券通常具有固定的利息支付和到期日，投资者可以预期获得稳定的现金流。此外，债券的信用风险通常低于股票，因为债券持有人在公司破产清算时，相较于股东具有优先偿还权。这种风险与收益的平衡，使债券成为投资者资产组合中不可或缺的一部分，尤其适合风险厌恶型投资者。投资者可以通过购买债券实现财富保值和增值的目的。

（3）调节宏观经济。债券交易为货币政策的实施提供了重要渠道。中央银行可以通过公开市场操作买卖政府债券来调节市场流动性、影响利率水平，进而影响经济活动。例如，在经济衰退时，中央银行可能会购买政府债券，增加市场流动性，降低利率，刺激投资和消费；在经济过热时，通过卖出政府债券，减少市场流动性，提高利率，以抑制通货膨胀。

（4）优化资源配置。发行债券可以引导资金流向实体经济领域，促进资源的优化配置。例如，通过债券发行，企业能够筹集用于技术改造、产品研发、扩大生产规模等方面的资金。这不仅有助于资金从盈余方流向短缺方、提高生产效率，而且可以推动整个行业的进步，促进社会资源的有效配置。政府通过发行国债来筹集资金用于公共设施建设，不仅可以改善民众的生活质量，还能为经济的长期增长奠定基础。

（5）价格发现功能。债券市场为各种金融资产提供了定价基准。通过债券的买卖交易，可以反映出市场对利率和信用风险的预期。债券的价格反映了市场对企业信用状况、经营状况及未来现金流的评估和预期。通过债券的发行和交易，市场能够形成对债券的合理定价，为投资者提供重要的决策依据。这种价格发现机制有助于引导资金流向更有价值和潜力的企业和领域，从而促进资本市场的资金流动和优化配置。

政府债券通常被视为无风险资产，其收益率曲线可以作为其他金融产品定价的基准。企业债券的收益率则反映了市场对企业信用状况的评价，其价格波动可以揭示投资者对企业未来现金流和违约风险的预期。通过债券市场的价格发现功能，投资者能够更准确地评估投资机会，而企业也能通过市场定价来优化其融资成本。此外，债券的价格发现功能还为中央银行提供了重要的经济指标，帮助其制定和调整货币政策。在经济分析和预测中，债券价格的变动往往被视为宏观经济状况的先行指标，对经济政策的制定具有重要的参考价值。

扩展阅读 3.2　2025 年央行暂停国债买入——背后的经济信号与市场影响

这些功能共同作用，使债券市场成为现代金融体系中不可或缺的一部分。

即测练习题 3.1

案例讨论 3.1　美国掌控巴拿马运河控制权背后的资本棋局——发行长期国债

自学自测　　扫描此码

3.2　债券的分类

3.2.1　按发行主体划分

按发行主体划分，债券可以分为政府债券、金融债券和公司债券。

1. 政府债券

政府债券作为国家财政政策的重要工具，通常由政府机构发行，以筹集资金用于公共支出。由于其背后有政府的信用支持，政府债券通常被认为具有较低的违约风险，因此在投资者眼中被视为安全资产。其发行主体是政府，包括中央政府、地方政府和政府机构。它们都以政府的信誉作保证，其信用等级通常较高，因而无须提供抵押品，其风险在各种投资工具中是最小的。政府债券的种类繁多，包括但不限于国债、地方政府债及特定用途的专项债券等。

微课视频 3.2　债券的常见分类

（1）国债，也称公债或国库券，是中央政府发行的债券，是最常见的政府债券形式。它们通常用于调节国家的财政赤字，以及实施宏观经济政策。国债的期限从短期到长期不等，投资者可以根据自己的流动性需求和风险偏好选择不同期限的国债。由于国债的高信用等级，它们往往提供相对较低的利率，但风险也较低，因此受到稳健型投资者的青睐。

（2）地方政府债券，简称地方债券，又称市政债券，由地方政府发行，用于资助地方基础设施建设、教育、医疗等公共服务项目。这类债券的信用风险通常高于国债，因为地方政府的财政状况可能不如中央政府稳定。然而，地方政府债券往往提供更高的利率以吸引投资者，从而补偿其较高的风险。地方政府债券一般具有以下特征。

①安全性。地方政府债券由地方政府发行，以政府信用为背书，因此通常具有较高的信用等级。违约风险较低，投资者可以较为放心地投资。

②流动性。地方政府债券通常可以在证券市场上自由买卖，具有较高的流动性。投资者可以在需要时随时卖出债券，获取资金，满足其流动性需求。

③减免税务待遇。在一些国家和地区，地方政府债券的利息收入可能享有税收减免的优惠。这意味着投资者可以获得更高的税后收益，从而增加其投资回报。

④高抵押率。地方政府债券作为政府信用债券，通常具有较高的抵押率。这意味着在需要融资时，投资者可以将地方政府债券作为抵押物，获得较高的融资额度。同时，由于债券的信用等级较高，抵押风险也相对较低。

扩展阅读 3.3 探秘 2024 年我国超长期特别国债——长限高息助发展

地方政府债券在安全性、流动性、减免税务待遇和抵押率等方面都具有较为显著的优势，是投资者进行债券投资的重要选择之一。

（3）专项债券是针对特定项目或目的发行的债券，用于支持环保项目、交通建设、医疗卫生、农业发展、教育改革等。例如，环保专项债券：政府为了改善城市空气质量，发行了环保专项债券，筹集资金用于建设新的污水处理厂和更新老旧的公共交通车辆，以减少排放；交通建设专项债券：地方政府为了缓解交通拥堵，发行了交通建设专项债券，用于建设新的地铁线路和高速公路，以提高城市交通效率；医疗卫生专项债券：为了提升公共卫生服务水平，地方政府发行了医疗卫生专项债券，资金用于建设新的医院和购置医疗设备，以改善医疗服务条件；教育专项债券：地方政府为了提高教育质量，发行了教育专项债券，筹集资金用于建设新的学校和升级教育设施，以满足日益增长的教育需求；农业发展专项债券：为了支持农业现代化，地方政府发行了农业发展专项债券，资金用于购买先进的农业机械和建设灌溉系统，以提高农业生产效率。这类债券的信用风险和收益特征介于国债和地方政府债券之间，为投资者提供了多样化的投资选择。

2. 金融债券

是由金融机构为了筹措资金而发行的债券，其发行主体包括银行、保险公司、证券公司等金融机构。金融债券是金融机构发行的债务工具，其主要目的是为金融机构提供资金来源，以支持其业务运营和扩展。与政府债券相比，金融债券通常具有较高的信用风险，因为它们的发行主体是金融机构，这些机构的财务状况可能受市场波动和经济周期的影响较大。然而，金融债券也提供了较高的收益率，以补偿投资者承担的额外风险。

金融机构通过发行金融债券可以筹集大量资金，这些资金可以用于贷款、投资、购买资产等，从而增强其资金流动性和市场竞争力。例如，商业银行可以通过发行金融债券来筹集资金，以满足其贷款需求，特别是在经济繁荣、贷款需求激增时。此外，金融债券还可以帮助金融机构优化其资产负债表结构，通过发行长期债券来替换短期债务，从而降低资金成本和利率风险。

发行金融债券可以使金融机构筹措到稳定且期限灵活的资金，从而有利于其优化资产结构、扩大长期投资业务。金融机构一般具有雄厚的资金实力，信用度较高，金融债券的信用等级通常与政府债券相近，往往也具有良好的信誉。

3. 公司债券

又称企业债券，是由公司按照法定程序发行、约定在一定期限内还本付息的有价证券。公司债券作为企业融资的重要工具，为企业提供了筹集资金的渠道，以支持其业务扩展、设备更新或日常运营。与金融债券相比，公司债券的发行主体是各类企业，包括上市公司和非上市公司。公司发行债券主要是为了经营需要，是企业筹集中长期资金的一种方式。公司的情况千差万别，有一些公司经营有方、实力雄厚、信誉高，也有一些公司经营较差，可能处于倒闭的边缘，因此公司债券的风险相对较高。

公司债券的收益率通常高于政府债券，因为它们具有更高的信用风险。投资者在购买公司债券时，需要仔细评估发行公司的财务状况、偿债能力和市场信誉。公司债券的发行可以采取多种形式，如固定利率债券、浮动利率债券、可转换债券等，以满足不同投资者的需求。固定利率债券为投资者提供稳定的利息收入，浮动利率债券能更好地适应市场利率的变化，可转换债券则赋予投资者在特定条件下将债券转换为公司股票的权利，这为投资者提供了潜在的资本增值机会。

可转换债券又称"转股证券""可兑换证券""可转换证券"等，是指持有者可在一定时间内按一定比例或价格将其兑换成一定数量的其他证券的有价证券。它是一种具有转换前后两种证券性质的金融工具，通常最终转换为普通股票。因此，实际上它是一种长期的普通股票看涨期权。如果债券持有人不想转换，则可以继续持有债券，直到偿还期满时收取本金和利息，或者在流通市场出售变现。如果持有人看好发债公司股票的增值潜力，在宽限期之后可以行使转换权，按照预定转换价格将债券转换成股票，发债公司不得拒绝。

公司债券的发行不仅为公司提供了资金，还为投资者提供了多样化的投资选择。投资者可以根据自身的风险偏好和投资目标，选择合适的公司债券进行投资。同时，公司债券的二级市场交易也为投资者提供了流动性，使投资者可以在需要时出售持有的债券。因此，公司债券在资本市场中扮演着重要的角色，促进了资本的有效配置和经济的发展。

3.2.2 按计息方式和利率是否浮动划分

按计息方式和利率是否浮动划分，债券可以分为固定利率债券、浮动利率债券、贴现债券和累进利率债券。

（1）固定利率债券。债券的利率在债券期限内保持不变。这种债券的收益是固定的，但也有一些债券的利率会根据市场利率进行调整。固定利率债券为投资者提供了稳定的收益预期，适合风险厌恶型投资者。然而，当市场利率上升时，固定利率债券的吸引力可能会下降，因为新发行的债券通常提供更高的利率。相反，如果市场利率下降，固定利率债券的市场价值可能会上升，因为它们提供了相对较高的固定收益。

（2）浮动利率债券。债券的利率会根据市场利率的变化而调整。这种债券的风险相对较大，但收益率也较高。其利率会定期调整，以反映市场利率的变化，从而减少利率风险。例如，银行间拆借利率（如 LIBOR）或国债利率常被用作浮动利率债券的基准利率。投资者可以根据对未来利率走势的预测来选择固定利率债券或浮动利率债券，以实现投资组合的优化。

（3）贴现债券。在票面上不规定利率，债券在发行时以低于面值的价格出售，到期时按照面值偿还本金。这种债券的收益率较高，但风险也较大。贴现债券的吸引力在于其较低的购买价格和到期时的全额偿还，这使投资者能够在债券到期时获得一定的资本增值。然而，由于缺乏固定的利息支付，贴现债券的收益完全取决于到期时的面值与购买价格之间的差额。因此，投资者在购买贴现债券时需要对市场利率的未来走势有准确的预测，以确保到期时能够获得预期的收益。此外，贴现债券的流动性可能不如其他类型的债券，因为它们通常仅在特定的市场或通过特定的渠道进行交易。投资者在考虑购买贴现债券时，应充分评估其潜在的市场风险和流动性风险。

（4）累进利率债券。债券的利率根据市场利率的变化而调整，但调整幅度会逐渐增加，以利率逐年累进的方式计息，期限越长，利率越高。累进利率债券的风险和收益都较高。其设计旨在为投资者提供一种随着市场利率上升而增加收益的机制。这种债券的利率通常在发行时设定一个基准利率，随后每年根据市场利率的变动进行调整。例如，如果市场利率上升，累进利率债券的利率也会相应增加，从而为投资者提供更高的回报。然而，这种债券的利率调整通常设有一个上限，这意味着利率的增加不会无限制，而是在达到某个特定的利率水平后停止增长。这种机制使累进利率债券在市场利率波动时为投资者提供了一定程度的保护，同时在市场利率上升时能够分享到部分收益。然而，投资者在购买此类债券时，需要对市场利率的未来走势有较为准确的判断，以确保能够获得预期的收益。

3.2.3 按偿还期限长短划分

按偿还期限长短划分，债券可分为短期债券、中期债券、长期债券和永久债券。

各国对短期债券、中期债券、长期债券的期限划分不完全相同，一般标准是期限在一年或一年以下的债券，为短期债券，通常用于短期融资；期限在一年以上、十年以下的债券，为中期债券，通常用于中期融资；期限在十年或十年以上的债券，为长期债券，通常用于长期融资。永久债券也叫无期债券，它并不规定到期期限，持有人也不能要求清偿本金，但可以按期取得利息。永久债券一般仅限于政府债券，而且是在不得已情况下才会被采用。

3.2.4 按付息方式划分

按付息方式划分，债券可分为一次性付息债券、分期付息债券、利息滚动债券。

（1）一次性付息债券指在债券期限内只支付一次利息的债券。这种债券的收益较高，但风险也较大。

（2）分期付息债券指在债券期限内分多次支付利息的债券。这种债券的风险相对较小，但收益也较低。

（3）利息滚动债券又称复利债券，是指在债券期限内利息可以滚动计算的债券。其利息可以转化为新的本金继续投资。这种债券的风险和收益都较高。

3.2.5 按担保性质划分

按担保性质划分，债券可分为无担保债券和有担保债券。

（1）无担保债券又称信用债券，是指没有任何抵押或担保的纯信用性债券。一般包括政府债券和金融债券，少数信用良好的公司也可以发行信用债券。

（2）有担保债券是指以抵押财产为担保的债券，通常由其他资产或第三方提供担保。用作抵押的财产包括土地、房屋、机器设备、有价证券等。这种债券的风险较小，但收益也较低。

3.2.6 按交易方式划分

按交易方式划分，债券可分为上市债券和非上市债券。

（1）上市债券指在证券交易所上市交易的债券，可以通过证券市场进行买卖。这种债券的交易较为灵活，但风险也较大。

（2）非上市债券指未在证券交易所上市交易的债券，通常只能在发行时购买或通过拍卖的方式购买。这种债券的交易较为不便，但风险相对较小。

3.2.7 按信用评级划分

按信用评级划分，债券可分为高信用评级债券、低信用评级债券。

（1）高信用评级债券是指信用评级较高的债券，通常由政府或大型企业发行。这种债券的风险较小，但收益也较低。

（2）低信用评级债券是指信用评级较低的债券，通常由小型企业或金融机构发行。这种债券的风险较大，但收益也较高。

3.2.8 按债券发行区域划分

按债券发行区域划分，债券可分为国内债券、国外债券。

（1）国内债券是指在本国境内发行并由本国投资者购买的债券，其特点是投资者对本国经济和政治环境较为熟悉，因此风险相对较低。

（2）国外债券是指在外国发行、由外国投资者购买的债券。这类债券可能面临汇率波动、政治风险以及法律环境差异等多重风险，因此风险相对较高。例如，一个国家的投资者购买另一个国家的债券时，除了需要关注该债券的信用评级和发行主体外，还需考虑两国之间的汇率变动，以及可能的政策变化对债券价值的影响。此外，国外债券的交易和结算流程可能更为复杂，需要投资者具备一定的国际金融市场知识和经验。因此，投资者在选择国外债券时，应充分评估自身的风险承受能力，并进行详尽的市场研究和风险评估。

3.2.9 按债券形态划分

按债券形态划分，债券可分为实物债券、凭证式债券、记账式债券。

（1）实物债券是指具有标准格式的实体形态的债券。通常是以纸张为载体，上面印有债券的发行条款、面值、利率等信息，投资者可以持有实物债券作为债权凭证。这种债券形式具有直观性和安全性，但由于需要保管实体债券，也存在一定的不便和风险。在我国现阶段的国债类型中，无记名国债就属于实物债券，不记名、不挂失，可上市流通。

（2）凭证式债券以一种特定的凭证来代表债券的发行和持有，投资者通过持有这种凭证来证明自己的债权。凭证式债券是一种国家储蓄债，可记名、挂失，以"凭证式国债收款凭证"记录债权，不能上市流通。

（3）记账式债券则是以电子记账的方式记录债券的发行和持有情况。没有实物形态的票券。投资者通过债券账户进行债权登记、债券管理和债券交易。这种债券形式具有高效、便捷、安全的特点，是现代债券市场中最为常见和普遍的债券形态。

即测练习题 3.2

案例讨论 3.2　12 万亿元
地方化债 "组合拳"
——法定债务和隐性债务

自
学
自
测

扫
描
此
码

3.3　国际债券

在当今全球化的经济格局下，国际债券作为一种重要的金融工具，在国际资本流动和全球金融市场整合中扮演着至关重要的角色。它不仅为各国政府和企业提供了多元化的融资渠道，也为投资者创造了丰富的投资机会，促进了国际资金融通与经济合作。深入研究国际债券，有助于我们更好地理解全球金融体系的运行机制，掌握国际经济发展的脉搏，同时从中汲取诸多思政教育的启示，增强我们的责任感与使命感。

3.3.1　国际债券的概述

1. 基本含义

国际债券是指一国政府、金融机构、工商企业或国际组织为筹措和融通资金，在国外金融市场上发行的、以外国货币为计价货币的债券。它是一种跨国界的债权债务关系凭证，体现了发行者与投资者之间基于资金借贷而形成的契约关系。

2. 国际债券特点

（1）资金来源广泛。国际债券的投资者遍布全球各个国家和地区，涵盖各类金融机构、企业、个人及政府主权财富基金等。这种广泛的投资者基础使发行者能够筹集到大规模的资金，满足其不同的资金需求。无论是大型基础设施建设项目融资，还是企业的跨国并购与扩张，国际债券都能提供有力的资金支持。

（2）发行规模庞大。相较于国内债券市场，国际债券市场的容量更为庞大，能够容纳巨额的债券发行。一些大型跨国公司的国际债券发行规模可达数十亿美元甚至更高，主权国家的国债发行规模更是常常以百亿、千亿美元计。这使国际债券成为大型项目融资和国家财政融资的重要手段。

（3）计价货币多样。国际债券通常以发行地所在国货币以外的其他货币计价，常见的有美元、欧元、日元等国际主要储备货币。计价货币的多样性一方面反映了全球货币体系的多元化格局；另一方面也为发行者和投资者提供了根据自身货币需求、汇率预期及利率水平等因素进行灵活选择的空间。例如，对于一些新兴市场国家的企业，如果预期未来美元利率将下降，且自身有大量以美元计价的业务往来或债务偿还需求，可能会选择发行以美元计价的国际债券，以降低融资成本并管理汇率风险。

（4）存在汇率风险。由于国际债券以外国货币计价，发行者和投资者在债券存续期内都面临汇率波动的风险。对于发行者而言，如果本国货币相对于计价货币贬值，那么在偿还债券本金和利息时，将需要支付更多的本国货币，从而增加了融资成本；对于投资者来说，如果计价货币贬值，其持有的债券以本国货币衡量的价值将会下降，影响投资收益。例如，一家日本企业发行了以欧元计价的国际债券，在债券存续期间，若欧元兑日元汇率大幅下跌，该企业在偿还欧元债务时，就需要付出更多的日元成本。

（5）发行与交易市场复杂。国际债券的发行与交易涉及多个国家和地区的金融市场、法律法规及监管机构。发行者需要遵循不同市场的发行规则和程序，满足各类信息披露要求，并接受相应的信用评级。在交易方面，国际债券通常在全球各大国际金融中心如纽约、伦敦、东京、中国香港等地的证券交易所或场外交易市场进行交易，其交易时间、交易方式、清算结算体系等均存在差异，这要求参与者具备较高的专业知识和风险管理能力，以应对复杂多变的市场环境。

（6）信用评级要求高。由于国际债券面向全球投资者发行，投资者对债券的信用质量关注度极高。因此，国际债券通常需要由知名的国际信用评级机构进行评级。高信用评级有助于降低发行成本，吸引更多投资者；低信用评级可能导致债券发行困难或发行成本大幅上升。信用评级机构会综合考虑发行者的财务状况、偿债能力、国家经济政治环境等多方面因素对债券进行评级。

国际知名的债券信用评级公司主要有以下三家。

①标准普尔（S&P），由亨利·瓦纳姆·普尔于 1860 年创立、普尔出版公司和标准统计公司于 1941 年合并而成的金融分析机构，总部位于美国纽约市。标准普尔的长期债券信用共设 10 个等级，分别为 AAA、AA、A、BBB、BB、B、CCC、CC、C 和 D 级。标准普尔的短期债券信用共设 6 个等级，分别为 A-1、A-2、A-3、B、C 和 D 级。

②穆迪公司（Moody's），由约翰·穆迪于 1909 年创立，其前身是邓白氏（Dun & Bradstreet）的子公司，总部位于美国纽约曼哈顿。穆迪公司的长期债券信用共设 9 个等级，分别为 Aaa、Aa、A、Baa、Ba、B、Caa、Ca 和 C 级。穆迪公司的短期债券信用评级存在不同说法：一种说法是共设 4 个等级，分别为 P-1、P-2、P-3 和 NP 级；另一种说法是只有 P-1 级，P-1 级后重复为表述错误。

③惠誉国际（Fitch），由约翰·惠誉于 1913 年创立，其前身是一家金融统计数据出版商，总部位于美国纽约和英国伦敦，是唯一的欧资国际评级机构。惠誉国际的长期债券信用共设 11 个等级，分别为 AAA、AA、A、BBB、BB、B、CCC、CC、C、

RD 和 D 级。惠誉国际的短期债券信用共设 7 个等级，分别为 F1、F2、F3、B、C、RD 和 D 级，其中 RD 级并非所有评级中均有。

这三大评级机构因历史悠久、业务广泛及在国际金融市场中的重要地位而被全球公认为信誉最高的评级机构。

3. 国际债券分类

（1）外国债券。外国债券是指某一国家的借款人在本国以外的某一国家发行的、以该国货币为面值的债券。它的特点是债券发行人属于一个国家，而债券的面值货币和发行市场则属于另一个国家。外国债券的发行额通常较大，交易活跃，流动性强。例如，中国的企业在美国发行的以美元计价的债券就是外国债券，在美国市场上通常被称为"扬基债券"（在美国发行的外国债券），其发行额一般在 7 500 万美元至 1.5 亿美元之间，交易遍及美国各地和全球。外国债券的期限通常较长，20 世纪 70 年代中期扬基债券的期限一般为 5～7 年，20 世纪 80 年代中期后可以达到 20～25 年。发行者为机构投资者，购买者主要是当地的商业银行、储蓄银行和人寿保险公司等。由于评级结果与销售有密切关系，因此非常重视信用评级。外国债券的发行一般需要经发行地所在国的监管机构批准，并遵循当地的法律法规和市场惯例，其发行程序相对较为严格。

扩展阅读 3.4　熊猫债市场规模增长——金融开放不断深化

（2）欧洲债券。欧洲债券是指借款人在本国境外市场发行的、不以发行市场所在国货币为面值的国际债券。它的发行人、发行地及面值货币可以分别属于不同的国家。例如，一家美国公司在伦敦金融市场发行以日元计价的债券，或者一家德国企业在新加坡发行以美元计价的债券，都属于欧洲债券。由于债券发行者、债券发行地点和债券面值所使用的货币可以分别属于不同的国家，因此也被称为"无国籍债券"。欧洲债券的预扣税一般可以豁免，投资者的利息收入免缴所得税。欧洲债券市场以众多创新品种而著称，如附黄金权证债券、双货币债券、可转换债券和附权证债券等，其发行规模通常较大，交易活跃，流动性强。

欧洲债券的发行不受任何国家金融法规的管辖，通常采用不记名形式，具有发行自由、手续简便、发行成本较低等优点。因此，在国际债券市场中占据着重要地位，其发行量和交易规模都相当庞大。

扩展阅读 3.5　对中国主权债券的高度认可——2024 年中国首次在中东市场发行美元主权债券

（3）绿色债券。绿色债券是近年来兴起的一种新型债务工具，主要用于为环境保护和可持续发展相关项目提供融资。绿色债券的募集资金主要用于环保项目，如可再生能源、节能减排、污染治理等，符合可持续发展的要求。因此吸引了许多关注社会责任投资的投资者，符合全球环保趋势。绿色债券的发行者通常信用评级较高，风险较低，吸引力强。例如，2024 年

2 月，日本政府发行总额 1.6 万亿日元（约合 110 亿美元）的
首期气候转型债券，所募集资金将用于投资研发对产业结构有
重要影响的创新技术，推动日本实现 2050 年净零排放目标。
中国近年来发行了大量绿色债券，用于支持可再生能源、节能
减排等项目，推动国内环保事业的发展。

扩展阅读 3.6 日本船运公司 NYKLine 成功发行转型债券——推动航运业可持续发展

3.3.2 国际债券的历史发展

债券的起源最早可以追溯到古希腊和罗马时代，当时的政
府和商人为了筹集资金而发行债券。这些早期的债券形式较为简单，主要用于短期融
资，以解决资金周转问题。在中世纪和近代时期，债券的发展主要集中在欧洲各国，
政府和商人通过发行债券筹集资金用于战争和基础设施建设。意大利城市国家（如威
尼斯、热那亚）在中世纪发行的债券主要用于支持城市建设和军事开支。

工业革命时期，经济快速发展，企业需要大量资金以扩大生产规模和技术创新。
工业企业开始通过发行债券来筹集资金，债券市场得到了进一步的发展。英国铁路公
司通过发行债券筹集资金建设铁路网络，推动了英国的工业化进程。

随着全球经济的发展和国际贸易的增长，国际债券市场逐渐壮大。在 20 世纪初，
国际债券发行规模进一步扩大，尤其是在两次世界大战期间，各国政府为了筹集战争
经费，大量发行国际债券。国际债券的发行和交易开始规范化，债券的种类和规模逐
渐增加。美国在 20 世纪初期通过发行债券筹集资金，用于基础设施建设和军事开支，
成为国际债券市场的重要参与者。然而，战争也给国际债券市场带来了巨大的冲击，
许多债券出现违约情况，市场陷入混乱。二战后，国际经济秩序得以重建，布雷顿森
林体系的建立为国际债券市场的稳定发展奠定了基础。在 20 世纪 60 年代，欧洲债券
市场开始兴起，以其独特的优势迅速发展壮大，成为国际债券市场的重要组成部分。
德国和法国通过发行债券筹集资金进行战后重建，推动了欧洲经济的复苏。20 世纪 70
年代，随着石油危机的爆发和浮动汇率制度的实施，国际金融市场面临新的挑战和机
遇，国际债券市场在创新中不断发展，出现了各种新型债券品种，如可转换债券、附
认股权证债券等，以满足不同投资者的需求。

20 世纪 80 年代以来，金融全球化进程加速，各国金融市场的开放程度不断提高，
国际债券市场迎来了高速发展期。日本在 20 世纪 80 年代通过发行债券筹集资金，用
于基础设施建设和经济结构调整，成为国际债券市场的重要发行国。新兴市场国家逐
渐参与国际债券市场，发行规模不断扩大。同时，国际债券市场的交易技术和风险管
理手段也得到了极大提升，电子交易平台的广泛应用、信用衍生产品的出现等进一步
推动了国际债券市场的繁荣。

21 世纪初期，新兴市场国家经济快速发展，成为国际债券市场的重要参与者。新
兴市场国家通过发行国际债券筹集资金，用于基础设施建设和经济发展，债券市场的

规模和影响力不断扩大。中国自 2005 年开始初步建立银行间债券市场，逐步开放债券市场，吸引国际投资者。印度、巴西等新兴市场国家也开始在国际债券市场上表现活跃，发行规模逐年增加。21 世纪 10 年代至今，亚洲多个金融中心崛起，成为国际债券市场的重要安排地。香港作为国际离岸人民币业务中心和中国国际债券发行中心，发挥了重要作用。亚洲地区的银行（特别是香港的银行）获得了更多亚洲国际债券发行份额，债券市场的国际化程度进一步提高。2023 年，香港银行在国际债券发行方面表现突出，市场份额达到 23%，仅次于美国（26%）。东盟国家的国际债券市场自 1997—1998 年亚洲金融危机以来逐步发展，近年来跟随全球和亚洲的总体趋势，发行量在 2020 年和 2021 年突破了 1 000 亿美元水平。东盟国家的债券市场主要由菲律宾、新加坡和印度尼西亚主导，金融机构一直是国际债券发行的中流砥柱。2023 年，菲律宾占东盟债券发行总量的一半以上。

3.3.3 国际债券的发行现状

1. 市场规模与结构

近年来，国际债券市场规模持续增长。截至 2024 年年底，全球国际债券未偿还余额已超过 8 万亿美元，涵盖政府债券、金融机构债券和企业债券等多种类型。其中，发达国家在国际债券市场中仍占据较大份额，但新兴市场国家的份额也在逐渐上升。

从债券类型结构来看，政府债券在国际债券市场中占有重要地位，尤其是一些主要发达国家的国债，如美国国债、德国国债等，由于其信用质量高、流动性强，成为全球投资者重要的避险资产和投资标的。金融机构债券也是国际债券市场的重要组成部分，包括商业银行、投资银行等金融机构发行的债券，其发行量和交易量都较为可观。企业债券的规模相对较小，但增长速度较快，一些大型跨国企业通过发行国际企业债券来满足其海外投资和扩张的资金需求。

2. 发行主体与投资者结构

国际债券的发行主体包括主权国家、国际组织、金融机构和企业等。主权国家发行国债主要是为了筹集财政资金；国际组织如世界银行、国际货币基金组织等发行债券则是为了开展国际援助等项目融资；金融机构发行债券通常是为了补充资本金、扩大业务规模；企业发行国际债券主要是为了满足其跨国经营等资金需求。

国际债券市场的投资者群体广泛，包括各国中央银行、商业银行、投资基金、保险公司、企业和个人投资者等。中央银行通常会将一部分外汇储备投资于国际债券，以实现外汇储备的保值增值和国际收支平衡调节；商业银行作为重要的金融中介机构，通过投资国际债券来优化资产配置、获取收益并管理流动性风险；投资基金如共同基金、对冲基金等是国际债券市场的活跃投资者，它们凭借专业的投资管理团队和多元化的投资策略，在国际债券市场中进行大规模的投资运作；保险公司则将国际债券作为其长期投资组合的重要组成部分。

3.3.4　国际债券对我国金融市场的影响

1. 国际合作与经济全球化

国际债券市场是经济全球化的生动体现，它将世界各地的资金供求者紧密联系在一起，促进了国际间的资金融通与经济合作。通过国际债券的发行与交易，各国政府和企业能够突破国界限制，在全球范围内筹集资金或进行投资，实现资源的优化配置。这启示我们，在当今时代，应积极倡导国际合作，秉持开放包容的态度，共同应对全球性挑战。在全球经济相互依存度日益提高的背景下，各国只有加强合作，才能实现互利共赢，推动世界经济的可持续发展。例如，"一带一路"倡议下的基础设施建设项目，许多都通过国际债券融资的方式吸引沿线国家和国际投资者的参与，不仅促进了沿线地区的经济发展，也增进了各国之间的政治互信与文化交流，为构建人类命运共同体奠定了坚实的经济基础。

2. 风险防范意识

国际债券市场由于涉及多个国家和地区的经济、金融、政治等因素，存在各种各样的风险，如汇率风险、利率风险、信用风险、主权风险等。投资者和发行者在参与国际债券市场活动时，必须树立高度的风险防范意识，加强风险管理能力建设。这也提醒我们，在个人生活、国家经济发展及国际事务处理中，要时刻保持警惕，对可能面临的风险进行充分评估并有效应对。例如，在国家层面，面对复杂多变的国际金融市场环境，我国应不断完善金融监管体系，加强宏观审慎管理，提高金融机构的风险管理水平，防范系统性金融风险的发生，确保国家金融安全。同时，在个人理财和投资过程中，投资者也应学习金融知识，了解不同金融产品的风险特征，合理配置资产，避免因盲目投资而造成财产损失。

3. 国家金融主权

国际债券市场的发展，在一定程度上反映了国家之间金融主权的博弈。一方面，各国通过开放金融市场，吸引国际资本流入，利用国际债券融资支持国内经济建设，提升本国在国际金融领域的影响力；另一方面，在国际债券市场交易中，各国也需要维护自身的金融主权，防范外部金融势力的过度干预和金融风险的跨境传播。例如，一些新兴市场国家在国际债券市场融资过程中，可能会遭遇国际评级机构不合理的信用评级下调，从而导致融资成本上升、市场信心受挫等问题。这就要求新兴市场国家加强自身金融体系建设，提高国内信用评级机构的国际竞争力，逐步建立起符合本国国情和国际惯例的金融监管与风险防范机制，以保障国家金融主权的独立性和稳定性。

即测练习题 3.3

自学自测　　扫描此码

复习思考题

1. 超长期特别国债的发行对国家经济有哪些积极影响？

2. 债券的票面要素有哪些？它们各自代表什么意义？

3. 如何理解债券的收益性、流动性、安全性、偿还性和波动性这五大特征？

4. 债券的融资功能如何帮助政府和企业筹集资金？

5. 投资者在选择债券时应考虑哪些因素？

6. 债券市场如何通过价格发现功能影响经济决策？

7. 债券市场在宏观经济调节中扮演哪些角色？

8. 为什么债券被视为低风险投资工具？其在投资组合中的作用是什么？

9. 为什么国债被认为是安全资产，而公司债券的风险相对较高？

10. 专项债券在政府债券中扮演什么角色？它们通常用于哪些特定领域？

11. 无担保债券和担保债券在风险和收益方面有何区别？

12. 请分别阐述政府债券、金融债券和公司债券的主要区别。

13. 信用评级在国际债券发行中扮演什么角色？

14. 国际债券的投资者结构有哪些特点？

15. 在国际债券市场中，如何增强对风险的防范意识和管理能力？

第 4 章

证券投资基金

【本章学习目标】

通过本章学习，学员应该能够：

1. 了解证券投资基金的含义，对证券投资基金有一个全面、清晰的认识。
2. 掌握证券投资基金的特点并理解其本质。
3. 熟悉并掌握证券投资基金的类型及不同类型的特点。
4. 理解证券投资基金当事人的各自职能。
5. 掌握我国现行证券投资基金的投资运作原理和具体流程。

引 导 案 例

余额宝+天弘基金——创新性互联网金融产品

余额宝是蚂蚁金服旗下的一款互联网理财产品，本质是将用户资金集中起来，用于购买天弘基金旗下的天弘余额宝货币市场基金。天弘基金是一家专业的基金管理公司，负责天弘余额宝货币基金的投资运作、管理和风险控制等工作。支付宝作为第三方支付平台和销售渠道，为余额宝提供了便捷的用户界面和支付渠道，使用户可以通过支付宝轻松地进行余额宝的开户、充值、提现、消费支付和收益查询等操作。

天弘余额宝货币基金自 2013 年成立以来，在不同阶段为投资者提供了较为可观的收益。成立初期，得益于市场环境和较高的协议存款利率，其年化收益率一度超过 6%。随着市场利率的下行及货币基金规模的不断扩大，其收益水平逐渐回归到较为平稳的区间。近五年（2019—2023 年），天弘余额宝货币基金的年化收益率在 2%～3%，虽然相较于成立初期有所下降，但在同类货币基金中仍保持着较为稳定的收益水平。

极高的资金流动性也是其受到广大投资者青睐的重要原因之一。投资者可以通过支付宝平台随时随地进行余额宝的充值、提现和消费支付等操作，且资金到账速度非常快。在正常情况下，余额宝的快速提现服务能够实现实时到账，单日限额为 1 万元；普通提现服务则支持 T+1 日到账，即提现申请提交后的下一个工作日到账，且无提现额度限制。此外，余额宝还支持直接用于支付宝平台上的各类消费场景，如购物、缴费、转账等，消费支付过程便捷流畅，无须额外的提现操作。这种高度的资金流动性使投资者能够根据自己的实际需求灵活调配资金，既满足了日常消费的资金需求，又能够实现资金的增值。

资料来源：洪小棠. 郭树强执掌天弘基金的 12 年[N]. 经济观察报，2023-07-31(16).

4.1   证券投资基金概述

在当今复杂多变的金融市场环境中，投资已成为人们实现财富增长和资产保值的重要途径。然而，对于大多数普通投资者而言，直接涉足证券市场面临诸多挑战。对于证券市场具有信息的海量性且瞬息万变的特点，个股的选择需要对公司财务状况、行业竞争格局、宏观经济政策等有深入的理解与分析，同时还需精准把握市场的波动节奏，这对于缺乏专业知识和充足时间的投资者来说几乎是一项难以完成的任务，从而会在证券市场中因盲目投资、跟风投资而导致风险。

证券投资基金作为一种创新的金融投资工具应运而生，它为广大投资者提供了一条便捷、高效且相对专业的投资渠道。无论是追求资产的稳健增长，还是在不同的市场周期中灵活配置资产，证券投资基金都将展现出其独特的魅力与价值，引领投资者踏上一段充满机遇与挑战的金融投资之旅。

4.1.1   证券投资基金的含义

证券投资基金是一种通过发行基金份额（受益凭证）将多个投资者的分散资金集中起来，由专业投资机构进行投资操作，以分散风险为原则，在金融市场上进行投资，并将投资收益分配给基金持有人，以实现资产增值的一种利益共享、风险共担的间接金融投资方式。

在不同国家，投资基金有不同的称呼方式。在美国被称为"共同基金"或"互惠基金"，在英国被称为"单位信托基金"，在日本和我国台湾地区则被称为"证券投资信托基金"。

证券投资基金与股票和债券的当事人不同，其涉及三方当事人，分别是基金管理人、基金托管人和基金投资者。

微课视频 4.1   基金概述

1. 基金管理人

基金管理人又称为基金委托人，是证券投资基金的核心角色之一，负责募集基金资产、制定投资策略、管理投资组合，并执行日常的投资决策。基金管理人通常由专业的投资管理公司担任，它们拥有丰富的市场经验和专业的投资分析能力，能够对市场趋势进行准确的判断和把握，在风险控制的基础上为基金投资者赚取最大的投资收益。在选择基金管理人时，投资者应关注其过往的业绩记录、管理团队的专业背景及投资策略的透明度和合理性。例如，一个优秀的基金管理人会定期发布投资报告，详细说明基金的持仓情况、投资策略的调整及市场分析等，让投资者能够清晰地了解基金的运作情况。此外，基金管理人还应具备良好的风险控制能力，能够在市场波动时及时调整投资组合，以保护投资者的利益，避免重大损失。

2. 基金托管人

基金托管人又称基金受托人，是证券投资基金运作中的另一个关键角色。其负责保管基金资产、监督基金管理人的投资行为、确保基金资产的安全和合规运作，一般由银行或其他金融机构担任。它们需要具备高度的独立性和专业性，以保证能够客观、公正地执行托管职责。在实际操作中，基金托管人会定期对基金资产进行核算和估值，确保资产的真实性和准确性。同时，托管人还会对基金管理人的投资决策进行复核，防止任何可能的违规操作。此外，基金托管人还负责处理基金的现金收付、证券交割等事务，确保基金运作的顺畅和高效。

选择合适的基金托管人对于投资者来说同样重要。投资者应考虑托管人的信誉、专业能力及过往的托管业绩。在我国，基金托管人由依法设立并取得基金托管资格的商业银行担任。一个经验丰富的基金托管人能够为投资者提供更加稳定和安全的投资环境，降低因管理不善导致的风险。因此，在选择基金产品时，投资者应详细了解基金托管人的相关信息，以做出明智的投资决策。

3. 基金投资者

证券基金投资者是受益凭证的持有者、基金的投资人、基金投资的最终受益人。其通过购买基金份额，投资者将资金委托给基金管理人进行投资，以期获得投资收益。基金投资者作为证券投资基金的重要组成部分，其行为和决策对基金的运作和市场表现有直接的影响。投资者在选择基金产品时，除了关注基金管理人的资质和业绩外，还应深入了解基金的投资策略、历史表现、管理费用及风险等级等因素。一个理性的基金投资者会根据自身的风险承受能力和投资目标，选择与之匹配的基金产品，而不是盲目追求短期的高收益。例如，投资者可以通过比较不同基金的历史收益率、波动性、最大回撤等指标，来评估基金的风险和收益特征。同时，投资者还应关注基金管理团队的稳定性、基金管理人的投资理念及市场研究能力，这些都是影响基金长期表现的关键因素。此外，投资者还应关注基金的费用结构，包括管理费、托管费、申购费和赎回费等，因为这些费用会直接影响投资的净回报率。

综上所述，在证券投资基金的运作中，基金管理人与基金托管人之间存在着一种相互制衡的关系。基金管理人负责制定投资策略和执行投资决策，而基金托管人则负责监督基金管理人的操作，确保其行为符合法律法规和基金合同的规定。这种机制有助于保护投资者的利益，防止基金管理人滥用职权或进行不当投资。

此外，证券投资基金的运作还依赖于透明的信息披露制度。基金管理人需要定期向投资者披露基金的运作情况、投资组合和财务状况等信息，使投资者能够及时了解基金的运营状况和投资风险。这种透明度不仅有助于增强投资者的信心，也有利于市场对基金管理人的监督和评价。

4.1.2 证券投资基金的特点

证券投资基金作为一种集合投资工具，其特点主要体现在以下几个方面。

1. 集合投资、规模优势

投资基金的这一特点可以理解为汇流成河，即将多个投资者的资金集合起来，形成一定规模的投资资金，其本质就是汇集小钱成大钱，积少成多，将零散的资金汇聚起来，交给专业机构投资于各种金融工具，可以涉及股票、债券等多种资产，以谋求资产的增值。这种聚沙成塔的积累使投资基金的总额相当庞大，个人投资者和一般机构投资者都难以与之相比。通过规模经济效应，基金在交易时能够享受到更低的交易费用和更优惠的交易条件。同时，由于资金规模较大，基金能够投资于一些个人投资者难以触及的领域，如私募股权、海外资产等，这些投资往往能够提供更高的潜在回报。通过这些方式，可以有效降低投资者的单位投资成本，提高投资回报。其资本越雄厚，优势越明显，规模效益越显著。

2. 组合投资、风险分散

投资学中的重要原则是"不要把鸡蛋放在同一个篮子里"。证券投资基金将一定数量的资金按不同比例分散于不同的股票、债券或其他金融工具及多种行业，以降低单一投资所带来的风险。这种分散投资策略不仅能够减少因市场波动导致的损失，还能在一定程度上保障投资者的资本安全，是通过投资组合降低投资风险最有效的手段，也是投资基金区别于其他投资方式的最大特点。

例如，当某一行业或市场出现不利情况时，其他行业的稳定表现或市场的正面反应可以对冲负面影响，从而保持整体投资组合的稳定性和收益性。此外，专业的基金管理团队会根据市场情况和经济周期，适时调整投资组合，以实现风险与收益的最优平衡。这种动态管理能力是个人投资者难以比拟的，也是证券投资基金吸引投资者的重要原因之一。通过组合投资和风险分散，证券投资基金为投资者提供了一种相对稳健的投资方式，尤其适合风险承受能力较低的投资者。

3. 专业理财、降低成本

证券投资基金由专业的基金管理人和理财团队进行投资决策。他们拥有丰富的投资经验和专业知识，通过深入研究市场趋势和经济指标，根据市场变化灵活调整投资策略，为投资者提供更精准的投资建议和决策支持，从而最大限度地避免投资决策失误，提高投资收益。专业的投资策略和资产配置能够有效降低投资成本，并提高投资效率。例如，通过大宗交易减少交易成本，利用先进的量化模型优化资产配置，以及通过长期投资减少频繁买卖带来的税费负担等。

对于那些没有时间或对市场不太熟悉的中小投资者而言，投资基金可以借助基金管理人在市场信息、投资经验、金融知识和操作技术等方面的优势，从而降低学习的时间和资金成本，避免因盲目投资带来的失误。

4. 独立托管、保障安全

独立托管机制是证券投资基金运作中的重要组成部分，确保了基金资产的安全性。通过将基金资产交由独立的第三方托管机构进行保管的分工合作机制，基金管理人无法直接接触这些资产，从而有效防止基金管理人挪用或滥用基金资产的风险。这种机制为投资者提供了更高的安全保障，增强了投资者对基金产品的信心。

例如，托管银行通常会设立专门的账户来存放基金资产，这些账户与银行自身的资产严格分离，确保基金资产的独立性和完整性。托管银行还会对基金的日常运作进行监督，包括但不限于资金的流入流出、投资组合的变动等，确保基金管理人的操作符合法律法规和基金合同的规定。此外，托管银行还会定期向投资者提供基金资产的详细报告，提高基金运作的透明度，使投资者能够更加放心地参与到证券投资基金中。这种机制的建立和完善，形成了有效的制衡，从而降低了市场风险，提升了整个金融市场的效率和公信力。因此，独立托管机制对于推动金融市场长期稳定发展具有不可替代的作用，是证券投资基金市场成熟和规范的标志之一，对于促进整个金融市场的稳定和健康发展具有重要意义。

4.1.3 证券投资基金与股票、债券的比较

1. 在投资本质特性方面

股票是公司发行的一种所有权凭证，投资者购买股票意味着成为公司的股东，享有公司的收益分配权，同时也承担公司经营风险；债券是政府或企业发行的一种债务凭证，代表了投资者对发行债券的公司或政府的债权，债券持有人有权在债券到期时获得本金和利息的偿还。债券的收益相对固定，风险较低，但其收益潜力也相对较小；而证券投资基金则是一种集合投资工具，投资者通过购买基金份额，将资金委托给基金管理人进行投资，不直接拥有基金资产的所有权，而是享有基金资产的收益分配权。

2. 在投资组合构建方面

证券投资基金通过分散投资于多种股票、债券及其他金融工具，以达到风险分散的目的。这种组合投资策略有助于降低单一资产波动对整体投资组合的影响，从而为投资者提供更为稳定的投资回报。相比之下，股票和债券投资者通常需要自行构建投资组合，这要求投资者具备较高的市场分析能力和风险控制能力。

3. 在投资管理机制方面

证券投资基金的独立托管机制为投资者提供了额外的安全保障。托管银行作为第三方，负责保管基金资产，监督基金管理人的运作，确保基金资产的独立性和完整性。这种机制不仅提高了基金运作的透明度，也增强了投资者对基金管理的信心。而股票

和债券投资者则需要自行管理其投资，并承担相应的风险。

4. 在投资风险方面

在投资风险方面，股票投资者需要密切关注市场动态，分析公司财报，评估股票的内在价值和市场情绪，以做出买卖决策；债券投资者需要评估发行人的信用风险、利率变动等因素，以确定债券的购买和持有策略，这些风险主要取决于发行方的信用状况和偿债能力；投资基金的风险则取决于整个资产组合的表现和市场环境的变化。总之，投资基金作为一种集合投资的方式，具有分散风险、专业管理、安全透明、流动性好等优势。

证券投资基金、股票和债券各有其特点和优势，投资者应根据自身的投资目标、风险偏好和资金状况，选择适合自己的投资工具。证券投资基金之所以发展迅速，在许多国家受到投资者的广泛欢迎，与其本身的特点有关。作为一种成效卓著的现代化投资工具，证券投资基金所具备的特点和优势是十分明显的。证券投资基金以其专业管理、风险分散和独立托管的优势，在金融市场中扮演着重要角色，为投资者提供了多样化的投资选择。

扩展阅读 4.1 天弘基金探索公募基金高质量发展之路

4.1.4 证券投资基金的历史发展

1. 国外证券投资基金的发展历史

（1）起源与早期发展（1868—1924 年）。1868 年，历史上第一只证券投资基金——"海外及殖民地政府信托基金"在英国成立。当时英国正处于第一次工业革命时期，生产力的蓬勃发展推动了社会变革，人民积累了大量财富，对海外投资充满渴望。该基金开创了国家授权背书、汇集小资金、委托专家管理的新模式，虽然类似股票，不能赎回和流转，只能分红，但凭借国家信用担保，受到民众热烈追捧，为英国金融服务业奠定了基础。1873 年，苏格兰美国投资信托成立，甚至承诺 6%的保底收益率，进一步激发了抢购热潮。到 1890 年，英国此类投资信托基金已超过 100 只。

（2）美国开放式基金的诞生与发展（1924—1940 年）。1924 年，马萨诸塞投资信托基金（massachusetts investors trust，MIT）在美国成立，这是世界上第一只开放式基金。它约定投资者可以按基金净资产随时申购和赎回基金份额。这种更加灵活的基金形式极大地拓宽了其适用范围，证券投资基金开始从美国快速扩展到全世界。MIT 具有专业管理、分散投资和流动性等现代基金的核心特征，通常被认为是现代共同基金的开端。

20 世纪 20 年代末至 30 年代，美国基金行业经历了股市崩盘与大萧条的冲击，许多基金遭受重创。但在此期间，一些稳健的基金机构如 The Investment Company of

America（美国投资公司）成立，其投资目标是通过投资于具有未来分红潜力的稳健公司，实现资本和股息收入的长期增长。自 1936 年起，该基金每年都支付股息，通过股息再投资，股息收入占基金成立以来总回报的 33%，为后来基金行业的发展提供了宝贵经验。这次危机也促使人们对基金监管的重视，为后来基金业的发展奠定了基础。

（3）美国基金业战后繁荣与现代发展（1940 年至今）。1940 年，美国通过《投资公司法》和《投资顾问法》。这两部法律对基金的组织形式、投资限制、信息披露等进行了严格规定，为基金行业的规范发展奠定了坚实的法律基础。此后，美国基金行业进入稳定发展阶段。

20 世纪 70 年代，货币市场基金的出现为投资者提供了新的短期投资工具。货币市场基金的低风险和高流动性吸引了大量投资者，推动了基金业的进一步发展。先锋集团创始人约翰·博格尔推出了第一只指数基金——先锋 500 指数基金，这种基金以跟踪特定指数为目标，具有费用低廉、透明度高、分散风险等优点，逐渐受到投资者青睐，成为美国基金市场的重要组成部分。

20 世纪 80 年代以来，美国基金市场不断发展壮大。随着全球化的推进和金融市场的创新，投资基金进入了快速发展期，产品种类日益丰富。除了传统的股票基金、债券基金，还出现了混合基金、货币市场基金、对冲基金、私募股权基金、交易所交易基金（ETF）等多种形式。同时，基金的管理规模也不断扩大，截至 2023 年年末，美国共同基金产品结构中权益基金规模达 13 万亿美元，占比 46%；债券基金规模为 4.7 万亿美元，占比 17%；混合型产品规模为 1.6 万亿美元，占比 5%。

近年来，美国基金行业呈现出一些新趋势：被动产品的长期业绩优势增强，投资者对被动投资的偏好上升；基金行业不断进行产品创新，如目标日期基金等 FOF 产品成为养老资产投资的重要品种。此外，金融科技的应用也日益广泛，推动了基金销售、投资管理等环节的变革。

2. 中国证券投资基金的发展历史

（1）萌芽与起步阶段（1987—1992 年）。中国证券投资基金的起步相对较晚。1987 年，中国人民银行和中国国际信托投资公司首开中国基金投资业务之先河，与国外一些机构合作推出了面向海外投资者的国家基金，这标志着中国投资基金业务开始起步。

1989 年，第一只中国概念基金即香港新鸿基信托投资基金管理有限公司推出的新鸿基中华基金成立，之后，一批海外基金纷纷设立，极大地推动了中国投资基金业的发展。

1991 年 8 月，珠海国际信托投资公司发起成立珠信基金，规模达 6 930 万元人民币，这是我国设立最早的国内基金。同年 10 月，武汉证券投资基金和南山风险投资基金分别经中国人民银行武汉市分行和深圳市南山区人民政府批准设立，规模分别达 1 000 万元人民币和 8 000 万元人民币。

（2）迅猛发展阶段（1992—1993 年）。1992 年，中国投资基金业的发展异常迅猛，当年有各级人民银行批准的 37 家投资基金推出，规模共计 22 亿美元。同年 6 月，我国第一家公司型封闭式投资基金——淄博乡镇企业投资基金，由中国人民银行批准成立，募集资金 1 亿元人民币，并于 1993 年 8 月在上海证券交易所挂牌上市，掀起了短暂的中国证券投资基金发展的热潮。同年 10 月 8 日，国内首家被正式批准成立的基金管理公司——深圳投资基金管理公司成立。到 1993 年，各地大大小小的基金约有 70 家左右，市值达 40 亿元人民币，已经设立的基金纷纷进入二级市场开始流通。1993 年 6 月，9 家中方金融机构及美国波士顿太平洋技术投资基金在上海成立上海太平洋技术投资基金，这是第一个在我国境内设立的中外合资的中国基金，规模为 2000 万美元。

（3）调整与规范阶段（1993—1997 年）。1993 年 5 月 19 日，由于基金发展过程中存在设立和运作随意性强、发展与管理脱节等问题，人民银行总行发出紧急通知，要求省级分行立即制止不规范发行投资基金和信托受益债券的做法。通知下达后，各级人民银行认真执行，未再批设任何基金，把精力放在已经设立的基金的规范化和已批基金的发行工作上。

1994 年 3 月 7 日，沈阳证券交易中心和上交所联网试运行。同年 3 月 14 日，南方证交中心同时与沪、深证交所联网，全国性的交易市场开始形成，一些原来局限在当地的基金通过深、沪证券交易所网络进入全国性市场。1996 年 11 月 29 日，建业、金龙和宝鼎基金在上交所上市。

（4）规范发展与创新阶段（1997 年至今）。1997 年 11 月 14 日，国务院证券委发布《中华人民共和国证券投资基金管理暂行办法》（以下简称《暂行办法》），这是中国第一部规范证券投资基金运作的行政法规，标志着中国证券投资基金业走向规范发展阶段。

1998 年 3 月，按照《暂行办法》规定，首批规范的证券投资基金——金泰、开元封闭式基金——设立。同年 3 月 23 日，两只基金正式在上交所挂牌上市交易。这标志着中国证券投资基金业进入了一个新的发展阶段。

2001 年 9 月，中国第一只开放式基金华安创新诞生，打破了之前封闭式基金一统天下的局面，为投资者提供了更为灵活的投资工具，推动了中国证券投资基金业的进一步发展。

2004 年 6 月 1 日，《中华人民共和国证券投资基金法》正式实施，为基金业的规范发展提供了更完善的法律保障，这是中国基金业发展史上的重要里程碑。此后，基金产品不断创新，除了传统的股票型、债券型基金，还出现了货币市场基金、混合型基金、QDII 基金、ETF 基金等多种形式，满足了不同投资者的需求。

2007 年，中国基金业迎来了空前的繁荣，基金规模迅速扩大。然而，随后的全球金融危机也对基金业造成了影响，促使行业进行调整和反思。

进入 21 世纪 10 年代，中国基金业开始注重产品创新和投资策略的多元化。互联网金融的兴起也推动了基金销售模式的变革，余额宝等互联网基金产品出现。

2012 年 12 月，国家修订了《中华人民共和国证券投资基金法》，并于 2013 年 6 月 1 日起施行。新基金法明确规定，发行和管理私募证券投资基金应受中国证监会的行政监管及中国基金业协会的行业自律管理，私募基金行业迎来了更规范的发展时期。近年来，国内基金行业快速发展，基金规模不断扩大。截至 2024 年 1 月底，我国 QDII 基金投资额度累计批准 1 655.19 亿美元。同时，基金行业也在不断进行创新和变革，如公募基金参与国企混改、推出养老目标基金等，为服务实体经济和满足居民财富管理需求发挥了重要作用。

证券投资基金作为现代金融体系的重要组成部分，无论是在国外还是国内，都经历了从无到有、从简单到复杂的发展过程。国外基金业的发展历史更为悠久，经历了多次市场波动和金融危机的考验，形成了较为成熟的运作模式和监管体系。中国基金业虽然起步较晚，但发展迅速，不断吸收国际经验，推动产品创新和市场多元化。未来，随着全球金融市场的进一步融合和科技的发展，证券投资基金将继续在投资者资产配置中扮演重要角色。

即测练习题 4.1

自学自测　扫描此码

案例讨论 4.1　马乐老鼠仓
——践踏基金信任底线

4.2　证券投资基金分类

4.2.1　按照投资标的、投资对象划分

按照投资标的、投资对象划分，证券投资基金可分为货币基金、债券基金、股票基金和混合基金。

这四类基金也是我们平时接触最多的类型。

微课视频 4.2　基金的常见种类

1. 货币基金

货币基金是以短期货币市场金融工具为投资对象的一种基金，包括银行短期存款、国库券、央行票据、银行承兑汇票、大额可转让存单及商业票据等。由于投资的产品大多有国家保证或者银行担保，其优点是风险相对较低、资本安全性高、购买门槛低、流动性强、相比银行活期收益较高、管理费用较低，适

合风险厌恶型投资者。例如，我们平时把钱放进余额宝、市面上的各种"宝宝型"产品（汇添富现金宝、招商招钱宝等），一方面风险低，收益稳定，另一方面非常灵活，随用随取，类似于活期储蓄。其实本质就是在购买货币基金。

2. 债券基金

债券基金是以各种债券为主要投资对象的一种基金，主要投资于国债、金融债、企业债等固定收益类金融工具，一般投资比例不得低于80%。

债券基金分为短期纯债基金、中长期纯债基金、一级债基金、二级债基金等。

（1）短期纯债基金和中长期纯债基金100%投向债券。区别在于短期纯债基金投向期限较短的债券，而中长期纯债基金投向期限较长的债券。

（2）一级债基金和二级债基金投资股票的比例不超过20%。区别在于，一级债基金通过打新和定增方式购买股票，而二级债基金直接在二级市场购买股票。

一般情况下，债券基金的走势与股市相反，因此，债券基金可以很好地分散投资风险。债券基金主要投资于各种债券，其风险和收益介于货币基金和股票基金之间，风险低，收益相对稳定，比较适合风险承受能力较低、希望获取长期稳健回报的稳健型投资者。

3. 股票基金

股票基金是指以上市股票为主要投资对象的基金，投资股票的比例通常在80%～95%。股票基金的收益比货币基金和债券基金都高，风险也相对较高，适合风险偏好型投资者。

由于上市的股票基金种类较多，为了方便投资者选择，股票基金一般会进行主题细分，基金名称通常以投资的股票主题来命名。

4. 混合基金

混合基金是一种灵活配置资产的基金，它将股票、债券及其他金融工具按照一定比例混合投资，旨在平衡风险与收益。混合基金的策略是根据市场情况灵活调整资产配置比例，以适应不同投资者的需求。例如，当市场预期股票市场表现不佳时，混合基金可能会增加债券投资比例，以降低整体投资组合的风险；在市场看涨时，则可能增加股票投资比例，以追求更高的收益。

混合基金的收益潜力和风险水平介于股票基金和债券基金之间，因此，它能够满足那些既不希望承担过高风险，又不满足于债券基金较低收益的投资者需求。

货币基金由于其投资标的的短期性和高流动性，通常在市场波动时能够保持较好的稳定性，为投资者提供了一种相对安全的现金管理工具。而股票型基金可能面临市场波动带来的较大风险，但同时也可能获得较高的收益。混合型基金则通过在

扩展阅读 4.2 2024年从市场中捕获成长红利——中欧融恒平衡混合基金

股票和债券之间进行资产配置,以期在控制风险的同时,实现资产的增值。投资者在选择基金时,应充分考虑自身的风险承受能力和投资目标,选择与之相匹配的基金类型。通过合理配置不同类型的基金,投资者可以在追求收益的同时,有效分散和控制投资风险。

4.2.2 按设立方式划分

按设立方式划分,证券投资基金可分为公司型基金和契约型基金。

1. 公司型基金

公司型基金是指投资者为了共同的投资目标而组成的以营利为目的的股份制投资公司。这类公司通过发行股票筹集资金,并将筹集的资金投资于有价证券等金融工具,从而实现资本的增值。公司型基金在法律上具有独立法人地位,其设立和运作均依据公司章程和相关法律法规进行。

其具有以下几个特点:①法人资格。公司型基金是具有法人资格的经济组织,能够独立承担民事责任和享有民事权利。这意味着它在法律上可以像一个独立的公司一样进行各种经济活动,如签订合同、起诉或被起诉等。②股份募集。公司通过发行股票或受益凭证的方式筹集资金,投资者购买公司股票后即成为股东,享有相应的股东权利,如参与公司决策、分享公司利润等。③专业化管理。公司型基金通常委托专业的基金管理公司或投资顾问进行资产管理,以提高投资效率和降低投资风险。这些专业机构通常拥有丰富的投资经验和专业的投资团队,能够为基金提供专业的投资决策和管理服务。④信息披露。公司型基金需要按照相关法律法规的要求进行信息披露,包括定期报告、临时报告等,以保障投资者的知情权和监督权。投资者可以通过这些信息披露了解基金的投资组合、业绩表现、费用支出等重要信息,从而做出更明智的投资决策。⑤融资渠道。公司型基金作为具有法人资格的公司,可以像普通公司一样向银行借款等进行融资,这为其扩大投资规模提供了一定的便利。

2. 契约型基金

契约型基金是一种由基金托管人和基金管理人共同组成的基金管理架构,投资者通过认购基金份额来实现投资。这种基金是基于信托关系设立的,投资者、基金管理人和基金托管人之间通过签订基金契约来明确各自的权利和义务。

其具有以下特点:①无法人资格。契约型基金本身不具有独立的法人资格,其运作是基于信托关系,通过基金契约来规范各方的行为。基金本身不是一个独立的法律主体,因此在法律上不能像公司型基金那样独立承担民事责任。②投资者地位。投资者在契约型基金中是受益人,其权利和义务主要通过基金契约来约定。投资者主要享有基金收益分配权、信息披露权等,但参与基金决策的程度相对较低,通常不直接参与基金的日常管理。③管理架构。契约型基金的管理架构相对简单,主要由基金管理人和基金托管人共同管理。基金管理人负责基金的投资决策和资产运作，基金托管人则负责资产的保管和结算，两者相互监督、相互制衡，共同保障基金资产的安全。④运作灵活性。契约型基金在运作上相对灵活，其设立程序较为简便，不需要像公司型基金那样经过复杂的公司设立程序。此外，契约型基金的投资策略也相对多样化，可以根据市场情况和投资者需求灵活调整。⑤信息披露。契约型基金同样需要按照相关法规和基金契约的规定，及时、准确地向投资者披露基金的投资组合、净值变化、费用等重要信息，让投资者能够充分了解基金的运作情况。

公司型基金和契约型基金各有优缺点，适用于不同的投资者和市场环境。公司型基金具有独立法人资格，运作规范，治理结构完善，适合长期稳定的投资；契约型基金则运作灵活，设立简便，投资策略多样，适合对市场变化敏感且追求灵活投资的投资者。投资者在选择基金时，应根据自身的投资目标、风险承受能力和投资期限等因素，综合考虑基金的类型和特点，做出合适的选择。

4.2.3　按投资理念划分

按投资理念划分，证券投资基金可分为主动基金和被动基金。

1. 主动基金

主动基金主要依靠基金经理的个人判断和选股能力，通过积极的管理来超越市场基准。主动基金一般由1~3位基金经理带领一群分析员根据市场研究，通过大量的分析计算，结合自身能力和实战经验来选择投资目标，对能够带来超额回报的股票进行投资，主动寻求超越市场表现的收益，有一定主观性。然而，这种策略往往伴随着较高的管理费用和交易成本，因为基金经理需要频繁地买卖股票来调整投资组合。此外，主动基金的表现很大程度上取决于基金经理的个人能力，这使得基金的业绩波动较大，难以预测。

2. 被动基金

被动基金也称为指数基金。

1）指数基金的发展

指数基金诞生于1975年的美国，由先锋集团发行的先锋500指数基金是世界上第一只指数基金。这是一种金融创新，创造了一种完全跟随指数涨跌的基金。一开始这个创新并不被基金经理认可，但20世纪90年代美股进入大牛市后，指数基金的表现超越了市场上80%的主动型基金，从而一路走红。2002年，中国第一只指数基金诞生，由华安基金推出的华安上证180指数基金规模不断扩大。近年来，国内指数基金蓬勃发展，呈现出"百舸争流"之势。

2）指数基金的含义

指数基金是复制和跟踪某个市场指数的基金，如标准普尔500指数或沪深300指数。基金经理不会主动调整投资组合，而是复制和跟踪特定指数的表现。比如，我们常见的沪深 300 指数，就是把上交所和深交所上市的股票中，规模最大、流动性最好的公司股票统计得出的股票平均值，反映的是中国 A 股市场上市股票价格的整体表现。

基金经理以指数所包含的股票为投资对象，模拟出指数的表现，因为没有人为因素，指数基金一般代表市场平均收益。以博时沪深 300 指数 A 基金为例，这只指数基金就是按照一定权重，购买这 300 只股票，复制出沪深 300 走势，指数涨，基金就涨；指数跌，基金就跌。

3）指数基金的特点

指数基金的特点主要体现为投资策略的被动性、费用低廉、风险分散性及投资决策的透明性。基金经理不需要进行大量的市场研究和个股选择，因此管理费用和交易成本相对较低。它并非依赖基金经理的主观判断和选股能力，而是通过复制特定指数的成分股来构建投资组合。通过投资于众多成分股，降低了单一股票对基金表现的影响，分散了投资风险。由于指数基金的透明性，投资者可以清楚地知道自己的资金被投资于哪些股票，这增加了投资的可预测性和稳定性。

指数基金的这些特点使其成为许多投资者资产配置中的重要组成部分。它们不仅为投资者提供了一种低成本、低风险的投资方式，而且在长期投资中，被动投资策略往往能够提供与市场基准相当甚至更好的回报。随着投资者对投资成本和风险意识的提高，指数基金的受欢迎程度预计将继续增长。

扩展阅读 4.3　主动与被动基金之间横跨半世纪的缠斗

4.2.4　按照基金是否开放划分

按照基金是否开放划分，证券投资基金可分为开放式基金和封闭式基金。两者有以下不同。

1. 期限不同

开放式基金没有固定的期限，允许投资者随时申购和赎回基金份额，这种灵活性是其主要特点之一。投资者可以根据自己的资金需求和市场情况灵活调整投资规模。由于基金份额的买卖价格是根据基金的净资产价值来确定的，投资者可以较为准确地了解自己的投资成本和收益情况。此外，开放式基金通常会每日公布其净资产价值，增加了基金运作的透明度。

封闭式基金在设立之初就限定了基金发行数量，基金总额筹足后，一般会有一个固定封闭期，通常封闭期为 5 年以上，一般为 10～15 年。

2. 交易管理方式不同

封闭式基金在封闭期内，持有人不得申购、赎回基金份额，只能在证券交易所进行场内交易。与封闭式基金相比，开放式基金的管理费用通常较低，因为它们不需要在二级市场上进行交易，从而减少了交易成本。不过，在交易所上市的开放式基金（ETF、LOF），可以通过交易的方式将基金份额转让给他人，这一点和封闭式基金一样。同时，开放式基金的基金经理需要更加关注流动性管理，以确保能够满足投资者的赎回需求。这种管理方式要求基金经理在保持投资组合流动性的同时，还要追求投资收益的最大化。

3. 规模伸缩性不同

开放式基金的优势还包括其规模的可变性。基金规模的扩大或缩小会直接影响基金经理的投资策略和组合调整。在市场行情良好时，基金规模的增加可以为基金经理提供更多的资金进行投资；而在市场行情不佳时，基金规模的缩小则可以降低基金经理面临的市场风险。这种规模的动态调整机制，使开放式基金在应对市场波动时具有一定的灵活性和适应性。

综上所述，开放式基金以其灵活性、透明度和规模可变性等特点，为投资者提供了多样化的投资选择。在选择开放式基金时，投资者应充分考虑自己的投资目标、风险承受能力和市场预期，以实现资产的合理配置和长期增值。

4.2.5　按照募集对象划分

按照募集对象划分，证券投资基金可以分为公募基金和私募基金。

1. 公募基金

（1）公开性。公募基金是面向社会公众公开发行的基金，其特点是投资者人数众多，单个投资者的份额较小。由于公募基金的投资者数量没有限制，因此其资金规模通常较大，能够实现投资组合的多元化，从而降低投资风险。公募基金的运作透明度高，需要定期向投资者披露基金的资产状况、投资组合和收益情况，这有助于投资者做出更为明智的投资决策。

（2）规范性。公募基金的另一个显著特点是监管严格。由于其面向公众发行，因此受到国家证券监管机构的严格监管，必须遵守一系列法律法规，包括但不限于基金的设立、运作和信息披露等方面。这种监管机制保障了投资者的利益，同时也提高了基金的信誉度。

（3）流动性。公募基金的流动性较高，投资者可以随时申购和赎回基金份额，为投资者提供了极大的便利。在市场波动时，投资者可以灵活调整自己的投资组合，以适应市场的变化。然而，这种高流动性也意味着基金经理需要保持一定比例的现金或现金等价物，以应对赎回压力，这可能会在一定程度上影响基金的投资效率。

2. 私募基金

私募基金与公募基金相比，具有几个显著的特点。第一，私募基金的投资者门槛较高，通常只面向特定的合格投资者，如机构投资者或高净值个人，这有助于保持投资者群体的同质性，从而在投资决策上更容易达成一致。第二，私募基金的信息披露要求相对较低，不需要像公募基金那样频繁地向公众披露详细的投资信息，这为私募基金在投资策略上提供了更大的灵活性和保密性。第三，私募基金的流动性较低，通常设有较长的锁定期，这有助于基金经理进行长期投资规划，避免短期市场波动对投资策略的干扰。

私募基金的监管相对宽松，但这种宽松并不意味着缺乏监管。私募基金需要遵守相关法律法规，如《私募投资基金监督管理暂行办法》等，以确保其运作合法合规。此外，私募基金的管理费用和业绩报酬通常较高，这是因为私募基金往往追求更高的投资回报，以吸引和保留投资者。最后，私募基金的规模通常较小，这使基金经理能够更加专注于特定的投资领域或策略，从而可能实现更高的投资效率和回报。

私募基金在投资目标上也表现出多样性。一些私募基金可能专注于特定行业或市场领域，如科技、医疗保健或新兴市场，以期获得行业增长带来的超额回报；另一些私募基金可能采用对冲策略，通过多空操作来减少市场波动的影响，追求绝对回报。此外，私募基金也可能投资于早期创业公司或特殊机会，这些投资往往具有较高的风险和潜在的高回报。私募基金的这些投资目标和策略，使它们能够为投资者提供更为定制化的投资解决方案，满足不同投资者的需求。

4.2.6　按照投资目标划分

按照投资目标划分，证券投资基金可分为成长型基金、收入型基金和平衡型基金。这类成长型基金适合风险承受能力较高的投资者，因为它们往往伴随着较高的市场波动性和投资风险。收入型基金则更注重投资收益，通常投资于那些能够提供稳定现金流的债券或高分红股票。这类基金适合寻求稳定收入的投资者，如退休人士。平衡型基金试图在资本增值和收入之间取得平衡，通常投资于股票和债券的组合。这种基金适合风险偏好适中的投资者，因为它在追求资本增值的同时，也提供了一定程度的收入稳定性。

1. 成长型基金

成长型基金追求的是基金资产的长期增值，通常投资于预期未来增长潜力较大的公司股票。成长型基金可以进一步分为稳健成长型和积极成长型基金。稳健成长型基金倾向于投资那些已经表现出稳定增长趋势的公司，这些公司通常具有成熟的业务模式和稳定的现金流。它们的目标是实现资产的稳定增长，同时尽量减少市场波动带来的风险。而积极成长型基金则更倾向于投资具有高增长潜力但可能伴随较高风险的公司，尤其是那些处于早期发展阶段的公司。这类基金追求的是在承担较高风险的同时，获取潜在的高回报。这类基金适合风险承受能力较高的投资者，因为它们往往伴随着较高的市场波动性和投资风险。

2. 收入型基金

收入型基金主要投资于可带来现金收入的有价证券，以获得当期最大的收入，主要关注的是为投资者提供稳定的收入流。通常，这类基金投资于能够提供定期股息或利息支付的证券。其资产配置倾向于债券、优先股及其他固定收益产品，目的是在保持资本相对稳定的同时，为投资者带来持续的现金流。与成长型基金相比，收入型基金更注重当前的收益，而非资本的长期增值。

例如，收入型基金在选择投资标的时，会偏好那些具有稳定盈利能力和良好分红记录的公司。这些公司往往处于成熟行业，业务模式稳定，市场地位稳固，因此能够提供较为可靠的股息收入。此外，收入型基金还会投资于政府债券和高信用等级的企业债券。这些债券通常具有较低的违约风险，能够为基金提供稳定的利息收入。

3. 平衡型基金

平衡型基金是一种旨在平衡风险与收益的基金类型，投资者既可以获得当期收入，又能够实现资金的长期增值。它通过投资于股票和债券等不同类型的资产来实现这一目标。这类基金通常会根据市场情况调整资产配置比例，以期在股票市场上涨时获得资本增值，在市场下跌时通过债券投资来减少损失。

平衡型基金在市场繁荣时可能会增加股票投资比例，以获取更高的收益潜力；而在市场不稳定或经济衰退时，则可能增加债券投资比例，以保护资本并提供稳定的收入流。这种灵活的资产配置策略使平衡型基金成为那些希望在保持一定投资风险的同时追求长期稳定回报的投资者的理想选择。此外，平衡型基金还可能投资于其他类型的资产，如房地产投资信托（REITs）、商品期货等，以进一步分散风险并寻求额外的收益来源。通过这种多元化的投资策略，平衡型基金能够为投资者提供一个综合性的投资组合，有助于实现资产的长期增值与保值。

4.2.7 特殊类型基金

1. 上市开放式基金（LOF）

LOF 是一种既可以在场外市场进行基金份额申购赎回，又可以在交易所（场内市场）进行基金份额上市交易的开放式基金。它的场内交易价格受供求关系等市场因素影响，可能会与基金净值产生一定的溢价或折价。例如，投资者可以在银行等代销机构申购、赎回 LOF 基金，也可以像买卖股票一样在证券交易所买卖 LOF 基金份额。LOF 提供了两种交易方式，投资者可以根据自己的需求灵活选择。如果投资者认为场内交易价格出现较大折价，可以通过场内买入并在场外赎回的方式进行套利；如果出现溢价，也可以进行反向操作。

2. 合格境内机构投资者基金（QDII 基金）

QDII 基金是在人民币资本项目下不可自由兑换、资本市场未开放的条件下，在一国境内设立，并经该国有关部门批准，有控制地允许境内机构投资境外资本市场股票、债券等有价证券的投资基金。它为国内投资者提供了投资境外市场的渠道。例如，一些 QDII 基金投资于美国纳斯达克市场的科技股，让投资者能够分享国外公司的成长收益。由于投资境外市场基金面临汇率风险，其净值会受到人民币与投资地货币汇率波动的影响。同时，境外市场的政治、经济、金融等环境与国内不同，其可能面临不同的监管政策、市场波动等风险。

3. 分级基金

分级基金是通过对基金（母基金）收益分配的安排，将母基金份额拆分为预期收益与风险不同的两类或多类子基金。例如，分级基金可以分为 A 份额和 B 份额，A 份额通常是固定收益类，类似债券性质，具有约定的收益率；B 份额具有杠杆属性，其收益和风险在一定程度上被放大。在牛市行情下，B 份额可能会因为杠杆作用而获得较高的收益，但在熊市中，其损失也会被放大。分级基金的杠杆特性使 B 份额的价格波动较大，并且由于其结构复杂，对于普通投资者来说理解和操作难度相对较大。此外，在市场极端情况下，如 B 份额净值大幅下跌，可能会触发下折机制，投资者需要了解这些机制以避免潜在的损失。

4. 伞型基金

伞型基金是指在一个母基金之下设立若干个子基金，各子基金独立进行投资决策。这些子基金可以涵盖不同的投资领域、投资风格或资产类别。例如，一个伞型基金旗下可能包括股票型子基金、债券型子基金、混合型子基金等。投资者可以根据自己的投资目标和风险偏好，在同一伞型基金框架内选择不同的子基金进行投资。这种类型的基金方便投资者进行资产配置，在一个基金管理公司的管理下，可以方便地在不同类型的基金之间转换，同时共享基金的营销、管理等资源，费用可能相对较低。

5. 不动产投资信托基金（REITs）

REITs 是一种以发行收益凭证的方式汇集特定多数投资者的资金，由专门的投资机构进行不动产投资、经营和管理，并将投资综合收益按比例分配给投资者的一种信托基金。它主要投资于房地产项目，如购物中心、写字楼、公寓等。例如，投资者购买 REITs 份额后，就相当于间接拥有了这些不动产的部分权益，可以获得不动产的租金收入和资产增值收益。这为中小投资者提供了参与不动产投资的机会，降低了投资门槛；同时，REITs 具有相对稳定的现金流，因为不动产租金收入相对稳定，而且可以通过资产组合分散风险。

扩展阅读 4.4　量化模型驱动——华泰柏瑞创优之路

6. 量化基金

量化基金通过数理统计分析，选择能够超过市场平均回报的证券进行投资，具有投资决策量化、投资策略多样化等特点。

它依靠复杂的数学模型和计算机算法来构建投资组合。例如,量化基金可以根据股票的市盈率、市净率、成交量等多种量化指标,筛选出符合模型设定的股票进行投资。它能够避免人的情绪对投资决策的影响,使投资过程较为客观;可以同时处理大量的数据和多种投资策略,捕捉市场中的各种投资机会。但是,量化模型也存在一定的局限性,如模型可能因市场环境变化而失效等风险。

即测练习题 4.2

自学自测　　扫描此码

案例讨论 4.2
巴菲特与泰德的"十年赌约"

4.3　证券投资基金投资运作

4.3.1　证券投资基金的设立与募集

1. 基金管理人和托管人的设立条件

1)基金管理人设立条件

需要符合《中华人民共和国证券投资基金法》和《中华人民共和国公司法》规定的章程。这些章程是基金管理人运营的基本规则,明确了公司的治理结构、股东的权利与义务等重要事项。

注册资本不低于 1 亿元人民币,且必须为实缴货币资本。充足的注册资本能确保基金管理人有足够的资金来开展业务,包括组建专业的投资研究团队、建立风险控制系统等。

主要股东具有从事证券经营、证券投资咨询、信托资产管理或者其他金融资产管理较好的经营业绩和良好的社会信誉,最近 3 年没有违法记录。主要股东的信誉和业绩对基金管理人的发展有着重要影响,他们能够为基金管理人提供资源、经验和信誉支持。

取得基金从业资格的人员达到法定人数。这些专业人员将直接参与基金的投资管理、风险控制等核心业务,他们需要具备丰富的金融知识、投资经验和风险管理能力。

2)基金托管人设立条件

净资产和风险控制指标符合有关规定。这是为了确保托管人有足够的财务实力来承担托管基金资产的责任,并且能够有效地管理托管过程中的风险。

第 4 章　证券投资基金　　**87**

设有专门的基金托管部门。专门的部门可以集中精力处理基金托管业务，提高托管业务的专业性和效率。

取得基金从业资格的专职人员达到法定人数。这些人员负责对基金资产进行保管、核算、监督等工作，需要具备专业知识和技能。

有安全保管基金财产的条件。包括具备安全的保管设施、数据备份系统等，以防止基金财产的丢失、损坏或被盗用。

有安全、高效的清算、交割系统。能够及时、准确地进行基金资产的清算和交割，确保基金份额持有人的权益。

2. 基金募集的具体方法

1）基金募集的一般流程

基金管理人首先要制定基金募集方案，方案中包括基金的类型、规模、投资目标、投资策略等重要信息。这个方案是基金募集的蓝图，用于向潜在投资者展示基金的基本情况。

然后基金管理人向中国证监会提交募集申请材料，这些材料包括基金合同草案、托管协议草案、招募说明书草案等。证监会将对这些材料进行审核，审核的目的是确保基金的设立和募集符合法律法规的要求，保护投资者的利益。

在经证监会核准后，基金管理人开始发售基金份额。发售方式可以有多种，常见的有网上发售和网下发售。网上发售是通过互联网平台向投资者销售基金份额，这种方式便捷、高效，能够吸引大量中小投资者；网下发售则是通过基金销售机构的线下网点进行销售，适合一些对基金投资有特殊需求或需要专业投资顾问服务的投资者。

在基金募集期间，基金管理人需要定期公布基金募集的进展情况，例如已募集的金额、认购人数等。这有助于投资者了解基金募集的状态，同时也增加了募集过程的透明度。

2）募集期的相关规定

基金的募集期限自基金份额发售之日起不得超过 3 个月。这一规定是为了避免基金募集过程过长，从而影响投资者的资金使用效率和市场的稳定。

在募集期内，投资者可以认购基金份额。认购的金额可以根据基金管理人设定的最低认购金额和追加认购金额的规定进行操作。一般来说，不同类型的基金最低认购金额有所不同。例如，货币基金的最低认购金额可能较低，而权益类基金的最低认购金额可能相对较高。

4.3.2　证券投资基金的认购、申购和赎回

1. 基金的认购

认购是指投资者在基金募集期内购买基金份额的行为。这是投资者参与基金投资

的初始步骤。在认购期间，基金尚未正式成立，但投资者可以根据基金的招募说明书等相关文件了解基金的基本情况，如投资目标、投资策略、风险特征等，并决定是否认购。

投资者首先需要选择合适的基金产品。这可能需要考虑基金的类型（如股票型基金、债券型基金、货币型基金等）、基金管理人的信誉和业绩、基金的投资方向等因素。然后，投资者通过基金销售机构（如银行、证券公司或基金公司直销平台）提交认购申请，填写相关信息，包括认购金额、个人身份信息等，并按照规定缴纳认购款项。

认购的价格通常为基金份额面值加上一定的认购费用（部分基金可能会有不同的定价方式）。在基金募集期内，投资者的认购申请一经受理，一般不得撤销。而且，基金的认购金额往往有最低限制，不同类型的基金最低认购金额可能不同，例如，一些股票型基金的最低认购金额可能为 1 000 元，而货币型基金的最低认购金额可能较低，如 100 元。

在基金认购过程中，投资者需要了解认购费用、净认购额和认购份数之间的关系。具体来说，认购费用是指投资者在购买基金份额时需要支付给基金管理人或销售机构的费用，该费用通常会从认购金额中扣除。净认购额则是指扣除认购费用后，实际用于购买基金份额的金额。认购份数则是指投资者用净认购额所能够购买到的基金份额数量。认购费用、净认购额、认购份数这三者之间的关系，用公式表示为：

$$认购费用 = 认购金额 × 认购费率$$
$$净认购额 = 认购金额 - 认购费用$$
$$认购份数 = 净认购额 / 基金份额面值$$

如果一个投资者计划认购 10 000 元的股票型基金，假设该基金的认购费率为 1%，那么认购费用为 100 元，净认购额为 9 900 元。如果该基金的份额面值为 1 元，则该投资者可以认购 9 900 份基金份额。

2. 基金的申购

1）申购的概念与流程

基金申购是指投资者向基金管理人购买基金份额的行为。投资者首先要选择申购的基金产品，然后在基金销售机构办理申购手续。申购时，投资者需要填写申购申请表，注明申购的金额或份额等信息，并按照规定缴纳申购款项。

基金管理人在收到申购申请后，会根据当日的基金净值计算投资者能够获得的基金份额。

首先需要明确，申购金额是指投资者实际用于购买基金份额的金额，而申购费用则是投资者为申购基金份额所支付的额外费用。申购总额是申购金额与申购费用之和。具体计算公式如下：

$$申购金额 = 申购份额 × 申购日单位基金份额净值$$
$$申购费用 = 申购金额 × 申购费率$$

$$申购总额＝申购金额＋申购费用$$
$$申购份额＝申购金额×（1－申购费率）÷申购当日基金净值$$

例如，假设投资者申购金额为 10 000 元，申购费率为 1.5%，则申购费用为 150 元，申购总额为 10 150 元。投资者最终能够获得的基金份额则根据当日基金净值来计算。假设当日基金净值为 1.05 元，则投资者可获得的基金份额为：

$$申购份额＝申购总额／当日基金净值$$
$$申购份额＝10\ 150\ 元／1.05\ 元/份≈9\ 666.67\ 份$$

在申购过程中，投资者应关注申购费率的高低，因为这直接影响最终获得的基金份额数量。此外，投资者还应考虑市场波动对基金净值的影响，因为这将决定投资者实际获得的基金份额价值。因此，投资者在进行基金申购时，不仅要关注申购费用的计算，还要综合考虑市场情况和基金的长期表现，以便做出明智的投资决策。

不同类型的基金申购费率有所不同。一般来说，股票型基金的申购费率相对较高，而货币型基金的申购费率较低甚至为零。

2）影响申购的因素

影响申购的因素包括基金的业绩表现，这是影响投资者申购的重要因素之一。如果一只基金在过去一段时间内取得了较好的投资收益，就会吸引更多的投资者进行申购。例如，某只股票型基金在过去一年中实现了 20%的收益率，而同类基金的平均收益率为 15%，这只基金就会受到投资者的青睐。

此外，基金的投资策略和风险水平也会影响申购。对于风险偏好较低的投资者来说，他们可能倾向于申购货币型基金或债券型基金；而对于风险偏好较高、追求高收益的投资者来说，他们可能会选择申购股票型基金。

3. 基金的赎回

1）赎回的概念与流程

基金赎回是指投资者将持有的基金份额卖给基金管理人，收回资金的行为。投资者在赎回基金份额时，需要向基金销售机构提出赎回申请、填写赎回申请表、注明赎回的份额等信息。

基金管理人在收到赎回申请后，会根据当日的基金净值计算投资者能够赎回的金额。赎回金额的计算公式为：

$$赎回金额＝赎回份额×赎回当日基金净值×（1－赎回费率）$$

赎回费率因基金类型而异，一般来说，持有基金的时间越长，赎回费率越低。

2）影响赎回的因素

影响赎回的因素众多。首先，基金的投资业绩会影响赎回。如果基金的投资业绩良好，投资者可能会选择继续持有以获取更高的收益，而不是赎回。相反，如果基金的投资业绩不佳，或在一段时间内持续亏损，投资者为了避免进一步的损失，可能会选择赎回。

其次，市场利率的变化也会影响赎回。当市场利率上升时，投资者可能会更倾向于赎回基金，转而投资更高利率的金融产品。相反，当市场利率下降时，投资者可能会选择继续持有基金，因为其他金融产品的收益率也相应下降。

再次，基金公司的信誉和服务质量也会影响赎回。如果基金公司的信誉良好，服务质量高，投资者可能会更倾向于继续持有该公司的基金，而不是赎回。相反，如果基金公司的信誉不佳、服务质量差，投资者可能会选择赎回，以避免潜在的风险。

最后，投资者的个人财务状况和风险偏好也会影响赎回决策。例如，如果投资者面临紧急资金需求，可能会选择赎回基金以获取现金。而风险偏好较低的投资者在面临市场波动时，可能会更倾向于赎回基金以降低风险。

4.3.3　证券投资基金的投资

1. 投资目标与策略

不同类型的证券投资基金有不同的投资目标。例如，货币基金的投资目标主要是在保持流动性的前提下获取较为稳定的收益；债券型基金的投资目标是通过投资债券市场获取固定收益并控制风险；股票型基金的投资目标则是通过投资股票市场追求资本增值。

基金的投资策略是实现投资目标的手段。常见的投资策略包括价值投资策略、成长投资策略、指数投资策略等。价值投资策略是寻找被低估的证券进行投资，等待其价值回归；成长投资策略是投资于具有高成长潜力的公司；指数投资策略是根据特定指数的成分股进行投资，以复制指数的表现。

2. 投资组合的构建

基金管理人在构建投资组合时，需要考虑多种因素。一是资产配置，即确定基金资产在不同资产类别（如股票、债券、现金等）之间的分配比例。例如，对于一个平衡型基金，可能会将资产的 40%配置在股票上、50%配置在债券上、10%配置在现金上。二是证券选择。在确定了资产配置比例后，基金管理人需要选择具体的证券进行投资。在股票投资方面，管理人会对上市公司的基本面进行分析，包括财务状况、行业前景、竞争优势等；在债券投资方面，会考虑债券的信用等级、利率水平、到期日等因素。

风险控制也是构建投资组合的重要环节。基金管理人会通过分散投资来降低风险，例如，在股票投资中，不会将全部资金集中投资于某一只股票或某一个行业，而是分散投资于多只股票和多个行业。

3. 投资限制与监管

为了保护投资者的利益，证券投资基金的投资受到一定的限制。例如，一只基金持有一家上市公司的股票，其市值不得超过基金资产净值的 10%；同一基金管理人管理的全部基金持有一家公司发行的证券,不得超过该公司证券的 10%。这些限制是为了防止基金过度集中投资,以降低投资风险。

监管机构也会对基金的投资进行监管。中国证监会等监管部门会定期检查基金的投资情况,确保基金的投资符合法律法规和基金合同的规定。如果发现基金存在违规投资行为,将采取相应的监管措施,如责令整改、罚款等。

4.3.4 证券投资基金的变更与终止

1. 基金的变更

1)基金合同变更

基金合同的变更需要符合法定程序。一般来说,基金管理人需要先提出变更方案,方案应包括变更的内容、变更的原因等重要信息。然后,基金管理人需召开基金份额持有人大会,该大会必须有代表 1/2 以上基金份额的持有人参加方可召开;做出的决议,应当经参会基金份额持有人所持表决权的 2/3 以上通过。

常见的基金合同变更情况包括调整基金的投资目标、投资范围、投资策略等。例如,随着市场环境的变化,一只原本以投资国内股票市场为主的基金,可能会调整为允许投资部分海外股票市场,这就需要对基金合同进行相应变更。

2)基金管理人、托管人的变更

当基金管理人或托管人发生变更时,也需要按照法定程序进行。原基金管理人或托管人需要妥善处理基金资产的交接工作,确保基金资产的安全。新的基金管理人或托管人须具备相应的资格条件,并需经过中国证监会的核准。

基金管理人变更的原因可能包括公司经营不善、被并购等;托管人变更的原因可能包括托管业务调整、与基金管理人合作关系终止等。

2. 基金的终止

1)基金终止的情形

基金合同期限届满且未延期是基金终止的一种常见情形。当基金合同规定的存续期限到期后,如果基金份额持有人大会未通过延期决议,基金将终止运作。

基金份额持有人大会决定终止也是常见情况。例如,当基金业绩长期不佳,或基金的投资目标已无法实现时,基金份额持有人可能通过大会决议终止基金。

此外,若基金管理人或托管人职责终止且在 6 个月内没有新的基金管理人或托管人承接,基金也将终止。因为基金管理人负责基金的投资运作,托管人负责基金资产的保管,如果没有合适主体承担这些职责,基金将无法正常运作。

2)基金终止后的清算

当基金终止后,需进行清算。清算小组由基金管理人、托

扩展阅读 4.5 2024 年市场动态——平准基金市场波动的稳定锚

管人及相关中介机构组成。清算组的任务包括清理基金资产、核实债权债务、编制清算报告等。

在清算过程中，首先要对基金资产进行变现。对于股票、债券等资产，需要在市场上按照市场价格进行出售。然后，按照基金份额持有人的持有比例分配清算后的剩余资产。清算完成后，基金将正式注销，不再存在。

即测练习题 4.3

自学自测　扫描此码

案例讨论 4.3　桥水基金
——多维资产配置的投资魔方

复习思考题

1. 证券投资基金的三方当事人分别是谁？

2. 基金管理人在证券投资基金中扮演什么角色？

3. 基金托管人通常由哪些机构担任？他们的主要职责是什么？

4. 为什么投资者在选择基金管理人时应关注其过往业绩记录和投资策略的透明度？

5. 基金投资者在选择基金产品时应考虑哪些因素？

6. 证券投资基金的特点包括哪些方面？

7. 如何理解证券投资基金的"集合投资、规模优势"？

8. 申购金额、申购费用和申购份额之间的关系如何？

9. 申购费率的高低对投资者最终获得的基金份额数量有何影响？

10. 基金的业绩表现、投资策略和风险水平如何影响投资者的申购决策？

11. 货币基金、债券型基金和股票型基金的投资目标分别是什么？

12. 基金终止的情形有哪些？基金终止后需要进行哪些清算工作？

13. 公募基金与私募基金在公开性、规范性和流动性方面有哪些主要区别？这些区别对投资者的选择有何影响？

14. 成长型基金、收入型基金和平衡型基金在投资目标和风险特征上有何不同？投资者应如何根据自己的风险偏好选择适合的基金类型？

15. 稳健成长型基金与积极成长型基金在投资策略和目标上有何异同？哪种类型更适合风险承受能力较高的投资者？

第 5 章

金融衍生工具

【本章学习目标】

通过本章学习，学员应该能够：

1. 明确金融衍生工具的定义、产生背景及其在金融市场中的作用，认识到它们作为风险管理、投资和套利工具的重要性。

2. 深入了解期货、期权等主流金融衍生工具的种类、各自独特的性质及它们相对于传统金融工具的优势。

3. 了解金融远期合约、金融互换、权证和可转换证券等金融衍生工具，为日后关于金融衍生工具的进一步学习打下良好基础。

引导案例

中国证监会在衍生品市场监管政策方面的最新动态

《中华人民共和国期货和衍生品法》和《衍生品交易监督管理办法（征求意见稿）》是中国资本市场法治建设的重要里程碑。这些法规对衍生品市场的发展和监管具有深远影响。

《中华人民共和国期货和衍生品法》于 2022 年 4 月正式出台，是中国首部专门针对期货和衍生品市场的法律，为衍生品市场提供了基础性法律框架。该法律明确了衍生品交易的基本原则、交易规则、监管体系和法律责任，为市场参与者提供了清晰的法律指引。它填补了资本市场在衍生品领域的法律空白，有助于规范市场秩序，保护投资者权益，促进市场健康发展。

《衍生品交易监督管理办法（征求意见稿）》于 2023 年 3 月 17 日由中国证监会发布，作为《中华人民共和国期货和衍生品法》的配套政策，进一步细化了衍生品交易的监管要求。征求意见稿可能包括对衍生品交易的监管范围、交易规则、风险控制、信息披露、市场准入等方面的具体规定。通过征求市场意见，监管机构可以收集各方反馈，进一步完善监管政策，确保其既符合市场实际需求，又能有效防范风险。

这些法律和政策的出台，显示了中国政府加强金融市场法治建设的决心，旨在通过法律手段规范市场行为，提高市场透明度，增强市场参与者的信心，同时为市场创新提供空间。这对于促进衍生品市场的稳定和健康发展，以及更好地服务于实体经济，具有重要意义。

5.1 金融衍生工具概述

5.1.1 金融衍生工具的含义

微课视频 5.1 金融衍生工具概述

金融衍生工具也称金融衍生品、金融派生品、衍生金融资产，是一类基于基础资产（如股票、债券等）或基础变量（如利率、汇率、指数等）构建的金融产品，其核心价值及价格变动紧密依赖于所依托的基础资产或变量的价格波动。

5.1.2 金融衍生工具的特点

金融衍生工具有四个显著特点。

（1）跨期性。金融衍生工具的核心在于交易双方基于对利率、汇率、股价等市场因素未来变动趋势的预判，达成在未来某一时间按照一定条件进行交易或决定是否交易的合约。这一特性会影响交易者在未来某个时间段或具体时点的资金流动状况，充分展示了跨期交易的本质。

（2）杠杆性。金融衍生工具的交易机制允许交易者以少量的保证金或权利金作为担保，订立涉及大额资金流动的远期合约或进行不同金融工具间的互换。这种以小博大的特性放大了交易的杠杆效应。

（3）不确定性或高风险性。金融衍生工具的交易结果直接依赖于交易者对基础资产（或变量）未来价格（或数值）变动趋势预测的准确程度。由于基础资产价格的波动难以准确预测，导致金融衍生工具的交易结果具有极大的不确定性和潜在的高风险性，这也是其备受关注并需要谨慎操作的重要原因。这里的高风险性具体体现在信用风险、市场风险、流动性风险、结算风险、操作风险和法律风险等方面。

（4）联动性。金融衍生工具的价值紧密跟随其基础资产或基础变量的价格波动而变化，二者之间呈现出高度的相关性和同步性。这种联动性确保了金融衍生工具能够有效反映并传递市场信息。

5.1.3 金融衍生工具的分类

（1）按照产品形态分类，金融衍生工具可以分为独立衍生工具和嵌入式衍生工具。独立衍生工具是指本身即为独立存在的金融合约，如期权合约、期货合约或者互换合约等。嵌入式衍生工具是指嵌入非衍生工具合约（主合约）中的衍生工具。

（2）按照交易场所分类，金融衍生工具可以分为交易所交易的衍生工具和场外交易的衍生工具。前者在有组织的交易所（如期货交易所和证券交易所等）内集中交易，具有标准化合约、较高的透明度和统一的交易规则，交易价格公开，交易结算有保障，交易监管有力；后者则主要在金融机构之间或金融机构与客户之间直接进行交易，合约条款更加灵活，交易创新性更强，但交易风险更大，透明度更低。

扩展阅读 5.1　世界知名金融衍生工具交易所

（3）按照基础工具的种类划分，金融衍生工具可以分为股权类衍生工具（如股票期货、股指期货、股票期权等）、货币衍生工具（如外汇期货、外汇期权等）、利率衍生工具（如利率期货、利率互换等）、信用衍生工具（如信用违约互换、信用利差期权等）及其他衍生工具（如商品期货、天气衍生工具等）。

（4）按照自身交易的方法及特点分类，金融衍生工具可以分为金融远期合约、金融期货、金融期权、金融互换和结构化金融衍生工具。

5.1.4　金融衍生工具的功能

在现代市场体系中，金融衍生工具市场日益壮大，并已成为不可或缺的重要组成部分，这是因为它具备难以由其他市场替代的功能。

1. 风险管理功能

风险管理功能是金融衍生工具最主要、最基础的功能，指金融衍生工具能够帮助市场参与者转移或规避因市场价格波动所产生的风险。市场参与者可以通过购买或出售金融衍生工具锁定未来的收入或成本，减少不确定性，降低损失，提高盈利能力和经营效率。金融衍生工具的风险管理功能主要体现在以下两个方面。

（1）风险转移。风险转移是指市场参与者通过利用金融衍生工具市场，将自己不愿承担或已经超出自身风险承受能力的特定风险，转移给那些更有意愿或具备更强能力去承担这些风险的对手方。风险转移功能有助于市场参与者减轻或分散风险，还能在整个市场体系内促进风险的更有效配置。例如，一个持有大量债券（如企业债或国债）的投资者可能担心债券发行方出现违约情况，从而导致投资损失。于是，该投资者与另一个愿意承担这种信用风险的对手方签订了信用违约互换协议。根据协议条款，如果债券发行方真的违约，投资者将从对手方那里获得一定的赔偿，用以弥补因违约而遭受的损失。这样，原本由投资者承担的信用风险就被有效地转移给了对手方，而对手方则可能基于其对市场、行业或特定企业的深入分析，愿意承担这种风险以换取相应的报酬。通过这种方式，风险得到了分散，投资者和对手方都能够在自身风险承受范围内进行更有效的资产配置和风险管理。

（2）套期保值。套期保值是指市场参与者为了规避现货市场价格波动带来的潜在风险，而在金融衍生工具市场上建立与现货市场头寸方向相反的头寸。这种操作旨在通过衍生工具市场的盈利或亏损来抵消现货市场中因价格变动所导致的相应损益变化,从而达到锁定成本或收益、稳定财务状况的目的。例如,一个农产品加工商预计几个月后需要购买一批大豆作为生产原料,但担心在此期间大豆价格上涨会增加成本。为了规避这一风险,该加工商可以在金融衍生工具市场(如期货市场)上买入相应数量的大豆期货合约,即建立一个空头头寸。如果未来大豆现货市场价格确实上涨,虽然现货市场的购买成本会增加,但其在期货市场上的合约会获得盈利,这部分盈利可以用来弥补现货市场上的成本增加,从而达到套期保值的效果。相反,如果大豆价格下跌,则现货市场的购买成本降低,期货市场上的空头头寸会产生亏损,总体上两个市场的盈亏相抵,可以使加工商的成本保持相对稳定。

2. 资产配置功能

资产配置功能体现为金融衍生工具市场协助市场参与者实现收益最大化或成本最小化目标的能力。市场参与者通过识别并利用价格或预期上的差异进行投资,依据各自的风险承受能力、收益期望及资金条件等因素,在购买或出售金融衍生工具的过程中,采取恰当的投资策略,调整投资组合,达到优化资产配置结构的目的。金融衍生工具的资产配置功能主要体现在投资和套利两个方面。

(1)投资功能。金融衍生工具市场的参与者可以通过购买或出售金融衍生工具,利用市场价格变化进行投资活动,从而追求收益最大化。参与者基于对基础资产或基础变量未来价格走势的判断建立相应头寸,以期未来获得正向收益。例如,投资者通过购买看涨期权合约锁定未来以固定价格购买某股票的权利。如果未来股票价格上涨超过行权价格加期权费用(保本点),则投资者可以行使期权获利。

(2)套利功能。金融衍生工具市场的参与者可以利用市场价格差异或预期偏离进行套利活动,从而追求成本最小化。参与者基于不同市场之间或同一市场不同时期的价格关系构建相反头寸,以期未来获得无风险收益。例如,商品交易商发现现货市场与期货市场存在价格差异,则该交易商在现货市场买入商品,并在期货市场卖出相应数量的期货合约。当期货价格与现货价格趋于一致时,交易商可以卖出现货商品,同时交割期货合约,获得无风险收益。

3. 价格发现功能

在金融衍生工具交易中,市场参与者根据自己掌握的市场信息和对价格走势的预期,反复进行金融衍生工具的交易。通过平衡供求关系,可以较为准确地为金融产品形成统一的市场价格。价格发现功能反映了市场对当前或未来某一时点或时段价格水平的看法和判断,为现货市场提供当前或未来价格的信号,快速形成和传递价格,引导市场参与者做出合理决策。例如,期权价格约定了在未来某一时点或时段购买或出售资产权利的价格,反映的是市场对该资产当前波动性和方向性的判断,为现货市场提供当前价格的参考与指导。如果期权价格高于内在价值,则说明市场认为该资产当前价格波动性大、风险高。相反,如果期权价格低于内在价值,则说明市场认为该资产当前价格波动性小、风险低。期货价格约定了在未来某一时点交割资产的价格，反映的是市场对该资产未来供需情况的判断，为现货市场提供未来价格的参考和指导。如果期货价格高于现货价格，则说明市场预期未来供不应求，价格将会上涨；如果期货价格低于现货价格，则说明市场预期未来供大于求，价格将会下跌。

4. 效率改进功能

金融衍生工具的效率改进功能主要体现在对金融体系和实体经济的完善上。金融衍生工具市场通过与其他金融市场的互补与协同，构建出一个多层次、多元化且功能全面的金融体系。具体而言，金融衍生工具市场能够为其他金融市场提供风险管理工具、价格发现机制以及资产配置策略，从而增强这些市场的运作效率和稳定性。反过来，其他金融市场则为金融衍生工具市场提供基础资产或基础变量、资金来源以及监管支持等条件，促进金融衍生工具的创新与发展。同时，金融衍生工具市场能够为实体经济提供风险管理、价格发现及资产配置等服务，提升实体经济的生产效率和竞争力，而实体经济则为金融衍生工具市场提供需求动力、创新源泉和监管依据等因素，促进其适应性和规范性发展。

即测练习题 5.1　　　　　案例讨论 5.1　巴林银行倒闭事件

自学自测　　扫描此码

5.2　金　融　期　货

5.2.1　金融期货的含义

期货交易是指交易双方在集中的交易所市场以公开竞价方式进行标准化期货合约的交易。金融期货主要指以金融工具（或金融变量）为基础工具的期货交易，交易者在特定的交易所通过公开竞价方式成交，承诺在未来特定日期或期间内以事先约定的价格买入或卖出特定数量的某种金融商品。

微课视频 5.2　金融期货

5.2.2　金融期货的主要交易制度

金融期货交易有一定的交易规则，这些规则是期货交易正常进行的制度保证，也是期货市场运行机制的外在体现。

1. 集中交易制度

金融期货在期货交易所或证券交易所进行集中交易，通过公开竞价的方式成交。交易所提供集中的、受监管的交易场所，确保了交易的公开性和透明性。期货合约的条款如标的物的质量、数量、交割日期等都是由交易所预先设定的，这样做的目的是方便交易双方在合约到期前通过一笔相反的交易进行对冲，从而避免实物交割。这种标准化的合约设计有助于提高市场的流动性和效率，同时也降低了交易成本。

2. 保证金制度

保证金是指投资者在进行期货交易时，必须按照合约价值的一定比例预先存入交易所指定账户的资金，作为履行期货合约的财力保证。保证金分为两种类型：一种是结算准备金，这是未被合约占用的保证金，是交易所会员经纪公司在交易所专用结算账户中预先准备的资金；另一种是交易保证金，这是已被合约占用的保证金，是期货交易双方通过经纪人向交易所或结算所缴纳的确保合约履行的资金。交易所会批准交易员使用标准仓单或其他经交易所认可的质押物（如国债、有价证券）来冲抵交易保证金。

保证金制度体现了期货交易的杠杆作用，即交易者可以通过支付一定比例的保证金来控制更大价值的合约。这种机制使投资者可以用较小的资金进行较大规模的交易，从而放大了潜在的盈利（或亏损）。例如，如果一个期货合约的名义价值是 100 000 元，而保证金要求是 5%，那么投资者只需支付 5 000 元就可以控制这个合约。如果合约价值上涨或下跌，投资者的盈亏会相应地放大。投资者在使用杠杆进行期货交易时，必须谨慎管理风险，确保有足够的风险控制措施，例如设置止损点等。

3. 涨跌停板制度

涨跌停板制度也称为每日价格最大波动限制，即期货合约在一个交易日内的价格波动不能超过规定的涨跌幅度。这是为了防止期货价格出现过大的非理性变动。交易所通常对每个交易时段允许的最大波动范围做出规定。一旦达到涨（跌）幅限制，高于（低于）该价格的买入（卖出）委托将无效。

4. 每日结算制度

期货结算所是期货交易中专门负责结算和清算的机构，承担交易合约的交割和平仓责任。它可以独立存在，也可以作为交易所的一部分。结算所的核心制度是无负债的每日结算制度，也被称为"逐日盯市"制度。结算所会在每个交易日结束时，对交易双方的盈亏情况进行详细计算和结算，确保所有交易账户的余额能得到及时更新，从而有效避免交易双方因累积的盈亏而产生过大的风险敞口。如果交易亏损导致保证金不足，交易者必须在规定时间内追加保证金以实现当日无负债。通过这种每日的及时清算，结算所能够确保期货市场的稳健运行，降低市场参与者的风险，并提升整个市场的透明度和公信力。

5. 限仓制度

限仓制度是交易所为了防止市场风险过度集中和防范操纵市场行为而对交易者持仓数量加以限制的制度。不同的交易所会根据不同的期货品种以及交易者的具体类型，对最大持仓量设定不同的限制。

6. 大户报告制度

大户报告制度与限仓制度密切相关。当会员或客户的持仓量达到交易所规定的数量时，必须向交易所申报有关开户、交易、资金来源、交易动机等情况，以便交易所审查大户是否有过度投机和操纵市场行为，并判断大户交易风险状况。

7. 强制平仓制度

强制平仓制度主要用于风险控制，包括交易所对会员持仓的强制平仓以及期货公司对客户持仓的强制平仓。强制平仓制度适用于账户交易保证金不足、违反持仓限额制度等情况。对于超出持仓限额且未在规定时间内自行减仓的部分，也会被强制平仓。

5.2.3　金融期货的种类

按照基础工具划分，金融期货主要有三种类型：外汇期货、利率期货和股权类期货。

1. 外汇期货

（1）外汇现货与外汇期货。外汇现货是指在交易达成后立即交割的外汇交易，即买卖双方同意在交易成立后的两个工作日内完成货币交割。外汇现货市场是场外交易，交易双方直接进行交易，存在对手方风险。现货交易更强调商品本身的价值和使用价值，适用于需要立即进行货币兑换的交易者，如旅游者、进出口商等。

外汇期货代表着在某一特定日期（交割日）以特定价格买卖某一特定数量和质量的外币的协议。外汇期货交易在交易所进行，交易环境受到良好的监管，对手方违约的风险较小。期货交易更强调对未来价格变动的预期，适用于需要对冲未来汇率风险的企业和投资者。

（2）外汇远期与外汇期货。外汇远期与外汇期货均属于外汇衍生品。外汇远期的买卖双方签订协议，约定在未来某一特定时间，依据事先商定的汇率，交换固定数量的货币。其优势在于灵活性高，因为交割的时间、方式、货币数量及汇率等具体条款均可由双方自由协商确定。然而，这种灵活性也伴随着较高的违约风险。

外汇期货可以被视为外汇远期合约的一种标准化形式，其合约价值、交割日期等关键条款均由交易所统一规定。与外汇远期相比，外汇期货市场具备更高的流动性，允许投资者以较低的成本迅速进入或退出市场。此外，由于所有外汇期货合约的投资者都通过交易所进行交易，交易所作为中介方承担了部分信用保障功能，因此外汇期货的信用风险较低。

（3）外汇期货的合约内容。以芝加哥国际货币市场（IMM）为例，其具体的外汇期货合约规定如表 5-1 所示。

表 5-1　美国出口商的交易及盈亏情况

币　　种	交 易 单 位	最小变动价位	最小变动值	每日价格波动限制
欧元	EUR 125 000	0.000 1（1 点）	USD 12.5	200 点（USD 2 500）
日元	JPY 12 500 000	0.000 001（1 点）	USD 12.5	150 点（USD 1 875）
加拿大元	CAD 100 000	0.000 1（1 点）	USD 10	100 点（USD 1 000）
英镑	GBP 62 500	0.000 2（2 点）	USD 12.5	400 点（USD 2 500）
澳大利亚元	AUD 100 000	0.000 1（1 点）	USD 10	150 点（USD 1 500）
瑞士法郎	SFR 125 000	0.000 1（1 点）	USD 12.5	150 点（USD 1 875）

扩展阅读 5.2　中金所发布《外汇期货仿真交易新合约上市通知》

外汇期货的最小变动价位通常用"点"表示，一个点指的是外汇市场报价中小数点后的最后一位数字。然而，由于不同货币对美元的汇率小数点后的位数不同，所以同样一个点在不同货币中具有不同的含义。在国际货币市场上，英镑、加拿大元和澳大利亚元的一个点为 0.000 1，而日元则为 0.000 001。

外汇期货每日价格波动限制通常以一定的点数表示，并且价格的波动幅度不能超过或低于前一交易日结算价的限制。不同货币的点数具有不同的含义，因此，无法根据点数的绝对值来比较不同货币每日价格波动限制的大小。

2. 利率期货

（1）利率期货的定义与特点。利率期货是一种以价格依赖于利率水平的证券为标的物的期货合约。利率期货主要采取现金交割方式，以银行现有利率为转换系数来确定期货合约的交割价格。利率期货价格与实际利率呈反方向变动，即利率越高，利率期货价格越低。反之亦然。

扩展阅读 5.3　国债期货上市十周年

（2）利率期货的种类。利率期货一般可分为短期利率期货和长期利率期货。短期利率期货是指期货合约标的物的期限在一年以内的各种利率期货。以货币市场的各类债务凭证为标的物的利率期货均属短期利率期货，包括各种期限的商业票据期货、国库券期货及欧洲美元期货等。长期利率期货是指期货合约标的物的期限在一年以上的各种利率期货。以资本市场的各类债务凭证为标的物的利率期货均属长期利率期货，如中长期国债期货等。

在美国，利率期货主要集中在芝加哥期货交易所（CBOT）和芝加哥商品交易所（CME）的国际货币市场分部。在欧洲，欧洲期货交易所（Eurex）提供了短期欧元债券期货、中期欧元债券期货和长期欧元债券期货的品种。在我国境内，中国金融期货交易所（中金所）上市了 2 年期、5 年期和 10 年期三个国债期货品种。表 5-2 展示了我国 10 年期国债期货合约的相关信息。

表 5-2　10 年期国债期货合约

合约标的	可交割国债	报价方式	最小变动价位	合约月份	交易时间	最后交易日交易时间
面值为100万元人民币、票面利率为3%的名义长期国债	可交割国债发行期限不高于10年、合约到期月份首日剩余期限不低于6.5年的记账式附息国债	百元净价报价	0.005元	最近的三个季月（3月、6月、9月、12月中的最近三个月循环）	9:30—11:30，13:00—15:15	9:30—11:30
每日价格最大波动限制	最低交易保证金	最后交易日	最后交割日	交割方式	交易代码	上市交易所
上一交易日结算价的±2%	合约价值的2%	合约到期月份的第二个星期五	最后交易日后的第三个交易日	实物交割	T	中国金融期货交易所

3. 股权类期货

股权类期货是以单只股票、股票组合或者股票价格指数为基础资产的期货合约。我国境内目前允许股票指数期货（简称股指期货）交易。在中国金融期货交易所上市的股指期货品种主要有四个，分别是沪深 300 股指期货、上证 50 股指期货、中证 500 股指期货和中证 1000 股指期货。下面以中证 1000 股指期货为例，对股指期货合约做简要介绍。

2022 年 7 月 22 日，中证 1000 股指期货在中国金融期货交易所挂牌上市。首批上市合约为 2022 年 8 月合约（IM2208）、2022 年 9 月合约（IM2209）、2022 年 12 月合约（IM2212）和 2023 年 3 月合约（IM2303）。

（1）合约标的。在这份期货合约中，合约标的为中证 1000 股票价格指数。

（2）合约乘数。一手期货合约的价值等于合约乘数（或期货价格）乘以交易单位，即 "200 元×中证 1000 指数期货的点数"。在进行期货交易时，只能以交易单位的整数倍进行买卖。

（3）报价单位。报价单位是指在公开竞价过程中，用来表示期货合约报价的单位。金融期货合约通常以点数为基础进行报价，而商品期货合约通常以元（人民币）/吨的形式进行报价。

（4）最小变动价位。最小变动价位是指每个报价单位的最小变动数值，通过将最小变动价位与交易单位相乘，可以得到该合约价值的最小变动值。

（5）合约月份。合约月份是指某种期货合约到期交割的月份。股指期货合约的合约月份包括当月、下月及随后两个季月。其中，当月合约指当前月份的期货合约，也就是最接近当前时间的合约；下月合约指紧随当月合约之后的一个月的合约；季月合约指每个季度最后一个月的合约，具体包括 3 月、6 月、9 月和 12 月。

（6）交易时间。期货合约的交易时间由期货交易所统一规定，交易者只能在规定的交易时间内进行交易。日盘交易时间一般分为上午和下午，每周五个交易日。此外，我国期货交易所还对部分品种开展夜盘交易，从而形成期货合约的连续交易。

（7）每日价格最大波动限制。每日价格最大波动限制规定了合约在一个交易日内的价格波动范围。期货合约上一交易日的结算价加上允许的最大涨幅，构成当日价格上涨的上限，即涨停板；期货合约上一交易日的结算价减去允许的最大跌幅，构成当日价格下跌的下限，即跌停板。

（8）最低交易保证金。最低交易保证金体现了期货交易的杠杆性。交易者在进行交易时，无须拿出期货一手合约的全部资金，只需拿出合约价值一定比例的资金即可进行交易。例如，中证 1000 期指首批上市的四个合约中，IM2208 合约挂盘基准价为 7 018.8 点。从交易门槛来看，中证 1000 期指最低保证金标准为 8%，上市初期实际执行标准为 15%。按照 IM2208 合约 7 018.8 点的基准价计算，每手合约总价值为 140.38 万元，对应开仓保证金为 21.06 万元。这是交易所保证金收取部分，实际交易过程中可能还要加上期货公司收取的部分（期货公司出于风控需要一般会额外加收一定比例，这部分动态调整）。

（9）最后交易日。最后交易日是指期货合约在合约月份中进行交易的最后一个交易日，若过了这个期限还未平仓，则必须按规定进行现金交割或实物交割。

（10）交割日期。交割日期是指合约标的物所有权进行转移，以现金交割或实物交割方式了结未平仓合约的时间。

（11）交割方式。期货交易的交割方式分为实物交割和现金交割两种。股票期货、外汇期货、中长期利率期货和商品期货通常采用实物交割的方式，而股指期货和短期利率期货通常采用现金交割的方式。以股指期货为例，到期时，根据股票市场收盘指数进行结算，合约持有人只需支付或收取购买合约时点数与到期时实际指数之差所折算的现金，完成交割手续。这种方式省去了实物交割的复杂步骤，降低了交易成本。

（12）交易代码。每个期货品种都有特定的交易代码，以便进行交易。

（13）上市交易所。期货合约中会注明该期货合约的上市交易所。我国主要的期货交易所有中国金融期货交易所（简称中金所）、郑州商品交易所（简称郑商所）、大连商品交易所（简称大商所）、上海期货交易所（简称上期所）以及广州期货交易所（简称广期所）。

5.2.4　金融期货的基本功能

1. 套期保值功能

套期保值是金融期货最传统的用途，也是金融期货交易的主要目的，旨在降低或消除价格波动带来的风险。通过在期货市场上建立与现货市场相反的头寸，投资者可以对冲现货市场的价格风险。套期保值规避价格风险的基本原理在于，现货市场和期货市场受到相同的经济因素的影响和制约，因此两个市场的价格变动趋势基本一致。当特定资产的现货价格上涨时，期货价格也趋于上涨，反之亦然。此外，在合约到期时，现货价格与期货价格将大致相等或趋于一致（见图 5-1）。因此，通过在期货市场上进行与现货市场相反的交易，能够将在一个市场中遭受的亏损利用另一个市场产生的盈利来弥补，进而达到对冲风险的目的。

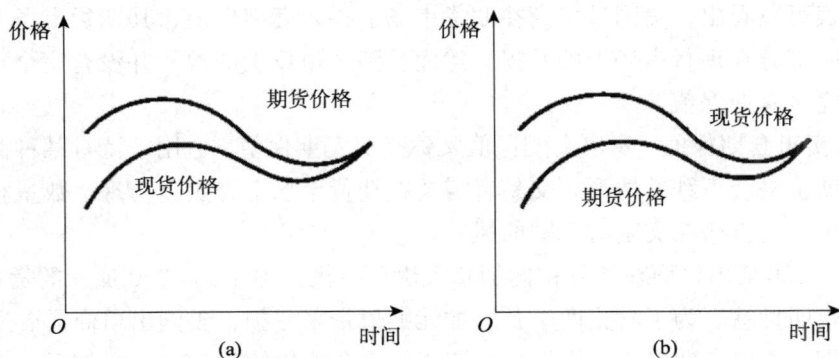

图 5-1　期货价格与现货价格的关系

套期保值的操作主要分为两个步骤：第一步是根据现货交易情况，通过买入或卖出期货合约建立第一个期货头寸；第二步是在期货合约到期前，通过建立另一个反向头寸进行平仓。根据操作手法的不同，套期保值可以分为买入（多头）套期保值、卖出（空头）套期保值和交叉套期保值。

（1）买入套期保值。买入套期保值又称多头套期保值，适用于预计未来需要购买某种商品或资产，但担心价格上涨的情况。交易者会在期货市场中买入期货合约，用多头头寸来对冲现货市场的空头风险，以规避价格上涨的风险。

例如，美国某进口商在 5 月初签订合同，从英国进口价值 250 000 英镑的商品，3 个月后需向英国出口商支付货款。为了防止英镑汇率上升增加美元成本，美国进口商需要通过英镑期货交易进行买入套期保值。假设英镑期货每份合约价值为 62 500 英镑；在现货市场，即期汇率 GBP/USD = 1.561 1，8 月初汇率 GBP/USD = 1.562 8；在期货市场，即期 GBP/USD = 1.562 8，8 月初 GBP/USD = 1.563 5。美国进口商的交易及盈亏情况如表 5-3 所示。

表 5-3　美国进口商的交易及盈亏情况

	现 货 市 场	期 货 市 场
5 月初	预计 3 个月后需支付英镑 即期汇率为 GBP/USD = 1.561 1 250 000 英镑可折合为 390 275 美元	买入 4 份 8 月份英镑期货 汇率为 GBP/USD = 1.562 8 因此支付 62 500 × 4 × 1.562 8 = 390 700 美元

续表

	现 货 市 场	期 货 市 场
8月初	买入 250 000 英镑 汇率为 GBP/USD = 1.562 8 实际支付 250 000 × 1.5628 = 390 700 美元	卖出 4 份 8 月份英镑期货，汇率为 GBP/USD = 1.563 5 收入 62 500 × 4 × 1.563 5 = 390 875 美元
盈亏情况	390 700 − 390 275 = 425 美元	390 875 − 390 700 = 175 美元

由上表可以看出，美国进口商在期货市场上买入套期保值，其期货市场上的盈利可以抵消一部分在现货市场上的亏损。然而，两个市场上的盈亏并没有完全相抵，这属于"不完全套期保值"。

（2）卖出套期保值。卖出套期保值又称空头套期保值，适用于持有某种商品或资产，并预期价格会下跌的情形。交易者需要在期货市场上先卖出与现货数量相当的合约，以防止现货价格在交割时下跌的风险。

例如，美国某出口商在 7 月初向加拿大出口一批价值 1 000 000 加元的货物，并于两个月后收回货款。为了防止两个月后加元贬值带来亏损，美国出口商需要通过加元期货交易进行卖出套期保值。假设加元期货每份合约价值为 100 000 加元，在现货市场，即期汇率 CAD/USD = 1.259 0，9 月初汇率 CAD/USD = 1.254 0；在期货市场，即期汇率 CAD/USD = 1.255 9，9 月初汇率 CAD/USD = 1.250 9。美国出口商的交易及盈亏情况如表 5-4 所示。

表 5-4　美国出口商的交易及盈亏情况

	现 货 市 场	期 货 市 场
7月初	预计 2 个月后会收到加元 即期汇率为 CAD/USD = 1.259 0 1 000 000 加元可折合为 1 259 000 美元	卖出 10 份 9 月份加元期货 汇率为 CAD/USD = 1.255 9 因此收到 100 000 × 10 × 1.255 9 = 1 255 900 美元
9月初	卖出 1 000 000 加元 汇率为 CAD/USD = 1.254 0 实际收到 1 000 000 × 1.2540 = 1 254 000 美元	买入 10 份 9 月份加元期货，汇率为 CAD/USD = 1.250 9 支付 100 000 × 10 × 1.250 9 = 1 250 900 美元
盈亏情况	1 254 000 − 1 259 000 = − 5 000 美元	− 1 250 900 + 1 255 900 = 5 000 美元

由上表可以看出，美国出口商在期货市场上卖出套期保值，其期货市场上的盈利可以抵消在现货市场上的亏损。两个市场上的盈亏完全相抵，这属于"完全套期保值"。

（3）交叉套期保值。交叉套期保值是指当在现货市场上无法找到与想要买入或卖出的现货资产对应的期货合约时，可以选择与该现货资产具有相似价格走势且互相影响的相关资产的期货合约进行保值交易。

2. 价格发现功能

期货市场的价格发现功能是指在期货交易中，通过买卖双方的交易活动，形成一个反映市场供需关系的公平价格。这个价格不仅反映了当前的市场状况，还预示了未来的市场趋势，为各类市场参与者提供决策依据。

期货市场作为一个高度组织化与规范化的交易平台，聚集了大量具备深厚行业知识、丰富经营经验、广泛信息来源及精准分析与预测能力的买方与卖方。这些市场参与者依据各自的生产成本和预期盈利目标，分析商品的供需格局及价格趋势，并据此报出理想价位。因此，期货价格能够比较精准地反映出市场真实的供需状态，同时结合了大量市场参与者的预测与期望。此外，在期货市场上，标准化的合约买卖总是持续进行，交易者不断获得最新资讯，灵活调整对市场前景的评估，进而形成新的交易价格，这也使期货价格能够动态地反映不断变化的市场供求关系。

3. 投机功能

在期货市场上，愿意承担价格风险的交易者被称为投机者。与所有有价证券交易相同，期货市场上的投机者也会根据对未来期货价格趋势的预期进行投机交易，预计价格上涨的投机者会建立期货多头，反之，预计价格下跌的投机者则会建立空头。如果预测准确，投机者可以通过价格变动获利。由于投机的目的是赚取价差收益，因此，投机者通常只进行平仓操作，而不进行实际交割。然而，这也伴随着较高的风险，因为市场价格的变动可能与投机者的预测相反。因此，投机者需要理性操作、适度投机。过度投机和操纵市场等行为会增加市场风险，破坏供求关系，而违背市场规律的行为将被淘汰出市场。

期货的投机功能可以增加市场的流动性，承担套期保值者转嫁风险的责任，并促使期货市场正常运转。投机交易是实现期货市场套期保值功能和价格发现功能的重要条件之一。

4. 套利功能

相较于投机，期货套利具有较低的交易风险，是一种比较稳健的投资方式。在进行套利交易时，要注意开仓时必须同时买入和卖出，平仓时也要同时卖出和买入，避免只进行单方面的交易而使套利变成投机。期货套利可以分为四种类型，即期现套利、跨期套利、跨市套利和跨品种套利。

（1）期现套利。期现套利是指利用期货市场与现货市场的价格差异来低买高卖，从而获取利润的交易策略。根据"一价定律"，期货价格代表资产的未来价格，现货价格代表资产的当前价格，因此基差（现货价格－期货价格）应当等于资产的持有成本（包括仓储费、资金利息等）。当基差与持有成本的偏离程度较大时，就会出现套利机会。

（2）跨期套利。跨期套利也叫跨月套利，指交易者在同一市场利用同一种资产不同交割月份之间的价格差异变化进行交易。在买入某一交割月份的期货合约的同时卖出另一交割月份的相同类型的期货合约，以获取利润。跨期套利还可分为牛市套利、熊市套利和蝶式套利。

（3）跨市套利。跨市套利是指交易者利用相同资产（合约）在不同市场出现的不合理价差,通过在一个市场买入并在另一个市场卖出以获得利润的交易行为。跨市套利要求期货品种在两个市场的价格走势具有很强的关联性。如果进出口政策宽松,某资产可以在不同国家(或不同市场)之间自由流通,那么当一个国际化程度较高的资产在不同国家市场的价差超过进出口费用时,就存在进行跨国际市场套利的机会。

(4)跨品种套利。跨品种套利是指交易者利用两种不同但相互关联的资产之间的期货价格差异进行套利的行为,其关键在于品种之间的高度关联性。交易者可以在买入(或卖出)某种资产的期货合约的同时卖出(或买入)另一种相关资产的期货合约,两份合约的交割月份相同。

即测练习题 5.2　　　案例讨论 5.2　中金所严惩超限交易

自　　　　　　　　　　扫
学　　　　描　　　　
自　　　　　　　　　　此
测　　　　　　　　　　码

5.3　金　融　期　权

5.3.1　金融期权的含义

　　金融期权是指其持有者能够在约定的期限内按约定的价格购买或出售一定数量的某种金融工具的权利。大部分期权交易是在交易所内进行的,但也有一些期权会在场外进行交易。期权交易实际上是一种选择权的单方面有偿让渡,买方为了获

微课视频 5.3　金融期权

得执行期权的权利需要支付期权费(权利金),这也是期权的卖方从交易中直接获得的收益。

5.3.2　金融期权合约的基本条款

　　金融期权合约的基本条款,即合约要素,会根据交易所和品种的不同而有所不同。然而,几乎所有的期权合约都会涵盖以下基本条款:合约标的物、交易单位、合约类型、报价单位、最后交易日、到期日、行权价格、行权方式、保证金标准和上市交易所。表 5-5 以沪深 300 股指期权合约为例,对金融期权合约条款做简要介绍。

表 5-5　沪深 300 股指期权合约表

合约标的物	沪深 300 指数
合约乘数	每点人民币 100 元
合约类型	看涨期权、看跌期权

续表

每日价格最大波动限制	上一交易日沪深 300 指数收盘价的 ±10%
报价单位	指数点
最小变动价位	0.2 点
合约月份	当月、下 2 个月及随后 3 个季月
行权价格	行权价格覆盖沪深 300 指数上一交易日收盘价上下浮动 10%对应的价格范围 对当月与下 2 个月合约：行权价格≤2 500 点时，行权价格间距为 25 点；2 500 点<行权价格≤5 000 点时，行权价格间距为 50 点；5 000 点<行权价格≤10 000 点时，行权价格间距为 100 点；行权价格>10 000 点时，行权价格间距为 200 点 对随后 3 个季月合约：行权价格≤2 500 点时，行权价格间距为 50 点；2 500 点<行权价格≤5 000 点时，行权价格间距为 100 点；5 000 点<行权价格≤10 000 点时，行权价格间距为 200 点；行权价格>10 000 点时，　行权价格间距为 400 点
行权方式	欧式
交易时间	9:30—11:30，13:00—15:00
最后交易日	合约到期月份的第三个星期五，遇国家法定假日顺延
到期日	同最后交易日
交割方式	现金交割
交易代码	看涨期权：IO 合约月份-C-行权价格 看跌期权：IO 合约月份-P-行权价格
上市交易所	中国金融期货交易所

（1）合约标的物。合约标的物是指期权合约中买方行权或卖方履约时买入或卖出的资产。

（2）合约乘数。合约乘数（或交易单位）是指期权合约所代表的标的物数量，期权交易以交易单位的整数倍进行。交易单位乘以期权价格即为合约价值。

（3）报价单位。报价单位是期权合约报价时所使用的计量单位，是每计量单位权利的货币价格。例如，股指期权的报价单位为指数点，ETF 期权的报价单位为元/份基金，黄金期货期权的报价单位为元/克。

（4）每日价格最大波动限制。每日价格最大波动限制即涨跌停板制度。在一些发达国家和地区，如美国和中国香港地区，期权交易无涨跌幅限制。然而，中国境内交易所的期权交易规定了每日价格最大波动限制。

（5）合约月份。合约月份是期权合约的到期月份，与期货合约类似。在我国，期权合约的合约月份对应标的期货合约的交割月份。

（6）行权价格。行权价格也称为协定价格或执行价格，是期权合约中约定的买方在行使权利时购买或出售标的资产的价格。例如，在一份股票期权合约中，约定三个月后期权的买方将以 50 元/股的价格购买某股票，这里的 50 元/股即为行权价格。行权价格是一个预先确定且固定的数值，与期权费不同。针对同一标的资产和到期月份，交易所会同时推出一系列具有不同行权价格的看涨期权和看跌期权。

行权价格间距指的是相邻两个行权价格之间的差值，通常是整数倍。交易所可以根据市场交易状况调整行权价格间距和覆盖范围。

（7）最后交易日。最后交易日是指期权合约可以在交易所进行交易的最后日期。过了最后交易日，该月份的期权合约将在交易所终止交易，交易所会挂出新的到期月份的期权合约。

（8）到期日。期权到期日是期权买方可以行使期权的最后日期。买方有权在这一天或之前行使期权，而卖方则有义务在这一天或之前履行合约规定的义务。如果买方在期权到期日依然不行权，则该期权作废。到期日和最后交易日可以相同，也可以不同。若不同，则到期日通常在最后交易日之后，以确保买方有机会行权。

（9）交割方式。期权的交割方式有现金交割和实物交割两种。现货期权（如 ETF 期权）交割时，交易双方直接以行权价格进行实物交割；指数期权按照行权价格与期权行权日当天市场价格之差进行现金结算；期货期权采用实物交割，买方行权后，看涨（或看跌）期权买方按照行权价格建立相应标的期货多（或空）头持仓，看涨（或看跌）期权卖方按照行权价格建立相应标的期货空（或多）头持仓。

5.3.3　金融期权的特征

（1）期权交易对象是一种具有时间限制的选择权。期权是一种"有期限"的权利，它要求持有者在规定的期限内做出决定。如果持有者认为执行期权能够带来利益，他们就会选择执行；如果他们认为执行期权无利可图，或者市场情况已经发生变化，他们就可以选择不执行。但一旦期权到期而未被执行，这份权利就会消失，无法再被追溯或行使。

（2）期权交易双方的权利和义务不对称。对于买方而言，其享有权利而无须承担义务。这意味着买方可以自由选择执行期权或放弃执行，而不会受到任何约束。买方不存在违约风险，因此无须缴纳保证金。相反，卖方则只有义务而无权利。一旦买方要求执行期权，卖方必须无条件地履行其义务，不能拒绝，也不能催促买方执行。因此，卖方需要缴纳一定的保证金，以保证其履行义务。

（3）期权交易双方的风险和收益不对称。对于买方而言，其最大收益可以是无限大，而最大亏损则仅限于支付的期权费。例如，买方购买了一份看涨期权，约定未来以 50 元/股的执行价格购买股票，支付的期权费为 5 元。当股票市场价格高于 55 元/股时，买方可以选择执行期权并获得盈利（注意要考虑支付的 5 元期权费）。如果股票市场价格远高于 55 元/股，例如达到 100 元/股或更高，买方的盈利也将相应增加。然而，如果股票市场价格低于 55 元/股，买方可以选择不执行期权，此时其亏损仅限于支付的期权费。

相比之下，卖方的风险要大得多。其最大收益仅限于收取的期权费用，而可能面临的亏损却是无限的。当股票市场价格高于执行价格时，买方如果选择行权，卖方必须履行义务，将股票按执行价格卖给买方，从而产生亏损。如果股票市场价格远高于执行价格，卖方的亏损也将随之增加。因此，卖方在期权交易中承担的风险远大于买方。

尽管存在这种风险和收益的不对称性，但仍有人愿意成为卖方。这主要是因为市场上存在不同的观点和预期。此外，一些机构也可能出于资产配置的需要而参与期权交易。期权交易是一种零和博弈，其中一方的盈利即为另一方的亏损。因此，在参与期权交易时，需要充分了解市场动态和风险因素，以做出明智的决策。

5.3.4　金融期权的种类

根据不同的分类标准，金融期权可以划分为多种类别。

（1）根据对标的资产价格走势预期的不同，金融期权可以分为看涨期权和看跌期权。看涨期权也称为买入期权或认购期权。当期权的买方预期标的资产未来价格会上涨时，买入该标的资产的看涨期权，即可获得在约定时间以执行价格从期权的卖方手中购买约定数量标的资产的权利。

看跌期权也称为卖出期权或认沽期权。当期权的买方预期标的资产未来价格会下跌时，买入该标的资产的看跌期权，即可获得在约定时间以执行价格向期权的卖方出售约定数量标的资产的权利。例如，某投资者目前持有股票，预计未来该股票价格会下跌至低于 50 元/股，于是，该投资者买入了该股票的看跌期权，约定在到期日以 50 元/股的价格将股票卖给期权卖方，期权费为 5 元。如果到期日，该股票的市场价格为 40 元/股，则该投资者选择行权，其盈利为 5（50 − 40 − 5）元。在到期日，该股票的市场价格跌幅越大，该投资者盈利就越多。假如到期日，该股票的市场价格是 60 元/股，则该投资者会放弃行权，选择在市场上卖出股票，其损失仅为支付的期权费。

（2）根据合约所规定的履约时间的不同，金融期权可以分为欧式期权和美式期权。欧式期权的买方只能在到期日当天行使权利；美式期权的买方从成交时起直到到期日以前任何时刻都可以行使权利。这些术语与具体的地理位置无关。多数股票期权属于美式期权，而许多指数期权和利率期权则属于欧式期权。

（3）根据金融期权标的资产性质的不同，金融期权可以分为股票期权、股指期权、利率期权、外汇期权、期货期权和互换期权等。

（4）根据执行价格与标的资产市场价格关系的不同（不考虑费用），金融期权可以分为实值期权、平值期权和虚值期权。实值期权的买方立即行权可以获得正收益，期权的内在价值大于零；平值期权的买方立即行权获得的收益为零，它的内在价

扩展阅读 5.4　证监会启动科创 50ETF 期权上市工作

值也为零；虚值期权的买方立即行权收益为负，此时期权的内在价值也为零。实值期权、平值期权、虚值期权与看涨期权、看跌期权的关系如表 5-6 所示。

表 5-6　实值期权、平值期权、虚值期权与看涨期权、看跌期权的关系

	看 涨 期 权	看 跌 期 权
实值期权	市场价格＞执行价格	市场价格＜执行价格
平值期权	市场价格＝执行价格	市场价格＝执行价格
虚值期权	市场价格＜执行价格	市场价格＞执行价格

5.3.5　金融期权的功能

1. 保值功能

金融期权的保值功能是指利用期权交易进行套期保值，将对称性风险转化为不对称性风险。例如，投资者持有某公司的股票，担心股价下跌，可以购买看跌期权。这样，如果股价下跌，看跌期权的价值上升，可以抵消股票价值的损失。如果股价上涨，投资者可以放弃期权，只承担有限的期权费损失。期权交易使投资者能够避免价格不利变动时所带来的损失，同时能够保留价格有利变动时所带来的收益。

2. 投机功能

扩展阅读 5.5　索罗斯做空日元

金融期权的投机功能允许投资者在预期市场变动时，通过交易期权合约来获得高收益。由于期权交易具有高杠杆性，期权的买方利用较少的权利金就有可能获得非常高的收益，而期权的卖方则在标的物价格小幅波动或略微下降的情况下卖出期权来赚取期权费。同时，期权的非线性支付结构使投机的风险可控。因此，期权交易成为交易员进行方向性投机的重要工具。

3. 价格发现功能

期权交易在交易所内通过公开竞价撮合成交，参与者众多，市场流动性强，透明度高，有助于价格的形成。此外，期权价格可以被看作是市场情绪的一种指标。例如，如果某个股票的看涨期权价格显著上升，这可能表明市场普遍预期该股票价格将上涨。

即测练习题 5.3

案例讨论 5.3　巴菲特巧用期权降低持股成本

自学自测

扫描此码

5.4　其他金融衍生工具简介

5.4.1　金融远期合约

1. 金融远期合约的含义

金融远期合约是指交易双方约定在未来某一特定时间（交割日），按照事先约定的价格（远期价格），以确定的方式买卖某种标的金融资产或金融变量的合约。

远期合约的内容主要包括标的资产的类型和数量、交割时间和地点、协议价格以及支付方式等。

2. 金融远期合约的种类

常见的金融远期合约包括远期外汇合约、远期股票合约和远期利率协议。

1）远期外汇合约

远期外汇合约是指交易双方约定在将来某一时间按照约定的汇率买卖一定金额外汇的合约。远期外汇合约的交易规模通常较大，外汇银行与客户签订的合同须经外汇经纪商担保。常见的交易形式包括固定交割日的远期外汇买卖，也有选择交割日的远期外汇买卖，即交割日期会随着客户的主观判断进行调整。利用远期外汇合约，交易者可以有效地规避外汇风险。此外，当投机者预期未来一定时期某种货币的汇率变动程度与该时期这种货币的远期汇率存在差异时，可以通过买进或卖出远期外汇投机获利。

2）远期股票合约

远期股票合约是指交易双方约定在将来某一时间按照约定的股票价格买卖一定数量股票的合约。其内容主要包括所交易股票的名称和数量、结算日期、协议价格及双方的违约责任。远期股票合约可以用于对冲股票价格风险，优化投资组合，并帮助投机者获利。但是，远期股票合约的历史较短，总体交易规模也相对较小。

3）远期利率协议

（1）远期利率协议的定义。远期利率协议是指交易双方约定，在未来某一时间段，交易的一方将以某一利率借入或借出固定数量的资金。

（2）即期利率与远期利率。即期利率是当前市场上的利率，表示从现在到未来某一时段内的利率，其计息起点为当前时刻；远期利率是未来某一时点到更远时点期间的利率，其计息起点位于未来某一时刻。即期利率与远期利率的关系可以用图 5-2 表示。

在图 5-2 中，$0 \sim T$ 时刻的即期利率为 $r1$，$0 \sim T^*$ 时刻的即期利率为 $r2$，$T \sim T^*$ 时刻的远期利率为 r^*。

远期利率是由一系列即期利率决定的。例如，如果一年期的即期利率为 10%，两年期的即期利率为 10.5%，那么一年到两年的远期利率 r^* 的计算公式可以表示为：

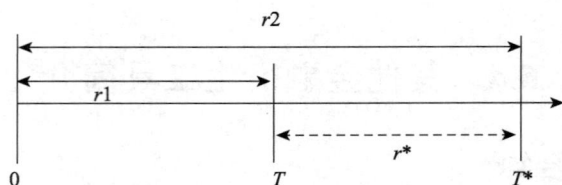

图 5-2　即期利率与远期利率的关系

$$(1+10\%)(1+r^*) = (1+10.5\%)^2$$

如果在连续复利的情况下，当一年期和两年期的连续复利年利率分别为 10%和 10.5%，那么一年到两年的连续复利远期利率为 r^* 的计算公式可以表示为：

$$e^{10\%}e^{r^*} = e^{10.5\%\times 2}$$

（3）远期利率协议交易中的基本术语。

协议本金：名义上借贷本金数额。

协议货币：合同金额的货币币种。

交易日：远期利率协议成交的日期。

起算日：一般在交易日后两个工作日，是递延期的起始时间。

结算日：协议借贷开始的日期，也是交易双方计算并交付利息差额的日期。

基准日：也称为确定日，即确定参考利率的日期。

到期日：名义借贷到期的日期。

协议期：结算日至远期利率协议到期日之间的天数。

递延期：起算日至结算日之间的天数。

协议利率：协议中双方商定的借贷利率。

参照利率：也称为结算利率，是协议中预定的市场利率。

结算金：在结算日根据参照利率与协议利率之差计算的买卖双方交割资金。

通过远期利率协议交易的时间流程图（见图 5-3），可以清晰地理解这些基本术语之间的相互关系。

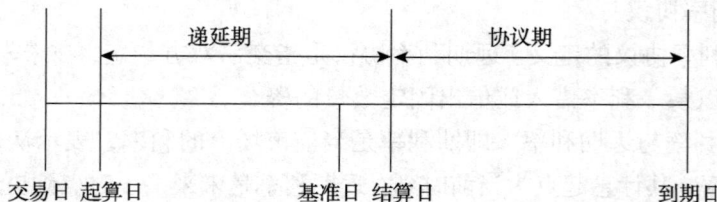

图 5-3　远期利率协议交易的时间流程

远期利率协议可以用 $M \times N$ 表示，其中 M 表示递延期，N 表示从起算日开始到协议结束的时间。例如，1×4 表示起算日和结算日之间的递延期为 1 个月、起算日至名义借贷最终到期日之间为 4 个月，协议期为 3 个月的远期利率协议。

3. 金融远期与金融期货的异同

金融远期合约也具有保值、价格发现、投机和套利的功能。但是，它与金融期货合约存在显著差异，主要体现在以下几个方面：

（1）标准化程度不同。远期合约中的标的物数量、质量、交割地点和交割时间都是由交易双方自行协商，灵活性较大；期货合约是标准化的，期货交易所为各种标的物制定了标准化的数量、质量、交割时间、交割地点以及交割方式等。

（2）交易场所不同。远期合约的交易没有固定的场所，属于场外交易；期货合约的交易是在期货交易所内进行，属于场内交易。

（3）违约风险不同。远期合约没有履约担保机构，交易的履约主要依赖于双方的信誉，因此存在较大的违约风险；期货交易由正规的交易所集中管理，设有统一的规则和监管机制，交易双方均需缴纳保证金，违约风险较小。

（4）结算方式不同。远期合约通常通过现金交割或实物交割的方式来结算持仓，其实际交割率接近 100%；而期货合约虽然也可以选择现金交割或实物交割，但更常见的方式是通过对冲平仓来结束合约义务。所谓对冲平仓，是指在合约到期前，以相反方向开立等量的新仓位来抵消原有仓位，从而完成交割义务。

5.4.2　金融互换

1. 金融互换的含义

金融互换是指两个或两个以上的当事人按照商定条件，在约定的时间内交换一系列现金流的合约。金融互换的本质是一系列远期合约的组合，因为每一次现金流交换都可以视为类型不同、头寸相反的两份远期合约的轧差。

互换交易的理论基础是国际贸易中的比较优势理论。该理论认为，当两个国家都能生产两种产品且一国在这两种产品的生产上都有优势，而另一国则处于相对劣势时，通过专业化分工和国际贸易，双方仍能从中获益。在金融互换中，交易双方对对方的资产或负债均有需求，并且双方在这些资产或负债上存在比较优势。

2. 常见的金融互换

（1）利率互换。利率互换的双方同意在未来的一定期限内根据同种货币的相同名义本金交换现金流，其中一方的现金流根据事先选定的某一浮动利率计算，而另一方的现金流则根据固定利率计算。在利率互换中，由于本金和规模是相同的，因此，交易双方仅交换利息，而无须交换本金。

利率互换主要有三种形式：固定利率换浮动利率、浮动利率换浮动利率，以及固定利率换固定利率。

利率互换的期限包括 1 年、2 年、3 年、4 年、5 年、7 年和 10 年，也偶见 30 年与50 年的利率互换。在我国银行间市场，也有较短期限的利率互换合约，包括 1 个月、

3 个月、6 个月和 9 个月,以及几天的超短期利率互换。

(2)货币互换。典型的货币互换是交易双方在未来约定期限内将一种货币的本金和固定或浮动利息与另一种货币的等价本金和固定或浮动利息进行交换。在货币互换中,期初和期末须按照约定的汇率交换不同货币的本金,其间还需定期交换不同货币的利息。

例如,假设中国的 A 公司计划投资美国,需要筹集 1 亿美元,但以该公司的国际知名度,难以取得符合其成本要求的美元资金。同时,美国 B 公司计划到中国开设分公司,需要筹集人民币资金,但该公司不熟悉中国的信贷市场,难以取得低成本资金。如果两家公司均愿意筹集固定利率债务,在两个市场上的筹资成本如表 5-7 所示。

表 5-7   两家公司的筹资成本

	美元贷款利率	人民币贷款利率
中国 A 公司	12%	6%
美国 B 公司	10%	8%

假设两家公司的贷款期限均为 3 年,二者进行货币互换:中国 A 公司在中国以 6% 的利率筹集人民币 6.471 6 亿元,期限为 3 年,每半年付息一次。美国 B 公司在美国以 10% 的利率筹集 1 亿美元,期限为 3 年,每半年付息一次。两家公司以协定的即期汇率 USD/CNY = 6.471 6 互换本金,每半年交换利息一次,并在期末仍然以原来的汇率换回本金。通过货币互换,交易双方不仅筹集了成本相对较低的资金,而且消除了汇率波动的风险,可谓一举两得。

5.4.3   权证

1. 权证的定义

权证是由标的证券发行人或其他第三方发行的,约定持有人在规定期间内或特定到期日有权按约定价格向发行人购买或出售标的证券,或以现金结算方式收取结算差价的有价证券。与交易所交易的期权不同,权证通常是由公司发行,作为债券或优先股的一部分,或者作为激励计划的一部分。

2. 权证的类型

权证可以分为认购权证和认沽权证两种类型。认购权证是持有者在指定时间以预定价格购买一定数量标的证券的权利凭证,可以看作是股票的长期看涨期权。认沽权证是持有者在指定时间以预定价格出售一定数量标的证券的权利凭证,可以看作是股票的长期看跌期权。

扩展阅读 5.6   中国权证市场关键事件

根据发行人的不同,权证还可以分为股本权证和备兑权证。股本权证由上市公司自行或通过金融机构发行，其标的资产是上市公司或其子公司的股票。备兑权证由第三方发行，发行商拥有或有权拥有相关资产，可以是除股票外的其他资产。

5.4.4　可转换证券

1. 可转换证券的定义

可转换证券是指发行人依据法定程序发行的、持有人在一定时间内根据约定条件可将其转换为一定数量的另一类证券的金融工具，通常是转换为普通股股票。因此，可转换证券也可被视为一种长期的普通股股票的看涨期权。当公司普通股价格上涨时，持有人可将可转换证券转换为股票，从而获得股票增值带来的额外收益。

2. 可转换证券的种类

可转换证券主要分为两类：

一类是可转换公司债券，即可将公司债券转换为公司的普通股股票；另一类是可转换优先股，即可将优先股转换为公司的普通股股票。

微课视频 5.4　可转换债券

3. 可转换证券的特点

（1）可转换性。持有人拥有将一种证券转换为另一种证券的权利。

（2）可转换证券的性质会随证券的转换而改变。在转换之前，可转换证券保留其原始证券的所有属性。例如，可转换债券在转换前具有债券的固定利率和到期日等特征；一旦转换为其他类型的证券，如普通股，它就具有了新证券的属性，即普通股的特性，原来的债券属性则不再适用。可转换证券的投资者可以通过转换权在股票市场表现良好时获得较高的收益，同时在市场表现不佳时仍享有债券或优先股的固定收益保障。这种结构为投资者提供了风险管理和收益潜力的平衡。

（3）持有者。持有者的身份随证券的转换而改变。在转换之前，若证券以债券或优先股的形式存在，则持有人是公司的债权人或优先股股东，享有债权人或优先股股东的权利和义务。而在转换成普通股后，持有人则变为公司的普通股股东，享有普通股股东的权利和义务。

（4）可转换证券的市场价格随公司普通股股价变化而波动。可转换证券的市场价格波动方向与普通股价格波动方向一致，即当普通股股价上涨时，其对应的可转换证券价格也会上涨；当普通股股价下跌时，其对应的可转换证券价格也会随之下跌。

4. 可转换公司债券的基本要素

由于可转换债券与可转换优先股在性质、原理、原则上基本相同，下面的内容以可转换公司债券（简称"可转债"）为例进行介绍。

可转债是公司债券和看涨期权的结合体，因此，其条款也包含公司债券与期权的两项设计。

公司债券设计条款主要包括发行额度、债券期限、利率水平、付息方式等基本要素。可转债设计条款由基本条款（如基准股票、转换期、转换价格、转股价修正条款等）和附加条款（如赎回条款、回售条款、强制性转股条款等）构成。

（1）标的股票：可转债的持有人可以将所持有的债券转换成发行公司的普通股股票，是转换过程中的目标股票，又称"正股"或"基准股票"。

（2）票面利率：可转换债券的票面年利率，一般低于相同条件的普通债券的票面利率，因为可转债提供了将债券转换为股票的额外权利。例如，某公司的公司债券 3 年期利率为 10%，那么该公司的可转换债券的票面利率在 6% 左右。有的可转换债券没有票面利率，如零息债券。

（3）期限：可转债的到期时间，通常为 5～10 年。在到期时，如果债券未被转换为股票，发行公司将按面值偿还本金。

（4）转换期：可转债的持有人可以开始将债券转换为股票的时间。转换期通常在债券发行后的一段时间开始，直到债券到期。

（5）转换价格：债券转换为公司股票时所支付的价格。股票的市场价格和价格走势会主导转换价格的确定。股价越高，转换价格也越高。制定转换价格一般以发行前一段时期的公司正股市价的均价为基础，上浮一定幅度作为转换价格，通常上浮 5% 到 30%。此外，债券的期限也会影响转换价格的确定。可转债的期限越长，相应的转换价格也越高。

投资者可以根据转换价格计算出转换比例。转换比例是指一定面额的可转换债券可转换成普通股票的股数。用公式表示为：

$$转换比例 = 可转换债券面值 \div 转换价格$$

扩展阅读 5.7　嘉益转债
(123250) 资料介绍

例如，某可转换债券面额为 100 元，规定其转换价格为 25 元，则转换比例为 4，即 100 元债券可按 25 元/股的价格转换为 4 股普通股票。

（6）转股价修正条款：在某些情况下，发行公司可能会调整转换价格。例如，如果公司进行股票分割或发放股息，转换价格可能会相应调整。

即测练习题 5.4

自学自测　扫描此码

案例讨论5.4　小米集团的
可转换可赎回优先股

复习思考题

1. 什么是金融衍生工具？金融衍生工具在金融市场中的作用有哪些？

2. 常见的金融衍生工具有哪些？这些工具具有哪些突出的功能？

3. 请解释金融衍生工具的跨期性、杠杆性、不确定性或高风险性及联动性这四个特点。

4. 请分析金融期货市场的核心功能是如何在风险管理中发挥作用的。

5. 请描述金融期货的主要交易制度，并解释这些制度如何保障期货交易的正常进行。

6. 请分析金融远期与金融期货的区别。

7. 什么是期权合约？标准化的期权合约一般都包括哪些内容？

8. 金融期权在金融市场中发挥哪些作用？

9. 请思考金融期货与金融期权的区别。

10. 权证与金融期权有何异同？为什么权证退出了我国境内市场？

11. 请思考金融互换合约存在的意义。

12. 请思考可转换证券在金融市场中的作用。

13. 在什么情况下，投资者会选择将可转债转换为普通股？

14. 请思考金融衍生工具市场的发展对实体经济的潜在影响。

15. 请分析金融衍生工具对投资者策略的影响。

第 **6** 章

证券市场运行

【本章学习目标】

通过本章学习，学员应该能够：

1. 深入理解证券发行市场的基本概念、运作流程以及发行制度。

2. 熟悉证券交易市场的构成，包括不同类型的市场（如交易所市场、场外市场）及其交易规则和流程。

3. 掌握股票价格指数的计算方法及意义，并了解国内外主要的股价指数体系。

4. 在证券交易实务方面具备基本的交易操作能力。

引导案例

新《证券法》的实施

2019 年 12 月 28 日，第十三届全国人大常委会第十五次会议审议通过了修订后的《中华人民共和国证券法》，已于 2020 年 3 月 1 日起正式施行。本次证券法修订按照顶层制度设计要求，进一步完善了证券市场的基础制度，体现了市场化、法治化、国际化的改革方向，为证券市场全面深化改革落实落地，有效防控了市场风险，提高上市公司质量，切实维护了投资者合法权益，促进了证券市场服务实体经济功能发挥，助力打造一个规范、透明、开放、有活力、有韧性的资本市场，提供了坚实的法治保障，具有非常重要且深远的意义。

本次证券法修订系统总结了多年来我国证券市场改革发展、监管执法、风险防控的实践经验，并在深入分析证券市场运行规律和发展阶段性特点的基础上，做出了一系列新的制度改革与完善。主要内容包括以下几点。

一是全面推行证券发行注册制度；二是显著提高证券违法违规成本；三是完善投资者保护制度；四是进一步强化信息披露要求；五是完善证券交易制度；六是落实"放管服"要求，取消相关行政许可；七是压实中介机构作为市场"看门人"的法律职责；八是建立健全多层次资本市场体系；九是强化监管执法和风险防控；十是扩大证券法的适用范围。此外，此次证券法修订还对上市公司收购制度、证券公司业务管理制度、证券登记结算制度以及跨境监管协作制度等做了进一步完善。

资料来源：上海监管局. 新《证券法》全文及修订要点解读[EB/OL]. (2020-03-06)[2024-12-08]. 上海监管局官方网站/普法专栏. http://www.csrc.gov.cn/shanghai/c105573/c1282295/content.shtml.

6.1　证券发行市场

证券发行市场也称为"一级市场"或"初级市场"，是证券发行人向投资者出售证券以筹集资金的市场，通常是无形的。证券发行市场是连接资金需求者（证券发行者）和资金供给者（投资者）的重要渠道，其结果是社会长期资金的增加，股票和债券的数量会上升。投资者购买证券的资金会被发行者用于生产经营或其他方面，最终创造价值。

6.1.1　股票发行市场

1. 股票发行市场的构成

股票发行市场是股份公司出售股权以筹集资金的场所。虽然它没有具体的物理位置，属于一种无形市场，但它是一个至关重要的金融市场，因为它为公司提供了资本，同时为投资者提供投资机会。构成股票发行市场的主体主要包括以下四类。

（1）发行者。发行者是指发行股票的股份有限公司。这些公司通过发行股票来筹集资金，以扩大业务、偿还债务或进行其他投资。在股票发行过程中，发行者需要准备详细的招股说明书，披露公司的财务状况、业务模式、市场前景等关键信息，以便投资者做出明智的投资决策。发行者的数量、发行规模的大小、发行股票的种类和质量，都决定着股票发行市场的活跃程度。

（2）投资者。投资者即购买股票的主体，可以分为个人投资者和机构投资者两大类。

个人投资者包括国内和国外以个人身份购买股票的个体。

机构投资者通常拥有专业的投资管理团队，更加注重中长期收益，如以法人为代表的各种企业、各类金融机构、各种非营利性团体、投资基金等。

投资者参与股票发行市场，是为了获得潜在的资本增值和股息收入。他们需要评估发行者的业务前景和财务状况，以决定是否投资。

（3）中介机构。中介机构主要包括证券承销商、资产评估机构、律师事务所和会计师事务所等。证券承销商通常是证券公司或投资银行，负责协助发行者确定股票的发行价格，并帮助发行者销售新发行的股票。资产评估机构负责对拟投入股份有限公司的资产进行评估作价。律师事务所和会计师事务所则提供法律和财务咨询服务，为股份公司出具法律意见书，并对股份公司的财务状况进行审计、验资和盈利预测审核，确保发行过程符合相关法律法规。

（4）监管者。监管者是确保股票发行市场公平、透明和有序运作的组织和机构。

监管者的职责包括制定和执行市场规则、监督市场参与者的行为、保护投资者利益，以及打击欺诈和操纵市场的行为等。此外，监管者还需审查发行者的招股说明书，确保信息披露的准确性和完整性。国际上证券市场的监管者包括国家财政部门、中央银行、自律组织等。我国股票发行市场的监管者是中国证监会。

2. 股票发行的种类

按照发行目的的不同，股票发行可以分为设立发行与增资发行。

（1）设立发行。设立发行是指新公司首次发行股票，一般分为发起设立和募集设立两种方式。在发起设立中，公司发起人在公司成立之初需要全额认购首次发行的所有股票，而无须向公众募集资金。这种方式下，公司成立初期的资本不涉及大规模的公众资金，而是依赖于发起人的出资，每个发起人都是公司的原始股东。在公司设立协议中，发起人可以协商确定股份认购款的支付方式，包括是否一次性支付或分期支付，以及是现金支付还是以实物资产作价抵偿等。发起设立的方式比较简单，只需要注册申请，经过批准，便可开始新公司的营业活动。

募集设立是指由发起人认购公司应发行股份的一部分，其余股份向社会公开募集或者向特定对象募集而设立公司。由于募集设立涉及的资本规模较大，且关系到众多投资者利益，各国公司法对此类公司的设立程序都有严格的规定。为了防止发起人仅利用他人的资金来设立公司，从而损害投资者的利益，大多数国家都规定了发起人必须认购的股份比例。《中华人民共和国公司法》（以下简称《公司法》）第八十四条规定："以募集设立方式设立股份有限公司的，发起人认购的股份不得少于公司股份总数的35%；但是，法律、行政法规另有规定的，从其规定。"

（2）增资发行。与设立发行相对的是增资发行，它是指已组建的股份公司为增加资本而发行证券的行为。增资发行可以是有偿的，也可以是无偿的。

增发和配股都属于有偿增资的行为，即投资者需要支付一定的资金来获得新发行的证券。增发是指公司为了筹集资金而向公众发行新股的行为。如果发行对象是特定投资者（如机构投资者或大股东），这种非公开增发股票的行为也称为定向增发（简称"定增"）。假设甲乙两人各持有一家公司50%的股份，公司为了扩张决定增发股票给新的投资者丙。增发后，甲、乙的持股比例会被稀释，而丙成为新的股东。配股是指公司向现有股东按持股比例发行新股的行为。如"10配3"意味着现有股东每持有10股，就有权按照配股价格再申购3股公司股票，配股价格通常比市场价格低。

扩展阅读 6.1　浙商银行 2023 年 6 月配股情况

公司的无偿增资相当于"送股"，主要分为两种类型。一种是积累转增资，指公司将法定盈余公积金或资本公积金转为资本后按比例赠送给老股东。这种方式实际上是将公司的内部留存资金转化为股本，股东无须支付额外资金即可获得更多的股份。另一种是红利转增资，也称为"送红股"，指公司将当年分派给股东的红利转为增资，用

新发行的股票代替准备派发的股息和红利送给股东。这种方式使股东在没收到现金红利的情况下，能够获得额外的股份。无偿增资通过将公司的公积金转为法定资本，可以改变因法定资本过小而导致的派息率偏高的情况，或者改善因原发行股票过少导致市场缺货的情形，有助于改善公司的资本结构。此外，将本应分派的盈余转入法定资本，可以减少因现金派息而导致的资金流出公司，使其保留于企业内部，从而有助于资金的筹集。

3. 股票的发行方式

1）公募发行与私募发行

公募发行是指证券发行人向不特定的广大公众投资者公开募集资金的一种方式。这种方式涉及的投资者数量众多，发行过程需要严格遵守法律法规，包括信息披露要求。公募发行的证券通常会在证券交易所上市交易，流动性较高，投资者可以随时买卖。

私募发行是指证券发行人向少数特定的投资者募集资金的方式，这些投资者通常包括机构投资者、高净值个人或公司内部职工。私募发行的流程相对简单，且不需要在公开市场上披露过多信息。私募发行的证券流动性较低，通常还会受到锁定期限制。

2）直接发行与间接发行

直接发行是指证券发行人直接向投资者销售证券，不通过任何中介机构，也被称为证券"自销"。这种方式通常适用于发行规模较小、发行人对市场有足够的了解，或者希望节省承销费用的情况，发行人需要独立承担销售证券的全部工作和风险。

间接发行是指证券发行人通过承销商或经纪人等中介机构向投资者销售证券。这种方式适用于发行规模较大、需要专业服务来确保发行成功的情况，可以减轻发行人的销售压力并分散发行风险。中介机构在进行证券承销业务时，可以选择"代销"或"包销"的方式。代销是指承销商代发行人销售证券，在承销期结束时，将未售出的证券全部退还给发行人。这种方式下，承销商不承担发行风险，因此承销佣金相对较低。包销是指承销商按照协议将发行人的证券全部购入后再向投资者销售，或者在承销期结束时将售后剩余证券全部自行购入，前者称作"全额包销"，后者称作"余额包销"。这种方式下，承销商和发行人共同承担证券发行风险，承销费也比代销的佣金高。

4. 股票的发行价格

1）股票发行价格的类型

平价发行，也称为面值发行或等价发行，是指股票的发行价格等于其面值。实力雄厚的公司一般不会采用平价发行，因为这意味着公司无法通过发行股票获得额外的资本溢价，从而限制了公司通过股票发行筹集更多资金的能力。在某些情况下，发行价格还可以被视为市场对公司价值评估的一种信号。如果公司选择平价发行，可能被市场解读为公司对自身价值的保守评估，这可能影响到公司的市场形象以及投资者对公司未来增长潜力的预期。

溢价发行是指股票的发行价格高于其面值，这种方式意味着公司可以通过发行较少的股票筹集到更多的资金。股票能够溢价发行，通常表明市场对公司的前景和发展充满信心，这不仅有助于吸引更多的投资者，还可能提高公司在行业内的地位和声誉。

折价发行是指股票的发行价格低于其面值。折价发行通常发生在公司财务状况不佳或者市场对公司前景不乐观的情况下，公司为了吸引投资者购买股票而降低发行价格。然而，在我国，股票不可以折价发行。《中华人民共和国公司法》明确规定："股票发行价格可以按票面金额，也可以超过票面金额，但不得低于票面金额。"这一规定旨在保护投资者利益，维护市场的公平性和稳定性。

2）影响发行价格的因素

股票发行价格的确定受众多复杂且多变的因素共同影响，如公司内部经营管理、行业特点、股市状态及发行规模。

公司内部经营管理。发行价格通常会依据发行人的实际经营状况而定。这些因素包括公司的经营业绩、净资产及发展潜力等。一般而言，公司本身的盈利能力越强、发展前景越好，其定价就会越高。

行业特点。发行公司所处行业的发展前景是影响公众对公司未来预期的关键因素。一个行业的增长潜力和市场规模直接影响公司的增长空间和盈利能力。如果公司所处的行业具有广阔的发展前景，投资者通常会对该公司的未来发展持乐观态度，从而可能接受较高的发行价格。此外，如果公司在财务表现、市场份额、技术能力等方面优于同行业已上市公司，那么其股票发行定价也可更高，因为投资者会基于这些优势预期公司未来有更好的表现。不同行业的特点决定了行业内公司的运营模式、盈利能力和风险水平。例如，高科技行业可能面临快速的技术变革和激烈的竞争，而传统行业可能更注重规模经济和成本控制。这些行业特点会影响公司的盈利模式和成长性，从而进一步影响股票的发行价格。

股市状态。二级市场的股票价格水平直接影响一级市场的发行价格。如果发行时股市处于"牛市"，定价过低会使公司利益受损，同时发行后可能出现投机现象；如果发行时股市处于"熊市"，定价过高则可能导致销售困难。因此，发行价格的确定需为二级市场的运作留有适当余地，防止股票上市后在二级市场的定位发生困难，影响公司的声誉。

发行规模。从发行规模上看，考虑到供求关系，若发行量较大，可以适当降低价格，以确保股票能够顺利销售；若发行量较小，可以适当提高定价，从而提升每股收益。

3）确定发行价格的方法

（1）询价或协商定价。我国《证券发行与承销管理办法》规定，首次公开发行股票（非上市企业首次在证券市场发行股票以公开募集资金），可以通过向网下投资者询价的方式确定股票发行价格，也可以通过发行人与主承销商自主协商直接定价等其他合法可行的方式确定发行价格。实践中主要有三种方式：直接定价、初步询价后定价及累计投标询价方式定价。其中，主板定价时三种方式都可以采用，而在科创板定价时只能采用后两者。

（2）市盈率法。市盈率（P/E）是股票市场价格与每股收益的比值。股票的发行市盈率可以根据二级市场的平均市盈率、发行人的行业情况（同类行业公司股票的市盈率）、发行人的经营状况及成长性等进行拟定；每股收益则可以根据注册会计师审核后的企业盈利预测进行计算，每股收益的计算公式如下：

$$每股收益 = \frac{税后利润}{发行前总股本数}$$

股票的发行价格即为每股收益和发行市盈率的乘积：

$$发行价格 = 每股收益 \times 发行市盈率$$

（3）资产净值法。资产净值法，又称净资产倍率法，是指通过资产评估和相关会计手段确定发行人拟募股资产的每股净资产值，并根据证券市场的状况将每股净资产值乘以一定的倍率，来确定股票发行价格的一种方法。其计算公式如下：

$$发行价格 = 每股净资产值 \times 溢价倍率$$

资产净值法在国外常用于房地产公司或资产现值重于商业利益的公司的股票发行，但在国内尚未广泛采用。

（4）竞价确定法。竞价确定法是一种市场驱动的定价机制，它允许投资者在规定的时间内通过证券交易所的交易系统提交认购委托。这些委托必须不低于发行方设定的底价，并可能受到一定的限购比例或数量的限制。申购期结束后，交易系统会根据"价格优先、同价位时间优先"的原则，将所有有效申购订单从高到低进行排序。从最高价位开始累计有效认购的数量，直到累计数量达到或超过本次发行的股票总数，此时的价格点即被确定为最终的发行价格。如果所有有效申购累计的数量即使在底价也无法满足发行总量，那么底价就成为发行价格。

在确定发行底价时，需要综合考虑发行人的经营业绩、盈利预测、项目投资规模、市盈率等多种因素。此外，一级市场和二级市场上同类股票的价格也是重要的参考依据。发行人和承销商会综合考虑这些因素，协商决定发行底价。

（5）现金流量折现法。现金流量折现法是一种常见的估值方法，用于估算公司或项目的价值。在确定公司股票发行价格时，首先需要用市场接受的会计手段预测公司每个项目未来若干年内每年的净现金流量，再按照市场公允的折现率，分别计算每个项目未来净现金流量的净现值。公司的净现值除以股份数量，即为每股净现值。由于未来收益存在不确定性，发行价格通常会基于每股净现值折让 20%至 30%。

5. 股票的发行程序

1）公司成立发行的程序

（1）制定招股章程，供公众阅览，以便其了解情况，作为认购股票的参考。

（2）发起人向上级主管部门提交招股申请书（招股章程、股票承销机构的名称及地址、开户银行的名称及地址、注册会计师证明等）。

（3）主管部门同意颁发许可证后，公司与证券发行中介机构签订委托募集合同。

（4）投资者认购。

（5）股票交割。投资者在认购以后，必须在规定的日期缴纳股金，才能领取股票。同样，发行者必须在认购后的规定日期交付所售的股票，才能收取股金款。

（6）登记。股票交割后，公司董事会应向证券管理部门登记，内容包括发行总额和每股金额、募集期和股金收足日期、股东名单、公司董事和监事名单等，为日后增发新股和上市审核做准备。

2）公司增发股票的程序

（1）制订新股发行计划，拟订所发行股票的种类、发行方式和价格。

（2）形成董事会决议。

（3）向主管部门提交发行申请书，为认购者编制增股说明书。

（4）如果在现有股东之间进行分摊，则要冻结股东名簿，停止办理股票转让后的过户手续。

（5）签订委托推销合同。

（6）向现有股东发出通知或公告。

（7）股东认购或公开发行。

（8）股票交割。

（9）处理零股（少于 1 个交易单位，如 100 股）或失权股（股东放弃了新股认购权）。

（10）向证券管理部门登记发行情况和结果。

6. 股票的发行条件

（1）新设立的股份有限公司申请公开发行股票，应符合的条件主要包括以下几个方面。

①公司的生产经营符合国家产业政策。

②公司发行的普通股实现同股同权。

③在募集方式下，发起人认购的股本数额不得少于公司拟发行股本总额的 35%。

④在公司拟发行股本总额中，发起人认购的部分不得少于人民币 3 000 万元，但是国家另有规定的除外。

⑤向社会公众发行的部分不得少于公司拟发行股本总额的 25%，其中公司职工认购的股本数额不得超过拟向社会公众发行股本总额的 10%。对于拟发行的股本总额超过人民币 4 亿元的公司，可酌情降低向社会公众发行部分的比例，但是，最低比例不得低于公司拟发行的股本总额的 15%。

⑥发行人在近三年内没有发生重大违法行为。

⑦符合规定中的其他条件。

（2）公司增发新股，应符合的条件主要包括以下几个方面。

①组织机构健全、运行良好，且符合相关法律法规的规定。

②最近三个会计年度连续盈利，且盈利能力较强。

③财务状况良好，资产质量良好，经营成果真实，现金流量正常。

④最近三年及最近一期的财务报表未被注册会计师出具保留意见、否定意见或无法表示意见的审计报告。

⑤募集资金用途符合国家产业政策以及有关环境保护、土地管理等法律和行政法规的规定。

⑥最近三个会计年度加权平均净资产收益率平均值不得低于 6%，且最近一个会计年度加权平均净资产收益率不低于 6%。

⑦发行价格不得低于公告招股意向书发布前二十个交易日公司股票的平均价格或前一个交易日的平均价格。

7. 股票的公开发行制度

目前，全球主要资本市场在股票公开发行制度上主要采用注册制和核准制。

（1）注册制。注册制是一种以信息披露为核心的股票发行制度，强调发行人需要充分、准确、完整地披露相关信息，而监管机构则主要对发行文件进行形式审查，以确保证券发行人提供的材料不存在虚假、误导或者遗漏，而不对发行人的资质进行实质性审核和价值判断。注册制的特点在于其审核流程相对简化，减轻了监管机构的审核负担，同时赋予市场更高的自主性和灵活性，从而提升了股票的发行效率。然而，这一制度也可能使部分质量不佳的企业有机会进入证券市场，增加市场风险。因此，投资者需要具备较强的风险识别与判断能力，以便在众多发行企业中做出明智的投资选择。这类发行制度的代表国家包括美国和日本。

我国自 2013 年起开始推进注册制改革。2018 年 11 月 5 日，习近平主席在首届中国国际进口博览会开幕式上宣布，在上海证券交易所设立科创板并试点注册制，这标志着注册制改革进入启动实施阶段。2019 年 7 月 22 日，首批科创板公司上市交易。此后，党中央、国务院决定推进深圳证券交易所创业板改革并试点注册制，其于 2020 年 8 月 24 日正式落地。2021 年 11 月 15 日，北京证券交易所揭牌开市，并同步试点注册制。2023 年 2 月 1 日，全面实行股票发行注册制改革正式启动。

（2）核准制。核准制下，监管机构需要对上市企业的发行资质进行实质审查和判断，确保发行人符合一定的条件和标准后才能发行股票。核准制更注重保护投资者利益，减少劣质股票发行对市场带来的影响，但可能导致发行效率相对较低。德国、法国等欧洲国家主要实行核准制，而在我国 A 股市场全面实施注册制之前，也一直采用核准制。

（3）混合制。除了纯粹的注册制和核准制外，还有一些市场采用了混合制，即结合了信息披露原则和市场化定价，但同时也保留了实质审核权。

从全球范围来看，注册制逐渐成为股票公开发行制度的主流趋势。许多国家和地区都在逐步推进注册制改革，以提高市场效率、促进资本形成和推动经济发展。然而，由于各国和地区的法律、经济和文化背景不同，因此在具体实施注册制时也会有所不同。

6.1.2 债券发行市场

1. 债券发行市场的构成

债券发行市场为发行者提供了筹资渠道，同时也为投资者提供了低风险的投资机会。与股票发行市场类似，债券发行市场由发行者、投资者、中介机构和监管者四大主体构成。

（1）发行者。债券的发行者通常包括政府（中央政府和地方政府）、银行及非银行性质的金融机构（如信托投资公司、证券公司等），以及企业等。发行者负责决定债券的规模、期限、利率等基本要素，并承担偿还债券本息的义务。发行者的信誉状况会直接影响债券的定价及市场接受程度。

（2）投资者。债券的投资者是认购债券的金融机构、非金融企业、个人和政府等主体，是资金的提供者，在债权债务关系中通常称其为债权人。

（3）中介机构。中介机构为债券的发行提供服务，主要包括承销商、受托管理人、财产担保人、会计师事务所、律师事务所以及债券评级机构等。承销商利用其对债券市场的熟悉程度，为发行者提供债券市场准入的相关咨询，建议发行债券的种类、价格和时机，协助发行者解决债券发行中的各种障碍与问题，并负责债券的销售工作，从而促成债券发行成功。受托管理人是维护债券持有人利益的机构，与债券持有人之间存在委托代理关系，通常由本次发行的承销商或其他经中国证监会认可的机构担任。其主要职责包括持续关注发行人和担保人的资信状况，监督发行人募集资金的使用情况，并在债券存续期内勤勉处理债券持有人与发行人之间的谈判或诉讼事务。财产担保人是指为债券发行提供担保的机构或个人，包括但不限于保证人、抵押人或质押人。其主要职责是确保在发行人无法偿还债务时，通过担保财产保障债券持有人的利益。会计师事务所主要负责对发行者的财务资料进行审计，验证其真实性和公允性，并出具审计报告，以提供具有公信力的财务信息，确保债券发行的财务透明度和可靠性。律师事务所则对债券发行的法律状况进行评估和调查，明确项目参与者的权利和义务，拟定相关协议和法律文件，提示法律风险并提供法律建议，从而确保债券发行的合法性和合规性。债券评级机构主要负责对债券发行者的信用状况进行评估，通过分析其偿债能力和意愿等，确定债券的信用等级，从而帮助投资者判断投资风险。

（4）监管者。监管者是指有权审批债券发行资格的机构。在我国，这类监管机构主要有五个。

①证监会。证监会是国务院直属机构，负责管理国内三大证券交易所，并监管交易所流通中的所有证券。在债券发行方面，证监会负责公司债、中小企业私募债和资

产支持证券的审批工作。自 2023 年 10 月 23 日起，证监会全面接手从国家发改委转移过来的企业债券的审批权，同时，三大证券交易所也正式负责企业债券的受理工作。凡是在交易所发行的公司债和企业债，必须经过证监会的审核。

②财政部。财政部是国务院的组成部门，是国债和地方债发行的主管部门。财政部负责管理中央政府债务和省级政府债务的宏观部门。

③发改委。发改委是国务院的组成部门，负责综合研究和拟定经济和社会发展政策，进行总量平衡，指导总体经济体制改革的宏观调控部门。其企业债券审批权现已转移至证监会。目前，发改委管理棚改项目收益债的审批。

④交易商协会。中国银行间市场交易商协会是由市场参与者自愿组成，包括银行间债券市场、同业拆借市场、外汇市场、票据市场、黄金市场和衍生品市场在内的自律机构。该协会经国务院同意、民政部批准，于 2007 年 9 月 3 日在北京成立，其业务主管部门是中国人民银行。在银行间市场发行的各类债券，包括短期融资券、超短期融资券、中期票据、非公开定向债务融资工具、资产支持票据、永续中票、项目收益票据等，均需在交易商协会备案，注册后才可发行。

⑤中国人民银行。中国人民银行是我国的中央银行，金融机构（包括商业银行和政策性银行）发行债券时，需经过中国人民银行的审核。其监管的债券类型包括金融债券、信贷资产证券化产品、二级资本债券和政策性银行金融债等。

2. 债券的发行方式

（1）按债券的发行对象分类。根据债券的发行对象，债券发行可以分为私募发行和公募发行两大类。

私募发行主要面向特定的且数量有限的投资者。这些投资者通常与发行者有密切的关系，例如大型金融机构、有业务往来的企业、发行单位的职工或使用其产品的用户等。私募发行一般采用直接销售的方式，无须通过证券中介机构，也无须向证券管理机关办理发行注册手续，因此能够节省承销费用和注册费用，手续相对简便。然而，私募债券不能公开上市，流动性较差，且利率通常高于公募债券，发行数额也相对较小。

公募发行则是公开向广泛且不特定的投资者发行债券。公募债券的发行者必须在证券管理机关办理发行注册手续，且通常委托证券公司等中介机构承销。由于发行数额一般较大，公募债券的信用度较高，可以上市转让，因此发行利率通常低于私募债券。公募债券的具体销售方式包括代销、余额包销和全额包销三种。

此外，西方国家，以公募方式发行国债时，通常采用招标投标的方式进行。投标方式又分为竞争性投标和非竞争性投标。竞争性投标由投资者主动投标，政府按照投资者报出的价格和利率确定中标者名单及配额；非竞争性投标则是由政府预先规定债券的发行利率和价格，由投资者申请购买数量，政府按照认购时间顺序确定认购额度。

（2）按债券的发行价格分类。根据债券的实际发行价格与票面价格的差异，债券的发行可以分为平价发行、溢价发行和折价发行三种类型。平价发行是指发行价格和票面价格相等；溢价发行是指发行价格高于票面价格，通常在票面利率高于市场利率时采用；折价发行是指发行价格低于票面价格，通常在票面利率低于市场利率时采用。

3. 债券的发行程序

不同类型的债券（如公司债券、政府债券）在具体操作路径上有所不同，但基本框架是一致的。下面以公司债券为例，介绍债券的发行程序。

（1）发行方案的制定与决议。公司董事会需要依照《中华人民共和国公司法》或者公司章程的相关规定制定债券发行方案，包括发行的金额、目的、利率、期限、发行方式、发行范围、募集资金用途等，还要明确公司的债务结构、还款能力和偿还措施等。在公司债券发行之前，必须形成董事会的决议，决议需由 2/3 以上董事出席及超过半数的出席董事通过方为有效。

（2）发行审核。申请发行债券的公司，应当向政府主管部门报送以下相关文件。

①发行公司债券的申请书。

②营业执照。

③公司董事会决议文件。

④准予进行公司固定资产投资的批准文件。

⑤发行公司债券的章程或者办法。

⑥公司财务报表。

⑦政府主管部门要求提供的其他文件。

不同的债券品种应当采用不同的发行制度。目前我国债券市场的发行审核制度主要有审批制、核准制、备案制和注册制，具体如表 6-1 所示。

表 6-1　我国目前债券市场的发行审核制度

发行审核制度	债 券 品 种
审批制	国债、地方政府债券
核准制	金融机构债券
备案制	非公开发行公司债券
注册制	短期融资券、超短期融资券、中期票据等债务融资工具；非金融企业债券、企业债券、公开发行公司债券

与股票发行相同，债券发行的审批制和核准制也体现了实质管理的原则。企业能否发行债券更多取决于审核者的实质判断；备案制和注册制并不等于不审核，而是更多体现公开原则，强调信息披露。企业能否发行债券主要取决于市场主体对债券价值和企业风险的判断。

（3）债券的承销。承销商在债券发行过程中起着桥梁的作用，协助制订债券发行的计划和方案，并确定合理的发行价格。同时，承销商还负责向投资者推广和销售债券。发行人通常和主承销商签订承销协议，在承销协议中界定双方的权利和义务，约定明确的承销基数。如果债券发行由承销团承销，组成承销团的承销商应当签订承销团协议，由主承销商负责组织承销工作。承销团成员应按照承销团协议及承销协议的约定进行承销活动，不得进行虚假承销。

（4）签订信托合同。在发行抵押公司债券的情况下，发行公司必须与受托公司签订信托合同。信托合同中主要规定受托人的权利和义务。根据信托合同，受托公司取得抵押权。

（5）制作认购申请书、债券和债券持有人名簿。认购申请书上应载明认购金额、认购者住所、签字或盖章等内容。认购申请书实际上是交易合同，投资者有按所填写金额缴款的义务。

债券的内容是法定的，券面上应记载公司名称、地点；债券的票面金额、利率、利息支付方式、发行日期和编号、偿还期限和方式；发行公司的印章、公司法定代表人签章以及政府主管部门批准发行的文号和日期。

发行记名公司债券时，发行公司应当备置债券持有人名簿。在进行债券转让时，债券持有人名簿也应当做出相应的变更。

（6）债券的募集。发行公司以公告形式发布发行内容，并募集投资者。公告内容主要包括公司的经营管理简况、财务状况、发行计划、发行债券的目的、债券总金额、发行条件、募集期限、还本付息方式等。在募集期间，认购者需填写认购申请书，并在交割日缴纳价款，领取债券。债券募足后，董事会应在一定时间内（一般为 15 天内）向政府主管部门呈报发行情况。

4. 债券信用评级

1）债券信用评级的概念

债券信用评级是指由专业的债券评级机构对债券发行者的信誉及其所发行的特定债券的质量进行的综合评估。这一评估过程的核心在于衡量债券的信用风险，即债券发行者未能履行偿还义务的可能性。信用评级在证券市场中扮演着至关重要的角色，它不仅为投资者提供了关于债券违约风险的重要参考，还帮助投资者评估债券的收益与风险之间的关系。通过信用评级，投资者能够更好地理解债券发行者的财务健康状况及其偿还债务的能力。

2）债券信用评级的流程

债券信用评级的流程通常包括以下几个步骤。

（1）评级准备。债券发行人或其代理人向评级机构提出评级申请，并为接受评级审查准备相关资料，包括本次债券发行概要、发行债券的具体用途、长期债券与自有资本的内容、企业的基本情况、企业的财务状况和发行条件的要点说明。评级机构在审查并同意受理后，开始组织负责这项评级的工作小组。小组成员一般为两人，由研究产业情况的专家和财务分析专家组成。

（2）信用等级确定。评级机构依据发行者所提供的相关资料，通常需要一至两周

扩展阅读 6.2　企业债券信用评级机构信用评价标准

的时间进行讨论。在此期间，评级小组会与债券发行者展开沟通，澄清疑问，细致分析各项因素，并拟定评级草案，提交至评级委员会进行进一步的审议与讨论。

评级委员会一般由五至七名成员组成，通过投票方式评定出债券的信用级别，并向发行者征求意见。如果发行者同意，则此级别就被确定下来；如果发行者不同意，可以声明理由申请重评，更改评级。重评申请只限一次，第二次决定的信用级别不可更改。

需要注意的是，各国债券评级机构对评级内容的规定并不完全一致。例如，美国穆迪公司和标准普尔公司主要评估企业的资产流动性、负债比率、金融风险和资本效益等方面。而我国《债券信用评级办法》规定的评级内容主要包括企业素质、财务质量、建设项目、发展前景和偿债能力。

（3）跟踪检查。在债券存续期间，评级机构需定期对债券的信用状况进行跟踪检查，以确定是否有必要对债券级别进行调整。

5. 债券信用评级的划分

目前，世界各国并未完全统一债券级别的划分。我国债券级别划分采用"三等九级制"，具体如下：

AAA 级：偿还债务的能力极强，基本不受不利经济环境的影响，违约风险极低。

AA 级：偿还债务的能力很强，受不利经济环境的影响不大，违约风险很低。

A 级：偿还债务的能力较强，较易受不利经济环境的影响，违约风险较低。

BBB 级：偿还债务的能力一般，受不利经济环境的影响较大，违约风险一般。

BB 级：偿还债务的能力较弱，受不利经济环境的影响很大，违约风险较高。

B 级：偿还债务的能力在较大程度上依赖于良好的经济环境，违约风险极高。

CCC 级：偿债能力极度依赖于良好的经济环境，违约风险极高。

CC 级：在破产或重组时可获得的保护极小，基本不能保证偿还债务。

C 级：面临破产，不能偿还债务。

此外，除了 AAA 级和 CCC 级以下等级外，每一个债券等级可以用"＋"或"–"符号进行微调，表示略高或略低于该等级。

即测练习题 6.1

案例讨论 6.1　中国资本市场 30 年大事记：从股改到注册制

自学自测

扫描此码

6.2　证券交易市场

　　证券交易市场也称"二级市场"或"次级市场"，是对已发行证券进行转让、买卖的场所，是证券的流通市场。证券交易市场连接的是同为投资者的证券买卖双方。在证券交易市场中，资金或证券的所有权会易位，但社会长期资金的总量及股票、债券的数量都不会改变。证券发行市场的存在是证券交易市场存在的前提条件，而证券交易市场又是证券发行市场的保障，二者是证券市场运行的两个车轮，缺一不可。

6.2.1　证券交易市场的类型

1. 证券交易所

　　证券交易的场内交易市场主要指证券交易所，它是一个有组织、有固定交易场所的市场，能够实现证券的集中和公开规范交易，是证券交易市场的核心和主体部分。

微课视频 6.1　场内与场外市场

　　1）证券交易所的组织形式

　　证券交易所的组织形式可以分为会员制和公司制两种。

　　会员制证券交易所是指依规定设立的，不以营利为目的，为证券的集中和有组织的交易提供场所、设施，履行国家有关法律法规规定的职责，实行自律性管理的法人团体。会员制证券交易所由会员自愿出资共同组成并共同经营，其会员通常是出资的证券公司，且只有会员才有资格进场参与证券交易。因此，投资者想要交易场内证券，必须委托证券公司等中介机构将交易指令传送到证券交易所。会员制证券交易所的最高决策管理机构是理事会，理事会成员由会员选举产生。会员制交易所不以营利为目的，目标是如何把交易所运营得更好，自律性强，会员之间会互相监督、互相约束。我国上海证券交易所和深圳证券交易所就是采用会员制的形式建立起来的。

　　公司制证券交易所是以营利为目的，提供证券交易所需的交易场地、交易设备和服务人员，以便券商进行证券买卖的法人团体。公司制证券交易所按照股份制原则设立，其最高决策管理机构是董事会，董事和监事均由股东大会选举产生。公司制证券交易所的优点是既能提供比较完善的设备和服务，又能保证证券交易的公平性。这是因为公司制证券交易所本身并不参与证券交易，而仅是提供交易场地、设施和服务，参与证券交易的券商在注册合格后与交易所签订合同，并缴纳营业保证金。此外，公司制证券交易所设有赔偿基金，对证券交易负有担保责任。然而，公司制交易所以营利为目的，因此，其佣金收费一般较高，对于证券交易者来说费用较高，有时，公司也可能为了股东的利益而损害其他交易商的利益。2021 年 9 月 3 日，北京证券交易所注册成立，11 月 15 日正式开市，这是经国务院批准设立的中国第一家公司制证券交易所。

2）证券交易所的职能

（1）提供交易场所。证券交易所为证券买卖提供物理或电子交易平台，使证券买卖双方能够集中进行交易。

（2）形成市场价格。通过交易所的集合竞价机制，形成股票及其他证券的市场价格，反映市场供求关系。

（3）制定交易规则。证券交易所制定包括上市、退市、报价、竞价、信息披露、交割结算等在内的交易规则，确保交易的公平、公正和透明。不同交易所的规则差异体现了各自的特点和要求。

（4）维护交易秩序。交易所通过监管和执行交易规则来维护市场秩序，防止操纵市场、内幕交易等违法违规行为，保护投资者利益。

（5）提供交易信息。交易所提供实时的市场交易信息，包括价格、成交量、市场深度等数据，为市场参与者提供决策支持。

3）证券交易所的市场层次及交易规则

不同交易所的规则差异体现了各自的特色和要求，例如，美国纳斯达克根据不同的上市条件细分为全球精选市场、全球市场和资本市场。同样，上海证券交易所设有主板市场和科创板市场，深圳证券交易所设有主板市场和创业板市场，不同板块的交易规则也有所区别。下面介绍一下我国境内证券交易所的市场层次及交易规则。

微课视频 6.2　主板、创业板与科创板市场

主板市场也称为一板市场，是传统意义上的证券市场，也是一个国家或地区证券发行、上市及交易的主要场所。上交所和深交所均设有各自的主板市场。上交所主板的股票代码以 60 开头，深交所主板的股票代码以 00 开头。在主板上市的企业大多为大型成熟企业，具有业务模式成熟、经营业绩稳定、行业代表性等特点。主板市场对于投资者的资质没有特别要求，只要投资者开立了证券账户，即可投资在主板市场上市的股票。

创业板市场又称二板市场，隶属于深圳证券交易所，于 2009 年开板，股票代码以 30 开头。创业板主要定位于服务成长型的创新创业企业，支持传统产业与新技术、新产业、新业态、新模式的深度融合。与主板市场相比，创业板对公司上市的要求往往更加宽松。公司虽然具有较高的成长性，但往往成立时间较短，规模较小，业绩也不突出。创业板是一个门槛低、风险大、监管严格的股票市场，也是一个孵化创业型、中小型企业的摇篮。想要投资创业板股票的投资者，需要具备两年以上的证券交易经验，交易经验是从投资者开通证券账户后第一笔交易开始计算的。同时，在开通创业板投资权限之前的 20 个交易日内，证券账户日均资产不低于 10 万元。

科创板是中国资本市场改革的试验田，具有增量改革的重大意义。科创板隶属于上海证券交易所，股票代码以 68 开头。与创业板的主要定位差异在于，科创板更聚焦于服务符合国家战略、拥有关键核心技术、科技创新能力突出、市场认可度高的"硬科技"型企业。这一板块的成立，为我国科技企业带来了重大的发展机遇。想要投资科创板股票的投资者，需要具备两年以上的证券交易经验，并且在开通权限前的 20个交易日内，证券账户日均资产不低于 50 万元（不包括该投资者通过融资融券融入的资金和证券）。此外，还需满足上海证券交易所规定的其他条件。

北京证券交易所的定位，是中小创新型企业孵化、成长、蝶变的重要平台，支持培育"专业化、精细化、特色化、新颖化"企业，重点关注先进制造业和现代服务业等领域的企业。相比其他板块，北交所的特殊之处在于其在资本市场中起到承上启下的"纽带"作用：全国股转系统创新层中符合条件的企业可以申请转板至北交所上市；而北交所中符合条件的上市公司也可以申请转板至创业板或科创板上市。

整体来说，在主板上市的企业市值较大、成熟度较高，实行每日 10%的涨跌幅限制，股价波动比其他板块小。而创业板和科创板，因其定位属性，公司的上市门槛相比主板较低，整体市值偏小，多为成长风格的股票，每日涨跌幅限制均为 20%，股价波动整体相较主板而言较大，投资风险也相对较高。北交所汇集创新型中小企业，整体市值规模相比创业板和科创板更小，成长空间较大，但抵御市场和行业风险的能力会相对较弱，目前每日涨跌幅限制为 30%，高于创业板和科创板。

2. 场外交易市场

1）场外交易市场的概念

场外交易市场是相对于交易所市场而言的，指证券买卖双方在交易所之外进行证券交易。传统的场内和场外是基于物理概念的区分。过去的场内交易需要投资者现场集中到交易大厅进行，因此场外市场也被称为柜台市场，英文简称为 OTC，指分散在各个券商柜台的市场，没有集中交易的场所，也没有统一的交易制度。但是随着无纸化和电子化交易的发展，场内和场外的物理界限已经模糊了。

2）场外交易市场的特征

场外交易市场大致具有以下几个方面的特征。

（1）场外市场对企业的挂牌标准相对较低，通常不对企业规模和盈利情况等做出严格要求。

（2）场外市场的信息披露要求较低，监管较为宽松，缺乏统一的组织和章程。

（3）场外市场通常采用做市商制度，也称为报价驱动制度，投资者直接与券商进行交易。

3）我国典型的场外交易市场

我国比较典型的场外交易市场有银行间交易市场、全国中小企业股份转让系统、区域性股权交易市场等。

银行间交易市场由银行间债券市场、拆借市场、票据市场、外汇市场和黄金市场组成，参与交易的成员涵盖政策性银行、商业银行、信用社、保险公司、证券公司、信托公司、投资基金、财务公司、信用评级公司以及大中型工商企业等各类金融机构和非金融机构。

全国中小企业股份转让系统俗称"新三板",是经国务院批准设立的全国性证券交易场所。挂牌的公司为非上市公众公司,接受中国证券监督管理委员会的统一监督管理。

区域性股权交易市场俗称"四板市场",是为特定区域内的企业提供股权、债券转让和融资服务的私募市场,是我国多层次资本市场的重要组成部分。比较知名的区域性股权交易市场,有天津股权交易所、前海股权交易中心、重庆股份转让中心、上海股权托管交易中心、北京股权交易中心等。

6.2.2　证券交易实务

1. 证券交易的方式

1)现货交易

现货交易也称即期交易,指交易双方在成交后立即进行证券与价款的清算交割。这种交易方式是最早且最简单的,遵循"一手交钱,一手交货"的原则。在现代的现货交易中,成交和交割之间也被允许有一小段时间间隔,如"T+1"制度、"T+3"制度。例如,基金的申购与赎回,就不是在当天完成的。

扩展阅读 6.3　2023 年 9 月融资保证金比例调整

2)期货交易

期货交易是一种合约交易,买卖双方在当前达成期货交易,但约定在未来某一特定时间进行交割。

3)期权交易

期权交易实质上是一种选择权的交易,买方支付权利金获得在未来某个时间以特定价格买入或卖出标的证券的权利。

4)信用交易

证券的信用交易是指证券买卖者通过交付一定数量的保证金来获得经纪人的信用而进行证券买卖的行为。其中最常见的形式是融资融券。融资是指投资者向券商借款购买证券,融券则是投资者向券商借入证券后卖出。

5)回购交易

回购交易主要分为质押式回购和买断式回购两种。质押式回购是指将债券质押以换取资金,并约定在未来某一时间赎回;买断式回购则是先卖出债券,并在约定时间购回。股票市场同样存在质押式回购,涉及券商自有资金或资管产品作为融出方。

2. 证券交易程序

1)开户

微课视频 6.3　开户

证券账户是指证券登记结算机构为投资者设立的用于准

确记载投资者所持的证券种类、名称、数量及相应权益和变动情况的账册，是认定股东身份的重要凭证，具有证明股东身份的法律效力，同时也是投资者进行证券交易的先决条件。由于上海证券交易所和深圳证券交易所都是会员制的组织形式，只有会员才有资格在交易所进行证券交易，而这些会员就是券商。所以，投资者是委托券商代理进行交易，而券商依靠收取投资者的交易佣金来盈利，这就是券商的经纪业务。中国证券登记结算有限责任公司（以下简称"中登"）对证券账户实施统一管理。自然人投资者可以在不同券商开立多个证券账户。同一个身份证，最多可以在不同券商开立3 个上交所的股东账户、20 个深交所的股东账户。现实中，一个投资者最多只会在三家不同的券商开立三个证券账户，每个账户都可以同时交易沪深两市的股票，以及基金、可转债、国债逆回购等。上海证券账户当日开立，次日生效；深圳证券账户当日开立，当日生效。

投资者若想投资北京证券交易所的上市股票，只需要在原证券账户基础上，开通北交所的交易权限即可。北交所交易权限的开通条件如下：一是证券账户无异常；二是在权限开通前的 20 个交易日内，证券账户日均资产不低于 50 万元，资产包括证券账户内的现金、股票、基金等，不包括通过融资融券融入的资金和证券；三是参与证券交易满两年以上，从第一笔证券交易的时间开始计算；四是证券账户的风险等级为积极型、激进型；五是通过北交所知识测评。满足以上五个条件后，通过证券公司的 App 即可办理开通北交所权限。如果投资者已经开通了科创板交易权限，则无须再次校验账户资产，可以直接一键开通。

扩展阅读 6.4 某券商的开户流程

新证券法规定，任何单位和个人不得违反规定出借自己的证券账户。违反规定的，最高可处以 50 万元的罚款。因此，广大证券投资者应当按照实名制要求开立证券账户，妥善保管账户密码等关键信息，切勿出借自己的证券账户。在保护个人财产安全的同时，相关部门应加强对出借证券账户的监管，加大对证券账户安全的宣传和教育力度，提高投资者的风险意识与防范意识。只有通过共同努力，才能创造一个安全、稳定的投资环境，为广大投资者提供更好的保护。

2）委托与执行

（1）委托指令。投资者在证券交易所买卖证券时，是通过委托证券经纪商来进行的。客户在办理委托买卖证券时，需要向证券经纪商下达委托指令。委托指令中应包括证券账户号码、证券代码、买卖方向、委托数量、委托价格、委托类型，以及交易所和会员要求的其他内容。

微课视频 6.4 委托与执行

证券交易的委托指令根据委托订单的数量划分，可以分为整数委托和零数委托；根据买卖证券的方向，可以分为买进委托和卖出委托；根据委托时效限制，可以分为当日委托、当周

委托、无期限委托、开市委托和收市委托等；根据委托价格限制，主要包括限价委托、市价委托、止损委托和止损限价委托几种类型。

其中，限价委托是指投资者要求以指定的价格买卖指定数量的股票。对于卖单来说，需要设定最低卖出价格；对于买单来说，需要设定最高买入价格。例如，你想购买的股票当时是每股 20 元，你认为它最低价会到 19 元，那么可以设定限定价为 19 元，当盘中的价格达到 19 元或低于 19 元时，就可以买入。同理，如果你想卖掉它，可以设定限定价为 22 元，那么当盘中价格大于或等于 22 元时，就可以卖出成交。需要注意的是，限价必须在股票的涨跌幅度价格范围之内，否则委托无效。主板股票的限价委托价格，不能超过前一日收盘价的正负 10%；而科创板股票买入的限价委托价格，不能高于买入基准价的 102%，卖出时的限价委托价格不能低于卖出基准价的 98%。同时，投资者也可以设置限价委托的有效天数。限价委托是投资者在交易时使用得最多的一种委托方式，下单时自行输入委托价格的操作方式，就是限价委托。

市价委托是投资者要求以即时的市场价格买卖指定数量股票的指令。这种委托一般会被立即执行，但成交价格不确定。在市价委托下，证券的交易速度快，能够快速实现投资者的买卖意图。但是，当行情变化剧烈或市场深度不足时，执行价格可能与委托时的市价相差甚远，成交价可能无法令投资者满意。

止损委托是一种有条件的市价委托。对于卖单来说，止损价格必须低于下单时的市场价格；对于买单来说，止损价格必须高于下单时的市场价格。当市场价格触及止损价格时，止损委托会被立即执行。

止损限价委托是止损委托和限价委托的结合。当市场价格达到指定价格时，此种委托会自动变成限价委托。举个例子，你之前以每股 6 元的价格买入了一只股票，现在该股票的市场价格是 9 元。你认为可能会出现下跌趋势，但不排除再次上涨的可能。因此，你可以设置 8 元为止损价格，只要市场价格低于 8 元，就可以卖出成交。但如果价格下跌至 5 元成交，就不划算了，因此我们可以再设一个 7 元的限定价格，低于 7 元则不可以成交。所以，当该股票的市场价格高于限定价 7 元，并且低于止损价 8 元时，就可以成交。同理，买进交易也是一样的，只不过限定价格需要高于止损价格。

（2）委托的执行。证券经纪商在接到投资者的委托指令后，首先要对投资者身份的真实性和合法性进行审查。审查合格后，经纪商要将投资者委托指令的内容传送到证券交易所进行撮合。这一过程即为"委托的执行"，也叫"申报"。

（3）委托的撤销。尚未完成交易的委托单是可以被撤销的，这是修改证券交易操作的一种交易行为。因为在此期间内，并没有委托单完成交易，未产生任何实际交易，所以撤销委托是不会收取相关手续费用的。当处于委托状态时，相关的资金会被冻结，即使该笔委托未必能完成交易，但只要委托还存在，就有完成交易的可能。所以，有时候投资者为了能够确保交易的进行，会撤销之前的委托，解冻被冻结的资金，来修改交易价格，重新交易证券。

（4）委托的方式。在沪深证券交易中，委托方式主要有书面委托、自助委托、电话委托和网上委托。书面委托是投资者或其代理人亲自到证券公司的营业柜台，用书面的形式向券商表达委托意愿。自助委托是投资者借助券商的计算机键盘输入系统，将其交易意愿呈报于券商。电话委托是通过电话系统将投资者的交易意愿呈报于券商的委托方式。网上委托是证券经纪商通过电脑交易系统，与互联网连接进行证券交易。现在，随着证券交易的无纸化推行，网上委托交易已经是非现场交易的主流了。

微课视频 6.5　竞价成交与清算交割

3）竞价成交

竞价是指通过市场运营机构组织进行集中交易，卖方或买方参与市场投标，以竞争方式确定交易量及其价格的过程。集中交易市场基本上是以竞价方式产生交易价格，如拍卖、招标，以及证券交易市场。

（1）竞价的方式。证券交易市场中的竞价有两种方式，分别是集合竞价和连续竞价。

集合竞价是指对一段时间内接收的买卖申报一次性集中撮合的竞价方式。上海证券交易所的集合竞价时间为每个交易日的 9:15 至 9:25，通过集合竞价确定当日开盘价格。深圳证券交易所内，集合竞价的时间为每个交易日的 9:15 至 9:25，以及 14:57 至 15:00，通过集合竞价来确定当日开盘价格和收盘价格。

连续竞价是指对申报的每一笔买卖委托，由交易所交易系统按照竞价规则进行撮合的竞价方式。以下两种情况可以产生成交价：一是最高买入申报与最低卖出申报相同，则该价格为成交价格；二是买入申报高于卖出申报时，申报在先的价格为成交价格。上海证券交易所内，连续竞价的时间为每个交易日的 9:30 至 11:30 及 13:00 至 15:00。深圳证券交易所内，连续竞价的时间为每个交易日的 9:30 至 11:30 及 13:00 至 14:57。沪市股票的收盘价为当日该股票最后一笔交易前一分钟所有交易的成交量加权平均价，当日无成交的，以前一日收盘价作为当日收盘价。

扩展阅读 6.5　上交所发布《关于延长接受指定交易申报指令时间的通知》

（2）竞价的原则。竞价有三个原则，即价格优先原则、时间优先原则和客户优先原则。

在价格优先原则中，买入申报价格越高，越容易成交；卖出申报价格越低，越容易成交。

在时间优先原则中，当价格相同时，先申报的会优先于后申报的成交。

在客户优先原则中，如果投资者委托的券商和该投资者在同一时间想要交易同一只股票，那么在申报价格时，券商必须先帮助投资者进行申报，再申报自己的交易指令。一切要以客户的利益为先。

（3）盘后固定价格交易。在创业板和科创板中，还有一种特殊的交易行为叫作盘

后固定价格交易。盘后固定价格交易是指在收盘集合竞价结束之后，交易所交易系统按照时间优先原则对收盘定价申报进行撮合，并以当日收盘撮合价成交的一种交易方式。盘后固定价格交易的申报时间，创业板为每个交易日的 9:15 至 11:30 及 13:00 至 15:30；科创板为每个交易日的 9:30 至 11:30 及 13:00 至 15:30。每个交易日的 15:05 至 15:30 为盘后固定价格交易时间，当日 15:00 仍处于停牌状态的股票，不进行盘后固定价格交易。这就解决了部分投资者日间不想盯盘，只想以当天收盘价进行交易的问题。需要注意的是，买入限价低于收盘价或者卖出限价高于收盘价的盘后固定价格申报无效。

4）清算交割

清算交割是指证券买卖双方在证券交易所进行证券买卖成交以后，通过证券交易所，将券商之间的证券买卖数量和金额分别予以抵消，其差额由券商确认后，在事先约定的时间内进行证券和价款的收付了结行为。投资者通常所说的清算交割分为两个部分：一部分是指券商与交易所之间的清算交割；另一部分是指券商与投资者之间的清算交割，双方在规定的时间内完成价款与证券交收确认。

各国证券市场上实际采用的交割方式不尽相同。目前，上海、深圳证券交易所 A 股股票实行 T + 1 交割制度，即在委托买卖的次日进行交割，投资者委托买卖证券成交与否应以第二日的交割单为准，当日的成交回报仅作为参考。B 股股票实行 T + 3 交割制度，即在委托买卖后（含委托日）的第 4 个交易日进行交割。证券如未成交，则不能办理交割手续。在资金使用上，当天卖出股票的资金会回到投资者账户，可以用来继续买入股票，但不能当天提取，必须在交割完成后才能提款。也就是说，投资者当天委托，成功卖出了某只 A 股，资金成功进入证券账户，但是第二天才能转出到银行卡中。

清算与交割的根本区别在于是否发生财产转移。清算只是一个结算过程，其主要目的在于确定应收应付净额，而财产的实际转移则是在交割过程中发生的。清算交割反映了投资者证券买卖的最终结果，是维护证券买卖双方正当权益、确保证券交易顺利进行的必要手段。

3. 证券交易费用

1）佣金

投资者在进行证券交易时需要支付交易佣金，这是券商经纪业务的主要盈利来源。佣金通常由券商双向收取（投资者买入和卖出股票时均需支付），与交易金额挂钩，具体费率各家券商不同。随着证券市场竞争的加剧、并购行为的增多，佣金费率呈现逐渐下降的趋势。

扩展阅读 6.6　国泰君安吸收合并海通证券

2）过户费

股票交易过户费是指股票成交后更换户名所需支付的费用，通常由中登公司（中国证券登记结算有限责任公司）负责双向收取。自 2022 年 4 月 29 日起，中登公司将股票交易过户费总体下调 50%，从之前的 0.02‰和 0.025‰统一调整为 0.01‰。这是自 2015 年以来首次大幅调整过户费，旨在降低投资者的交易成本，激发市场活力。

3）印花税

投资者在卖出股票时，需要缴纳印花税。为活跃资本市场、提振投资者信心，自 2023 年 8 月 28 日起，我国境内股票交易印花税实施减半征收，即按交易金额的 0.5‰计算。

即测练习题 6.2　　　　案例讨论 6.2　　金融科技在股票交易
中的应用——高频交易（HFT）

自学自测　　扫描此码

6.3　股票价格指数

股票价格指数是用于度量和反映股票市场总体价格水平及其变动趋势的股价统计相对数，简称股价指数，其具有代表性和敏感性。为了能够及时、准确地反映股价变化趋势，全球各大证券市场都编制了股价指数，将某一时点上成千上万种波动不定的股票价格表现为一个综合性指标，以此表示该股票市场的价格水平和变动情况。

微课视频 6.6　常用的测算方法

6.3.1　股票价格指数的编制

1. 股票价格指数的编制步骤

股票价格指数的编制大致可以分为四个步骤。

（1）选择样本股。

（2）选定某基期，并以一定的方法计算基期平均股价或市值。

（3）计算报告期平均股价或市值。

（4）指数化，将基期平均股价或市值定为某一常数，并据此计算报告期股价的指数值。

在统计学中，基期是一个基础期、起始期的概念，可以是本年度，也可以是若干年前的任何时期。使用基期，是为了将开始时间作为比较基准，相当于一个对照组。

报告期，即当期或当前研究的阶段。假设我们要研究 2024 年黑龙江省 GDP 数据，与 2023 年数据相对比的变化情况，那么 2024 年就是报告期，2023 年就是基期。在股价指数的计算中，通常还需要确定一个指数基点，以确保指数的连续性和可比性。通常设置为一个较大的整数，如 100 或 1 000。

在计算股价指数时，需要考虑以下四点。

（1）样本股票必须具有典型性和普遍性。为此，选择样本应当综合考虑其行业分布、市场影响力、股票等级以及适当数量等因素。

（2）计算方法应具有高度的适应性，能够对不断变化的股市行情做出相应的调整或修正，使股价指数具有较好的敏感性。

（3）要有科学的计算依据和手段。计算依据的口径必须统一。一般情况下，以收盘价作为计算依据。但随着计算频率的增加，也有指数以每小时价格，甚至更短时间的价格作为计算依据。

（4）基期应当有较好的均衡性和代表性。

2. 常见的股价指数测算方法

1）算术平均法

算术平均法的计算是将样本股的价格加总求和，然后除以样本股的数量，即：

$$\text{股价指数} = \frac{p_1 + p_2 + \cdots + p_n}{n}$$

由于样本股的拆分、送股、配股以及更换，为了使股价指数具有连续性和时间上的可比性，会对 n（除数因子）进行修正。例如，道·琼斯工业平均指数中含有 30 种样本股，最初的除数因子为 30，但到 1999 年已经修正为 0.311 439 32。

2）加权平均法

加权平均法常以样本股票的发行量、流通量或交易量作为权数，加权平均计算股价指数。按照权数采用的时期不同，有两种计算公式。

一种是德国学者拉斯贝尔斯提出的，用基期数量加权计算的价格指数，这一指数简称为拉氏指数，其公式为：

$$I = \frac{\sum_{i=1}^{n} p_{1i} q_{0i}}{\sum_{i=1}^{n} p_{0i} q_{0i}}$$

式中，P_{1i} 为报告期第 i 种股票的价格，P_{0i} 为基期第 i 种股票的价格，q_{0i} 为基期第 i 种股票的数量。

拉氏指数的优点是用基期数量做权数，可以消除权数变动对指数的影响，从而使不同时期的价格指数具有可比性。这也导致拉氏指数只能反映出价格的变动水平，但不能反映数量的变动，特别是不能反映数量结构的变动。

另一种是德国学者派许提出的用报告期数量加权计算的价格指数，这一指数简称为派氏指数。其公式为：

$$I = \frac{\sum_{i=1}^{n} p_{1i}q_{1i}}{\sum_{i=1}^{n} p_{0i}q_{1i}}$$

式中，q_{1i} 为报告期第 i 种股票的数量。

派氏指数由于以报告期数量加权，不能消除权数变动对指数的影响，因而不同时期的指数缺乏可比性，但派氏指数可以同时反映出价格和数量及其结构的变化。实际股价指数编制中，派氏加权的应用更为广泛。

实际的股价指数计算过程较为复杂，涉及多只股票、价格调整、交易成本等多种因素，不同的指数也会采用略有不同的计算方法和权重策略。

6.3.2　我国境内主要股价指数

微课视频 6.7　国内主要价格指数

1. 中证指数有限公司及其指数

中证指数有限公司成立于 2005 年 8 月 25 日，是由上海证券交易所和深圳证券交易所共同出资发起设立的一家专业从事证券指数及指数衍生产品开发与服务的公司。其编制的指数主要如下。

1）沪深 300 指数

沪深 300 指数是沪、深证券交易所于 2005 年 4 月 8 日联合发布的，反映 A 股市场整体趋势的指数。其成分股为上海和深圳两家交易所中的 300 只 A 股，能够反映中国证券市场股票价格变动的概貌和运行状况，并可作为投资业绩的评价标准，为指数化投资和指数衍生产品创新提供基础条件。中证指数有限公司成立后，沪、深证券交易所将沪深 300 指数的经营管理及相关权益转移至中证指数有限公司。

2）中证规模指数

中证规模指数是一系列基于公司规模划分的指数，包括中证 100 指数、中证 200 指数、中证 500 指数等。它们各自代表了不同市值范围的上市公司群体，为投资者提供多样化的投资标的和评价标准。

2. 上海证券交易所价格指数

由上海证券交易所编制并发布的上证指数系列包括上证 180 指数、上证 50 指数、上证综合指数、A 股指数、B 股指数、分类指数、债券指数、基金指数等。其中最早编制的是上证综合指数，它以 1990 年 12 月 19 日为基期，以沪市全部上市股票为样本，以股票发行量为权数，按加权平均法计算得出。

3. 深圳证券交易所价格指数

深圳证券交易所价格指数包括成分指数和综合指数两大类。深证系列成分指数主要由深证成分股指数和深证 100 指数构成。深证系列综合指数包括深证综合指数、深证 A 股指数、深证 B 股指数、行业分类指数、中小板综合指数、创业板综合指数、深证创新指数、深市基金指数等全样本类指数。

扩展阅读 6.7　深证系列综合指数编制方案

6.3.3　国际主要股价指数

1. 道琼斯股票指数

道琼斯股票指数是世界上最有影响力、使用最广泛的股价指数。它最早于 1884 年由道·琼斯公司的创始人查尔斯·亨利·道开始编制，是一种算术平均股价指数。它以在纽约证券交易所挂牌上市的一部分具有代表性的公司股票作为编制对象，由道琼斯工业股价平均指数、道琼斯运输业股价平均指数、道琼斯公用事业股价平均指数和道琼斯股价综合平均指数构成。其中，以道琼斯工业指数最为著名，它被大众传媒广泛报道，并作为道琼斯指数的代表加以引用。

微课视频 6.8　国际主要价格指数

2. 纳斯达克综合指数

纳斯达克综合指数是反映纳斯达克证券市场变化的股票价格平均指数。纳斯达克的上市公司涵盖所有新技术行业，主要由美国的数百家发展最快的先进技术、电信和生物公司组成，是美国"新经济"的代名词。

3. 标准普尔 500 指数（S&P 500）

标准普尔股票价格指数是由美国最大的证券研究机构，即标准普尔公司编制的股票价格指数。标准普尔 500 指数覆盖的所有公司，都是在美国主要交易所（如纽约证券交易所、纳斯达克）交易的上市公司。与道琼斯指数相比，标准普尔 500 指数包含的公司更多，因此风险更为分散，能够反映更广泛的市场变化。

4. 香港恒生指数

恒生指数简称 HSI，是香港股票市场的重要股票价格指数，由香港恒生银行全资附属的恒生指数服务有限公司编制，是反映香港特区政治、经济和社会状况的主要风向标。

扩展阅读 6.8　恒指季检结果出炉，恒生指数成分股数目维持 82 只

5. 日经指数

日经指数是日本经济新闻社编制的股票价格指数，按计算对象的采样数量不同可分为两种指数：一种是日经 225 指数，它以成交量最活跃、市场流通性最高的 225 只股票作为基础。因延续时间较长且具有很好的可比性，日经 225

指数成为考察日本股票市场股价长期演变及最新变动最常用和最可靠的指标。另一种是日经 500 指数，涵盖 500 种股票，每年 4 月要根据上市公司的经营状况、成交量和成交金额、市价总值等因素，对样本进行更换。日本股市开盘比中国早 1 小时，当全球宏观经济和宏观政策出现突发情况时，通常日本股市的走势对中国股市有借鉴意义，这也是很多国内投资者在 A 股开盘前会先看日股走势的原因。

即测练习题 6.3

案例讨论 6.3　　"十日牛"奇迹：
上证指数的飙升与市场情绪分析

复习思考题

1. 证券发行市场的构成有哪几部分？它们分别起到了什么作用？

2. 股票发行价格可以反映公司的当前价值，并预示公司未来的增长潜力，但这一价格的确定会受到众多复杂且多变的因素共同影响。请简述影响股票发行价格的因素有哪些。

3. 什么是债券的信用评级？评级的内容主要包括哪些？

4. 如何理解注册制和核准制在股票公开发行中的作用与区别？

5. 债券发行市场与股票发行市场有何异同？

6. 如何理解证券发行市场与交易市场的关系？

7. 场内交易市场与场外交易市场有哪些区别？请结合两者的范围简述我国资本市场的层次结构。

8. 创业板市场作为资本市场的重要组成部分，其功能有哪些？

9. 开立资金账户与证券账户是投资者正式踏入股市大门的首要步骤，请简述开立资金账户与证券账户的流程。

10. 集合竞价的目的在于通过集中撮合买卖双方的报价，以确定一个公平、合理的开盘价或收盘价。这一机制不仅提高了市场的透明度，还促进了价格的发现与形成。那么，集合竞价的具体步骤包括哪些呢？

11. 在进行证券交易时，投资者应支付哪些费用？

12. 中国现行股票市场上发布的价格指数有哪些？选择其中一个股价指数，了解其编制方法。

13. 试比较分析国内外股价指数的共性与个性。

14. 请思考股票价格指数的编制意义。

15. 我国新证券法的实施对证券市场有何重要影响？

第 7 章

证券投资基本分析

【本章学习目标】

通过本章学习，学员应该能够：

1. 理解证券投资基本分析的概念及重要性。
2. 掌握宏观经济因素对证券市场的影响，包括宏观经济运行及宏观经济政策等。
3. 熟悉行业分析的基本框架，包括行业市场结构、生命周期、与经济周期的关系等。
4. 掌握公司财务分析的方法与基本指标的应用。

引导案例

贵 州 茅 台

70 年前，贵州茅台从一个西南边陲的小作坊起步，凭借几十名工人在桐油灯下点燃的炉火，开启了茅台酒的酿造传奇。经过一代又一代茅台人的不懈努力，抓住历史机遇，贵州茅台逐渐成长为世界级的酒厂。其品牌传承不仅体现在悠久的历史文化上，更在于对品质的坚守和对创新的不懈追求。

自 1999 年 11 月 20 日成立股份公司以来，贵州茅台在资本市场上的表现堪称卓越。25 年间，公司不仅实现了快速扩张，更累计为股东现金分红超过 3 000 亿元。特别是自 2015 年以来，贵州茅台的分红比例连续多年超过 50%，其中近 6 年的年度分红基本稳定在 51.9%，显示出公司强大的盈利能力和对股东的慷慨回馈。

在股价和市值方面，贵州茅台同样创造了令人瞩目的成绩。2001 年 8 月 27 日，公司在上交所挂牌上市，当日收盘总市值定格为 88.88 亿元。此后，随着股权分置改革的完成和白酒行业的整体复苏，贵州茅台的股价和市值不断攀升。2019 年 6 月 27 日，公司股价突破千元关口，成为中国股市股改后第一支千元股。而到了 2021 年 1 月 4 日，贵州茅台的股价更是突破每股 2 000 元，成为全球市值最高的烈酒公司之一。

贵州茅台作为中国高端白酒市场的代表品牌之一，凭借其悠久的历史文化、卓越的资本市场表现、质量至上的理念、国际化拓展与文化交流，以及未来的发展规划和股东回报承诺等方面的优势，在激烈的市场竞争中保持了领先地位并实现了可持续发展。

资料来源：新浪财经。

　　证券投资分析是提高投资决策质量、优化投资组合的重要一环。投资者通过收集各种相关信息，借助专业分析方法，对影响证券价值和价格的各种因素进行综合分析，以判断证券价值和投资机会。在证券投资分析中有两种最重要的分析方法，即基本分析法和技术分析法。基本分析法是一种深入剖析宏观经济要素、行业趋势及公司运营状况，以评估证券内在价值并预测其未来收益潜力的方法。基本分析侧重于发掘证券的真实价值，要求投资者全面审视宏观环境、行业格局及公司基本面，以做出更为精准的投资决策。

7.1　宏观经济因素分析

7.1.1　宏观经济运行分析

　　证券市场是整个国民经济的重要组成部分，它在宏观经济的大环境中发展，同时又服务于国民经济的发展。证券市场与宏观经济之间有着密切的相关关系，素有宏观经济晴雨表之称。进行证券投资活动所产生的效果及投资效率，不仅会受国民经济基本单位的影响，也会受宏观经济形势的直接制约。因此，宏观经济分析对于证券投资来说是非常重要的。它有助于我们把握证券市场的总体变动趋势、判断整个证券市场的投资价值，以及掌握宏观经济政策对证券市场的影响力度和方向。

　　证券市场与宏观经济的关系表现在两个方面：一是证券市场是宏观经济的先行指标；二是宏观经济的走向决定证券市场的长期走势。宏观经济因素是影响证券市场长期走势的主要因素，其他因素可以影响或改变证券市场的中短期走势，但不能改变其长期走势。宏观经济对证券市场的影响是通过企业经济效益、居民收入水平、投资者对证券价格的预期和资金成本等途径实现的。宏观经济对证券市场影响的途径如图 7-1 所示。

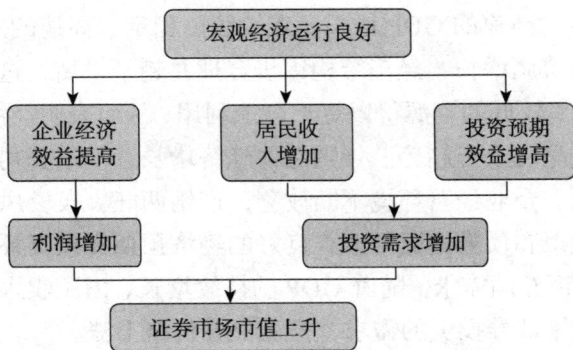

图 7-1　宏观经济运行对证券市场的影响途径

在企业经济效益方面，无论是长期效益还是短期效益，宏观经济环境都会影响企业的经营。企业的经济效益会随着宏观经济运行周期、宏观经济政策、利率水平和物价水平等宏观经济因素的变动而变化。如果政府采取强有力的宏观调控政策刺激经济发展，宏观经济运行趋于良好态势，企业和居民的投资需求和消费需求高涨，企业总体盈利水平提高，证券市场价格自然会上涨。反之，证券市场价格会下跌。

在经济周期处于上升阶段或在提高居民收入政策的作用下，居民收入水平提高，这必然会在一定程度上拉动消费需求，从而增加相关企业的经济效益。同时，居民收入水平的提高也会直接促进证券市场的投资需求，影响证券价格的变化。

投资者对证券市场价格的预期，也就是投资者的信心，是宏观经济影响证券市场走势的重要途径。当宏观经济趋好时，投资者预期企业效益和自身的收入水平上升，证券市场自然人气旺盛，从而推动市场平均价格走高；反之，则会令投资者对证券市场的信心下降，使证券价格走低。

微课视频 7.2　宏观经济指标分析

当国家经济政策发生变化时，居民和企业的资金持有成本将随之变化，从而影响证券市场价格的走势。

1. 宏观经济指标与证券市场

1）GDP 与证券市场

GDP，即国内生产总值，是按市场价格计算的一个国家（或地区）所有常住单位在一定时期内生产活动的最终成果。GDP 可以反映一个国家或地区的总体经济规模，GDP 增长率可以反映经济总量的增长速度。在众多经济指标中 GDP 居于核心地位，是反映经济运行状况最重要的指标之一，被视为衡量一个国家或地区经济总体情况的晴雨表。

从长期来看，在上市公司行业结构与该国产业结构基本一致的情况下，股票平均价格的变动与国内生产总值的变化趋势相吻合。但投资者不能简单地认为，只要国内生产总值增长，证券市场行情必将随之上扬。其实际走势往往复杂多变，因此必须将国内生产总值的增长与相关的各种经济因素结合在一起进行考察。

（1）持续、稳定、高速的 GDP 增长。在持续、稳定、高速的 GDP 增长环境下，社会总需求与总供给协调增长，经济结构逐步合理并趋于平衡。这种增长来自需求刺激，使闲置的或利用率较低的资源得以更充分地利用，从而表明经济发展的良好势头。此时，证券市场往往呈现上升趋势。伴随总体经济增长，上市公司的利润持续上升，股息和红利不断增长。企业经营环境不断改善，产销两旺，投资风险也越来越小。这些因素促使公司的股票和债券全面升值。良好的经济预期和投资环境也提高了投资者的积极性，增加了对证券的需求。随着 GDP 的持续增长，国民收入和个人收入也不断提高，这进一步增加了证券投资的需求，推动证券价格上涨。

（2）高通货膨胀下的 GDP 增长。高通货膨胀通常意味着物价上涨速度过快，超过了居民收入的增长速度。这将导致居民实际购买力下降，同时企业成本上升、盈利能力下降。这些因素将对证券市场产生负面影响。在高通货膨胀环境下，企业面临成本上升的压力，包括原材料、劳动力、能源等成本的上涨。这将导致企业盈利能力下降，甚至可能出现亏损，从而直接影响企业的股票价格。同时，高通货膨胀会导致居民实际购买力下降，使居民在消费和投资方面更加谨慎，这将减少居民对证券市场的投资需求，进而导致证券价格下跌。为了应对高通货膨胀，政府通常会采取紧缩的财政政策和货币政策，包括提高利率、减少公共支出、限制信贷等，旨在抑制通货膨胀。然而，这些政策的实施将降低市场流动性，增加企业融资成本，从而抑制证券价格的上涨。高通货膨胀和紧缩政策还可能进一步导致投资者信心下降，市场预期恶化，使投资者减少对证券市场的投资，甚至可能出现抛售潮，进一步推动证券价格下跌。

（3）宏观调控下的 GDP 增长。当 GDP 出现失衡的高速增长时，政府可能采取宏观调控措施以维持经济的稳定增长。这些措施包括调整货币政策、财政政策及产业政策等，以减缓 GDP 的增长速度，防止经济过热和泡沫的产生。如果宏观调控措施得以顺利实施，而 GDP 仍以适当的速度增长，未导致负增长或低增长，说明宏观调控措施十分有效。此时，经济矛盾逐步得到缓解，投资者对经济增长的预期及市场前景仍然保持乐观态度，为进一步增长创造了有利条件，证券市场也将反映这种良好的形势，呈现平稳渐升的态势。

（4）转折性的 GDP 增长。当 GDP 在一定时期内呈现负增长时，如果负增长速度逐渐减缓并出现向正增长转变的趋势，表明恶化的经济环境正在逐步改善。此时，证券市场的走势也可能由下跌转为上升。这种转折性的变化通常伴随着政策调整和市场信心的恢复。当 GDP 由低速增长转向高速增长时，表明在低速增长阶段，经济结构得到调整，经济的瓶颈制约得以缓解。新一轮经济高速增长已经来临，证券市场也将随之呈现快速上涨的态势。这种经济结构优化带来的增长动力通常更加持久和稳定。在转折性的 GDP 变动过程中，市场热点和投资机会也会发生变化。一些受益于经济结构优化和产业升级的行业可能会成为市场的热点，吸引大量资金流入。

上述分析均基于国内生产总值（GDP）正增长的前提。然而，当实际情况与这一趋势相反，即 GDP 出现负增长时，可能会导致截然不同的后果。需要强调的是，GDP 作为经济的宏观指标，与股价指数（作为股市的宏观指标）之间理应存在某种内在联系，但这种联系并非简单地直接对应。由于证券市场的走势受众多因素的影响，一个国家的证券市场与其 GDP 的走势之间可能会出现超前、同步或背离等多种复杂情况。

2）通货变动与证券市场

通货变动包括通货膨胀与通货紧缩，是宏观经济运行中的重要现象，对证券市场产生深远的影响。证券市场作为经济活动的晴雨表，其价格波动不仅反映了当前的经济状况，还预示着未来的经济趋势。

（1）通货膨胀。通货膨胀是指在一个经济体中，一般物价水平在一段时间内持续且显著地上升，导致货币的购买力相应下降。这通常意味着，随着时间的推移，消费者需要支付更多的货币来购买同样数量的商品和服务。通货膨胀可以由多种因素引起，包括经济增长、货币供应量增加、需求拉动、成本推动及外部冲击等。适度的通货膨胀通常被认为是经济健康增长的迹象，因为它可以刺激消费和投资，但过高的通货膨胀则可能导致经济不稳定，增加生活和生产成本，甚至可能引发社会不满和政治动荡。

适度的通货膨胀被定义为物价水平在可接受的范围内缓慢上升，其对证券市场的影响总体上以正面为主。在这种环境下，企业通常能够通过提高产品价格来抵消成本上升的压力，从而保持或提高盈利能力。这种盈利能力的改善直接反映在财务报表上，增强了投资者信心，进而推动股价上涨。同时，由于通货膨胀导致货币的实际购买力下降，投资者为了保值增值，会增加对证券市场的投资，这种投资需求的增加推动了证券市场整体上涨，为投资者带来了资本增值的机会。此外，中央银行在温和适度的通货膨胀下可能会采取适度宽松的货币政策来刺激经济增长，这种政策调整降低了市场利率，提高了市场流动性，进一步有利于证券市场的上涨。温和适度的通货膨胀通常伴随着经济的增长和繁荣，改善了投资者对未来经济前景的预期，这种乐观情绪推动了投资者增加对证券市场的投资，形成了股价上涨的良性循环。尽管温和适度的通货膨胀也可能带来一些负面影响，如消费者购买力下降、企业成本上升等，但这些负面影响通常被经济增长和盈利改善所掩盖，对证券市场的影响相对较小。

严重的通货膨胀，即物价水平急剧上升，对证券市场构成了显著的负面影响。在这种环境下，企业面临成本上升的巨大压力，而产品价格的提高往往难以完全抵消这种压力，导致企业盈利能力大幅下降，甚至陷入亏损境地。这种盈利能力的恶化直接反映在企业的财务报表上，进而引发股价下跌。同时，严重的通货膨胀导致货币的实际购买力大幅下降，投资者为了保值增值，更倾向于将资金投向其他领域，如房地产和黄金等，从而减少了对证券市场的投资需求，导致市场整体下跌。为了抑制通货膨胀，中央银行通常会采取紧缩的货币政策，如提高利率和减少货币供应，这些措施降低了市场流动性，提高了融资成本，进一步抑制了证券市场的上涨。此外，严重的通货膨胀往往伴随着经济的衰退和萧条，恶化了投资者对未来经济前景的预期，这种悲观情绪加剧了投资者对证券市场的撤离，推动了股价的持续下跌。更为严重的是，严重的通货膨胀还可能导致社会不稳定和投资者信心的崩溃，对证券市场造成更为深远的冲击。

（2）通货紧缩。与通货膨胀相反，通货紧缩是指在一个经济体中，一般物价水平在一段时间内持续且显著地下降，导致货币的购买力相应增强。这意味着，随着时间的推移，消费者可以用较少的货币购买同样数量的商品和服务。通货紧缩可能由多种因素引起，包括需求不足、生产能力过剩、技术进步导致的成本下降、消费者预期未来价格会进一步下降而推迟购买（"等待效应"），以及债务清偿导致的货币需求减少等。虽然通货紧缩在某些情况下可能看似对消费者有利，因为它增加了货币的购买力，但长期或严重的通货紧缩对经济来说是不利的。它可能导致企业利润下降、投资减少、失业率上升，以及经济衰退或萧条。此外，通货紧缩还可能加剧债务负担，因为固定金额的债务在通货紧缩期间的实际价值会增加。

通货紧缩的早期阶段，即物价水平开始下降但尚未形成严重态势的时期，对证券市场的影响显得相对复杂且多面。在这一阶段，企业通常能够通过降低成本、提升生产效率等手段来维持其盈利能力，这种盈利能力的稳定为企业的股价提供了支撑，甚至可能推动其上涨。同时，通货紧缩带来的货币实际购买力增强，激发了投资者寻求更高收益的动力，从而可能增加对证券市场的投资，推动市场整体上涨。为了应对潜在的通货紧缩风险并刺激经济增长，中央银行通常会采取宽松的货币政策，如降低利率、增加货币供应。这些措施提高了市场流动性，为证券市场的上涨提供了有利条件。尽管通货紧缩早期阶段可能伴随着消费者购买力下降和企业投资意愿减弱等负面影响，但这些因素通常被货币政策的宽松和投资需求的增加所抵消，对证券市场的影响相对有限。

通货紧缩的持续阶段，即物价水平持续下滑并形成严峻趋势的时期，对证券市场构成了显著的负面影响。在这一阶段，企业面临需求萎缩和价格下行的双重压力，导致盈利能力大幅下降，这种恶化直接体现在财务报表上，进而引发股价下跌。同时，尽管通货紧缩使货币的实际购买力增强，但投资者因对未来经济前景的预期恶化，更倾向于将资金投向更为安全的领域，如储蓄和国债，从而减少了对证券市场的投资，加剧了市场的下跌趋势。更为严峻的是，中央银行在通货紧缩持续阶段可能面临货币政策失效的困境，即使采取降低利率、增加货币供应等措施，也难以有效刺激企业投资和消费需求，这种政策无力感进一步加剧了证券市场的颓势。此外，通货紧缩的持续还往往伴随着经济衰退、萧条及企业破产、失业率上升等社会问题，这些负面因素相互交织，对证券市场构成了更大的冲击，推动了股价的持续下跌。

通货变动对证券市场的影响是复杂而深远的。温和适度的通货膨胀有利于证券市场的上涨，而严重的通货膨胀则对证券市场造成负面影响；通货紧缩的早期阶段可能对证券市场产生正面影响，但持续阶段则对证券市场造成负面影响。因此，在参与证券市场时，需要密切关注通货变动的趋势和程度，以及其对经济和企业的影响，制定合理的投资策略和风险管理措施。

3）货币供应量与证券市场

货币供应量的增加对证券市场产生了一系列积极影响。首先，资金流动得到显著改善，市场上的资金变得更加充裕，部分资金流入证券市场，市场流动性提高，证券交易活跃度增加，促进了市场的繁荣；其次，投资者的心理预期和投资行为受到积极影响，他们对未来经济前景持乐观态度，增加对证券市场的投资，提高了市场的风险偏好，推动了证券市场的上涨；再次，上市公司业绩受益于资金支持和总需求水平的提升，盈利能力增强，推动了股价的上涨；最后，市场利率的下降降低了企业的融资成本，提高了投资者的投资收益水平，进一步促进了证券市场的上涨。

相反，货币供应量的减少则对证券市场产生了显著的负面影响。首先，市场上的资金趋紧，证券市场的资金流出增加，市场流动性下降，交易活跃度降低，推动了市场的下跌趋势；其次，投资者的心理预期和投资行为受到消极影响，他们对未来经济前景持悲观态度，减少对证券市场的投资，降低了市场的风险偏好，加剧了证券市场的下跌；再次，上市公司业绩受到资金短缺和总需求水平下降的负面影响，盈利能力下降，推动了股价的下跌；最后，市场利率的上升增加了企业的融资成本，降低了投资者的投资收益水平，进一步加剧了证券市场的下跌趋势。

4）利率与证券市场

首先，利率上升直接影响企业的融资成本。当利率上升时，企业的借款成本随之增加，导致财务费用增加，从而压缩企业的利润空间。由于融资成本增加，企业不得不减少投资规模，降低生产效率，甚至可能影响企业的偿债能力，导致信用评级下降，进一步增加融资成本。这一系列连锁反应最终会影响企业的股票价格，导致股价下跌。其次，利率上升对社会存量资金及其结构产生了强烈的调控作用。在利率上升的背景下，储蓄收益率相对提高，吸引了一部分原本投资于证券市场的资金转向银行储蓄或其他固定收益类投资。这种资金流动的变化直接导致证券市场上资金供应量的减少，证券需求下降，进而推动证券价格下跌。再次，由于投资者对未来经济前景的预期可能因利率上升而变得悲观，他们可能更倾向于选择风险较低的投资方式，从而进一步减少证券市场的资金流入。最后，利率上升也会对股票的内在价值产生负面影响。股票的内在价值由资产在未来时期中所接受的现金流决定，而这些现金流的贴现率与利率水平密切相关。当利率上升时，贴现率也随之上升，导致股票未来现金流的现值降低，即股票的内在价值下降。这种内在价值的下降直接反映在股票的市场价格上，导致股价下跌。

与利率升高相反，利率降低对证券市场的影响呈现出积极的态势。首先，利率降低直接降低了企业的融资成本。当利率下降时，企业的借款成本随之降低，导致财务费用减少，进而增加了企业的利润空间。对于负债较多的公司而言，这种影响尤为显著。由于融资成本降低，企业可能更愿意扩大投资规模，提高生产效率，甚至通过债务重组等方式优化资本结构，降低财务风险。这一系列连锁反应最终会反映到企业的股票价格上，推动股价上涨。其次，利率降低对社会存量资金及其结构同样产生了强烈的调控作用。在利率降低的背景下，储蓄的收益率相对降低，吸引了一部分原本投资于银行储蓄或其他固定收益类投资的资金转向证券市场。这种资金流动的变化直接导致证券市场上资金供应量的增加，证券需求上升，进而推动证券价格上涨。再次，由于投资者对未来经济前景的预期可能受到利率降低的影响而变得乐观，他们可能更愿意选择风险较高的投资方式以追求更高的收益，从而进一步增加证券市场的资金流入。最后，利率降低对股票的内在价值产生正面影响。如前所述，股票的内在价值由资产在未来时期中所产生的现金流决定，而这些现金流的贴现率与利率水平密切相关。当利率降低时，贴现率也随之下降，导致股票未来现金流的现值增加，即股票的内在价值上升。这种内在价值的上升直接反映在股票的市场价格上，推动股价上涨。

5）汇率与证券市场

汇率变动对证券市场的影响是一个复杂且多维度的过程，不仅涉及经济基本面，还深刻影响着企业的财务状况、投资者的行为预期以及市场的整体走势。

当一国货币相对于外币贬值，即汇率升高（以外币为基准）时，这种变动对证券市场的影响主要体现在两个方面：第一，从出口型企业的角度来看，本币贬值意味着本国产品在国际市场上的价格竞争力增强，有助于提升出口量，从而增加企业收益。这种正面效应通常会反映在出口型企业的股票和债券价格上，导致价格上扬。然而，对于依赖进口的企业而言，情况则截然不同。汇率升高导致进口成本增加，进而压缩企业利润空间，甚至可能导致亏损，其股票和债券价格因此承压下跌。第二，汇率升高引发的资本流出效应也不容忽视。本币贬值预期会促使国内外投资者将资金投向回报率更高的国家或地区，导致本国证券市场需求减少，价格下跌。此外，汇率升高还可能通过进口商品价格上升间接引发通货膨胀，对证券市场构成进一步压力。在通货膨胀环境下，企业运营成本上升，消费者购买力下降，这些因素都可能抑制企业盈利和市场需求，对证券市场产生负面影响。此外，政府为维持汇率稳定可能采取的干预措施，如抛售外汇储备以减少本币供应量，也可能间接影响证券市场价格。

相反，当一国货币相对于外币升值，即汇率降低（以外币为基准）时，其对证券市场的影响同样显著且多面。汇率降低提升了本币的购买力，降低了进口成本，对进口型企业构成利好。成本下降有助于提高利润空间，进而推动其股票和债券价格上涨。同时，汇率降低也可能抑制出口，因为本国产品在国际市场上的价格优势减弱，这可能对出口型企业构成压力，导致其证券价格下跌。更重要的是，汇率降低通常被视为经济强势的信号，吸引外资流入，增加本国证券市场需求，从而推高市场价格。外国投资者寻求高回报率和资产多元化，往往会在汇率稳定或升值预期下增加对本国证券的投资，这种资本流入效应对证券市场构成积极支撑。此外，汇率降低还可能通过降低进口商品价格抑制通货膨胀，为证券市场创造更加稳定的经济环境。在经济增长和通胀控制得当的情况下，企业盈利预期改善，投资者信心增强，证券市场整体表现趋好。

6）国际收支与证券市场

国际收支作为衡量一国经济对外开放程度及国际经济活动状况的重要指标，其变动对证券市场的影响不容忽视。

贸易顺差，即一国出口总额超过进口总额的状态，通常被视为经济健康状况良好的标志。从证券市场的角度来看，贸易顺差对证券市场具有显著的正面影响。首先，贸易顺差意味着国内企业在国际市场上具有较强的竞争力，出口收入增加，进而提升企业的盈利能力和市场表现。这种盈利增长不仅直接反映在出口导向型企业的股价上，还可能通过产业链传导至相关配套企业，推动整个行业的股价上涨。其次，贸易顺差通常伴随着外汇储备的增加，增强国家经济的稳定性和抗风险能力，同时提升投资者对本国经济的信心，从而推高证券市场整体估值。最后，贸易顺差还可能通过增加国内就业机会和提高居民收入水平，间接促进消费和投资，为证券市场创造更加有利的宏观经济环境。然而，贸易顺差也可能带来一些潜在的负面影响，例如货币升值压力。

当一国贸易顺差持续扩大时，外国投资者可能会增加对该国货币的需求，从而推高该国货币汇率。货币升值虽然有利于进口和降低国际债务成本，但也可能削弱出口产品的价格竞争力，影响出口企业的盈利能力，对证券市场构成一定的下行压力。

贸易逆差，指的是一国进口总额超过出口总额的状态。贸易逆差对证券市场的影响通常较为负面。首先，贸易逆差意味着国内企业在国际市场上的竞争力较弱，进口成本高昂，可能压缩企业利润空间，甚至导致亏损。这种盈利下滑直接反映在相关企业的股价上，对证券市场构成下行压力。其次，贸易逆差可能导致外汇储备减少，削弱国家经济的稳定性和抗风险能力，降低投资者信心，进一步加剧证券市场的波动。最后，贸易逆差还可能通过减少国内就业机会和降低居民收入水平，抑制消费和投资，对证券市场构成更加不利的宏观经济环境。然而，值得注意的是，贸易逆差并非总是坏事。在某些情况下，贸易逆差可能反映了一国经济结构的优化和消费升级的趋势。例如，当一国通过进口高科技产品、先进设备和服务来提升自身产业竞争力时，虽然短期内可能形成贸易逆差，但长期来看有助于提升整体经济质量和效率，对证券市场构成潜在的正面影响。

2. 经济周期与证券市场

经济周期作为宏观经济运行的基本规律，其各个阶段对证券市场波动产生深远影响。证券市场的价格波动不仅反映了市场对经济前景的预期，也揭示了投资者情绪的变化，如图 7-2 所示。

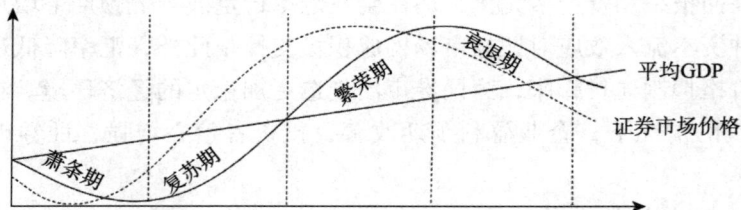

图 7-2　经济周期与证券市场价格

1）萧条期

萧条期是经济周期的低谷阶段，表现为经济活动严重放缓、企业盈利大幅下降、失业率居高不下。在这个阶段，市场通常表现疲软，投资者情绪低迷，股市和债市普遍下跌。由于企业盈利恶化，股息和利息支付能力下降，投资者对未来经济前景感到悲观，纷纷抛售资产，导致市场估值大幅降低。

然而，萧条期也为投资者提供了潜在的投资机遇。在市场情绪极度悲观的情况下，许多优质资产可能被过度低估，这为长期投资者提供了买入机会。此外，政府为刺激经济，可能采取宽松的货币政策和财政政策，从而降低融资成本，并为市场注入流动性，为未来的市场反弹奠定基础。

2）复苏期

复苏期是经济从萧条中逐渐恢复的阶段，表现为经济活动开始回升、企业盈利逐渐改善、失业率开始下降。在这个阶段，市场通常表现出强劲的反弹，因为投资者对经济前景的乐观情绪推动股价上涨。企业盈利的改善和政策的支持为市场提供了上涨的动力。

在复苏期，投资者信心逐渐增强，资金开始流入市场，推动股市和债市价格上涨。此时，受益于经济复苏的行业和个股往往表现优异，如周期性行业（能源、材料等）和受益于政策支持的领域。

3）繁荣期

繁荣期是经济增长的高峰期，表现为企业盈利增长迅速、就业率高、消费者信心强。在这个阶段，股票市场通常表现强劲，因为企业盈利的增加推动股价上涨。投资者情绪高涨，市场活跃度增加，交易量和价格波动幅度都可能达到较高水平。

然而，繁荣期往往伴随着通货膨胀的压力，这可能导致中央银行采取紧缩的货币政策，以抑制过热的经济和防范金融风险。紧缩政策可能导致市场利率上升，增加融资成本，对股市构成压力。此外，市场狂热情绪可能导致估值过高，形成泡沫，增加市场调整的风险。

4）衰退期

衰退期是经济活动放缓的阶段，表现为企业盈利下降、失业率上升、消费者信心减弱。在这个阶段，股票市场可能会经历下跌，因为投资者对未来经济前景感到担忧。企业盈利的下滑和投资者情绪的恶化共同推动市场下跌。

衰退期通常伴随着政策的转向，政府可能采取宽松的货币政策和财政政策以刺激经济。这些政策有助于缓解市场的下跌压力，但也可能引发通货膨胀和债务风险。

经济周期的不同阶段对证券市场产生不同的影响，而证券市场的波动也反映了经济周期的变化。在萧条期，市场低迷但孕育着潜在机遇；在复苏期，市场反弹，投资者信心增强；在繁荣期，市场狂热，估值过高可能引发泡沫；在衰退期，市场调整，但也可能孕育新的投资机会。经济周期与证券市场波动之间存在着密切的联系和互动机制。在分析证券市场波动时，应综合考虑经济周期的阶段及其他可能影响市场的因素，以制定有效的投资策略。通过深入理解经济周期与证券市场波动的关系，可以更好地把握市场动态，做出更为明智的投资决策。

扩展阅读 7.1　经济周期

3. 其他因素与证券市场

1）政治因素

政治因素通常包括政策预期、经济影响、政治稳定性及国际关系等多个方面。这些因素通过影响投资者信心、企业盈利能力和宏观经济环境，进而对证券市场产生直接或间接的影响。

政策预期是影响证券市场波动的重要政治因素。政治事件往往会引发市场对政策走向的预期变化，从而影响投资者的风险偏好和投资决策。当政策预期向好时，投资者信心增强，市场活跃度提升，推动股价上涨；当政策预期不佳时，投资者信心受挫，市场可能面临下跌压力。

政治稳定性也是影响证券市场波动的重要因素。政治动荡会导致市场恐慌，引发资本外流和货币贬值。这种不确定性增加了市场的波动性，投资者可能选择抛售资产以规避风险，导致股市下跌。

国际关系也会影响证券市场波动。国家间的紧张关系，如贸易战、制裁或地缘政治冲突等，都可能对全球市场造成冲击。这些事件不仅影响相关国家的股市和汇率，还可能通过全球供应链和金融市场传导至其他国家，引发全球市场的波动。

2）心理因素

心理因素是影响证券市场波动的一个重要因素，其影响机制主要体现在投资者情绪、群体行为和认知偏误等方面。心理因素通过影响投资者的决策过程和市场情绪，进而对证券市场产生直接或间接的影响。

微课视频 7.3　投资心理分析

投资者情绪是影响证券市场波动的重要心理因素之一。投资者的恐惧和贪婪是推动股票市场波动的主要心理因素。当市场处于上升趋势时，贪婪心理促使投资者不断追高，希望获取更多利润；当市场下跌时，恐惧心理可能导致投资者恐慌性抛售，加剧市场的下跌趋势。这种情绪波动往往导致市场出现超买或超卖的现象，从而影响股票价格的合理性。此外，投资者的乐观或悲观情绪也可能影响市场的整体走势。当投资者普遍乐观时，市场可能呈现上涨趋势；而当投资者普遍悲观时，市场可能面临下跌压力。

群体行为也是影响证券市场波动的重要心理因素。羊群效应是指投资者在决策时倾向于模仿大多数人的行为。当市场中的大多数投资者采取某种行动时，其他投资者往往会跟随，即使这种行动可能并不符合他们的最佳利益。这种效应在市场中造成了自我强化的循环，有时会导致市场价格与基本面脱节。

认知偏误也是影响证券市场波动的重要心理因素。投资者往往倾向于寻找和关注那些能够证实他们已有信念的信息，而忽视或贬低与他们信念相悖的信息。这种偏误可能导致投资者对市场趋势的误判，从而做出错误的投资决策。例如，锚定效应可能导致投资者在做出决策时过于依赖最初获取的信息，而未能理性地考虑股票的真实价值。这种偏见可能使投资者在股价上涨时过度乐观，而在股价下跌时过度悲观，从而加剧市场的波动性。

7.1.2　宏观经济政策分析

宏观经济政策是指国家或政府为了调节、控制宏观经济的运行，以达到经济增长、充分就业、物价稳定、国际收支平衡等政策目标所采取的策略与措施。宏观经济政策主要包括财政政策和货币政策，不同政策的实施会在一定程度上起到调节宏观经济运行的作用，同时也会对证券市场产生不同程度的影响。

1. 货币政策与证券市场

微课视频 7.4　宏观经济政策分析

货币政策是指中央银行为实现宏观经济目标而采取的控制货币供应量和利率的一系列方针、政策和措施。这些措施旨在实现特定的经济目标，如稳定物价、充分就业、经济增长和国际收支平衡。货币政策的意义在于，它能够通过调节货币供应量和利率，影响企业和个人的融资成本和投资决策，进而影响宏观经济运行。货币政策的制定和执行需要高度的智慧和谨慎，以确保在实现短期经济目标的同时，不损害长期经济稳定和可持续发展。货币政策的实施手段主要包括调整存款准备金率、改变再贴现率、进行公开市场操作等。

货币政策的运作主要是指中央银行根据客观经济形势采取适当的货币政策，调控货币量和信用规模，使之达到预定的货币政策目标，并以此影响经济的运行。根据运作方向，货币政策可以分为宽松性货币政策和紧缩性货币政策。一般情况下，当物价持续回落、需求不足、经济衰退时，中央银行会采取宽松性货币政策，即降低法定存款准备金率、再贴现率和再贷款利率，增加政府公开市场购买，降低利率；当物价上涨、需求过度、经济过度繁荣时，中央银行会采取紧缩性货币政策，即提高法定存款准备金率、再贴现率和再贷款利率，减少政府公开市场购买，提高利率。总的来说，宽松性货币政策将促使证券市场走强，紧缩性货币政策则使其趋弱。

1）宽松性货币政策对证券市场的影响（见图 7-3）

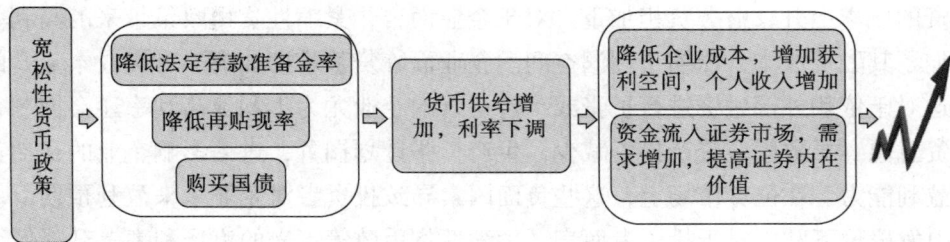

图 7-3　宽松性货币政策影响机制

宽松性货币政策的核心在于增加货币供应量，以刺激经济增长和提振市场信心。中央银行采取的措施包括：降低存款准备金率，即减少银行必须存放在中央银行的资金比例，从而释放更多资金用于贷款和投资；开展公开市场操作，购买政府债券或其他金融资产，以增加市场上的货币流通量；降低再贴现率，即中央银行对商业银行贴现其持有的未到期票据所收取的利率，鼓励银行增加贴现，进而增加市场上的货币供应。

随着货币供应量的增加，市场利率通常会呈现下降趋势。对于企业而言，利率的降低使企业融资成本减少，更容易获得融资支持，扩大生产规模和提升技术水平，进而增强企业的盈利能力和市场竞争力。这不仅提升了企业的内在价值，也增强了投资者对企业未来发展的信心，从而在证券市场上表现为股价的上涨。对于投资者而言，利率的下降降低了储蓄的吸引力，使投资者更倾向于将资金投向证券市场等高风险高收益的领域。同时，随着企业盈利能力的提升和市场信心的增强，投资者对证券市场的预期也更加乐观，进一步推动了证券市场价格的上涨。

2）紧缩性货币政策对证券市场的影响（见图 7-4）

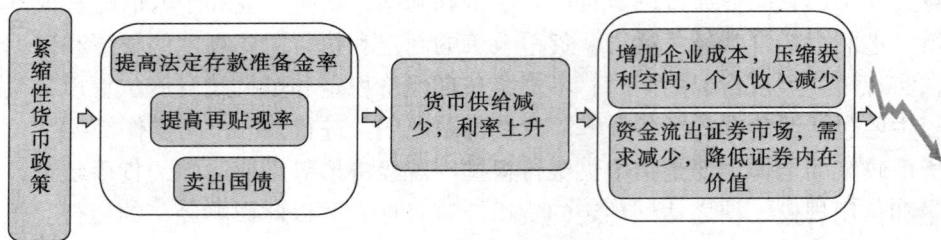

图 7-4　紧缩性货币政策影响机制

紧缩性货币政策的核心在于减少货币供应量，其具体实施方式主要包括提高存款准备金率、进行公开市场操作（如出售政府债券或其他金融资产）、提高再贴现率等。货币供应量的减少直接导致市场利率的上升。在资金稀缺的环境下，银行和其他金融机构为了吸引有限的资金，会提高贷款利率和存款利率，以平衡风险和收益。

市场利率的上升反映了资金成本的增加，对于企业和投资者而言，这意味着借贷和投资的成本上升，财务负担加重。对于企业而言，紧缩性货币政策带来的高利率环境增加了其融资成本，压缩了利润空间。企业面临贷款难度加大、融资成本上升的挑战，这对于依赖外部融资进行扩张或维持运营的企业尤为不利。高利率还会抑制企业的投资意愿，导致固定资产投资减少，生产扩张计划搁置，进而影响企业的长期竞争力和盈利能力。在证券市场上，这些负面因素导致投资者对企业未来盈利预期下调，进而引发股价下跌。对于投资者而言，紧缩性货币政策带来的市场利率上升降低了证券市场的相对吸引力。在高利率环境下，投资者更倾向于将资金投向相对安全的固定收益类资产。这种资金流向的转变，减少了证券市场的流动性，降低了市场的整体估值水平。同时，投资者对经济前景的悲观预期也可能加剧市场的抛售压力，导致证券市场价格下跌。

2. 财政政策与证券市场

财政政策是指政府依据客观经济规律制定的，用于指导财政工作和处理财政关系的一系列方针、准则和措施的总称。它是国家（或政府）以特定的财政理论为依据，运用各种财政工具以达到一定财政目标的经济政策，是国家经济政策的重要组成部分。财政政策的制定和实施过程也是国家实施财政宏观调控的过程，其目的在于通过调整财政收支规模和结构，促进资源优化配置，实现宏观经济目标。财政政策的实施手段主要包括税收、转移支付、政府购买等。

财政政策分为扩张性财政政策、紧缩性财政政策和中性财政政策。一般情况下，当总需求不足、物价持续走低、经济出现衰退时，政府往往会实施扩张性财政政策，即增加政府支出、加大财政赤字，减少税收、扩大减税范围，从而刺激需求增长。相反，当总需求过旺、经济过热、出现通货膨胀时，政府往往会实施紧缩性财政政策，即减少财政支出，增加税收、缩小减税范围，以抑制需求。

作为国民经济"晴雨表"的证券市场走势与国家的经济形势息息相关，财政政策的运作在很大程度上通过影响国民经济进而影响证券市场价格。总体而言，扩张性财政政策旨在刺激经济发展，将促使证券市场走强；而紧缩性财政政策旨在控制过热的经济，证券市场则趋于走弱。

1）扩张性财政政策对证券市场的影响（见图 7-5）

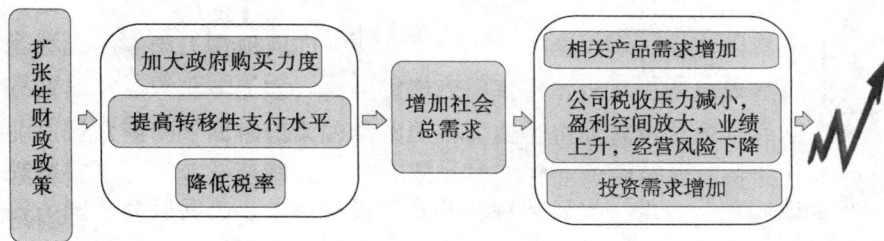

图 7-5　扩张性财政政策影响机制

（1）加大政府购买力度意味着政府在公共基础设施建设、公共服务提供、国防安全及社会保障等多个领域增加投入。这不仅直接拉动相关产业的增长，还通过乘数效应带动整个经济体系的繁荣。政府购买商品和服务的行为不仅直接增加了对这些商品和服务的需求，还通过产业链传导间接提升相关上下游产业的销售量和盈利能力。这种经济活动的增加不仅提高了企业的生产效率和盈利能力，还增强了企业的市场竞争力，从而有助于提升企业的市场价值，这在证券市场上表现为股价的上涨。同时，政府支出的增加能够刺激经济增长、提升经济活力、优化资源配置，进而提升整体经济的盈利能力。这增强了投资者对企业未来发展的信心和对整个经济体系的信心，进而推动证券市场价格的上涨。

（2）转移性支付的增加，例如增加社会福利费用、提高养老金支付标准，以及增加对农民的补贴等，会直接提升部分群体的收入水平，增强社会整体的消费能力，有助于形成更加稳定且持续的经济增长动力，从而提升投资者对经济前景的信心，推动证券市场价格上涨。同时，政府通过转移性支付将资金注入经济体系，这些资金会直接或间接流向资本市场，增加证券市场的流动性，降低交易成本，提高市场效率，从而提高证券市场的投资需求，进一步推高证券市场价格。

（3）减少税收意味着企业需要缴纳的税款降低，这直接减轻了企业的财务负担，使企业拥有更多可支配资金用于扩大生产规模、提升技术水平、增加研发投入或优化资本结构，从而提升企业的市场竞争力和盈利能力。税收的降低还增加了企业的净利润，不仅提高企业的内在价值，也增强投资者对企业未来发展的信心，进而推动证券市场上股价的上涨。对于社会公众，税收的减少意味着居民的可支配收入增加，直接提升了居民的消费需求和投资需求。消费需求的增加促进了商品和服务的销售，从而推动了相关行业的发展，并吸引投资者的关注；同时，投资需求的增加也直接推动了证券市场价格的上涨。

2）紧缩性财政政策对证券市场的影响（见图 7-6）

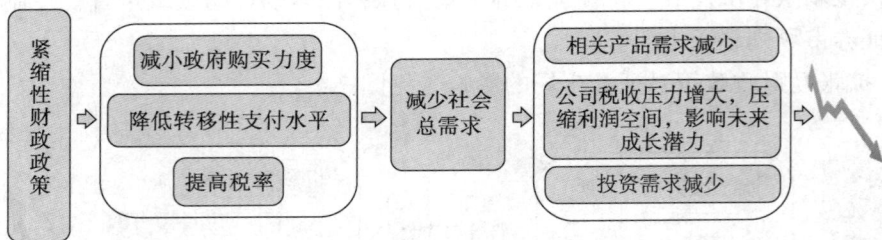

图 7-6　紧缩性财政政策影响机制

（1）减少政府采购力度直接导致在公共基础设施建设、公共服务、国防安全和社会保障等领域的支出减少，从而减少了相关产业的订单量和收益，抑制了这些产业的增长。随着产业链的传导，这种缩减效应会进一步扩散到上下游产业，导致整体经济活动活跃度下降。企业在面对需求减少时，可能会调整生产计划、缩小生产规模，从而影响其盈利能力和市场竞争力。同时，政府采购力度的减弱降低了证券市场的投资需求，导致证券市场价格下跌。

（2）降低转移支付水平意味着社会福利费用、养老金支付、对农民的补贴等社会支出的减少，直接影响低收入群体的收入水平，从而降低了社会整体的消费能力。消费作为经济增长的重要驱动力，其减弱将导致经济增长速度放缓，影响企业的销售和利润。此外，转移支付的减少还减少了资本市场的流动性、提高了交易成本、降低了市场效率，导致证券市场的投资需求下降，从而导致证券市场价格下跌。

（3）增加税收直接加重了企业和个人的财务负担，减少了企业和居民的可支配收入。企业方面，更高的税负意味着其可用于扩大生产、研发创新或改善财务状况的资金减少，进而影响其长期增长潜力和盈利能力。在证券市场上，这种负面效应表现为投资者对企业未来发展的信心不足，导致股价下跌。在个人方面，税收的增加减少了居民的可支配收入，抑制了消费需求和投资意愿，进一步影响相关行业的销售和盈利。在资本市场层面，税收增加还可能导致部分投资者减少对股票等高风险资产的配置，转向更安全的投资选项，从而减少对证券市场的资金供给，加剧市场的下行压力。

3. 其他政策与证券市场

扩展阅读 7.2　多项重磅政策

除货币政策和财政政策外，还要关注收入政策和产业政策。

1）产业政策

产业政策是政府为了实现一定的经济和社会目标而对产业的形成和发展进行干预的各种政策的总和。它主要通过引导资源在不同产业之间的配置，促进产业结构的优化升级，增强产业的国际竞争力。

政府对特定产业的扶持政策，如提供税收优惠、财政补贴、专项资金支持等，可以降低相关企业的运营成本，提高其盈利能力，吸引更多资金流入该产业领域，进一步推动产业的发展和证券市场的繁荣。产业政策可以引导社会资源向国家重点支持的产业集中。这些产业往往具有较高的增长潜力和发展前景，能够吸引大量的资金、人才和技术等资源。在证券市场上，投资者会根据产业政策的导向调整投资组合，资金会流向受政策支持的产业，使这些产业的上市公司更容易获得融资，推动其股价上升，进而优化证券市场的资源配置效率。新兴产业在发展初期往往面临技术不成熟、市场需求不确定、资金短缺等问题。产业政策的支持可以帮助新兴产业克服这些困难，加快其发展速度。随着新兴产业的不断成长，其在证券市场上的影响力也会逐渐增大，为投资者提供新的投资机会，促进证券市场的多元化发展。

同时，在产业政策推动产业结构调整时，一些传统产业可能会受到限制或淘汰。对于这些产业中的企业来说，其经营状况会受到影响，盈利能力下降，在证券市场上的表现也会不佳，股价可能下跌，甚至有些企业会面临退市的风险。如果产业政策的制定和执行存在偏差，可能导致资源的不合理配置和市场扭曲。此外，政府对产业的过度干预也可能抑制市场的创新能力和活力，阻碍产业的长期发展，对证券市场产生不利影响。

2）收入政策

收入政策是指国家为实现宏观调控的总体目标和任务，针对居民收入水平高低和收入差距大小在分配方面制定的原则和方针。它的主要目的是调节收入分配、控制通货膨胀或通货紧缩，以及影响消费和储蓄等经济行为。

扩展阅读 7.3　国家加力推出一揽子增量政策

收入政策的目标之一是控制物价上涨速度，保持经济的稳定。当收入政策有效实施时，能够稳定人们的收入预期，降低通货膨胀的不确定性。在这种情况下，投资者对证券市场的信心会增强，更愿意将资金投入证券市场，从而推动证券价格上涨。合理的收入政策可以调节社会的收入分配结构，缩小贫富差距。当居民的收入分配更加公平合理时，社会的整体消费能力会提

高，这有利于企业的发展和盈利增长，进而对证券市场产生积极影响。

但同时，一些收入政策可能限制企业的工资增长和利润分配，这会影响企业的盈利能力和发展动力。如果收入政策的实施效果不佳，或者政策频繁变动，也会影响投资者对经济前景的预期，导致投资者谨慎情绪增加，减少对证券市场的投资。

即测练习题 7.1

自学自测      扫描此码

案例讨论 7.1   货币政策对证券市场的影响

7.2   行业因素分析

7.2.1   行业市场结构分析

扩展阅读 7.4   2024 年上半年上市公司行业分类结果

微课视频 7.5   行业分析

根据经济结构的不同，行业的市场类型主要可以分为四种（见表 7-1）。在不同的市场类型下，行业中企业的数量、产品的差异程度、厂商对价格的控制程度及厂商进入市场的难易程度各不相同。

1. 完全竞争市场

在完全竞争市场中，生产者众多，各种生产要素可以完全自由地流动，生产的产品是同质的，无差别的企业是价格的接受者，而不是价格的制定者。任何一家企业都无法影响产品的价格，企业的盈利基本上由市场对产品的需求决定。生产者和消费者对市场情况都非常了解，并且可以自由地进入和退出市场。在现实经济中，完全竞争市场的类型很少见。例如，农产品的市场是比较接近于完全竞争市场的。

表 7-1   行业市场结构类型

市 场 结 构	完 全 竞 争	不完全竞争	寡 头 垄 断	完 全 垄 断
厂商数量	很多	较多	很少	一个
产品差异程度	无差别	有差别	或有或无	独特产品
价格控制程度	没有	较小	较大	相当大
进出难易程度	很容易	较容易	很不容易	不可能
典型行业	农业	乳制品	钢铁、汽车	公用事业、电力

2. 垄断竞争市场

垄断竞争市场所具有的生产者众多，各种生产资料也可以流动。生产的产品是同种但不同质的。也就是说，生产的产品之间存在着相应的差异，正是这种差异决定了垄断竞争与完全竞争的主要区别。由于产品之间存在差异性，不同的生产者可以借此树立自己的产品信誉，从而对产品价格具有一定的控制能力。同样，厂商也相对容易进入和退出该类型市场。垄断竞争是一种比较接近现实经济状况的市场结构。在国民经济各行业中，纺织服装等轻工业产品行业一般都属于垄断竞争型市场。

3. 寡头垄断市场

在寡头垄断市场中，生产者数量相对较少，产业集中度高，市场被少数大型企业所控制。这些企业在整个市场中占据了较大的市场份额，产品基本同质或差别较大，厂商的定价能力相对较强，进入和退出的壁垒较高。行业内的少数大企业在资金、技术及生产规模上都占有绝对优势，因此，新企业很难进入。而这些行业的企业生产规模大，投入的资本量也大，所以退出市场的壁垒也很高。一些资本密集型和技术密集型的行业，如钢铁、汽车等，多属于寡头垄断市场。

4. 完全垄断市场

完全垄断市场是由独家企业所控制的，产品缺乏合适的替代品。垄断者可以根据市场的供需情况制定符合自身利益的价格和产量，在高价少销和低价多销之间选择，以获取最大利润。但同样这种自由度也是有限制的，会受到反垄断法和政府管制的约束。在现实经济生活中，一些公用事业，例如，电力、自来水等，属于这种完全垄断的市场类型。

通常，竞争程度越高的行业，其商品价格和企业利润受供求关系的影响就越大，该行业的证券投资风险也越大。而垄断程度越高的行业，其产品价格和企业利润受控程度越大，则证券投资风险相对较小。

7.2.2   行业生命周期分析

行业的生命周期是指行业从诞生到衰退的过程，一般分为初创期、成长期、成熟期和衰退期四个阶段（见图 7-7）。处在不同的生命周期阶段，投资风险也各不相同。

1. 初创期

新行业在初创阶段刚刚建立，仅有少数创业公司投身其中。此阶段存在诸多特点：一方面，行业创立投资及产品的研发费用高昂；另一方面，大众对该行业缺乏足够了解，导致产品市场需求狭窄，销售收入处于较低水平。这些因素致使创业公司不仅难以盈利，甚至可能出现亏损状况。这种情况意味着创业公司面临巨大的投资风险，财务困难引发破产的危机也可能随时降临。

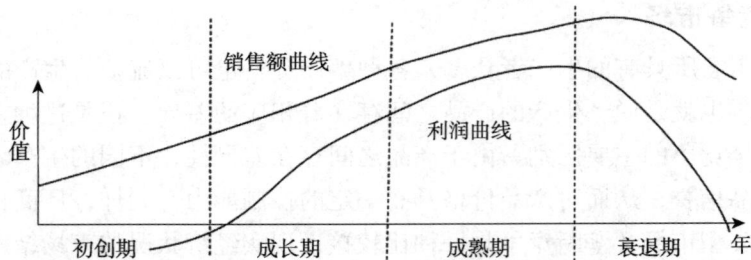

图 7-7 行业生命周期特征

	初创期	成长期	成熟期	衰退期
公司数量	少	增加	减少	少
产品价格	高	下降	稳定	下降
利润	亏损	增加	高	减少、亏损
风险	高	高	降低	增大

随着初创期的发展，到后期阶段，行业生产技术逐步提高，生产成本相应降低，同时市场需求开始扩大。在此情形下，新行业开始从高风险低收益的初创期向高风险高收益的成长期过渡。

2. 成长期

进入成长期后，在市场中逐渐占据主导地位的是那些拥有一定市场营销和财务实力的公司，这些公司通常规模较大且资本结构稳定。它们开始定期支付股利，并着手扩大经营规模。

在这一时期，新兴行业的产品通过广泛宣传和消费者试用，逐渐获得消费者认可，市场需求呈上升趋势。与之相应，供给方面也发生了一系列变化。投资于新兴行业的厂商数量大幅增加，产品从单一、低质、高价的形态向多样、优质、低价方向发展，行业内出现了生产厂商和产品相互竞争的局面。随着竞争的持续，市场竞争愈发激烈，产品产量不断增加，市场需求逐渐趋于饱和。此时，生产厂商无法单纯依赖扩大产量、提升市场份额来增加收入，而必须通过追加投资、改进生产技术、降低成本及研发新产品等途径来获取竞争优势、战胜对手并维持企业生存。不过，只有资本和技术力量雄厚、经营管理能力出色的企业才具备实施这些策略的能力，那些财力与技术薄弱、经营不善或新加入的公司往往会在竞争中被淘汰。

处于成长期的公司利润增长迅速，但同时也面临极大的竞争风险，破产率和合并率都处于较高水平。在成长阶段后期，在优胜劣汰规律的作用下，市场上生产厂商的数量在大幅减少后开始趋于稳定，市场需求基本饱和，产品销售增长率放缓，快速获取利润的机会减少，整个行业开始步入稳定期。在成长期，尽管行业仍在增长，但这种增长具有可预测性。由于受不确定因素的影响较小，行业波动不大，投资者因经营失败而遭受投资损失的可能性显著降低，相应地，他们分享行业增长收益的可能性则大幅提高。

3. 成熟期

行业的成熟期持续时间相对较长。在此期间，在激烈竞争中生存下来的少数大型厂商垄断了整个行业市场，每个厂商都占有一定比例的市场份额，且彼此实力相当，市场份额比例的变化幅度较小。厂商之间的竞争方式逐渐从价格竞争转向非价格竞争，如提高产品质量、改善产品性能以及加强售后服务等。在这一阶段，行业利润处于较高水平，风险则相对较低，原因在于市场已被原有大型公司按比例分割，新公司很难进入。

在行业成熟期，行业增长速度会降至一个较为适度的水平。某些情况下，整个行业的增长可能完全停止，甚至产出会出现下降。当国内生产总值减少时，行业受到的影响更大。然而，在短期内准确判断某一行业何时进入成熟阶段具有一定难度。

4. 衰退期

衰退期出现在较长的成熟期之后。由于新产品和大量替代品的涌现，原行业的市场需求逐渐减少，产品销售量开始下降。部分厂商开始将资金转移到其他更有利可图的行业，原行业呈现出厂商数量减少、利润下降的萧条状态。至此，整个行业进入生命周期的最后阶段。当无法维持正常利润或现有投资折旧完毕后，整个行业便逐渐解体。

不同偏好的投资者可选择适合自身的行业类型进行投资。例如，相对谨慎、追求收益的投资者可以优先考虑处于成熟期的行业，这类行业基础稳固、盈利丰厚且市场风险较小；风险投资者可适当投资处于初创期或成长前期的行业，这类行业虽高风险但蕴含着高收益的机会；而正在快速成长的行业则适合价值型投资者进行投资选择。

7.2.3　行业与经济周期分析

行业与经济周期分析是一种重要的经济研究方法，有助于了解不同行业在经济周期波动中的表现，从而做出合理的决策。

1. 增长型行业

增长型行业的运行状态独立于经济活动总水平的周期及其振幅。其收入增长速度不受经济周期同步影响，主要依赖技术进步、新产品推出和更优质的服务来保持增长态势。这些行业在经济高涨时期，能够凭借自身的技术优势和创新产品，实现高于平均水平的发展速度。而在经济衰退阶段，由于其增长动力主要来自技术和产品创新，而不是依赖宏观经济环境中的消费繁荣，所以仍然能够保持一定的增长。

以计算机和打印机行业为例。在过去几十年中，计算机行业不断有新技术涌现，从早期的大型机到个人电脑，再到如今的移动计算设备，技术革新从未停止。每一次技术升级都会带来新的产品和服务，如云计算服务的出现。打印机行业也是如此，从针式打印机到喷墨打印机、激光打印机，产品性能不断提升，功能也更加多样化。

2. 周期型行业

周期型行业的运行状态与经济周期紧密相连。经济上升时行业扩张，经济衰退时行业下滑。这类行业对经济环境的变化非常敏感，其发展往往受到宏观经济政策、消费者信心和消费能力等因素的综合影响。珠宝行业、旅游行业均属于典型的周期型行业。在经济繁荣时期，人们有更多的可支配收入用于珠宝等奢侈品的购买和旅游消费，珠宝行业的销售额会大幅上升，旅游企业也能够获得丰厚的利润；在经济衰退时，人们会削减对珠宝这类非必需品的开支和旅游预算，珠宝行业及旅游行业就会陷入低谷。

3. 防御型行业

防御型行业的产品需求相对稳定，经济周期对其影响较小，产品价格和企业盈利水平不会因经济周期变化而大幅波动。这些行业提供的产品通常是生活必需品或必要的公共服务，公众对其需求相对固定。

食品业是防御型行业的典型代表。无论经济处于繁荣还是衰退阶段，人们都需要购买食品来维持生活。在经济衰退时期，虽然消费者可能会减少对高档餐厅的消费，但对主食、蔬菜、肉类等基本食品的需求依然稳定。食品加工企业和超市等零售企业的销售额不会出现像周期型行业那样的大幅下降。医药业、公用事业，如电力、供水等亦是如此。

7.2.4 影响行业发展的因素分析

1. 技术进步

技术进步是推动行业不断发展变革的关键力量，能够从多方面重塑行业格局，促使产品性能提升、成本变化、催生出新的业态等，影响行业的核心竞争力与发展走向。

在电子通信行业中，5G 技术的发展让智能手机功能更强大、应用场景更丰富，改变了人们的通信和生活方式。那些能及时跟进 5G 技术应用的手机厂商获得了更大的市场份额，而跟不上的企业则逐渐失去优势。又如在制造业，3D 打印技术的出现改变了零部件生产模式，一些原本成本高昂的定制化零部件可以通过 3D 打印更高效、低成本地制造出来，影响了相关制造企业的生产策略。

2. 政府因素

政府通过政策、法规、税收、投资及监管等多种手段对行业进行宏观调控，引导行业朝着符合国家整体发展战略、社会公共利益等方向发展，从而对行业的兴衰产生影响。

在环保要求下，政府出台严格的汽车尾气排放标准，引导汽车行业向新能源方向转型，传统燃油汽车企业面临升级压力，新能源汽车企业迎来发展契机。在税收方面，政府对高新技术企业给予所得税减免优惠，激励其加大研发投入，一些科技初创企业因此能有更多资金投入新技术研发，增强在行业内的竞争力。

3. 社会习惯变动

社会习惯变动反映了消费者需求偏好、生活方式等方面的改变。行业为了适应市场需求、获取利润，必须根据这些变动做出相应调整，进而影响行业发展轨迹。

随着人们健康意识的增强，食品行业中有机食品、绿色食品越来越受青睐，促使企业加大有机农业投入与绿色食品加工生产；生活节奏加快使外卖行业迅速崛起，满足了上班族快速就餐的需求，对传统餐饮堂食模式产生了冲击，也改变了餐饮行业的经营格局。

4. 相关行业变动

扩展阅读 7.5　东吴证券公用事业行业 2025 年度策略

行业并非孤立存在，上下游行业的关联、互补行业的协同、替代行业的竞争及相关行业的创新，都会通过产业链、市场竞争等渠道传递影响，波及本行业的发展状况。

在汽车行业，上游钢铁行业的价格波动会影响汽车生产成本和最终售价。若钢铁价格大幅上涨，汽车价格可能随之上升，影响销量；在互补行业方面，旅游行业中便捷的交通、优质的酒店和餐饮服务协同配合能提升游客体验，促进旅游行业繁荣；在替代行业里，数码摄影技术成熟后，数码相机取代了传统胶片相机，使传统胶片相机行业走向衰落；在相关行业创新上，云计算技术创新让软件企业能基于云端部署软件，降低成本、提升灵活性，推动软件行业进一步发展。

即测练习题 7.2

自学自测　扫描此码

案例讨论7.2　电动汽车行业的颠覆与创新

7.3　公司因素分析

7.3.1　公司基本素质分析

1. 经济区位分析

1）自然和基础条件

公司所处的地理位置在很大程度上会影响其运营成本和市场覆盖范围。位于沿海地区或交通枢纽附近的公司通常在物流运输方面具有优势。地处经济发达地区中心位置的公司，更容易接触到多样化的客户群体。对于依赖自然资源的公司，其所处区域的自然资源状况直接影响其原材料供应和生产成本。良好的自然条件更有助于农业企业提高农产品的质量和产量，增强市场竞争力。

2）经济政策环境

不同地区的政府会根据自身的经济发展战略制定产业政策，这些政策对公司的发展方向和竞争优势有着深远的影响。在高新技术产业开发区，政府通常会出台一系列鼓励创新的政策，如税收优惠、科研补贴和土地使用优惠等。这不仅可以降低企业的运营成本，还能够激励企业加大研发投入，提高产品的技术含量和市场竞争力。产业政策还会引导公司的产业升级方向，有助于公司在行业竞争中占据技术优势，适应市场对高品质、智能化产品的需求变化。同时，公司所处区域的经济发展战略会影响其市场机会和合作资源。在实施外向型经济发展战略的地区，公司更容易获得对外贸易的机会和政策支持。区域经济发展战略中的区域合作规划也会为公司提供合作机遇，实现优势互补，提升公司的综合竞争力。

3）区域经济活力

区域内的市场需求规模是公司发展的重要动力。一个经济活跃、人口密集的地区往往具有庞大的消费市场，公司在这样的区域市场能够获得较高的销售额和利润。同时，市场需求的增长趋势也很关键。如果一个地区的经济处于快速增长阶段，居民收入不断提高，消费结构不断升级，那么公司的产品和服务就有更多的市场空间。此外，区域经济活力旺盛，会推动产业集群的形成。在产业集群地区，公司能够享受到诸多优势，实现资源共享、促进知识和技术的交流与传播，提高整个产业集群的技术水平，提升产品竞争力。

2. 公司地位分析

1）行业地位

市场占有率是衡量公司行业地位的重要指标之一。较高的市场占有率意味着公司在行业中具有较强的竞争力和影响力。它们通过大规模的生产和销售，能够在原材料采购、生产工艺优化和市场营销等方面获得规模经济优势。较高的市场份额还使它们在与供应商和渠道商的谈判中具有更强的议价能力，能够获取更有利的合作条件。公司的市场占有率变化趋势也值得关注。如果一家公司的市场占有率持续上升，说明它在行业中的竞争力在不断增强。相反，如果公司的市场占有率下降，可能预示着公司面临来自竞争对手的压力或者自身产品和服务出现了问题，需要及时调整战略。

行业排名是对公司综合实力在行业内位置的一种直观反映。各种行业报告和研究机构会根据企业的营收、利润、资产规模等指标对公司进行排名。较高的行业排名有助于提升品牌形象，吸引更多的投资者和合作伙伴。行业排名还可以帮助公司明确在行业中的竞争地位，与同行业其他公司进行比较。

2）竞争地位

产品差异化是公司在竞争中脱颖而出的关键因素之一。拥有高度差异化产品的公司能够满足消费者多样化的需求，避免与竞争对手进行同质化竞争。产品差异化还可以通过服务来实现。公司可以通过不断强化产品和服务的差异化程度来提高客户忠诚度，增强在市场中的竞争地位。

成本优势是公司在竞争中获胜的重要法宝。具有成本优势的公司能够以更低的价格提供产品和服务，或者在相同价格下获得更高的利润。成本优势还可以通过规模经济来实现。当公司的生产规模达到一定程度时，单位产品的固定成本和可变成本都会降低，从而进一步在市场中占据优势地位。

3. 经营管理能力分析

1）主营业务

主营业务的稳定性是公司持续发展的基础。稳定的主营业务意味着公司在核心业务领域具有一定的竞争力和市场需求。主营业务的稳定性还可以通过产品或服务的市场需求稳定性来衡量。一些生活必需品行业，如食品、日用品等，其市场需求相对稳定，受经济周期波动的影响较小。而一些新兴产业，如人工智能、新能源等，虽然市场潜力巨大，但市场需求可能会受到技术发展、政策变化等因素的影响，其主营业务的稳定性相对较弱。公司需要通过不断优化主营业务，提高产品质量和服务水平，增强市场竞争力，以维持主营业务的稳定性。

主营业务的成长性反映了公司的发展潜力。如果公司的主营业务收入和利润能够持续增长，说明公司在市场中具有较强的竞争力和拓展能力。主营业务的成长性还可以通过市场份额的扩大来体现。公司通过开拓新市场、推出新产品或服务等方式，吸引更多的客户，从而提高市场份额。

2）人才构成

公司的人才专业结构应与公司的业务需求相匹配。科技研发型公司需要大量的技术人才，这些技术人才是公司进行产品研发和创新的核心力量。同时，公司也需要管理人才来协调各部门的工作，需要市场营销人才来推广产品和服务，需要财务人才来管理公司的资金和财务状况。合理的人才专业结构能够确保公司在技术研发、生产运营、市场营销和财务管理等各个环节都能高效运转。人才专业结构还应根据公司的战略发展方向进行调整。如果公司计划拓展新的业务领域，就需要引进相关专业的人才。人才的素质和能力水平直接影响公司的创新能力和运营效率。高素质的人才具有较强的学习能力、创新能力和解决问题的能力。对于公司来说，拥有高素质的人才能够提高公司的决策质量和执行效率，增强公司的竞争力。

3）研发投入

研发投入的规模反映了公司对技术创新的重视程度。在高科技行业，研发投入通常占公司营业收入的较高比例。这种大规模的研发投入会不断提高产品的技术含量和竞争力，使公司能够在行业中保持领先地位。

研发投入的效率是指公司在研发过程中能够有效地利用资金和资源，实现技术创新和产品开发的目标。研发投入效率高的公司能够在较短的时间内推出具有市场竞争力的新产品。这种高效的研发模式使公司能够在激烈的市场竞争中迅速推出新功能和新产品，满足用户不断变化的需求。

扩展阅读 7.6　南海泡沫

案例讨论 7.3　华为与中兴的对比分析

微课视频 7.6　财务指标分析

7.3.2　公司财务分析

1. 主要依据

依据中国证监会的规定，上市公司应遵循财务公开原则。除在证券募集说明书中已披露的财务报告外，上市公司还应定期对外公开年度财务报告、半年度中期财务报告以及季度财务报告。财务报告作为上市公司董事会向社会公众（投资者）全面展示报告期内财务事项的规范性文件，具有重要意义。完整的财务报告涵盖财务报表、财务报表附注及审计报告三个重要部分。

1）财务报表

财务报表是一种报告性文件，能够呈现企业过去的财务成果及其质量状况，同时也能反映企业当前的财务状况。对于上市公司而言，其财务报表综合体现了公司的财务状况、经营业绩及发展走向。它是投资者了解上市公司并决定投资行为的关键资料，具有全面性、翔实性的特点，并且在多数情况下是投资者获取信息最为可靠的第一手资料。在财务报表中，资产负债表、利润表和现金流量表的重要性尤为突出，它们从不同维度为投资者和其他利益相关者提供了洞察公司财务状况的关键视角。资产负债表展示了公司在特定时点的资产、负债和所有者权益的构成情况；利润表呈现了公司在一定期间内的经营成果，包括收入、成本和利润等信息；现金流量表则聚焦于公司现金的流入和流出，反映了公司的资金运作状况和偿债能力等。

2）财务报表附注

财务报表附注是为辅助财务报表使用者理解报表内容而编制的。它对财务报表的编制基础、依据、原则、方法及主要项目等进行阐释。作为财务报表的补充说明部分，财务报表附注是财务决算报告中不可或缺的重要组成部分。

（1）重要会计政策和会计估计的说明。重要会计政策和会计估计对企业财务报表影响重大。在解读财务报表时，应首先深入了解企业所采用的会计政策和会计估计，并确认其是否遵循谨慎性、重要性和实质重于形式这三个重要会计原则，以判断这些政策和估计是否能最恰当地反映企业的财务状况和经营成果。尤其需要重点关注报表合并范围的变化、折旧方法及其他资产摊销政策的变更、长期和重大供销合同利润的确认、特别收入事项的确认等方面的变更，因为这些变更可能从根本上改变财务报表所传达的信息。

（2）或有事项。或有事项是指企业存在的可能导致损益发生变化的不确定状态或情形。常见的或有事项包括已贴现商业承兑汇票形成的或有负债、未决诉讼或仲裁形成的或有负债、为其他企业提供债务担保形成的或有负债，以及可能给企业带来经济利益的或有资产等。证券分析人员必须充分考虑或有事项给企业带来的潜在风险和收益，以更全面、准确地把握企业在生产经营过程中的实际状况，避免因忽视或有事项而对企业价值产生错误评估。

（3）资产负债表日后事项。资产负债表日后事项反映的是自年度资产负债表日至财务报告批准报出日之间发生的、需要向使用者说明的各类事项。这些事项对公司的影响具有两面性，可能是有利的，也可能是不利的。通过对这些日后事项的分析，证券分析人员能够迅速判断它们是否给企业带来了经济收益的增加或损失的发生，从而更准确地评估企业的财务状况和未来发展趋势。

（4）关联方关系及其交易的说明。企业的关联交易是指关联方之间为实现特定目的而进行的交易。证券分析人员需要深入了解这些关联交易的实质，仔细审查企业在交易中被交换出去的资产是否为非重要资产，以及被交换进来的资产是否能在未来为企业创造一定的经济效益。这种分析有助于揭示关联交易对企业财务状况和经营业绩的真实影响，防止因关联交易的复杂性而掩盖企业的实际经营情况。

2. 主要方法

1）比较分析法

（1）纵向比较。纵向比较是将公司自身的财务数据在不同时期进行对比，通常以年度或季度为单位。这种比较方法的目的是观察公司财务指标的发展趋势，了解公司在一段时间内的经营变化情况。例如，通过比较公司连续五年的营业收入、净利润等指标，可以判断公司是处于增长、稳定还是衰退阶段。

以一家服装制造企业为例，分析其近五年的毛利率变化。假设该企业 2019—2023 年的毛利率分别为 30%、32%、35%、33%、34%。从纵向比较可以看出，该企业的毛利率在 2019—2021 年呈上升趋势，表明企业在这期间成本控制较好或者产品定价能力增强；2021—2022 年毛利率略有下降，可能是受到原材料价格上涨或者市场竞争加剧的影响；2022—2023 年又有所回升，说明企业可能采取了有效的措施来应对成本压力或者调整了产品价格。

（2）横向比较。横向比较是将公司的财务数据与同行业其他公司进行对比，其目的是评估公司在行业中的地位和竞争力，找出公司与竞争对手的优势和劣势。例如，通过比较同行业公司的资产负债率,可以了解公司的财务风险水平与其他公司的差异。

假设有 A、B、C 三家互联网公司,比较它们的研发投入占营业收入的比例。A 公司研发投入占比为 15%,B 公司为 12%,C 公司为 10%。通过横向比较可以发现,A 公司在研发投入方面相对更为积极,这可能意味着 A 公司更注重技术创新,在未来的产品升级和市场竞争中可能具有一定的优势;C 公司的研发投入占比相对较低,可能需要在技术研发方面加大投入,以跟上行业的发展步伐。

(3)总量比较。总量比较是对公司财务报表中的绝对金额进行比较,如营业收入总额、资产总额等。这种方法可以直观地了解公司规模的大小和变化情况。例如,通过比较两家公司的营业收入总额,可以判断哪家公司的经营规模更大;通过比较公司不同年度的资产总额,可以看出公司的资产扩张或收缩情况。

以甲、乙两家零售企业为例,甲企业 2023 年营业收入为 10 亿元,乙企业为 8 亿元。通过总量比较,可以直接得出:甲企业的经营规模在营业收入方面大于乙企业。如果比较甲企业 2022 年和 2023 年的资产总额,假设 2022 年为 8 亿元,2023 年为 10 亿元,这说明甲企业在 2023 年的资产规模有所扩张。

(4)比例比较。比例比较是计算财务指标之间的比率关系,并进行比较。常用的比率包括偿债能力比率(如资产负债率、流动比率等)、盈利能力比率(如毛利率、净利率等)、营运能力比率(如存货周转率、应收账款周转率等)。通过比例比较可以更深入地分析公司的财务状况和经营效率。

流动比率 = 流动资产 / 流动负债,一般认为流动比率为 2 左右比较合适。比较两家制造企业的流动比率:企业 A 的流动比率为 2.5,企业 B 的流动比率为 1.8。企业 A 的流动比率较高,说明其短期偿债能力相对较强,流动资产对流动负债的保障程度较高;企业 B 的流动比率稍低,可能需要关注其短期偿债风险。

(5)结构比较。结构比较是分析财务报表中各项目占总体的比例结构,并进行比较。例如,分析资产负债表中各项资产占总资产的比例、各项负债占总负债的比例、利润表中各成本费用项目占营业收入的比例等。这种方法可以帮助发现公司财务结构的变化和潜在问题。

分析一家企业的资产结构变化。假设该企业在 2022 年固定资产占总资产的比例为 40%,流动资产占 60%;到 2023 年固定资产占比增加到 45%,流动资产占比减少到 55%。通过结构比较可以发现,企业的资产结构发生了变化,固定资产占比上升。这可能表明企业加大了对长期资产的投资,这会对企业的资金流动性和未来的经营策略产生一定的影响。

2)因素分析法

因素分析法是将综合财务指标分解为各个构成因素,然后分别分析每个因素对综合指标的影响程度。例如,对于净利润指标,可以将其分解为营业收入、营业成本、期间费用、税率等因素,并分析每个因素的变动对净利润的影响。其基本原理是假设其他因素不变,逐一分析某一因素变动对综合指标的影响,然后将各个因素的影响程度相加，得到总的影响程度。

以净资产收益率（ROE）为例，其计算公式为 ROE = 净利润 / 净资产。影响 ROE 的因素主要有净利润率（净利润 / 营业收入）、总资产周转率（营业收入 / 总资产）和权益乘数（总资产 / 净资产）。

根据因素之间的关系，建立分析模型：ROE = 净利润率 × 总资产周转率 × 权益乘数。

假设某公司基期的净利润率为 10%，总资产周转率为 1.2，权益乘数为 1.5，则 ROE = 10% × 1.2 × 1.5 = 18%。本期的净利润率变为 12%，总资产周转率变为 1.3，权益乘数变为 1.6。首先替代净利润率，得到新的 ROE1 = 12% × 1.2 × 1.5 = 21.6%，净利润率变动对 ROE 的影响为 21.6% − 18% = 3.6%。接着替代总资产周转率，得到 ROE2 = 12% × 1.3 × 1.5 = 23.4%，总资产周转率变动对 ROE 的影响为 23.4% − 21.6% = 1.8%。最后替代权益乘数，得到 ROE3 = 12% × 1.3 × 1.6 = 24.96%，权益乘数变动对 ROE 的影响为 24.96% − 23.4% = 1.56%。总的影响程度为 3.6% + 1.8% + 1.56% = 6.96%，即各因素变动使得 ROE 提高了 6.96%。

通过因素分析法，可以清楚地看到净利润率、总资产周转率和权益乘数的变动对 ROE 的具体影响程度，从而帮助投资者了解公司经营业绩变化的主要驱动因素，为决策提供依据。

3. 主要内容

1）短期偿债能力

（1）流动比率。计算公式：

$$流动比率 = 流动资产 ÷ 流动负债$$

流动比率是评估企业短期偿债能力的关键指标之一。从其计算公式可以看出，它主要反映了流动资产对流动负债的覆盖程度。流动资产是企业在短期内可以变现或使用的资产，而流动负债则是短期内需要偿还的债务。在理想状态下，流动比率越高，意味着企业可用于偿还流动负债的流动资产越充足，短期偿债能力越强。

然而，流动比率并非越高越好。这是因为过高的流动比率可能暗示企业在资产管理方面存在问题。例如，过高的流动比率可能是由于存货积压所致。存货作为流动资产的一部分，其变现速度相对较慢且可能存在贬值风险。若存货大量积压，虽然在计算流动比率时增加了流动资产的数值，但实际上这些存货可能无法及时转化为现金用于偿债。此外，过高的流动比率还可能意味着企业货币资金闲置或应收账款回收周期过长，反映出企业资金利用效率低下。

从理论上讲，一般认为流动比率在 2 左右较为合适，但这并非绝对标准。不同行业因其经营特点和资产结构的差异，合适的流动比率范围也有所不同。例如，商业零售行业由于其存货周转速度较快、现金交易频繁，即使流动比率较低，仍能保持良好的短期偿债能力；而一些生产周期较长、存货变现困难的制造业企业则可能需要更高的流动比率来保障短期偿债安全。

（2）速动比率。计算公式：

$$速动比率 = （流动资产 - 存货）\div 流动负债$$

速动比率在衡量短期偿债能力时，相较于流动比率更为严格和保守。它在计算中剔除了存货这一因素，原因在于存货的变现能力存在不确定性。在企业面临短期偿债压力时，存货可能无法迅速按照账面价值转化为现金。通过减去存货，速动比率更侧重于反映企业能够迅速变现用于偿债的资产与流动负债的关系。

一般认为，速动比率的合理值约为 1。当速动比率等于 1 时，理论上企业的速动资产刚好能够覆盖流动负债，表明企业在不依赖存货销售的情况下，具有一定的短期偿债能力。若速动比率大于 1，说明企业除了能满足即时偿债需求外，还有额外的速动资产，短期偿债能力较强。但速动比率过高可能暗示企业现金类资产或应收账款等速动资产闲置过多，未能充分利用资金获取更多收益。相反，速动比率小于 1 则表明企业可能面临短期偿债风险，需要依赖存货变现或其他资金来源来偿还债务。

与流动比率类似，不同行业的速动比率合理水平存在差异。一些以现金交易为主的行业，如餐饮服务业，速动比率可能接近或略高于 1；而一些应收账款占比较大且回收周期相对稳定的行业，如大型设备制造业，对其速动比率的评估需要结合应收账款的质量和回收情况来综合判断。

（3）现金比率。计算公式：

$$现金比率 = （货币资金 + 交易性金融资产）\div 流动负债$$

现金比率是最保守的短期偿债能力衡量指标，它仅考虑企业最具流动性的货币资金和交易性金融资产与流动负债的关系。货币资金是企业随时可以用于支付的现金类资产，交易性金融资产也具有较强的变现能力，可以在短期内转化为现金。该比率从最严格的角度反映了企业在紧急情况下的偿债能力。

从理论上看，现金比率越高，企业短期偿债的现金保障程度越高。但过高的现金比率可能意味着企业资金闲置，未能有效利用资金进行投资或扩大生产经营，导致机会成本增加。企业持有大量现金可能是出于对流动性风险的过度担忧，但这也可能牺牲了潜在的收益。相反，现金比率过低则表明企业在面临突发偿债需求时，可能无法迅速筹集足够的现金，短期偿债风险较大。

在分析现金比率时，需要结合企业的经营特点和财务战略。例如，一些处于经济不稳定时期或行业竞争激烈环境下的企业，可能会适当提高现金比率以增强应对风险的能力；而具有稳定现金流和良好融资渠道的企业则可以保持相对较低的现金比率，将更多资金投入到生产经营和投资活动中。

2）长期偿债能力

（1）资产负债率。计算公式：

$$资产负债率 = 负债总额 \div 资产总额 \times 100\%$$

资产负债率是衡量企业长期偿债能力的重要综合性指标，它反映了企业总资产中有多少是通过负债筹集的。资产负债率越低，意味着企业自有资产对债务的保障程度越高，债权人的权益在企业破产清算时更有可能得到足额保护。但资产负债率并不是越低越好，存在一定的两面性。适当的资产负债率可以利用财务杠杆效应来提高股东权益回报率。当企业的资产收益率高于债务利息率时，通过负债融资增加的资产可以为股东创造更多的利润。然而，如果资产负债率过高，企业面临的财务风险将大幅增加。一方面，高额负债意味着企业需要承担较重的利息负担，这可能会侵蚀企业的利润，尤其是在经营不善或市场环境不利时，企业可能面临偿债困难，甚至可能导致破产；另一方面，过高的资产负债率可能使企业在融资过程中面临更高的成本和更严格的条件。

（2）产权比率。计算公式：

$$产权比率 = 负债总额 \div 所有者权益总额$$

产权比率主要揭示了企业负债与所有者权益之间的相对关系，从另一个角度反映了企业的长期偿债能力和财务结构的稳定性。它显示了债权人提供的资金与股东提供的资金在企业资金来源中的比例。

较低的产权比率意味着企业的所有者权益在企业总资产中所占比重较大，对债权人的保障程度较高。在这种情况下，企业在长期内面临的财务风险相对较小，因为即使企业经营出现亏损，债权人的债权也有较大的安全边际，股东的自有资本可以在一定程度上缓冲债务风险。反之，较高的产权比率表示企业更多地依赖负债融资，这可能使企业在经营波动时面临较大的偿债压力。如果企业盈利能力下降或现金流出现问题，高额负债可能导致企业陷入财务困境，甚至可能影响企业的持续经营。

产权比率与资产负债率密切相关，但两者侧重点有所不同。资产负债率侧重于从总资产的角度看待负债的比重，而产权比率更强调股东权益与负债的对比关系。在分析企业长期偿债能力时，两者结合使用可以更全面地了解企业的财务结构和偿债风险。

（3）已获利息倍数。计算公式：

$$已获利息倍数 = 息税前利润 \div 利息费用$$

已获利息倍数是衡量企业长期偿债能力中对债务利息支付能力的重要指标。息税前利润是企业在扣除利息和所得税之前的利润，它反映了企业经营活动的盈利能力，是企业支付利息的主要资金来源。利息费用则代表企业为使用债务资金而需要支付的成本。

已获利息倍数越高，表明企业支付利息的能力越强。企业通过经营活动所获得的利润足以覆盖债务利息支出，这意味着企业在长期内具有较强的偿债能力，能够按时足额支付利息，从而降低了因利息支付问题导致的财务风险。一般认为，已获利息倍数至少应大于 1，因为只有这样，企业才能从经营利润中支付债务利息，维持债务的可持续性。

3）营运能力

（1）应收账款周转率。计算公式：

$$应收账款周转率 = 营业收入 \div 平均应收账款余额$$

$$平均应收账款余额 = （期初应收账款 + 期末应收账款）÷ 2$$

应收账款周转率是衡量企业应收账款管理效率的重要指标，它反映了企业在一定时期内收回应收账款的平均次数。从计算公式可以看出，该指标将营业收入与应收账款联系起来，体现了企业通过赊销实现的销售收入与应收账款回收速度之间的关系。

较高的应收账款周转率表明企业应收账款回收速度快，平均收账期短。这意味着企业在赊销业务中能够迅速将应收账款转化为现金，资金回笼效率高。一方面，这反映出企业的信用管理政策有效，能够合理控制赊销规模和信用期限，减少坏账损失的风险；另一方面，快速的应收账款周转也暗示企业产品或服务在市场上具有较强的竞争力，客户愿意按时付款，企业在销售环节具有一定的优势。相反，较低的应收账款周转率可能意味着企业存在应收账款回收困难的问题。应收账款的长期拖欠不仅会占用企业大量的资金、增加资金成本，还可能导致坏账的产生，影响企业的利润和财务状况。同时，过低的应收账款周转率也可能反映出企业产品在市场上的竞争力不足，客户有更多的议价能力，通过延长付款期限来获取商业利益。

（2）存货周转率。计算公式：

$$存货周转率 = 营业成本 ÷ 平均存货余额$$
$$平均存货余额 = （期初存货 + 期末存货）÷ 2$$

存货周转率是评估企业存货管理水平的重要指标，它反映了企业存货在一定时期内的周转次数。通过将营业成本与存货数据结合，该指标衡量了企业存货从购入到销售出去的速度。

较高的存货周转率意味着企业存货周转速度较快，存货占用水平较低。存货能够迅速转化为可供销售的商品并实现销售，从而减少存货在仓库中的停留时间。这有利于企业降低存货储存成本，包括仓储费用、存货跌价损失等，同时提高资金使用效率，使企业能够将更多的资金投入到生产经营或其他投资活动中。此外，较高的存货周转率可能表明企业对市场需求预测较为准确，生产计划较合理，并能够根据市场变化及时调整存货水平。相反，较低的存货周转率可能暗示企业存在存货积压的问题。存货积压会占用大量的资金，增加企业的财务负担，并可能导致存货过时或贬值，从而降低企业的盈利能力。

（3）总资产周转率。计算公式：

$$总资产周转率 = 营业收入 ÷ 平均总资产$$
$$平均总资产 = （期初总资产 + 期末总资产）÷ 2$$

总资产周转率是一个综合评价企业全部资产经营质量和利用效率的重要指标。它反映了企业运用资产创造营业收入的能力。该指标将营业收入与企业总资产联系起来，衡量企业整体资产在经营过程中的周转速度。

较高的总资产周转率表明企业的资产运营效率较高，企业能够充分利用其资产来实现更多的营业收入。这意味着企业在资产配置、生产经营管理等方面表现良好，资产得到了有效利用,没有出现大量资产闲置或浪费的情况。相反,较低的总资产周转率可能表明企业资产利用不充分。

4)盈利能力

(1)毛利率。计算公式:

$$毛利率 =(营业收入 - 营业成本)÷营业收入×100\%$$

毛利率是衡量企业盈利能力的一个基本且重要的指标,它反映了企业产品或服务在扣除直接成本后的剩余价值,体现了企业初始的盈利空间。从计算公式来看,毛利率主要关注企业营业收入与营业成本之间的关系,不考虑其他间接费用和税收等因素。

较高的毛利率意味着企业在成本控制和产品定价方面具有优势。在成本方面,企业可能通过优化生产流程、降低原材料采购成本、提高生产效率等方式来降低营业成本;在定价方面,企业的产品或服务可能具有独特的价值,能够在市场上以较高的价格出售。高毛利率为企业提供了更多的利润缓冲空间,使其在面对其他费用支出(如销售费用、管理费用等)和市场竞争压力时更具韧性。

(2)净利率。计算公式:

$$净利率 = 净利润÷营业收入×100\%$$

净利率是衡量企业最终盈利能力的关键指标,它反映了企业在扣除所有成本和费用(包括营业成本、期间费用、所得税等)后,剩余利润占营业收入的比例。与毛利率相比,净利率更全面地反映了企业在整个经营过程中的盈利能力。

较高的净利率表明企业在成本控制、费用管理和税收筹划等方面表现出色,能够在复杂的经营环境下实现较高的利润水平。净利率的高低直接影响企业的盈利能力和价值创造能力。

(3)净资产收益率(ROE)。计算公式:

$$净资产收益率 = 净利润÷平均净资产×100\%$$

$$平均净资产 =(期初净资产 + 期末净资产)÷2$$

净资产收益率是综合评价企业股东权益收益水平的核心指标,它从股东的角度衡量企业运用自有资本获取净利润的能力。该指标将净利润与净资产联系起来,反映企业资本运营的综合效益。

ROE 的高低直接关系到股东的投资回报。较高的 ROE 意味着企业为股东创造了更多的收益,表明企业在盈利能力、资产运营效率和财务杠杆运用等方面表现良好。ROE 是衡量企业价值创造能力的重要指标,在不同行业和企业之间具有广泛的比较意义。ROE 较高代表更好的投资回报潜力。同时,ROE 的持续增长趋势也是企业具有良好发展前景的重要标志之一。

5)投资收益

(1)投资回报率(ROI)。计算公式:

$$投资回报率 =(投资收益÷投资成本)×100\%$$

投资回报率是评估投资项目或投资活动收益水平的基本指标,它直观地反映了投资所获得的收益与投资成本之间的比例关系。该指标从最基本的层面衡量了投资的经济效益，是决策过程中关注的重要因素之一。

从理论上讲，投资回报率越高，意味着投资者在该项投资中获得的价值增值越大。然而，高投资回报率往往伴随着高风险。不同的投资项目具有不同的风险特征，这些风险会影响投资收益的稳定性和可预测性。在比较不同投资项目的投资回报率时，需要考虑投资期限的因素。长期投资和短期投资的回报率计算方式虽然相同，但由于货币的时间价值和市场环境的变化，它们不能简单地直接对比。长期投资可能更多受到经济周期、行业发展趋势等因素的影响，其回报率的波动可能更大，但也可能获得更高的平均回报率。

（2）股息率。计算公式：

$$股息率 = 每股股息 \div 股价 \times 100\%$$

股息率是衡量股票投资收益的重要指标之一。它反映了投资者从股票投资中获得现金股息的收益水平。每股股息是公司分配给每股普通股股东的股息金额，这取决于公司的盈利水平和利润分配政策。股价则是市场对公司股票价值的当前评估。

从股息率的计算公式可以看出，股息率与每股股息成正比，与股价成反比。较高的股息率意味着投资者通过持有股票能够获得相对丰厚的现金股息回报。

（3）市盈率（PE）。计算公式：

$$市盈率 = 股价 \div 每股收益$$

市盈率是股票市场中最常用的估值指标之一，它在一定程度上反映了市场对公司股票价值的评估。从计算公式可以看出，市盈率是股价与每股收益的比率，它衡量了投资者为获取每一元公司盈利所愿意支付的价格。

市盈率的高低蕴含着丰富的信息。较高的市盈率通常意味着市场对公司未来盈利的预期较高，投资者愿意为公司的股票支付更高的价格。然而，高市盈率也伴随着高风险，如果公司未来的盈利未能达到市场预期，股价可能会大幅下跌。相反，较低的市盈率可能表示市场对公司的盈利前景不太乐观，或者认为公司的股票被低估。低市盈率可能提供了一个价值投资的机会。

扩展阅读 7.7　贵州茅台年度财务分析报告

扩展阅读 7.8　安然丑闻

即测练习题 7.3

案例讨论 7.4　贵州茅台财务指标分析

自学自测　　扫描此码

复习思考题

1. 请解释证券投资基本分析的概念及其重要性。其与技术分析的主要区别是什么？

2. 宏观经济运行分析在证券投资基本分析中扮演什么角色？请举例说明。

3. GDP 增长率与证券市场之间有何关联？

4. 通货膨胀如何影响证券市场？

5. 货币供应量变化对证券市场有哪些具体影响？

6. 请分别讨论宽松性货币政策和紧缩性货币政策对证券市场的影响。

7. 2024 年 1 月 27 日下调法定存款准备金率 0.5 个百分点，释放长期流动性资金约 1 万亿元，请分析其对证券市场行情会产生何种影响。

8. 不同市场结构（如完全竞争、垄断竞争、寡头垄断、完全垄断）下的证券投资风险有何差异？

9. 讨论在行业生命周期的不同阶段下，投资者应如何做出投资决策。

10. 请举例说明增长型行业和周期型行业在经济周期中的表现差异。

11. 公司基本素质分析主要包括哪些方面？

12. 请解释财务分析的三种主要比较方法（纵向比较、横向比较、结构比较）及其在实际分析中的应用。

13. 资产负债率、产权比率和已获利息倍数等长期偿债能力指标如何帮助投资者评估公司的财务风险？

14. 应收账款周转率等营运能力指标在评估公司投资价值时有何作用？高周转率和低周转率分别意味着什么？

15. 结合当前市场环境，选择一家上市公司进行基本分析，并评估其投资价值。

第 8 章

证券投资技术分析

【本章学习目标】

通过本章学习，学员应该能够：

1. 理解证券投资技术分析的基本概念与特点，掌握技术分析的四大基本要素。
2. 熟悉并理解技术分析的基础理论及其应用。
3. 了解并学会应用常见的技术指标进行价格走势分析。
4. 能够结合基本分析，全面、准确地判断市场的未来走势和投资机会。

引 导 案 例

上海证券综合指数

上海证券综合指数（代码：000001）简称"上证指数"或"上证综指"，其样本股是在上海证券交易所上市的所有股票，包括 A 股和 B 股，反映了上海证券交易所上市股票价格的变动情况。该指数自 1991 年 7 月 15 日起正式发布，截至目前其价格指数走势如图 8-1 所示。

图 8-1　价格指数走势

资料来源：上海证券交易所。

8.1　技术分析概述

8.1.1　技术分析概念

技术分析是对证券市场行为进行分析的一种方法。其特点是通过分析市场过去和现在的行为，应用数学和逻辑的方法，探索出一些典型的规律，并据此预测证券市场未来的变化趋势。

技术分析与基本分析是证券投资分析中两大重要的流派。基本分析侧重于对宏观经济、行业和公司的基本情况进行分析，以评估证券的内在价值；技术分析与基本分析不同，更关注市场本身的交易数据和价格走势。

8.1.2　技术分析假设

1. 市场行为涵盖一切信息

这一假设是技术分析的基础。其核心思想为：所有影响证券价格的因素，包括宏观经济形势、行业发展状况、公司财务状况、政治因素、心理因素等，都会反映在证券价格和成交量等市场行为上。也就是说，不管是公开信息还是未公开信息，最终都会通过投资者的买卖操作体现在市场价格的波动中。

2. 价格沿趋势移动

这一假设认为证券价格的变动具有一定的规律性，即保持原有运动方向的惯性。如果一个趋势已经形成，那么在没有外力影响的情况下，这个趋势将持续下去。一般来说，趋势可以分为上升趋势、下降趋势和盘整趋势。

在上升趋势中，每次价格回调的低点都高于前一次回调的低点，而每次价格上涨的高点也高于前一次的高点。下降趋势则相反，每次价格反弹的高点都低于前一次反弹的高点，每次价格下跌的低点都低于前一次的低点。盘整趋势是指价格在一段时间内波动幅度较小，在一个相对狭窄的区间内上下波动，没有明显的上升或下降趋势。

3. 历史会重演

技术分析认为，由于人类的心理因素和行为模式在一定程度上具有相似性，过去的市场走势和价格形态在相似的市场环境下可能会再次出现。投资者在面对相似的市场情况时，通常会做出相似的决策。

8.1.3　技术分析基本要素

1. 价格

价格是技术分析中最重要的要素之一。市场行为直接反映在价格上，证券市场的交易基础也是价格。技术分析就是通过

微课视频 8.1　技术分析基本要素

价格在市场中的位置来反映证券的价格区间。根据历史的价格和目前的价格判断目前价位与历史价位的关系，并据此预测股票上涨的概率。根据证券价格所处的位置，判断其是处于买入时机还是卖出时机。

价格包括开盘价、收盘价、最高价和最低价。开盘价是指证券在每个交易日开始时的第一笔交易价格。它在一定程度上反映了投资者在交易日开始时的预期。收盘价是交易日结束时的最后一笔交易价格，通常被认为是最重要的价格，因为它是市场经过一整天交易后最终确定的价格，对投资者的心理和后续的交易决策具有重要影响。最高价和最低价分别代表了在一个交易日内证券价格达到的最高值和最低值。它们之间的价差反映了当日价格的波动幅度。波动幅度的大小可以反映市场的活跃程度和投资者情绪的波动。

2. 成交量

成交量是指在一定交易时间内买卖双方达成交易的数量。通常，市场对价格的认同程度越高，成交量则越小；而市场对价格的分歧越大，成交量会越大。成交量是衡量市场活跃度的重要指标，与价格密切相关。在大多数情况下，市场行为并非完全理性，价格可能会受人为的影响而发生不同的变化，这时就需要对成交量进行分析。

成交量可以用来验证价格趋势的有效性。在一个上升趋势中，如果成交量能够持续放大，那么这个上升趋势的可靠性就更高。这是因为成交量的放大意味着有更多投资者参与了这一上涨过程，多头力量得到了增强。相反，如果在上升趋势中，成交量逐渐萎缩，那么这一上升趋势可能难以持续。同样，在下降趋势中，成交量的放大表明卖压加重，趋势更可能延续；而成交量的萎缩可能暗示下跌趋势正在减缓。此外，成交量还可以用来识别价格形态的突破。当价格突破某一重要阻力位或支撑位时，如果成交量随之显著放大，那么这种突破的有效性就更高。反之，如果价格突破时成交量没有明显变化，那么这种突破可能是虚假的，价格很可能会迅速回到原来的区间。

价格变动与成交量之间存在一定的配合关系，不能单纯地只看价格的变动进行判断。如果脱离了成交量的配合，价格的变动也可能是失效的。例如，在一波段的涨势过程中，股价随着成交量的递增持续上涨，并突破前一个波段的高点，创下新高之后继续保持上涨的态势。然而，在此波段的股价上涨过程中，成交量的变动水平却低于前一个波段。股价上涨过程中成交量的变化所反映出来的是价格突破，创了新高，而量却没有，这就说明价的变化没有得到量的配合。那么此波段的股价涨势就有可能令人产生怀疑，同时也要注意，可能预示着股价趋势潜在的反转信号。正常的量价关系是价升量增、价跌量减：随着股价的上升，成交量也在逐渐递增；随着股价的下跌，成交量也在逐渐萎缩。若股价伴随着成交量的递减反而出现了回升，即股价上涨而成交量却逐渐萎缩，则说明此时上涨动力不足，股价趋势可能会产生相应的反转。成交量可作为价格形态的确认，在形态中，如果没有成交量的确认，价格形态将是虚的，其可靠性也就差一些。成交量是股价的先行指标，一般来说，量是价的先行者，当量增时价迟早会跟上来，当价升而量不增时，价迟早会跌下来。从这个意义上，往往说"价是虚的，而只有量才是真实的"。

3. 时间

时间，一方面是指价格上涨或下跌所持续的时间及突破趋势所需的时间；另一方面是指价格波动所呈现的规律性周期。市场价格在某一区域持续的时间越久，市场的成本就会集中于这个区域。当价格向上或向下突破该区间时，突破就越有效，突破后所产生的波动幅度也会越大。在进行行情判断时，时间具有非常重要的作用。一个已经形成的趋势在短时间内通常不会发生根本性的改变，中途出现的反向波动，对原有趋势不会产生太大的影响。然而一个已经形成的趋势也不可能永远保持不变，经过一定时间后新的趋势可能会出现。循环周期理论重点关注的就是时间因素，它强调了时间的重要性。通过了解和把握证券价格变化的时间周期特征，可以更好地提高对未来价格高点与低点的预测能力。

4. 空间

空间是指价格上涨或下跌的范围。价格上涨和下跌的空间需要参考历史最高价和历史最低价，这会直接对后续价格的波动产生一定的压力和支撑作用，从而限制价格上涨或下跌的幅度。然而当价格创出新高或新低，突破了历史最高价或最低价时，则应对价格进行重新认识，新高或新低则会成为后续价格波动的重要压力和支撑位。

在技术分析中，时间与空间也保持着密切的联系。较长的波动时间和较短的波动时间在价格变动的空间上通常有所不同。一般而言，波动时间越长，对应的波动空间越大。反之，波动时间越短，对应的波动空间越小。

扩展阅读 8.1　6 个"量价关系"

8.1.4　应用技术分析时应注意的问题

1. 技术分析必须与基本分析相结合

技术分析虽然能够揭示市场的短期走势和交易信号，但无法提供市场长期走势和基本面方面的信息。因此，在应用技术分析时，必须与基本分析相结合，以全面了解市场的整体情况和未来走势。基本分析关注公司的财务状况、盈利能力、行业地位等因素，以判断公司的长期投资价值。而技术分析则关注市场的短期走势和交易信号，以捕捉市场的短期盈利机会。只有将两者相结合，才能更准确地判断市场的未来走势和投资机会。

2. 注意多种技术分析方法的综合研判

技术分析包括多种方法和工具，例如 K 线图、均线和 MACD 指标等。每种方法和工具都有其独特的优点和局限性。因此，在应用技术分析时，需要注意多种方法的综合研判，以提高分析的准确性和可靠性。

3. 理论要经过实践验证

技术分析中的各种理论和方法都是基于特定的市场环境和历史数据总结而来的。然而市场是不断发展变化的，过去有效的方法在未来未必仍然适用。因此，投资者需要在实践中不断检验并调整技术分析方法。

4. 理性看待技术分析

技术分析仅是一种辅助工具，不能完全准确地预测市场的未来走势。市场受多种复杂因素的影响，例如突发的政治事件、自然灾害以及宏观经济政策的意外调整等，这些因素可能会导致市场出现异常波动，从而使技术分析的结果失效。

即测练习题 8.1

自学自测      扫描此码

8.2　技术分析理论

8.2.1　道氏理论

1. 形成过程

道氏理论是技术分析的基础，它的形成经历了一个漫长的过程，对现代证券投资分析产生了深远的影响。

道氏理论的起源可以追溯到 19 世纪末 20 世纪初的美国金融市场。当时，美国正处于工业化和经济快速发展的时期，证券市场日益繁荣，但同时也伴随着高度的不确定性和波动。在这样的背景下，投资者迫切需要一种方法来理解和预测市场的走势。

扩展阅读 8.2　道氏理论的起源与发展

查尔斯·亨利·道是道氏理论的奠基者，他长期关注金融市场，通过对股票价格走势的深入观察和分析，开始形成了一些关于市场运行规律的初步见解。他的主要贡献在于提出了用平均价格指数来衡量市场趋势的思想，并在《华尔街日报》上发表了一系列相关文章，为道氏理论的发展奠定了基础。在道氏之后，威廉·彼得·汉密尔顿进一步发展了道氏理论。汉密尔

顿在担任《华尔街日报》编辑期间，持续研究和应用道氏的观点，通过大量的市场分析和案例研究，对道氏理论进行了更系统的阐述。他在实践中不断验证和完善理论，使其逐渐被更多投资者所接受。此外，罗伯特·雷亚也对道氏理论进行了深入的总结和推广。雷亚通过对历史数据的详细分析和研究，出版了关于道氏理论的专著，详细解读了理论的各个方面，使道氏理论更加清晰和易于理解，进一步巩固了其在证券分析领域的地位。

2. 主要内容

道氏理论的形成是一个逐步发展的过程。最初，查尔斯·亨利·道通过对铁路和工业股票价格的长期观察，发现这些股票价格的波动存在一定的共性和规律。他开始尝试编制股票价格指数，以反映市场的整体走势。随着时间的推移，对指数的研究不断深入，他认识到市场价格的变化并非随机，而是呈现一定的趋势性。在后续的发展中，随着更多市场数据的积累和分析，道氏理论逐渐涵盖对市场趋势类型、不同趋势之间的关系、成交量与趋势的相互作用等多方面内容的研究。在分析市场波动时，开始区分不同时间尺度的趋势，并探讨它们之间的相互影响。同时，对指数之间的相互关系及成交量在确认趋势中的作用等方面也进行了深入探讨，最终形成了较为完整的道氏理论体系。

1）市场价格指数可以解释和反映市场的大部分行为

市场价格指数是道氏理论的核心工具之一。该理论认为，通过编制合理的价格指数，可以捕捉到市场中众多股票价格变化的综合信息，从而反映市场的整体行为。

以道琼斯工业平均指数和道琼斯运输业平均指数为例，这两个指数分别涵盖工业和运输领域的代表性股票。工业企业的生产经营状况与运输企业的业务紧密相关，因为产品需要通过运输来实现流通。当工业企业生产繁荣时，对运输的需求增加，运输企业的业绩也会相应提升，反之亦然。所以这两个指数的走势能够反映宏观经济环境下不同产业之间的相互影响以及市场的整体氛围。

2）市场波动的三种趋势：主要（长期）趋势、次要（中期）趋势、短暂（短期）趋势（见图 8-2）

主要（长期）趋势是市场长期的价格运动方向，通常持续数年甚至数十年。它是市场的主导力量，决定了投资者的长期投资策略；次要（中期）趋势是对主要趋势的调整，其持续时间通常为数周或数月。它与主要趋势方向相反，是市场在长期趋势过程中的短期波动，通常其波动幅度不会超过主要趋势的 2/3，一旦超过则预示趋势的反转；短暂（短期）趋势是市场中持续时间最短的波动，一般不超过三周，它受日常交易中的各种短期因素影响。

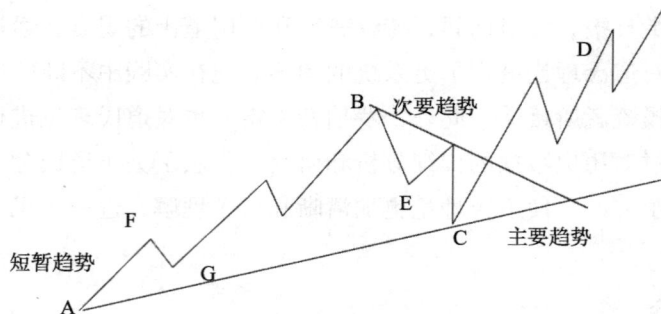

图 8-2　市场波动的三种趋势

3）收盘价是最重要的价格

收盘价在道氏理论中具有特殊的重要性。它是交易日结束时市场最终确定的价格，综合反映了当日市场交易的结果。开盘价仅代表交易日开始时的市场预期。而在一天的交易过程中，市场会受各种因素的影响，价格可能会发生较大变化。最高价和最低价只是反映了当日价格波动的范围，但它们可能受到一些短期异常交易或瞬间市场情绪的影响。收盘价则不同，它是经过一整天的买卖双方博弈后形成的，更能代表市场对该股票或整个市场在当日的价值判断。在技术分析中，许多重要的指标和图形都是基于收盘价来构建的。

4）两种平均指数必须相互加强

在道氏理论中，强调了不同类型的平均指数之间相互验证的重要性。早期主要关注道琼斯工业平均指数和道琼斯运输业平均指数。工业和运输业在当时的经济结构中

扩展阅读 8.3　近 20 年股价指数走势图

具有紧密的联系：工业企业生产的产品需要通过运输业运往市场，所以两者的经营状况相互依存。如果工业生产繁荣但运输不畅，产品无法及时到达市场，企业的盈利可能会受到影响；如果运输能力过剩但工业生产不足，运输企业也会面临业务萎缩的问题。在市场趋势的判断上，当市场处于上升趋势时，工业平均指数和运输业平均指数应该同时上升，并且彼此相互印证。同理，当市场处于下降趋势时，这两个指数也应同时下降。

5）趋势必须得到交易量的确认

交易量在道氏理论中是一个关键的辅助判断因素，它与价格趋势密切相关，对趋势的确认具有重要意义。在牛市中，随着价格的上涨，交易量通常会放大。这是因为当市场处于上升趋势时，越来越多的投资者对市场前景充满信心，积极买入股票，推动价格上升，并吸引了更多投资者参与，从而导致交易量增加。相反，在熊市中，价格下跌时交易量也往往会增加。当市场出现负面消息，如宏观经济数据恶化、行业危机等情况时，投资者开始恐慌，纷纷抛售股票。大量的卖盘导致价格下跌，同时由于抛售行为的普遍性，交易量也相应增大。

在趋势的发展过程中，交易量的变化还可以为趋势的延续或反转提供线索。在上

升趋势中，如果价格上涨但交易量逐渐减少，这可能是市场上涨动力不足的信号，预示着趋势可能会调整或反转。同样，在下跌趋势中，如果价格下跌但交易量开始萎缩，这可能意味着市场抛售压力减轻，下跌趋势可能会有所缓和或面临反转。

6）直线可以代替次级趋势

直线在道氏理论中是一种特殊的概念，用来代替次级趋势中的价格调整。当市场在主要趋势发展过程中出现价格波动相对平缓、没有明显上升或下跌趋势的阶段时，可以将其视为直线。在牛市中，直线阶段可能出现在价格快速上涨后的一段调整期。此时，市场买卖双方力量暂时达到一种平衡状态。这一阶段市场上的投资者对于股票价格的进一步走势存在一定的分歧，部分投资者认为价格已经过高，选择获利了结，但同时也有新的投资者看好市场的长期前景，继续买入，导致价格没有明显的上涨或下跌趋势。在熊市中，直线阶段也可能出现。例如，在市场大幅下跌后的一个相对稳定期，价格在一个较窄的区间内波动。这可能是由于市场在等待新的消息或经济数据来进一步明确方向，投资者的恐慌情绪在一定程度上得到缓解，但又缺乏足够的信心推动价格上涨，从而形成直线。直线阶段的出现为投资者提供了一个观察市场的机会，可以分析市场力量的平衡情况以及后续可能的趋势发展方向。

7）一个趋势形成后将持续，直到出现明显的反转信号

道氏理论认为，一旦市场趋势形成，它将具有一定的惯性，会持续下去，直到有足够强的因素改变这种趋势。这是基于市场参与者的心理和行为模式在一定时期内的稳定性。

在牛市中，当市场开始上涨并形成上升趋势时，投资者的乐观情绪会不断积累。随着价格的上涨，投资者获得盈利，这种盈利效应会吸引更多的投资者进入市场，从而进一步推动价格上涨。同时，企业在良好的市场环境下，盈利增加、扩张加速，这为市场的上涨提供了基本面的支撑。在没有重大负面因素冲击的情况下，这种上涨趋势通常会持续。然而，当市场出现明显的反转信号时，这一趋势才会发生改变。这些反转信号可以通过多种方式表现出来。在价格形态方面，例如头肩顶、双顶等顶部形态，可能预示着牛市的结束。以头肩顶形态为例，价格先上涨形成左肩，随后继续上涨至更高点形成头部，然后回调再次上涨但未能突破头部高度形成右肩。当价格跌破头肩顶形态的颈线时，这通常被视为一个强烈的熊市信号。同时，成交量在反转信号中也发挥着重要作用。在顶部形态形成过程中，如果成交量在头部形成时开始减少，而在价格跌破颈线时成交量显著放大，那么这种反转信号的可信度会更高。

在熊市转为牛市的过程中，类似地，当出现头肩底、双底等底部形态，并且价格向上突破颈线，同时成交量显著放大时，这可能预示着熊市的结束和牛市的开始。但需要注意的是，市场是复杂的，这些反转信号可能会受到其他因素的干扰，从而出现假信号。因此需要综合考虑多种因素进行判断，如宏观经济数据、行业发展趋势以及政策变化等。

8.2.2 K 线理论

1. 含义

微课视频 8.2 K 线理论分析

K 线图起源于日本德川幕府时代的米市交易，被当时日本的米商用来记录米价的波动情况。经过长期的实践和演变，这种独特的图表分析方法逐渐应用于证券、期货等金融市场，并成为全球投资者广泛使用的技术分析工具之一。它以简洁直观的方式反映市场价格的变化过程，蕴含着丰富的市场信息。

K 线是一种将某一周期内（如日、周、月等）的开盘价、收盘价、最高价和最低价以图形方式展现出来的工具。通过这些价格信息的组合，K 线能够呈现市场买卖双方力量的对比以及价格的波动趋势。它不仅是简单的价格记录，更是一种对市场情绪和力量动态平衡的可视化表达。例如，当收盘价高于开盘价时，表明在该周期内多头力量占据优势，市场价格呈上涨态势；反之，当收盘价低于开盘价时，则显示空头力量较强，价格下跌。最高价和最低价则反映该周期内市场价格波动的幅度范围，体现买卖双方博弈过程中的极端情况。

2. 画法（见图 8-3）

K 线主要由实体和影线两部分组成。

实体是 K 线的核心部分，反映了开盘价与收盘价之间的价格区间。如果收盘价高于开盘价，实体部分通常用白色或空心矩形表示，称为阳线，表示在该交易周期内价格上涨；如果收盘价低于开盘价，实体部分用黑色或实心矩形表示，称为阴线，表示价格下跌。

影线分为上影线和下影线。上影线是从实体的最高价向上延伸的线段，表示在该交易周期内价格曾经达到的最高值，但收盘价未能维持在这个高位，反映了价格上涨过程中遇到的阻力。下影线是从实体的最低价向下延伸的线段，显示价格在下跌过程中曾经达到过最低值，但最终价格回升，体现了市场在下跌过程中获得的支撑。

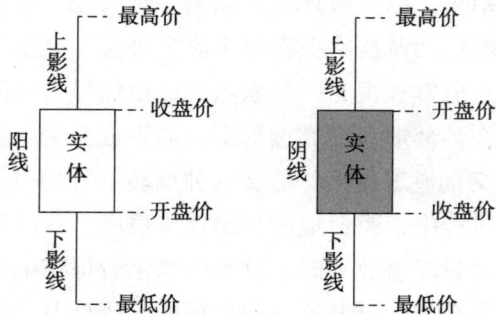

图 8-3 K 线的画法

根据所选取的时间周期不同，K 线的画法基本相同，但所反映的价格波动情况存在差异。

日 K 线：以每个交易日为单位，记录当日的开盘价、收盘价、最高价和最低价。日 K 线能够清晰地展示每日市场价格的波动情况，是最常用的 K 线类型之一。在分析股票的短期走势时，日 K 线可以帮助投资者捕捉到每日的价格变化、识别买卖信号及短期趋势的形成和转变。

周 K 线：以每周为一个周期，其开盘价为周一的开盘价，收盘价为周五的收盘价，最高价和最低价则是该周内的最高和最低价。周 K 线可以过滤掉日 K 线中的一些短期噪声，更侧重于反映中期价格趋势。对于长期投资者来说，周 K 线是判断市场或股票中期走势的重要工具，有助于确定较长时间内的买卖时机。

月 K 线：以每月为一个周期。以月初的开盘价作为开盘价，月末的收盘价作为收盘价，最高价和最低价则是该月内的最高值和最低值。月 K 线主要用于分析长期趋势，能够显示市场或股票在数月甚至数年内的价格走势和趋势变化。例如，在评估一只股票是否具有长期投资价值时，月 K 线可以提供宏观的价格趋势信息，帮助投资者把握大方向。

此外，还有分时 K 线（如 5 分钟、15 分钟、30 分钟、60 分钟等），用于分析超短期的价格波动，适合日内交易者或短期投机者使用。这些不同周期的 K 线相互配合，可以为投资者提供从超短期到长期的全面市场价格信息。

3. 分析的主要内容

一看阴阳。在 K 线理论中，阴阳是 K 线的基本属性之一，它主要通过 K 线实体的颜色来区分。阳线通常表示在特定交易周期内，收盘价高于开盘价，意味着市场在该周期内呈现上涨态势，多头力量占据上风。阴线则相反，即收盘价低于开盘价，表示市场下跌，空头力量主导了该交易时段。

二看实体大小。实体大小在 K 线分析中具有关键意义，它直观地反映了在特定交易周期内多头和空头力量的相对强弱程度。实体部分是开盘价和收盘价之间的价格区间，实体越大，说明在该周期内市场一方的力量越强大。

三看影线长短。影线分为上影线和下影线，它们分别代表了在特定交易周期内价格波动的极端情况。上影线是价格在上涨过程中遇到阻力后回落形成的，下影线则是价格在下跌过程中获得支撑后反弹形成的。影线的长短反映了市场在该方向上遇到的阻力或支撑的强度。

4. 单根 K 线的形态与意义（见图 8-4）

1）光头光脚阳线

光头光脚阳线是一种非常典型的 K 线形态，它没有上影线和下影线，实体部分从开盘价一直延伸到收盘价，且收盘价高于开盘价。这意味着在整个交易周期内，价格呈单边上涨趋势，从开盘伊始多头就占据了绝对优势，并一直持续到收盘，将价格推高到最高位。

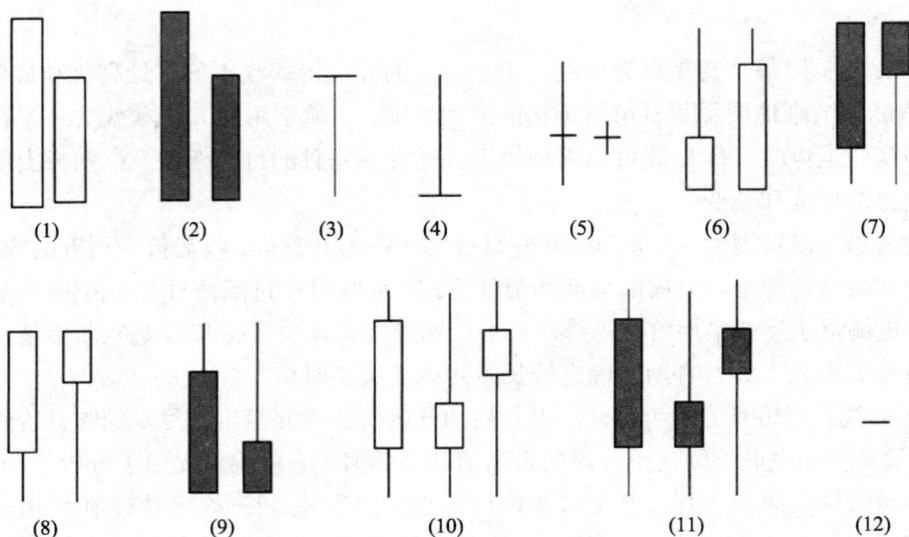

图 8-4　单根 K 线的基本形态

　　光头光脚阳线显示出市场中多头力量极为强劲。这种形态通常出现在市场趋势的强势阶段，表明买盘非常活跃，投资者对市场前景充满信心，愿意以不断提高的价格买入资产。在上升趋势中，光头光脚阳线的出现是对上涨趋势的进一步确认和强化。它表明当前的多头趋势依然强劲，投资者的乐观情绪高涨。每一次出现这种 K 线形态，都可能吸引更多的投资者加入多头阵营，从而推动价格继续上涨。这种自我强化的机制可能促使市场进入一个快速上涨的阶段，形成所谓的"牛市"行情。

　　然而，连续或频繁出现光头光脚阳线也可能暗含一定的风险。当市场情绪过度狂热时，可能导致价格过度高估。大量投资者在贪婪心理的驱使下盲目追涨，而忽视了资产的内在价值。此时，市场可能已处于超买状态，一旦有任何负面因素出现，可能引发价格的急剧下跌，甚至导致市场趋势的反转。

　　2）光头光脚阴线

　　光头光脚阴线与光头光脚阳线相反，它没有上影线和下影线，其实体部分从开盘价一直延伸至收盘价，且收盘价低于开盘价。这表明在整个交易周期内，价格呈现单边下跌趋势，空头从开盘起就占据了绝对主导地位，并持续打压价格直至收盘。

　　光头光脚阴线代表市场中空头力量极其强大。这种形态通常出现在市场趋势的弱势阶段，显示卖盘汹涌，投资者对市场前景极度悲观，急于抛售资产。在下降趋势中，光头光脚阴线的出现是对下跌趋势的进一步确认并强化。它表明当前的空头趋势依然强劲，投资者的悲观情绪浓厚。每次出现这种 K 线形态，都可能加剧市场的恐慌情绪，促使更多投资者加入空头阵营，从而推动价格继续下跌。这种负面反馈机制可能导致市场进入一个快速下跌的阶段，形成"熊市"行情。

　　不过，连续或频繁出现光头光脚阴线也可能导致市场过度抛售。当价格过度下跌时，资产可能会被低估。此时，一些有眼光的投资者可能会开始关注市场中的投资机会，准备逢低吸纳。如果市场情绪过度悲观，可能会错失一些潜在的反弹机会。

3）T 字线

T 字线的形态特点是开盘价、最高价和收盘价相同，下影线较长，没有上影线或上影线极短。这种 K 线形态看起来像字母"T"，表示在交易周期内，市场开盘后价格一度下跌，但在低位获得了强大的支撑，随后价格迅速回升至开盘价附近。

T 字线通常出现在市场的底部或者上涨途中的调整阶段。在底部出现时，表明市场在该价位有很强的支撑。空头虽然在开盘后试图打压价格，但在低位遭遇了多头的顽强抵抗。大量的买盘在低位介入，将价格拉起，显示多头开始反击。这可能是市场试探底部的信号，意味着在当前价格水平，投资者对资产的价值认可度较高，愿意买入。

T 字线还反映了多空力量在短期内达到了一种平衡状态。下影线的长度代表了空头打压价格的深度及多头反击的力度。如果下影线较长，说明空头曾一度占据优势，但多头最终成功扭转局势。这种多空力量的转换可能暗示市场趋势即将发生变化，尤其是当 T 字线出现在下跌趋势的末期时，可能是市场反转向上的信号。

在上涨途中出现 T 字线时，可能是短期调整结束的信号。在价格上涨过程中，部分获利盘可能会选择获利了结，导致价格短暂下跌。但由于市场整体的多头氛围依然浓厚，当价格下跌到一定程度后，新的买盘迅速涌入，使价格回升。这表明市场的上涨趋势依然得到支撑，只是在上涨过程中经历了一次小幅调整。

4）倒 T 字线

倒 T 字线的开盘价、最低价和收盘价相同，上影线较长，没有下影线或下影线极短。它的形态与 T 字线相反，类似倒过来的字母"T"，表示市场开盘后价格一度上涨，但在高位遭遇了强大的阻力，随后价格迅速回落至开盘价附近。

倒 T 字线常出现在市场的顶部或者下跌途中的反弹阶段。在顶部出现时，暗示市场在该价位存在较大的卖压。多头虽然在开盘后试图推高价格，但在高位遇到了空头的强烈阻击。大量的卖盘在高位出现，导致价格回落，显示空头力量开始增强。这可能是市场试探顶部的信号，意味着在当前价格水平，部分投资者认为资产价格过高，选择抛售。

倒 T 字线同样反映了多空力量在短期内达到了一种平衡状态。上影线的长度代表了多头推高价格的高度及空头反击的力度。如果上影线较长，说明多头曾一度占据优势，但空头最终成功扭转局势。这种多空力量的转换可能暗示市场趋势即将发生变化，尤其是当倒 T 字线出现在上涨趋势的末期时，可能是市场反转向下的信号。

在下跌途中出现倒 T 字线时，它可能是短期反弹结束的信号。在价格下跌过程中，部分投资者可能会认为价格已经过低，尝试抄底买入，导致价格短暂上涨。但由于市场整体的空头氛围依然浓厚，当价格上涨到一定程度后，新的卖盘迅速涌出，使价格回落。这表明市场的下跌趋势依然得到支撑，只是在下跌过程中经历了一次小幅反弹。

5）十字线

十字线是一种特殊的 K 线形态，其开盘价和收盘价几乎相等，实体部分非常短小，呈现为一条横线，同时带有上下影线。这种形态表明，在整个交易周期内，多空双方力量在盘中经历了激烈的争夺，使价格在一定区间内上下波动，最终收盘价与开盘价接近，达到了一种暂时的平衡状态。

十字线的主要意义是体现了多空双方力量的平衡。在交易过程中，价格既向上试探了阻力位（形成上影线），又向下试探了支撑位（形成下影线），但双方力量相当，没有一方能够占据明显优势，导致最终价格回到接近开盘价的位置。这意味着市场处于一种犹豫不决的状态，买卖双方对未来价格走势存在较大的分歧。

十字线常被视为一种潜在的趋势反转信号。在上涨趋势中，出现十字线可能暗示多头力量开始减弱，空头力量逐渐增强。因为在上涨过程中，多头原本占据优势，但十字线的出现表明空头已经能够与多头抗衡，使价格不再继续上涨。同理，在下跌趋势中，十字线可能预示着空头力量的衰减和多头力量的抬头。当价格在下跌过程中出现十字线时，说明多头开始有能力抵抗空头的打压，这可能是市场底部即将到来或者即将进入盘整阶段的信号。

6）光脚阳线

光脚阳线是一种只有上影线和阳线实体的 K 线形态，它的收盘价高于开盘价，最低价即为开盘价，没有下影线。这意味着在交易周期内，价格在开盘后持续上涨，但在上涨过程中遇到了一定的阻力，导致价格从高位回落。

光脚阳线表明多头在该交易周期内占据主导地位，推动价格上涨。然而，上影线的存在显示在上涨过程中，多头遇到了空头的抵抗。这种阻力可能来源于获利盘的抛售、前期套牢盘的解套压力或者市场对当前价格的谨慎态度。上影线越长，说明空头的阻力越大。

在上升趋势中，光脚阳线可能是上涨趋势中的一次正常调整信号。虽然多头仍然控制着市场的主导权，但上涨过程并非一帆风顺。上影线所代表的阻力可能只是短期的，只要后续多头力量能够继续增强，价格仍有可能突破阻力，继续上涨。

当光脚阳线出现在市场的高位区域时，尤其是在连续上涨之后，它可能是一个潜在的趋势反转信号。如果上影线较长，且成交量较大，这可能意味着多头在高位遭遇了强大的空头阻力，市场的上涨动力正在减弱。此时，投资者需要密切关注后续 K 线的走势。如果后续出现阴线且成交量持续放大，可能预示市场趋势将发生反转。

7）光脚阴线

光脚阴线是一种只有下影线和阴线实体的 K 线形态，其收盘价低于开盘价，最高价就是开盘价，没有上影线。这表明，在交易周期内，价格在开盘后持续下跌，但在下跌过程中获得了一定的支撑，价格有所回升。

光脚阴线显示空头在该交易周期内占据优势，推动价格下跌。下影线的存在则表示在下跌过程中，空头遇到了多头的抵抗，价格在低位获得了一定的支撑。这种支撑可能来源于抄底资金的介入、长期投资者的逢低吸纳或市场对当前价格的价值判断。下影线越长，说明多头的支撑力度越强。

在下降趋势中，光脚阴线可能是下跌趋势中的一次正常调整信号。虽然空头仍然主导市场，但下跌过程中也可能出现多头的抵抗。下影线所代表的支撑可能只是短期的，只要后续的空头力量继续增强，价格仍可能跌破支撑，并继续下跌。

当光脚阴线出现在市场的低位区域时，尤其是在连续下跌之后，它可能是一个潜在的趋势反转信号。如果下影线较长且成交量较大，这可能意味着空头在低位遭遇了强大的多头支撑，市场的下跌动力正在减弱。此时，投资者需要密切关注后续的 K 线走势。如果后续出现阳线且成交量持续放大，可能预示着市场趋势将发生反转。

8）光头阳线

光头阳线是一种只有下影线和阳线实体的 K 线形态，它的收盘价高于开盘价，最高价即为收盘价，没有上影线。这意味着在交易周期内，价格在开盘后可能出现一定的下跌，但随后多头占据主导，将价格一路推高至收盘。

光头阳线显示多头在该交易周期内占据主导地位。下影线的存在表明在开盘后的下跌过程中，价格在低位获得了有力支撑，随后多头开始发力，推动价格上涨。这种支撑可能来源于市场对资产价值的认可、逢低吸纳的投资者或长期投资者的买入行为。下影线越长，说明在低位的支撑越强，多头的反击也越有力。

在上升趋势中，光头阳线是一个积极信号，进一步确认了多头的优势和上涨趋势。这表明市场在上涨过程中具有一定的韧性，即使在开盘时遇到卖盘压力，多头依然能够克服困难并推动价格上涨。每一次出现光头阳线，都可能增强投资者的信心，吸引更多资金流入市场，从而推动价格进一步走高。

当光头阳线出现在市场的低位区域或上涨途中的调整阶段时，它可能是底部反转或调整结束的信号。在低位时，光头阳线表示多头开始在底部积聚力量，逐步扭转市场的下跌趋势。在调整阶段，它意味着市场经过短暂的调整后，多头重新占据上风，上涨趋势将继续。

9）光头阴线

光头阴线是仅有上影线和阴线实体的 K 线形态，其收盘价低于开盘价，最低价就是收盘价，没有下影线。这表示在交易周期内，价格在开盘后上涨，但随后空头占据主导，将价格打压至收盘。

光头阴线显示空头在该交易周期内占据主导地位。上影线的存在说明在开盘后的上涨过程中，价格在高位遇到了较强的阻力，随后空头开始发力，导致价格下跌。这种阻力可能源于获利盘的抛售、市场对价格高估的判断或宏观经济等负面因素对市场情绪的影响。上影线越长，表明在高位的阻力越强，空头的打压力度也越大。

在下降趋势中，光头阴线是对下跌趋势的进一步确认，是一个消极信号。它显示市场在下跌过程中，空头力量依然强劲，即使价格有短暂的反弹，也会被空头迅速打压下去。每次出现这种 K 线形态，可能会加剧市场的悲观情绪，促使更多投资者加入空头阵营，推动价格进一步下跌。

当光头阴线出现在市场的高位区域或者下跌途中的反弹阶段时，它可能是顶部反转或反弹结束的信号。在高位时，光头阴线暗示空头开始在顶部积聚力量，逐步改变市场的上涨趋势。在反弹阶段，它意味着市场经过短暂的反弹后，空头重新占据上风，下跌趋势将继续。

10）带上下影线的阳线

带上下影线的阳线是一种常见的 K 线形态，它既有上影线又有下影线，同时收盘价高于开盘价。这表明在交易周期内，价格经历了波动，开盘后价格既有上涨也有下跌，但最终多头占据优势，使收盘价高于开盘价。

这种 K 线形态反映了多空双方在交易周期内的激烈博弈。上影线代表在上涨过程中多头遇到的阻力，说明在价格上涨到一定程度时，空头开始抛售，对价格形成了压制。下影线则显示在下跌过程中多头获得的支撑，意味着当价格下跌到一定程度时，买盘开始介入。收盘价高于开盘价表明多头在这场博弈中略胜一筹，但过程并非一帆风顺。

在上升趋势中，带上下影线的阳线通常是价格正常波动的表现。它说明市场在上涨过程中存在一定的分歧，既有多头的推动，也有空头的抵抗，但多头的力量仍然足以使价格上涨。上影线和下影线的长度对比可以提供更多信息：如果上影线较短，下影线较长，可能意味着市场在低位的支撑较强，多头更有优势；如果上影线较长，下影线较短，可能表示在高位的阻力较大，但多头目前仍能掌控局面。

在高位出现带上下影线的阳线时，如果上影线很长且成交量较大，可能是一个潜在的顶部反转信号。这表明多头在高位遇到了强大的阻力，市场的上涨动力可能在减弱。在低位出现时，如果下影线很长且成交量较大，可能是一个底部反转信号，暗示空头在低位的打压受到了强有力的抵抗，多头力量在增强。

11）带上下影线的阴线

带上下影线的阴线也是一种常见的 K 线形态，它既有上影线又有下影线，且收盘价低于开盘价。这意味着在交易周期内，价格同样经历了波动，开盘后价格有涨有跌，但最终空头占据优势，导致收盘价低于开盘价。

此 K 线形态体现了多空双方在交易周期内的激烈角逐。上影线表示在价格上涨过程中空头的阻击，说明当价格上升到一定程度时，卖盘开始涌现，抑制了价格的进一步上涨。下影线则反映了在下跌过程中多头的抵抗，意味着当价格下跌到一定程度时，有买盘介入试图支撑价格。收盘价低于开盘价表明空头在这场博弈中稍占上风，不过价格波动过程较为复杂。

在下降趋势中，带上下影线的阴线通常是价格正常波动的表现。这表明市场在下跌过程中存在一定的分歧，空头主导市场，但多头也有一定的抵抗。上影线和下影线的长度对比能提供更多细节：若上影线较短，下影线较长，可能暗示在低位多头抵抗较强，但空头仍控制局势；若上影线较长，下影线较短，可能表示在高位空头的抛售压力更大，价格下跌趋势更明显。

在高位出现带上下影线的阴线时，如果上影线很长且成交量较大，可能是一个潜在的顶部反转信号，表明空头力量在增强，多头在高位的推动受到了强力压制。在低位出现时，如果下影线很长且成交量较大，可能是一个底部反转信号，说明多头在低位的支撑力量较大，空头的打压受到了限制。

12）一字线

一字线是一种特殊的 K 线形态，其开盘价、收盘价、最高价和最低价都相等，在 K 线图上呈现为一条横线。这种情况通常发生在交易非常清淡，或者因重大利好或利空消息导致价格被锁定在一个特定值时。

一字线代表了一种极端的市场状态。当出现一字涨停时，表明市场对该资产的需求异常旺盛，大量买盘在涨停价排队等待买入，但由于涨停限制或没有卖盘愿意在这个价格以下出售，导致价格无法进一步上涨，从而形成一字线。与之相反，当出现一字跌停时，则意味着市场对该资产的抛售意愿极为强烈，大量卖盘在跌停价排队等待卖出。但由于跌停限制或没有买盘愿意在这个价格以上接手，导致价格无法进一步下跌，从而形成一字线。

一字线的出现对市场趋势有着特殊的影响。在上涨趋势中一字涨停通常是对上涨趋势的强化，显示市场的多头情绪极度高涨。这种情况可能吸引更多投资者关注和参与，从而进一步推动市场上涨。但如果一字涨停之后出现开板且成交量异常放大，同时后续 K 线走弱，则可能是上涨趋势结束的信号。

在下跌趋势中，一字跌停进一步强化了下跌趋势，表明市场的恐慌情绪浓厚。若之后跌停板打开且成交量显著放大，同时后续 K 线出现企稳迹象，则可能是下跌趋势缓解或反转。反之，若继续跌停或开板后 K 线仍然疲弱，则表明下跌趋势可能会延续。

5. K 线组合形态及应用

1）上升三阳（见图 8-5）

上升三阳是一种典型的持续上涨的 K 线组合形态，由三根连续的阳线构成。其主要特征表现为：每一根阳线的收盘价均高于前一根阳线的收盘价，且实体部分呈现逐渐增长的趋势。三根阳线在上升过程中，上影线较短或几乎不存在，下影线也较短。这种形态如同三级阶梯，稳步向上攀升，展现出市场积极向上的态势。

在上升三阳形态中，第一根阳线开启了上涨趋势，表明市场中的多方力量开始占据主导地位，积极推动价格上升；第二根阳线在前一根阳线的基础上继续上涨，且实体增长，意味着更多的投资者加入了多方阵营，买入力量进一步增强；第三根阳线的收盘价更高且实体继续增大，显示多方的力量在不断积累，市场的上涨动力愈发强劲，投资者对市场前景的乐观情绪持续升温。当上升三阳形态出现在股价经过一段时间的盘整或回调后，且成交量同步温和放大时，是一个较为可靠的买入信号。

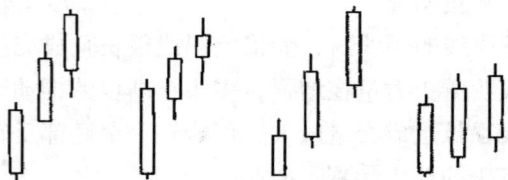

图 8-5　上升三阳

在上升趋势中出现上升三阳时，投资者可以继续持有多头头寸，并根据阳线实体的大小和成交量的变化调整持仓。如果阳线实体逐渐变长且成交量稳定增加，说明上涨趋势强劲，可以适当加仓；如果阳线实体变小或成交量突然放大或缩小，则需要密切关注市场动态，警惕趋势反转的可能性。

2）下降三阴（见图 8-6）

下降三阴是与上升三阳相反的下跌 K 线组合，由三根连续的阴线组成。三根阴线的收盘价依次降低，实体部分逐渐变长，表明价格持续下跌且下跌速度加快。阴线的上影线较短或不存在，下影线也较短，反映出在下跌过程中空方占据绝对优势，多方几乎没有有效的抵抗。

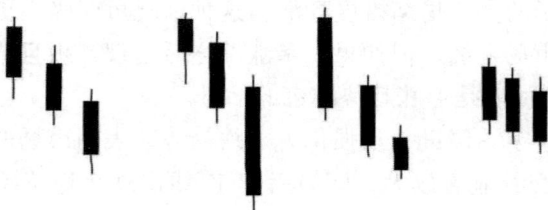

图 8-6　下降三阴

下降三阴形态中，第一根阴线的出现预示着市场趋势的转变，空方开始占据主导地位，推动价格向下运行；第二根阴线的收盘价低于第一根阴线，且实体增长，说明空方力量在进一步增强，更多投资者开始看空市场，抛售压力增大；第三根阴线继续下跌且实体更长，显示空方的力量达到了一个较强的水平，市场的悲观情绪浓厚，投资者纷纷离场，导致价格加速下跌。当下降三阴形态出现在股价高位或上涨趋势末期，且成交量逐渐放大时，这是一个强烈的卖出信号。

3）锤形线（见图 8-7）

锤形线是一种底部反转信号的 K 线形态，通常出现在下跌趋势中。它有较长的下影线，一般为实体部分的两倍以上，下影线越长，表明下方的支撑力度越强。实体部分较小，可以是阳线也可以是阴线；上影线则较短或完全不存在。整体形态看起来像一个锤子，其中锤子的头部为实体部分，手柄为下影线。

在下跌趋势中，锤形线的出现意味着市场在当日经历了先大幅下跌后又大幅反弹的过程。开盘时，空方力量占据主导，推动价格大幅下跌，但在下跌过程中，价格遇到了强大的买盘支撑，多方开始反击，将价格拉回至较高水平，最终收盘价接近开盘价或略高于开盘价。这显示出下方的支撑较强，空方力量逐渐减弱，多方力量开始积聚。这可能预示着市场底部的到来或下跌趋势即将结束。当锤形线出现在股价大幅下跌之后，并且伴随成交量的显著放大时，其反转信号更加可靠。

4）吊颈线（见图 8-8）

吊颈线与锤形线形态相似，但它是一种顶部反转信号，通常出现在上涨趋势中。其特征为有较长的下影线，下影线长度一般大于实体部分的两倍；实体部分较小，可以是阳线也可以是阴线；上影线很短或不存在。整体形态宛如一个人上吊时的颈部，因此得名。

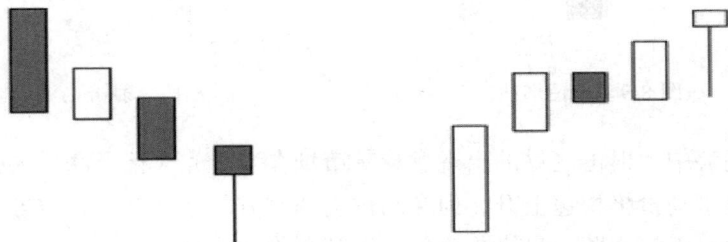

图 8-7　锤形线　　　　　　　图 8-8　吊颈线

在上涨趋势中，吊颈线的出现表明市场在当日先大幅上涨后大幅下跌，但最终收盘价接近开盘价或略低于开盘价。这意味着在上涨过程中，多方力量推动价格上升，但在高位遇到了空方的强烈抵抗，空方力量突然增强，导致价格大幅回落。虽然多方在收盘时勉强维持，但空方力量的显现可能预示着上涨趋势的即将结束或市场顶部的到来。当吊颈线出现在股价大幅上涨之后，且成交量较大时，其顶部反转的可能性较大。

5）倒锤形线（见图 8-9）

倒锤形线是一种潜在的底部反转 K 线形态，通常出现在下跌趋势中。其上影线较长，一般为实体部分的两倍以上，上影线越长，表明上方的压力越大；实体部分较小，可以是阳线也可以是阴线；下影线很短或不存在。整个形态如同一个倒过来的锤子，头部为实体部分，手柄为上影线。

在下跌趋势中，倒锤形线的出现表示市场在当日先上涨后下跌。开盘后，多方力量试图推动价格上涨，但在上涨过程中遇到了空方的强大阻力，导致价格大幅回落，最终收盘价接近开盘价或略低于开盘价。然而，多方的反击也显示出市场下跌动力可能在减弱，空方力量并非绝对主导，存在底部反转的可能性。当倒锤形线出现在股价下跌一段时间后，且成交量有所放大时，投资者可以将其视为一个关注信号。如果后续出现阳线，且成交量继续增加，价格突破倒锤形线上影线的高点，则可能确认底部反转。

6）射击之星（见图 8-10）

射击之星是一种顶部反转的 K 线形态，与倒锤形线相似，但出现在上涨趋势中。其特点是上影线较长，通常是实体部分的两倍以上，上影线越长，顶部反转的信号越强；实体部分较小，可以是阳线也可以是阴线；下影线很短或不存在。整体形态如同一个射出的子弹，上影线为子弹飞行的轨迹，实体部分为弹壳。

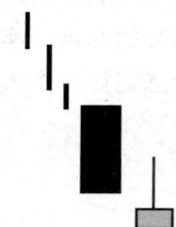

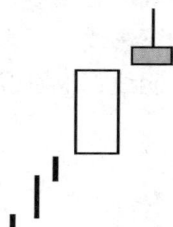

图 8-9　倒锤形线　　　　　　　图 8-10　射击之星

在上涨趋势中，射击之星的出现意味着市场在当日先大幅上涨后大幅下跌。开盘后，多方力量推动价格快速上升，但在高位遭遇空方的强烈打压，空方力量突然占据主导，导致价格大幅回落，最终收盘价接近开盘价或略高于开盘价。这表明市场在顶部区域的多空力量发生了重大变化，空方力量开始增强，上涨趋势可能即将结束。

当射击之星出现在股价大幅上涨之后，且成交量较大时，应高度警惕顶部反转的风险。此时可以考虑减仓或卖出股票，以锁定利润。如果在射击之星之后出现阴线，且成交量持续放大，价格跌破射击之星实体部分的低点，则进一步确认顶部反转。

7）曙光初现（见图 8-11）

曙光初现是一种底部反转 K 线组合形态，由两根 K 线组成。第一根是阴线，延续了之前的下跌趋势；第二根是阳线，且阳线的收盘价深入到第一根阴线实体的一半以上。阳线实体越长，反转信号越强。这两根 K 线形成了一种"阴尽阳生"的视觉效果，仿佛黑暗中透出了曙光。

在下跌趋势中，曙光初现形态的出现表明市场在经历了一段时间的下跌后，空方力量逐渐减弱，多方力量开始积聚并发起反击。第一根阴线反映了空方在下跌趋势中的主导地位，而第二根阳线的出现，尤其是其收盘价深入阴线实体一半以上，显示出多方力量强大到足以扭转市场的下跌趋势，预示着市场可能即将见底回升。

当曙光初现形态出现在股价大幅下跌之后，且成交量有所放大时，这是一个较为可靠的买入信号。可以在第二根阳线收盘时或后续交易日中，逢低买入股票。如果在曙光初现之后，价格能够持续上涨，且成交量稳定增加，那么底部反转的可能性就更大。然而，如果在曙光初现之后价格出现反复或成交量没有明显变化，则需要谨慎对待，市场可能仍需进一步筑底。

8）乌云盖顶（见图 8-12）

乌云盖顶是一种顶部反转的 K 线组合，与曙光初现相反，同样由两根 K 线组成。第一根是阳线，表示市场处于上涨趋势；第二根是阴线，且阴线的开盘价高于第一根阳线的收盘价，同时阴线的收盘价深入到第一根阳线实体的一半以下。阴线实体越长，反转信号越强。这两根 K 线组合在一起，就像晴朗的天空中突然出现了乌云，预示着市场可能即将发生趋势逆转。

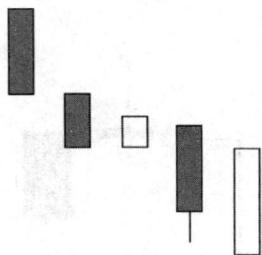

图 8-11　曙光初现　　　　　　　　　　图 8-12　乌云盖顶

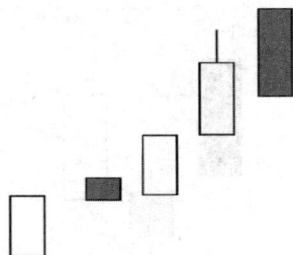

在上涨趋势中，乌云盖顶形态的出现意味着市场在高位发生了多空力量的逆转。第一根阳线显示多方在上涨过程中的主导地位，但第二根阴线的开盘价高于前一日阳线的收盘价，且收盘价深入阳线实体一半以下，表明空方力量突然增强，大量卖盘涌现，打压价格大幅下跌，可能预示着上涨趋势的结束和市场顶部的到来。

当乌云盖顶形态出现在股价大幅上涨之后，且成交量较大时，应高度警惕顶部反转的风险，考虑卖出股票。如果在乌云盖顶之后出现阴线，且成交量持续放大，价格跌破乌云盖顶形态中阳线实体的低点，则进一步确认了顶部反转的可能性。

9）早晨之星（见图 8-13）

早晨之星是一种经典的底部反转 K 线组合，由三根 K 线组成。第一根是阴线，延续了之前的下跌趋势，表明市场在该阶段空方力量占据优势。第二根是小实体 K 线（可以是阴线也可以是阳线），且带有较长的下影线。下影线越长，表明下方支撑越强。这根 K 线显示市场在下跌过程中遇到了一定的支撑，多空双方的力量开始发生变化。第三根是阳线，其实体深入到第一根阴线实体的内部，说明多方力量开始占据主导，推动价格上涨，预示着市场可能迎来反转。

在下跌趋势中，早晨之星的出现是市场情绪逐渐从悲观转向乐观的信号。第一根阴线体现了空方的强势，但第二根带长下影线的小实体 K 线表明市场在低位出现了买盘介入，空方力量受到一定程度的遏制。第三根阳线的出现进一步确认了多方力量的崛起，多方开始主导市场走势，可能意味着市场底部已经形成或即将形成，上涨趋势有望开启。

当早晨之星形态出现在股价下跌一段时间后，并且成交量在第三根阳线出现时有所放大，这通常是一个较为可靠的买入信号。

10）黄昏之星（见图 8-14）

黄昏之星是与早晨之星相对应的顶部反转 K 线组合，由三根 K 线组成。第一根是阳线，显示市场处于上涨趋势，多方力量主导。第二根是小实体 K 线（阴线或阳线），带有较长的上影线，上影线越长，表明上方压力越大。这根 K 线表明市场在上涨过程中遇到了空方的阻力，多空双方力量开始发生变化。第三根是阴线，其实体深入到第一根阳线实体内部，意味着空方力量占据主导，价格开始下跌，预示着市场可能迎来顶部反转。

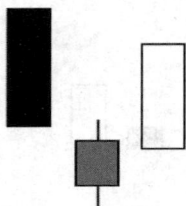

图 8-13　早晨之星　　　　图 8-14　黄昏之星

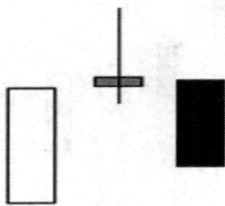

在上涨趋势中，黄昏之星的出现是市场情绪从乐观转向悲观的信号。第一根阳线体现了多方的强势，但第二根带有上影线的小实体 K 线显示市场在高位遇到了空方的抵抗，多方力量受到一定程度的削弱。第三根阴线的出现则进一步确认了空方力量的增强，空方开始主导市场走势，可能意味着市场顶部已经形成或即将形成，下跌趋势可能即将开启。

当黄昏之星形态出现在股价大幅上涨之后，且成交量在第二根或第三根 K 线出现时有所放大，应高度警惕顶部反转的风险，宜考虑卖出股票。如果在黄昏之星之后出现阴线，且成交量持续放大，价格跌破黄昏之星形态中阳线实体的低点，则进一步确认顶部反转。

案例讨论 8.1　K 线组合形态的识别

8.2.3　形态理论

证券市场中的价格波动并非毫无规律可循，而是受多种因素如宏观经济状况、行业发展趋势、公司基本面及市场参与者心理等综合影响。这些因素的变化在价格走势上留下痕迹，形成各种特定的形态。通过对这些形态的识别和分析，投资者可以推断市场多空力量的对比变化，进而预测价格趋势的延续或反转。

形态理论将价格形态分为反转形态和持续形态两大类。反转形态通常出现在市场趋势的转折点，预示着原有趋势即将结束、新的趋势即将开始；持续形态则出现在市场趋势的行进过程中，表明市场在经过短暂调整后将继续沿原有趋势运行。

1. 反转突破形态

1）头肩顶和头肩底

（1）头肩顶（见图 8-15）。由左肩、头部和右肩三部分组成。左肩和右肩的高度大致相等，且低于头部；成交量在左肩和头部形成时相对较大，右肩形成时成交量通常较小；连接左肩和头部回调低点及头部和右肩回调低点的直线称为颈线，当价格跌破颈线时，头肩顶形态完成。

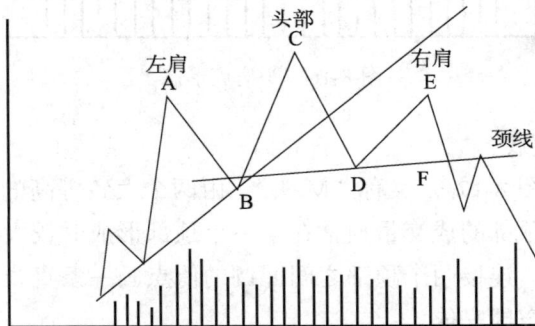

图 8-15　头肩顶形态

头肩顶是一种强烈的顶部反转信号。在上涨趋势中，左肩的形成表示市场多头力量仍占据主导，但在头部形成时，多头力量已开始减弱，空头力量逐渐增强，导致价格无法继续创新高。右肩的出现进一步确认了空头的优势，而颈线的跌破则意味着市场趋势彻底反转，下跌趋势即将展开。

当价格跌破颈线时，是一个卖出信号，投资者应果断离场。若右肩形成后价格未向下突破颈线，反而掉头回升，这说明该形态未形成，不表示趋势反转的信号。一般情况下，价格跌破颈线后的跌幅至少为头部到颈线垂直距离的一倍。在形态形成过程中，成交量的变化可以辅助判断形态的有效性，左肩和头部成交量大，而右肩成交量小是较为典型的特征。

扩展阅读 8.4　失败的"头肩顶"形态

（2）头肩底（见图 8-16）。与头肩顶形态相反，由左肩、头部和右肩构成，方向向上。左肩和右肩的低点大致相等，且高于头部；成交量在头部和右肩形成时相对较大，左肩形成时成交量相对较小；连接左肩和头部反弹高点以及头部和右肩反弹高点的直线为颈线，当价格突破颈线时，头肩底形成。

头肩底是一种可靠的底部反转形态。在下跌趋势中，左肩的形成显示出空方力量强大，但在头部形成时空方力量开始衰竭，多方力量逐渐积聚。右肩的出现表明多方在与空方的争夺中逐渐占据上风，颈线的突破则预示着市场将迎来上涨趋势。

价格突破颈线是买入信号，投资者可考虑建仓。突破颈线时往往伴随着成交量的显著放大，这增加了形态反转的可信度。止损位可设置在颈线下方一定距离处，以控制风险。

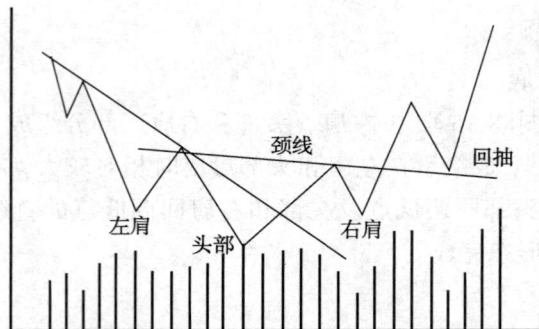

图 8-16　头肩底形态

2）双重顶和双重底

（1）双重顶（见图 8-17）。又称"M 头"，由两个大致等高的顶部组成，中间间隔一段回调走势。两个顶部的成交量通常在第一个顶部形成时较大，而在第二个顶部形成时成交量相对较小。连接两个顶部之间回调的低点画一条直线，即颈线。当价格跌破颈线时，双重顶形态即完成。

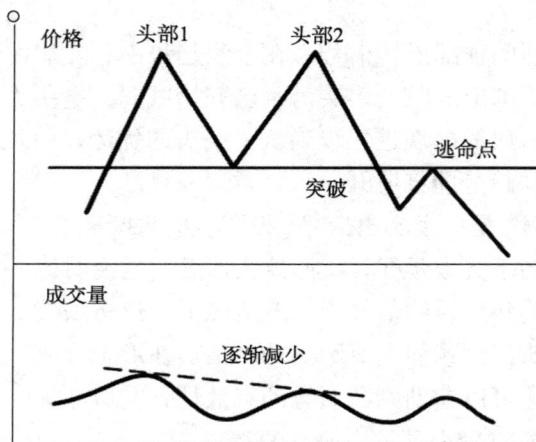

图 8-17　双重顶形态

在上涨趋势中，第一个顶部的形成表示市场多头力量遇到阻力，但仍有一定的上涨动力。然而，在第二个顶部形成时，多头无法突破前高，表明上涨动力减弱，空方力量增强。颈线的跌破则确认了市场趋势的反转，预示着下跌行情的到来。

价格跌破颈线时，是卖出的时机，投资者应及时止损或止盈。下跌目标位可参考从顶部到颈线的垂直距离，从颈线跌破点向下测量。在形态形成过程中，若第二个顶部的成交量明显小于第一个顶部，且价格跌破颈线时成交量放大，则形态的可靠性更高。

（2）双重底（见图 8-18）。也称"W 底"，与双重顶形态相反，由两个大致等高的底部组成，中间间隔一段反弹走势。第二个底部形成时，成交量通常较小；第一个底部的成交量相对较大。连接两个底部之间反弹高点的直线称为颈线，当价格突破颈线时，双重底形态确立。

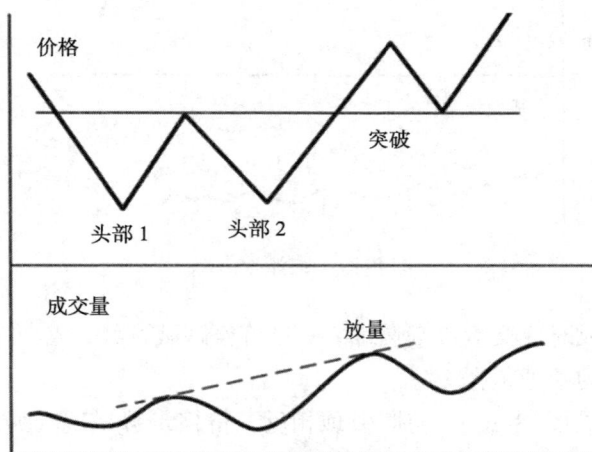

图 8-18　双重底形态

在下跌趋势中，第一个底部的出现表明空方力量开始减弱，多方力量逐渐积聚。第二个底部的形成且高于第一个底部，显示多方力量进一步增强。当价格突破颈线时，这意味着市场趋势反转，上涨趋势即将开启。

当价格突破颈线时，这是一个买入信号，投资者可以适量买入。突破颈线时成交量的放大有助于确认形态的有效性。目标价位可根据底部到颈线的垂直距离计算，从颈线突破点向上推算。同时，投资者应关注颈线的支撑或阻力作用，在后续走势中，若价格回抽颈线并获得支撑，可视为进一步的买入机会；若价格跌破颈线，则可能预示着形态失败。

3）圆弧顶和圆弧底

（1）圆弧顶（见图 8-19）。价格走势呈现出一种圆弧形的顶部形态。在顶部形成过程中，价格上涨的速度逐渐减缓，随后转为缓慢下跌，形成一个类似圆弧的形状。成交量在顶部形成过程中也呈现出逐渐萎缩的趋势，从上涨时的较大成交量逐渐减少至下跌时的较小成交量。

圆弧顶的形成反映了市场中多空力量的逐渐转变。在上涨初期，多方力量强劲，但随着价格的持续上涨，多方力量逐渐减弱，而空方力量则逐渐增强，且这种转变是渐进的，没有明显的转折点。当价格达到顶部并开始反转时，空方力量已经占据主导，预示着市场趋势将由涨转跌。

由于圆弧顶形态的形成过程较为缓慢，投资者较难准确判断顶部的形成时间。一般来说，当价格跌破圆弧顶形态的颈线（圆弧的切线）时，可视为卖出信号。同时，

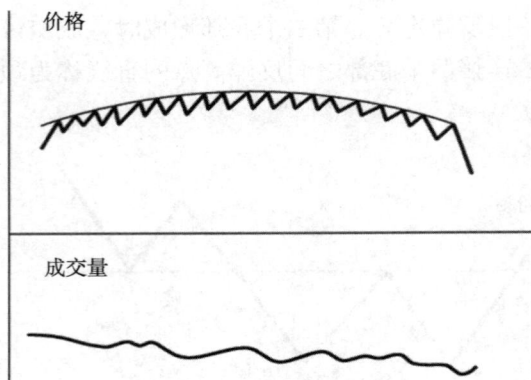

图 8-19　圆弧顶形态

由于圆弧顶形态形成时成交量逐渐萎缩，一旦价格跌破颈线，成交量可能会出现放大，这也可以作为卖出的参考依据。

（2）圆弧底（见图 8-20）。与圆弧顶相反，价格走势呈现圆弧形的底部形态。在底部形成过程中，价格下跌速度逐渐变缓，然后转为缓慢上涨，形成圆弧状。成交量在底部形成过程中逐渐放大，从下跌时的较小成交量逐渐增加到上涨时的较大成交量。

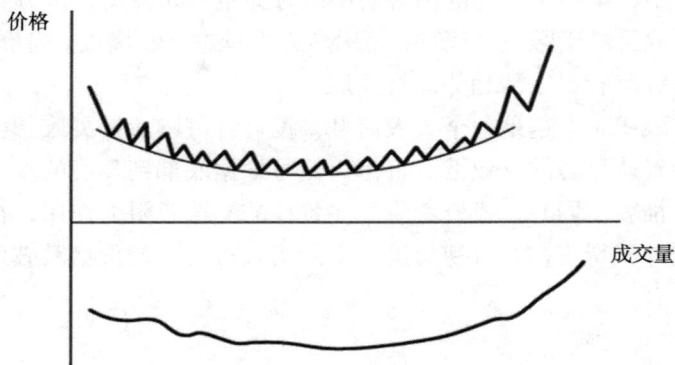

图 8-20　圆弧底形态

圆弧底的形成过程体现了市场空方力量的逐渐衰竭和多方力量的逐渐积聚。在下跌初期，空方力量占优，但随着价格的不断下跌，空方力量逐渐减弱，多方力量开始慢慢积聚，这种变化是缓慢而渐进的。当价格在底部企稳并开始上涨时，多方力量已经占据优势，预示着市场趋势将由跌转涨。

对于圆弧底形态，当价格突破圆弧底形态的颈线（圆弧的切线）时，为买入信号。在突破时，成交量的显著放大可以增加形态反转的可信度。投资者可以在突破颈线后适当买入，并设置好止损位，以防形态失败。同时，圆弧底形态形成时间较长，投资者需要有足够的耐心等待形态的完成和确认。

4）V 形反转

V 形反转是一种急剧的反转形态，其特点是价格在短时间内快速下跌或上涨后，又迅速反转方向，形成一个类似于"V"字形或倒"V"字形的走势。在下跌的 V 形反转中，价格通常在短期内大幅下跌，随后迅速止跌回升，且回升速度较快；在上涨的 V 形反转中，价格短期内快速上涨，然后突然转折向下，下跌速度也很快。V 形反转形态在形成过程中，成交量往往在反转点附近出现明显的放大。

V 形反转的形成通常是由于市场受到突发的重大利好或利空消息影响，导致投资者情绪发生急剧变化，多空力量瞬间失衡。在下跌的 V 形反转中，市场原本处于下跌趋势，空方力量占据主导地位，但突发的利好消息使多方力量迅速崛起，空方来不及反应，价格便快速反转上涨。在上涨的 V 形反转中，市场处于上涨趋势，多方主导市场，但突然的利空消息使空方力量瞬间爆发，多方难以抵挡，价格快速下跌。

由于 V 形反转形态的形成非常迅速，投资者很难在反转发生前准确预测。对于下跌的 V 形反转，当价格出现快速止跌回升且成交量明显放大时，投资者可以考虑买入，但要注意控制风险，设置好止损位，因为 V 形反转后的上涨趋势可能会出现短期调整。对于上涨的 V 形反转，当价格快速转折向下且成交量放大时，投资者应及时卖出，以避免损失扩大。在实际操作中，投资者可以结合其他技术分析方法，如 K 线形态、技术指标等来辅助判断 V 形反转的有效性。

2. 持续整理形态

1）三角形整理

三角形整理形态包括对称三角形、上升三角形和下降三角形三种。

（1）对称三角形（见图 8-21）。由一系列价格波动组成，其高点逐渐降低，低点逐渐升高，连接高点和低点分别形成两条收敛的直线，整体形状类似对称三角形。成交量在形态形成过程中逐渐萎缩，反映出市场多空双方的力量逐渐趋于平衡。在形态

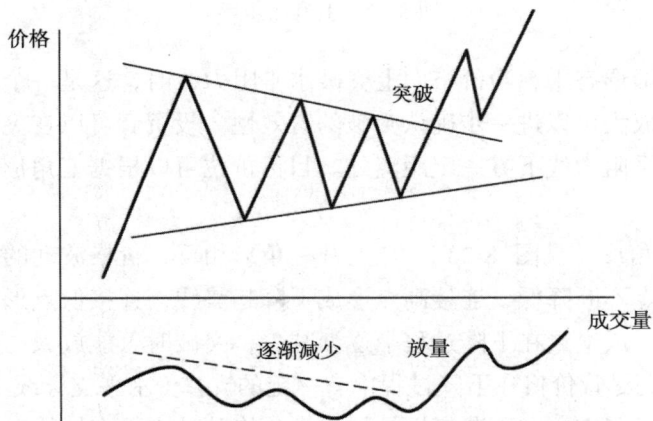

图 8-21　对称三角形

形成过程中，双方都在积蓄力量，等待突破的方向。这种平衡状态通常不会持续太久，最终市场会朝某一方向突破，形成新的趋势。

一般情况下，价格在三角形内波动的时间越长，突破后的走势越强劲。投资者可以在形态形成过程中密切关注成交量的变化。当成交量极度萎缩时，可能预示着突破即将来临。对于突破方向的判断，可以结合市场的整体趋势、基本面等因素，若向上突破，可考虑买入；若向下突破，则可考虑卖出或做空。同时止损位可设置在三角形边界线附近，以控制风险。

（2）上升三角形（见图 8-22）。价格波动的高点基本保持在同一水平线上，而低点则不断抬高。连接高点可以形成一条水平阻力线，连接低点则形成一条上升趋势线，两者构成上升三角形。成交量在上升过程中相对稳定，但在突破时可能会放大。这显示多方力量在逐渐增强，尽管在上升过程中遇到一定的阻力（水平阻力线），但每次回调的低点都在抬高，表明多方在不断积聚力量试图突破阻力。一旦突破水平阻力线，上升趋势有望加速。

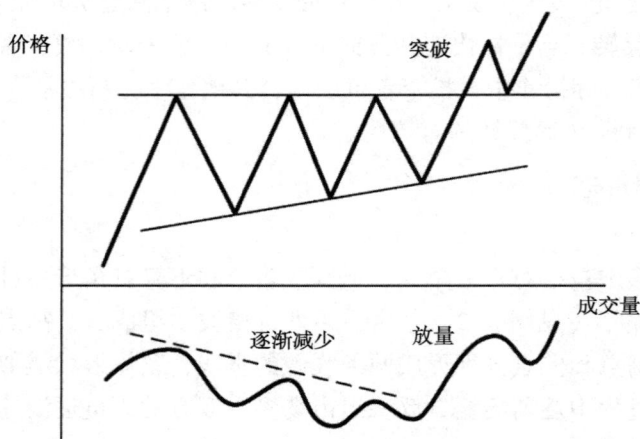

图 8-22　上升三角形

在上升三角形形态中，当价格向上突破水平阻力线时，这是一个较为可靠的买入信号。成交量的放大可以进一步确认突破的有效性。投资者可以在突破时买入，并将止损位设置在水平阻力线下方一定距离处。目标价位可以根据三角形的高度，从突破点向上计算。

（3）下降三角形（见图 8-23）。与上升三角形相反，价格波动的低点基本维持在同一水平，而高点不断降低，连接高点形成下降趋势线，连接低点形成水平支撑线，构成下降三角形。成交量在下降过程中逐渐减少，突破时可能放大。这意味着空方力量逐渐占据优势，尽管价格在下降过程中有一定的支撑（水平支撑线），但每次反弹的高点都在降低，说明空方在不断打压价格，当价格跌破水平支撑线时，下降趋势可能加剧。

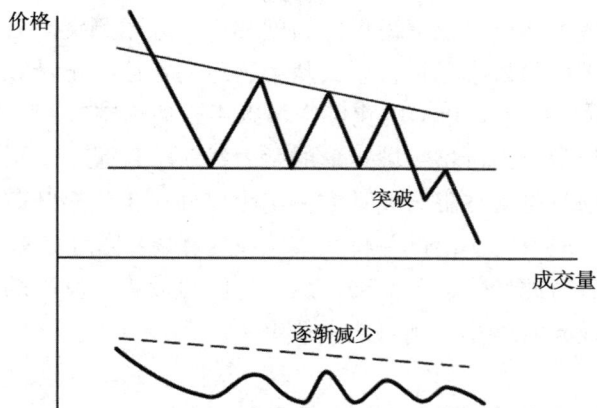

图 8-23　下降三角形

　　价格向下突破水平支撑线时是卖出信号，成交量放大可增强信号的可信度。投资者应及时卖出股票或进行做空操作，止损位可设置在水平支撑线上方一定距离处。下跌目标价位可根据三角形高度从突破点向下估算。同时，在突破后价格可能会有回抽确认的过程，若回抽时受到支撑线或阻力线的有效阻挡，则进一步确认突破的有效性。

　　2）矩形整理（见图 8-24）

　　矩形整理形态又称箱形整理，价格在一段时间内波动于两条平行的水平直线之间，上方直线为阻力线，下方直线为支撑线。价格在阻力线和支撑线之间来回波动，形成一个矩形区间。成交量在矩形区间内呈现出不规则的波动，但总体上在接近突破时可能会出现放大或缩小的变化。

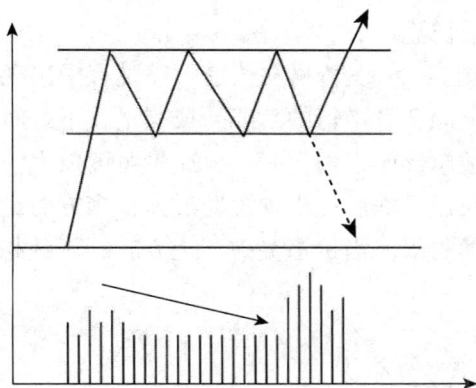

图 8-24　矩形

　　矩形整理形态表明市场在一段时间内处于多空平衡状态，多方在价格下跌至支撑线附近时买入，从而推动价格上涨；空方在价格上涨至阻力线附近时卖出，打压价格下跌。双方力量相对均衡，使价格在矩形区间内波动。然而，这种平衡状态不会持续太久，最终市场将突破矩形区间，形成新的趋势。

在矩形整理形态中，可以根据矩形的高度和宽度来预测突破后的价格走势。矩形的高度可以作为突破后的最小目标价位，从突破点向上或向下计算（向上突破则加上高度，向下突破则减去高度）。矩形的宽度则可以用来估算突破所需的时间，宽度越大，突破所需时间可能越长。当价格突破矩形的阻力线时，这是一个买入信号，可以在突破时买入，并将止损位设置在阻力线下方一定距离处；当价格跌破矩形的支撑线时，这是一个卖出信号，应及时卖出，并将止损位设置在支撑线上方一定距离处。同时，要注意成交量在突破时的变化，若突破时成交量明显放大，突破的有效性更高；若成交量没有明显变化或异常缩小，则可能是假突破。

3）旗形整理

旗形整理形态包括上升旗形和下降旗形两种。

（1）上升旗形（见图 8-25）。在价格快速上涨过程中，市场可能会出现一段短期的整理走势，其波动高点和低点分别连接起来形成两条向下倾斜且相互平行的直线，形似旗帜。成交量会在上涨过程中逐渐放大，而在旗形整理区间内逐渐萎缩。当价格突破旗形的上边界时，成交量再次放大。上升旗形是上涨趋势中的短暂休整形态，表明市场在快速上涨后，部分获利盘回吐，空方力量暂时占据一定优势，从而导致价格回调，但回调幅度有限，且价格在两条平行线之间波动。随着整理的进行，多方力量重新积聚，当价格突破上边界时，上涨趋势将继续。

在旗形整理过程中，需要观察成交量的变化。当成交量萎缩至较低水平且价格接近旗形下边界时，价格调整可能接近尾声，可以考虑适当买入。当价格突破旗形上边界时，这是一个明确的买入信号，应加仓买入。止损位可设置在旗形下边界下方一定距离处。目标价位可以根据旗杆的高度（从旗形整理前的上涨起点到旗形上边界的垂直距离），从突破点向上计算。

（2）下降旗形（见图 8-26）。价格在快速下跌过程中出现短期整理，波动的高点和低点连接形成两条向上倾斜且平行的直线。成交量在下跌时逐渐放大，在旗形整理区间内减少，当价格突破旗形的下边界时，成交量再度放大。下降旗形是下跌趋势中的休整，意味着市场在快速下跌后，出现短期反弹，多方力量有所增强，但整体空方力量仍占主导，反弹高度受限。当价格突破下边界时，下跌趋势将延续。

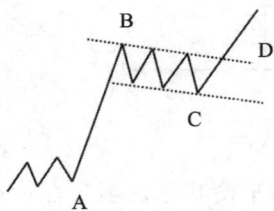

图 8-25　上升旗形　　　　　图 8-26　下降旗形

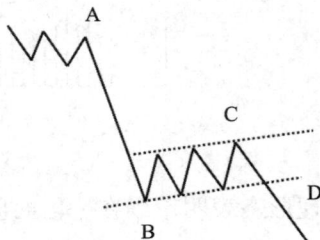

在下降旗形形态中，当价格接近旗形上边界且成交量较小，可考虑适当卖出或做

空。当价格突破旗形下边界时，应加大卖出或做空力度。止损位设置在旗形上边界上方一定距离处。下跌目标价位根据旗杆高度从突破点向下估算。同时，要注意旗形整理的时间不宜过长，否则形态可能失效，市场趋势可能发生变化。

4）楔形整理

楔形整理形态分为上升楔形和下降楔形。

（1）上升楔形（见图 8-27）。价格波动的高点和低点均逐渐抬高，但高点连线的斜率小于低点连线的斜率，两条线收敛形成上升楔形。成交量在形态形成过程中逐渐减少。虽然价格看似在上升，但这种上升趋势较弱，是一种反转前的调整形态。随着楔形的收敛，市场多空力量逐渐发生变化，空方力量在增强，多方力量在减弱，最终价格可能向下突破，开启下跌趋势。

应用中应密切关注价格在上升楔形中的走势，当价格接近楔形上边界且成交量较小，可考虑逐步卖出股票。若价格向下突破楔形下边界，应果断离场，因为这可能是下跌趋势的开始。止损位可设置在楔形上边界上方一定距离处。

（2）下降楔形（见图 8-28）。价格波动的高点和低点均逐渐降低，但高点连线的斜率大于低点连线的斜率，两条线收敛形成下降楔形。成交量也呈逐渐减少的趋势。尽管价格在下降，但下跌趋势在逐渐减弱，是一种潜在的反转形态。在楔形形成过程中，多方力量在积聚，空方力量在消耗，当价格向上突破时，可能预示着上涨趋势的开始。

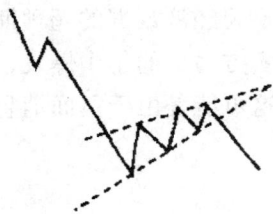

图 8-27　上升楔形　　　　图 8-28　下降楔形

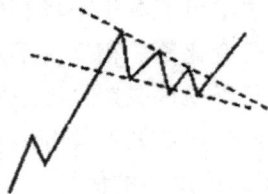

在下降楔形形态中，当价格接近楔形下边界且成交量低迷时，可以开始关注并准备买入。一旦价格向上突破楔形上边界，且成交量明显放大，是较为可靠的买入信号，应积极买入。目标价位可以根据楔形的高度，从突破点向上计算。同时，需要注意楔形整理形态的时间跨度，时间过长可能会影响形态的有效性。

案例讨论 8.2　形态的确认

8.2.4　缺口理论

缺口是指在证券价格走势图中，由于交易价格的跳空而形成的一段没有交易的价格区域（见图 8-29）。在 K 线图上表现为相邻的两根 K 线之间存在一个空白区间，即后一根 K 线的开盘价高于前一根 K 线的最高价（向上跳空缺口），或者后一根 K 线的收盘价低于前一根 K 线的最低价（向下跳空缺口）。例如，某股票前一交易日的最高价为 100 元，收盘价为 98 元，而在次日开盘时，直接以 102 元开盘，那么在 100 元至 102 元之间就形成了一个向上的缺口。

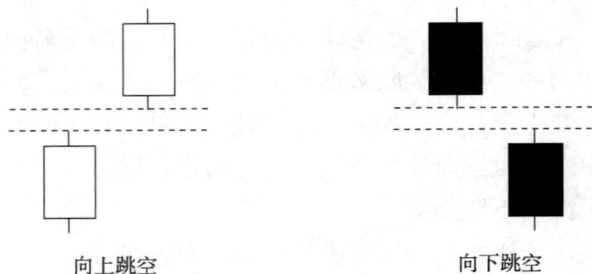

向上跳空   向下跳空

图 8-29　缺口形态

1. 意义

1）市场情绪的直观反映

缺口的出现是市场供需关系在短期内急剧失衡的结果，直接体现了投资者情绪的强烈波动。在上升缺口形成时，表明市场买方力量在开盘时突然增强，投资者对市场前景极度乐观，愿意以高于前一交易日收盘价的价格大量买入股票，推动股价跳空高开。这种乐观情绪可能源于市场利好消息的刺激、宏观经济数据的超预期表现或者公司基本面的积极变化等。相反，下降缺口则反映出卖方力量的集中爆发，投资者对市场前景悲观，急于抛售股票，导致股价跳空低开，这可能是由于负面消息冲击、宏观经济环境恶化或公司业绩不佳等因素引发的。

2）趋势延续或反转的信号

缺口在技术分析中具有重要的趋势指示作用。当市场处于上升趋势中，出现上升缺口且后续交易日股价能够维持在缺口上方运行，通常意味着当前的上涨趋势将继续强化，多方力量占据主导地位，并且具有足够的动力推动股价进一步攀升。这是因为上升缺口的形成是多方力量强势的表现，吸引了更多的跟风买盘进入市场，进一步推动股价上涨。反之，在下跌趋势中，下降缺口的出现及后续股价在缺口下方运行，预示着下跌趋势可能延续，空方力量仍然强劲。然而，若在趋势发展过程中出现反向缺口，即上升趋势中出现下降缺口或下跌趋势中出现上升缺口，则可能是趋势反转的信号，表明市场力量对比正在发生变化，原有的趋势可能即将结束，新的趋势即将开启。

3）支撑与阻力的重要参考

缺口所在的价位区域在后续市场走势中往往会形成重要的支撑或阻力水平。对于上升缺口而言，其缺口的上边缘在股价回调时可能提供支撑作用。这是因为在缺口形成时，大量投资者在该价位上方买入股票，形成了一定的成本集中区域。当股价回调至该区域时，这些投资者可能会再次买入，从而阻止股价进一步下跌，使该区域成为支撑位。同理，下降缺口的下边缘在股价反弹时可能构成阻力位，因为在缺口形成时，大量投资者在该价位下方卖出股票。当股价反弹至该区域时，这些投资者可能会选择卖出，增加卖压，阻止股价继续上涨。这种支撑与阻力作用在技术分析中对于投资者判断股价的波动范围、制定买卖策略具有重要的参考价值。

2. 类型与特征

1）普通缺口

普通缺口通常出现在股价波动的整理区域，即市场处于相对平衡状态，没有明显的趋势方向时。其形态表现为股价在相邻两个交易日之间出现较小的跳空缺口，缺口的宽度一般较窄，成交量在缺口形成时没有明显的异常变化。普通缺口的上下边缘相对较为平滑，与周围的股价走势连贯性较强，没有明显的突兀感。

普通缺口主要是由于市场在短期内的随机波动或流动性暂时失衡所导致。例如，在交易清淡的时期，少量的买卖指令可能导致股价出现微小的跳空。这种缺口可能受到一些短期、非根本性因素的影响，如隔夜的小道消息、短期资金的进出等，但这些因素不足以改变市场的整体格局，市场在短期内仍然维持在一个相对稳定的区间内波动。

2）突破缺口

突破缺口往往出现在股价突破重要的技术阻力位或支撑位时，如长期盘整区间的上边界或下边界、重要的移动平均线等。其缺口宽度相对较大，显示出市场力量的突然增强。在突破缺口形成时，成交量通常会显著放大，这是因为大量投资者在突破瞬间积极参与交易，推动股价快速脱离原有区间。突破缺口的方向与股价突破的方向一致，向上突破时形成上升缺口，向下突破时形成下降缺口。

当股价接近重要的技术关卡时，市场多空双方的分歧逐渐加大。一旦多方或空方获得决定性优势，就会引发大量投资者的跟风操作，导致股价快速突破原有区间，形成突破缺口。例如，公司发布重大利好消息，如新产品研发成功、获得大额订单等，使投资者对公司未来盈利预期大幅提高，多方力量迅速聚集，推动股价向上突破盘整区间，形成向上的突破缺口。

3）持续缺口

持续缺口也称为逃逸缺口，常出现在股价的快速上涨或下跌趋势中，是对原有趋势的一种加速确认。其缺口宽度通常比突破缺口略小，但仍较为明显。持续缺口的出现表明市场趋势在短期内将持续且加速运行，股价沿着缺口方向快速移动。在持续缺口形成时，成交量通常保持在较高水平，但不一定会超过突破缺口时的成交量。持续缺口的连续性较强，与前后的股价走势形成流畅的趋势线。

在趋势形成后，市场参与者对趋势的认同度不断提高，导致更多资金流入市场，进一步推动股价加速上涨或下跌。例如，在牛市行情中，随着股价的不断上涨，越来越多的投资者看到盈利机会，纷纷买入股票，使股价加速上升，形成持续缺口。持续缺口的出现进一步增强了市场的乐观或悲观情绪，吸引更多资金跟风入场，推动趋势的持续发展。

4）衰竭缺口

衰竭缺口通常出现在股价趋势的末端，无论是上涨趋势还是下跌趋势。其缺口宽度相对较小，但在某些情况下也可能较大。衰竭缺口形成时，成交量往往呈现出异常放大的特征，这是市场最后疯狂的表现。股价在形成衰竭缺口后，通常会迅速反转方向，与原趋势背道而驰。衰竭缺口的出现具有突然性，与前后的股价走势可能存在一定的脱节感。

在趋势的末期，市场情绪达到极端状态，投资者过度乐观或悲观。例如，在牛市末期，投资者盲目追高，忽视了股票的估值风险，大量资金涌入市场，推动股价在短期内过度上涨，形成衰竭缺口。然而，这种过度上涨缺乏基本面支撑，当市场资金供应无法持续时，股价便会出现反转。衰竭缺口的出现标志着市场能量的耗尽，趋势即将结束并反转。

5）除权缺口

除权缺口是由于上市公司进行送股、配股、转增股本等除权操作而产生的股价跳空现象。缺口的大小取决于除权的比例，除权比例越高，缺口越大。除权缺口在 K 线图上表现为一个突然的价格断层。与普通缺口不同的是，除权缺口是公司股本结构变化的结果，并非市场供需关系的直接反映。除权后，股价会根据除权公式进行调整。通常情况下，除权日会出现一个向下的跳空缺口（在送股、转增股本等情况下）或向上的跳空缺口（在配股且配股价高于除权前股价时）。

3. 应用

1）买入策略

突破缺口买入：当股价向上形成突破缺口，且成交量显著放大时，表明市场多头力量强劲，股价有望开启一轮上涨趋势。投资者可以在突破缺口形成后的短期内，选择合适的时机买入股票。一般情况下，可以在股价回调至缺口上边缘附近，且获得支撑企稳时买入。此时可以将止损位设置在缺口下边缘下方一定距离处，以控制风险。如果股价能够在缺口上方持续运行，并在后续交易日继续上涨，投资者可以继续持有股票，以享受趋势带来的收益。

持续缺口买入（谨慎）：在上涨趋势中出现持续缺口时，虽然趋势加速上涨，但此时买入的风险相对较高，因为股价已经经历了一定的涨幅。如果投资者决定在持续缺口出现时买入，需要更加谨慎。建议结合其他技术指标，如相对强弱指标（RSI）、移动平均线等，判断市场是否处于超买状态。若指标显示市场尚未过度超买，且股价在持续缺口上方运行稳定，同时成交量保持在合理水平，投资者可以少量买入。但需严格控制仓位，并设置较窄的止损位。一旦股价出现反转，必须及时止损。

2）卖出策略

反转信号卖出：当股价在上涨趋势中出现下降缺口，尤其是衰竭缺口时，这可能是趋势反转的强烈信号。投资者应密切关注成交量的变化。如果成交量在缺口形成时异常放大，且后续股价无法收复缺口，应果断卖出股票。可以将止损位设置在缺口上边缘上方一定距离处，以防股价反弹。在下跌趋势中，如果出现上升缺口，且成交量放大，也可能是下跌趋势暂时缓解或反转的信号。但投资者需要进一步观察市场走势，确认是否为真正的反转。若后续股价未能持续上涨，仍应考虑卖出或做空。

支撑阻力位卖出：对于普通缺口和除权缺口，虽然它们本身并不直接指示趋势反转，但在股价波动过程中，这些缺口所在的价位区域可能形成支撑或阻力。当股价上涨至除权缺口下边缘（如果是向下除权）或普通缺口上边缘附近，且遇到明显阻力，成交量放大但股价无法有效突破时，投资者可以考虑卖出股票，锁定利润或避免损失扩大。同理，在股价下跌至普通缺口下边缘或除权缺口上边缘（如果是向上除权）附近，若获得支撑但反弹无力，也可作为卖出的参考时机。

3）趋势判断与确认

缺口与趋势方向：通过观察缺口的类型和方向，可以辅助判断市场趋势。上升缺口在趋势判断中具有积极意义，若连续出现多个上升缺口，且成交量配合良好，表明市场处于强劲的上涨趋势中。相反，连续的下降缺口则显示市场处于下跌趋势。投资者可以根据缺口的出现频率、宽度以及成交量等因素，综合判断趋势的强度和可持续性。

趋势延续与反转确认：持续缺口的出现是对趋势延续的确认。在上涨趋势中，持续缺口表明多方力量依然主导市场，股价将继续上涨；在下跌趋势中，持续缺口则意味着空方力量强大，下跌趋势将持续。而衰竭缺口的出现则是趋势反转的重要预警信号。尤其是当衰竭缺口伴随着成交量的异常放大和股价走势的反转迹象时，投资者应高度警惕趋势的转变，及时调整投资策略。

案例讨论 8.3　缺口类型的判断

8.2.5　切线理论

1. 支撑线与压力线

1）定义与绘制

支撑线是指在证券价格下跌过程中，能够阻止价格进一步下跌，使价格在该线附近获得支撑并可能反转向上的一条直线。绘制支撑线时，通常选取证券价格波动过程中的两个或多个相对低点进行连接。这些低点一般是在价格下跌趋势中，由于市场买盘力量逐渐增强，使得价格难以继续下跌而形成的阶段性底部。

压力线则是在证券价格上涨过程中，能够阻碍价格进一步上涨，使价格在该线附近遭遇阻力并可能反转向下的一条直线。绘制压力线需要选取证券价格波动中的两个或多个相对高点进行连接。这些高点往往是在价格上涨趋势中，由于市场卖盘力量逐渐增强，导致价格难以继续攀升而形成的阶段性顶部。例如，某股票价格在上涨过程中，多次在某一价位附近受阻回落，那么就可以将这些价位对应的高点连接起来，构成压力线。支撑线与压力线如图 8-30 所示。

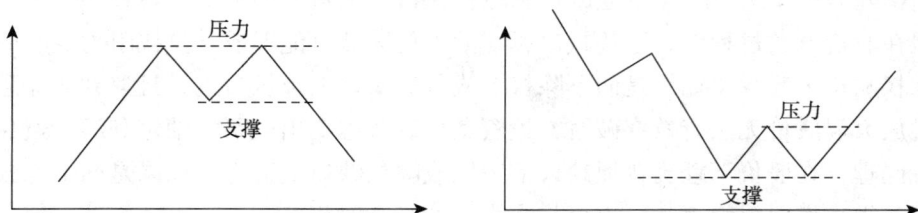

图 8-30　支撑线与压力线

2）作用原理

支撑线和压力线的作用在很大程度上基于市场参与者的心理预期。当证券价格下跌至支撑线附近时，投资者普遍认为该价位具有一定的投资价值，因为此前价格在此处多次获得支撑，形成了一种心理上的"安全边际"。这种心理预期会促使部分投资者买入证券，从而增加买盘力量，阻止价格进一步下跌。相反，当价格上涨至压力线附近时，投资者往往担心价格难以突破该阻力位，可能会选择获利了结或避免买入，导致卖盘压力增加，阻碍价格继续上涨。

支撑线和压力线附近的筹码分布情况也对其作用产生影响。在支撑线附近，如果前期有大量投资者买入并持有证券，形成了较为集中的筹码堆积，那么当价格回落至该区域时，这些投资者可能会因为成本因素而不愿意割肉卖出，甚至会选择加仓买入，从而形成强大的支撑力量。同样，在压力线附近，如果之前有较多投资者在该价位附近卖出证券，形成了筹码密集区，当价格再次上涨至此处时，这些投资者可能会认为这是卖出的好时机，进而加大卖盘压力，使价格难以突破。

3）相互转化

支撑线和压力线并非固定不变，在一定条件下它们可以相互转化（见图 8-31）。当证券价格成功突破压力线时，原本的压力线可能会转化为支撑线。这是因为在突破过程中，市场参与者的心理预期发生了变化，突破压力线表明多方力量占据优势，使之前的阻力位成为后续价格回调时的支撑位。同理，当价格跌破支撑线后，支撑线可能会转变为压力线。例如，一只股票长期在某一价格区间内波动，其上方的压力线和下方的支撑线相对稳定，但如果股价大幅上涨并突破了压力线，那么在后续的价格调整中，该压力线就可能成为股价下跌的支撑线；反之，如果股价跌破了支撑线，该支撑线在股价反弹时就可能成为阻力线。

4）应用

为了确保支撑线和压力线的有效性，需要选择多个具有代表性的低点或高点进行连接，并且这些点应该分布在不同的时间段内，以反映市场在不同情况下的供需关系。同时，还可以结合成交量等指标进行分析。在支撑线附近，如果成交量在价格企稳回升时明显放大，说明买盘力量较强，支撑线的有效性更高；在压力线附近，若成交量在价格遇阻回落时显著增加，表明卖盘压力较大，压力线的可靠性更强。

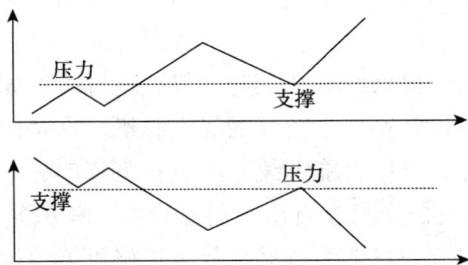

图 8-31　支撑线与压力线的转化

2. 趋势线

1）定义与分类

趋势线是在证券价格走势图中用于描绘证券价格变动趋势的直线。它通过连接价格波动过程中的特定点，直观地展示市场价格运动的方向和大致轨迹，帮助投资者分析和判断市场趋势的持续性和强度。趋势线主要包括上升趋势线和下降趋势线（见图 8-32）。

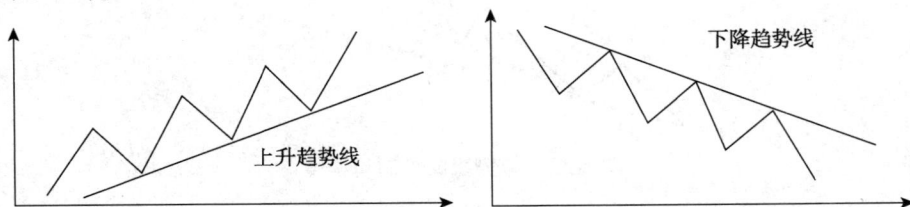

图 8-32　上升趋势线与下降趋势线

上升趋势线是在证券价格上涨过程中，连接两个或多个依次上升的低点所形成的直线。它反映了市场在一段时间内处于上升趋势，表明多方力量占据主导地位，价格不断创出新高，并且每次回调的低点都高于前一次回调的低点。例如，在某股票的价格走势图中，从一个相对低点开始，随着价格的上涨，后续出现的回调低点依次抬高，将这些低点连接起来便得到了上升趋势线。

下降趋势线是通过连接两个或多个依次下降的高点所形成的直线，用于描述证券价格在下跌过程中的趋势。它表明市场处于下跌趋势，空方力量主导市场，价格不断创出新低，并且每次反弹的高点都低于前一次反弹的高点。例如，观察一只股票的价格走势，从一个相对高点开始，随着价格的下跌，后续出现的反弹高点逐步降低，连接这些高点便构成了下降趋势线。

2）作用与意义

趋势线是判断市场趋势的重要工具。上升趋势线的存在表明市场处于上升趋势，投资者可以考虑顺势而为，采取买入或持有多头头寸的策略；下降趋势线则提示市场处于下跌趋势。通过观察趋势线的斜率和稳定性，还可以进一步判断趋势的强弱。斜率陡峭的上升趋势线表明市场上涨动力较强，而斜率较为平缓的下降趋势线则说明市场下跌速度相对较慢。

在上升趋势中，当证券价格回调至上升趋势线附近时，如果价格在该位置得到支撑且成交量配合良好，这通常是一个较好的买入时机。这是因为趋势线的支撑作用表明多方力量仍然占据主导，价格可能继续上涨。在下降趋势中，当价格反弹至下降趋势线附近时，若遇阻回落且成交量没有出现明显异常，这可能是一个较好的卖出时机。趋势线的阻力作用表明空方力量依然占据优势，价格可能继续下跌。

3）绘制与调整

绘制趋势线时，应选择具有代表性的低点（上升趋势线）或高点（下降趋势线），这些点能够反映市场趋势的主要特征。尽量选择时间间隔相对均匀的点，以确保趋势线的可靠性。同时，趋势线的绘制应尽可能覆盖更多的价格数据点，这样可以更准确地反映市场趋势，如图 8-33 所示。

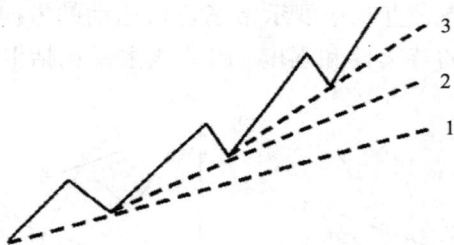

图 8-33　趋势线的绘制与调整

随着市场价格的波动，趋势线可能需要进行调整。如果在原趋势线的基础上，出现了新的低点（上升趋势线）或高点（下降趋势线），且这些点与原趋势线的偏离较大，从而影响了趋势线对市场趋势的准确描述，就需要根据新的价格数据对趋势线进行重新绘制。但在调整趋势线时，要谨慎判断，避免过度调整导致趋势线失去其原本的意义。

4）应用

在使用趋势线进行买卖决策时，要特别注意防止假突破的情况。有时证券价格可能会短暂突破趋势线，但随后迅速回到趋势线以内，这种假突破可能会误导投资者做出错误的决策。为了避免假突破的影响，可以结合成交量、其他技术指标以及价格在突破趋势线后的停留时间等因素进行综合判断。如果突破时成交量没有显著放大，且价格很快回到趋势线以内，则假突破的可能性较大。

3. 轨道线

1）定义与绘制

轨道线又称为通道线，是基于趋势线绘制的一种技术分析工具。在上升趋势中，首先绘制上升趋势线，然后通过选取价格波动过程中的相对高点，以该高点为起点，作一条与上升趋势线平行的直线，这条直线即为上升轨道线的上轨；在下降趋势中，先绘制下降趋势线，再选取相对低点，以该低点为起点，作一条与下降趋势线平行的直线，这条直线即为下降轨道线的下轨。这样就形成了一个价格波动的轨道区间。

2）市场含义

轨道线为证券价格的波动提供了一个大致的范围。在上升轨道中，价格通常会在上升趋势线（下轨）和上升轨道线的上轨之间波动。这表明市场处于上升趋势中，虽然多方占据主导地位，但价格不会无限制地上涨，而是在一定的区间内进行调整。当价格接近上轨时，受到卖盘压力可能会回调；当价格回落至下轨时，受到买盘支撑可能会反弹。下降轨道则相反，价格在下降趋势线（上轨）和下降轨道线的下轨之间波动，反映了市场在下跌趋势中空方主导下的价格调整过程，如图 8-34 所示。

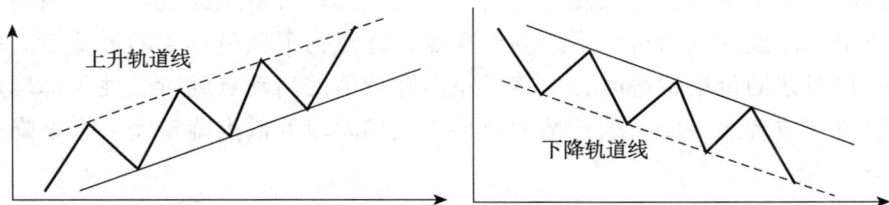

图 8-34　上升轨道线与下降轨道线

轨道线的宽度可以在一定程度上反映市场趋势的稳定性。轨道线宽度较窄，说明价格波动相对较小，市场趋势较为稳定，多方或空方力量相对均衡且具有较强的持续性；轨道线宽度较宽，则表示价格波动较大，市场趋势的稳定性较差，可能受到多种因素的影响，市场情绪较为波动，趋势的延续性面临更多挑战。

3）应用

在上升轨道中，当证券价格触及下轨并获得支撑，同时成交量呈现温和放大时，是买入的时机。这是因为价格在下轨附近得到买盘支撑，且成交量的增加表明买盘力量在增强，价格有较大可能反弹上涨。当价格上涨至上轨附近时，若出现成交量萎缩且 K 线形态呈现顶部特征（如黄昏之星、射击之星等），可能是卖出时机，因为此时价格受到上轨压力，且市场可能出现反转信号。在下降轨道中，当价格反弹至上轨附近遇阻回落且成交量没有明显变化时，可考虑卖出；当价格下跌至下轨附近，若成交量极度萎缩且 K 线形态出现底部特征，可能是短期反弹的买入时机，但需注意整体趋势仍为下跌，反弹空间可能有限。

如果证券价格突破轨道线的上轨或下轨，且突破幅度较大、成交量明显放大，可能预示市场趋势的变化。在上升轨道中，价格向上突破上轨，可能表示市场上涨动力增强，趋势可能加速上升，但也要警惕假突破的风险；若价格向下突破下轨，可能是上升趋势结束、下跌趋势开始的信号。在下降轨道中，价格向上突破上轨，可能是下跌趋势缓解或反转的信号；价格向下突破下轨，可能意味着市场下跌趋势加剧。

4. 黄金分割线

1）定义与原理

黄金分割线是根据数学中的黄金分割比例来确定证券价格支撑位和压力位的一种技术分析方法。黄金分割比例约为 0.618，其衍生比例如 0.382、1.618 等也常用于分析。其原理基于自然界和人类社会中广泛存在的一种比例关系，被认为在证券市场价格波动中也具有一定的规律性。通过选取证券价格波动的一个完整波段（从起点到终点），将其分割为不同的比例区间，这些比例对应的价位可能成为价格波动过程中的重要支撑位或压力位。

2）绘制方法

确定波段起点和终点：首先要确定证券价格波动的一个完整波段。在上升趋势中，波段起点通常选择价格上涨的最低点，终点选择价格上涨过程中的最高点；在下降趋势中，波段起点为价格下跌的最高点，终点为下跌过程中的最低点。例如，在分析一只股票的价格走势时，从其一轮上涨行情的启动点到阶段性顶部确定为一个上升波段，或者从一轮下跌行情的起始高点到阶段性低点确定为一个下降波段，如图 8-35 所示。

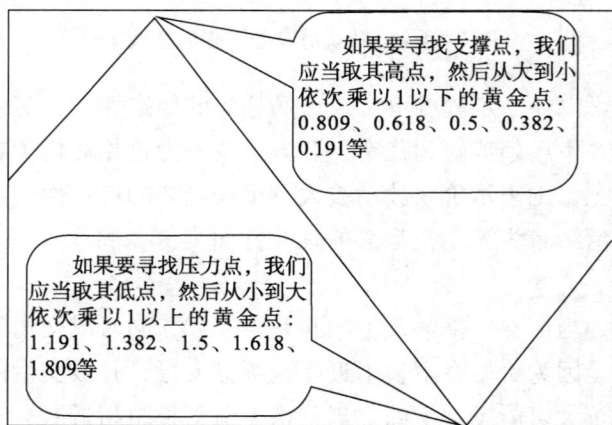

如果要寻找支撑点，我们应当取其高点，然后从大到小依次乘以1以下的黄金点：0.809、0.618、0.5、0.382、0.191等

如果要寻找压力点，我们应当取其低点，然后从小到大依次乘以1以上的黄金点：1.191、1.382、1.5、1.618、1.809等

图 8-35   黄金分割线的绘制

计算关键分割价位：根据黄金分割比例计算出相应的分割价位。常用的分割比例

有 0.191、0.382、0.5、0.618、0.809 等。以一个上升波段为例，从起点价位到终点价位的涨幅为 H，那么重要的支撑和压力位计算如下：

第一支撑位 = 终点价位 − 0.191 × H

第二支撑位 = 终点价位 − 0.382 × H

第三支撑位 = 终点价位 − 0.5 × H

第四支撑位 = 终点价位 − 0.618 × H

第五支撑位 = 终点价位 − 0.809 × H

第一压力位 = 起点价位 + 0.191 × H

第二压力位 = 起点价位 + 0.382 × H

第三压力位 = 起点价位 + 0.5 × H

第四压力位 = 起点价位 + 0.618 × H

第五压力位 = 起点价位 + 0.809 × H

在下降波段中，计算方法类似，只是支撑位和压力位的角色互换。

3）市场含义

黄金分割线所确定的支撑位和压力位在一定程度上反映了市场参与者的心理平衡价位。当价格上涨或下跌至这些关键价位附近时，投资者的买卖决策会受到影响，导致市场供需关系发生变化。例如，在价格上涨的过程中，当价格接近 0.618 的黄金分割压力位时，部分投资者可能认为价格已经过高，选择获利了结，增加卖盘压力；而当价格回调至 0.382 的黄金分割支撑位时，另一些投资者可能认为价格已具有一定的吸引力，选择买入，增加买盘支撑。

在趋势行情中，黄金分割线的支撑位和压力位对趋势的延续和反转具有重要的指示作用。如果价格在上涨趋势中能够持续突破黄金分割线的压力位，说明市场的上涨动力较强，趋势有望延续；反之，如果价格在压力位附近受阻回落，并多次无法突破，可能预示着上涨趋势的减弱或反转。在下跌趋势中，若价格能在支撑位附近获得支撑并反弹，表明下跌趋势可能暂时缓解或反转；若价格跌破支撑位，下跌趋势则可能继续。

4）应用

随着市场价格的波动，黄金分割线的支撑位和压力位需要动态调整。当价格突破原有的压力位或跌破原有的支撑位后，应根据新的波段起点和终点重新计算黄金分割线。同时，在价格到达黄金分割线附近时，应密切关注价格的走势变化，通过观察价格在该价位附近的停留时间、成交量变化以及是否形成有效的 K 线形态等，来确认该黄金分割位的有效性。如果价格在黄金分割线附近短暂停留后迅速突破，且成交量配合良好，那么原有的支撑或压力作用可能失效；如果价格在该价位附近反复震荡，形成明显的盘整区间，且成交量逐渐萎缩，那么该黄金分割线的有效性可能得到进一步确认。

案例讨论 8.4　趋势线的绘制及应用

切线理论中的支撑线、压力线、趋势线、轨道线和黄金分割线等工具，从不同角度为证券投资者提供了分析市场趋势、判断买卖时机的方法。然而，如同其他技术分析方法一样，切线理论也存在一定的局限性。在实际应用中，投资者需要结合市场实际情况、基本面分析及自身经验，灵活运用这些工具，以提高投资决策的准确性和科学性。

8.2.6 波浪理论

1. 波浪理论的基本原理

1）波浪的形成与结构

波浪理论认为，证券市场的价格波动呈现出一种有规律的周期性模式，类似于海浪的起伏，由一系列波浪组成。这些波浪可以分为推动浪和调整浪两种基本类型，它们相互交替出现，构成市场价格的完整运动过程，如图 8-36 所示。

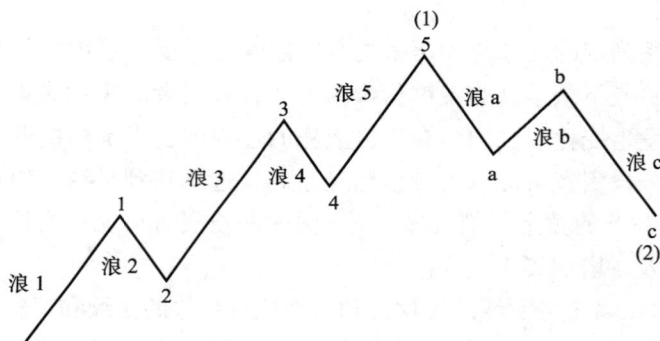

图 8-36 波浪理论的波浪组成

推动浪是与市场主要趋势方向一致的波浪，通常由 5 个小浪组成，标记为浪 1、2、3、4、5。其中，浪 1 是市场趋势的起始浪，往往是在市场经过一段时间的盘整或下跌后开始上涨，此时投资者对市场的信心开始恢复，但整体市场氛围仍较为谨慎；浪 2 是对浪 1 的调整，通常会回调至浪 1 涨幅的一定比例。在这个过程中，部分投资者会获利了结，市场出现短暂的下跌，但下跌幅度不会太深，因为市场的主要趋势仍然向上；浪 3 是推动浪中最具力量的一浪，其涨幅通常是最大的，成交量也会显著放大，此时市场的乐观情绪高涨，投资者纷纷涌入市场，推动价格快速上涨；浪 4 是对浪 3 的调整，其调整幅度相对浪 2 可能会更深一些，但一般不会低于浪 1 的顶部。它是市场在大幅上涨后的一次休整，为后续的浪 5 上涨积蓄力量；浪 5 是推动浪的最后一浪，虽然价格仍在上涨，但上涨速度可能会放缓，成交量也可能不如浪 3 时那么强劲，市场上的乐观情绪达到顶点，预示着市场可能即将进入调整阶段。

调整浪是与市场主要趋势方向相反的波浪，用于修正推动浪的过度波动，通常由

3 个小浪组成，标记为浪 a、b、c。浪 a 是调整浪的起始浪，标志着市场趋势的反转，价格开始下跌，投资者的情绪逐渐从乐观转为谨慎。浪 b 是对浪 a 的反弹，其反弹高度一般不会超过浪 5 的顶部。在浪 b 中，部分投资者可能误以为市场趋势已反转向上，从而盲目买入，但实际上这只是市场的一次短暂反弹。浪 c 是调整浪的最后一浪，它的下跌幅度通常较大，会将市场价格拉回到较低水平，甚至可能低于浪 a 的起始点，此时市场情绪极度悲观，为下一个推动浪的开始奠定基础。

扩展阅读 8.5　波浪理论8 浪循环图

2）波浪的特性与规律

（1）波浪的延伸与缩短。在推动浪中，第 3 浪通常是最容易出现延伸的一浪。所谓延伸，是指该浪的长度超出了正常的预期，可能会包含 5 个更小的子浪，形成一个复杂的波浪结构。当第 3 浪出现延伸时，整个推动浪的上涨幅度会大大增加，市场的上涨趋势也会更加明显。此外，第 5 浪也可能出现延伸，但这种情况相对较少见。如果第 5 浪延伸，同样会包含 5 个更小的子浪，这表明市场在上涨末期仍然具有较强的动力，但也可能预示着市场即将面临较大的调整。

与延伸相反，波浪也可能出现缩短的情况。例如，在一个标准的 5 浪推动结构中，如果第 3 浪没有达到预期的涨幅而相对较短，那么第 5 浪可能会出现延长来弥补第 3 浪的不足，以完成整个推动浪的上涨目标。这种波浪的延伸和缩短现象反映了市场力量的不均衡分布和变化。投资者需要密切关注波浪的形态和长度，以准确判断市场趋势。

（2）波浪的交替原则。波浪理论中的交替原则是指在市场价格波动过程中，不同类型的波浪之间呈现出交替出现的规律。具体来说，调整浪的形态和复杂程度会在相邻的两个推动浪之间交替变化。例如，如果一个推动浪的调整浪（浪 a、b、c）结构较为简单，那么下一个推动浪之后的调整浪可能会更加复杂，可能出现三角形调整形态或双重调整形态等；反之，如果一个调整浪的结构比较复杂，那么下一个调整浪可能会相对简单。

这种交替原则的存在有助于投资者预测市场未来的走势。例如，当市场刚刚经历了一个简单的调整浪后，投资者可以预期下一个推动浪之后的调整浪可能会更加复杂，从而提前做好应对准备。同时，交替原则也提醒投资者在分析市场时要综合考虑多个波浪的形态和特征，而不能仅仅关注单一波浪的表现。

（3）斐波那契数列与波浪理论。波浪理论与斐波那契数列之间存在着密切的联系。斐波那契数列是一个数学序列，其特点是从第三项开始，每一项都等于前两项之和（例如，0、1、1、2、3、5、8、13、21、34、55、89 等）。在波浪理论中，斐波那契数列的比例关系被广泛应用于预测波浪的长度、时间跨度及调整浪的回调幅度等方面。

在波浪的长度方面，推动浪中的浪 1 与浪 3、浪 3 与浪 5 之间，以及调整浪中的浪 a 与浪 c 之间，常常会呈现出斐波那契数列中的比例关系。例如，浪 3 的长度可能是 1 浪长度的 1.618 倍或 2.618 倍；浪 c 的长度可能是浪 a 长度的 0.618 倍或 1.618 倍。在时间跨度上，相邻波浪之间的时间间隔也可能符合斐波那契数列的规律。例如，从浪 1 的起点到浪 3 的终点所经历的时间，可能与从浪 3 的终点到浪 5 的终点所经历的时间呈现出斐波那契数列中的比例关系。

此外，在调整浪的回调幅度方面，常见的回调比例如 0.382、0.5、0.618 等也都与斐波那契数列相关。这些比例关系被认为是市场自然规律的一种体现，投资者可以利用这些比例来预测市场价格的支撑位和阻力位，从而制定合理的投资策略。

2. 波浪理论的应用

1）波浪形态的识别

准确识别推动浪是应用波浪理论的关键。首先，要观察价格走势是否呈现出明显的 5 浪结构，且每个浪的方向与市场的主要趋势一致。在上升趋势中，第 1 浪通常从市场底部开始，以较为温和的涨幅启动，伴随着成交量的逐渐增加；第 2 浪的回调幅度一般不会太深，且成交量相对较小；第 3 浪的涨幅较大，斜率陡峭，成交量显著放大，是整个推动浪中最具力量的一浪；第 4 浪的调整形态较为复杂，可能是平台型调整、锯齿型调整或三角形调整等，但不会跌破第 1 浪的顶部；第 5 浪的上涨速度可能会放缓，成交量也可能不如第 3 浪时那么强劲，并且在顶部可能会出现一些反转信号，如黄昏之星、射击之星等 K 线形态。

调整浪的识别相对较为复杂，因为其形态多样。常见的调整浪形态有锯齿型调整、平台型调整浪和三角形调整浪等。锯齿型调整浪通常由 a、b、c 三个浪组成，浪 a 为急剧下跌，浪 c 的跌幅与浪 a 相近或更深，浪 b 是对浪 a 的反弹，反弹幅度一般较小；平台型调整浪的浪 a 和浪 c 的长度大致相等，浪 b 的反弹幅度较大，通常会超过浪 a 跌幅的 0.5 倍；三角形调整浪是一种较为复杂的调整形态，其内部包含多个子浪，价格波动逐渐收敛，可分为上升三角形、下降三角形、对称三角形等不同类型。

2）应用的局限性

（1）波浪形态的不确定性。尽管波浪理论提供了一套较为完整的波浪结构和形态分析方法，但在实际市场中，波浪形态往往并不像理论中描述的那样清晰和标准。市场价格受到多种因素的影响，如宏观经济数据的发布、政治事件的发生、公司基本面的突然变化等，这些因素可能导致波浪形态出现变形或模糊不清的现象。例如，在某些情况下，推动浪可能会出现延长或缩短的情形，难以准确判断波浪的起点、终点和内部结构。调整浪的形态也可能表现多样化，有时甚至会出现复杂的联合调整形态，难以简单地归类为常见的锯齿型、平台型或三角形调整浪，增加了识别和分析波浪形态的难度。

（2）主观判断的影响。波浪理论在很大程度上依赖于投资者的主观判断。不同的投资者对同一价格走势可能会有不同的波浪划分方式，这取决于他们对市场趋势的理解、观察的时间周期以及所采用的分析方法等。例如，对于一个复杂的价格波动区间，有些投资者可能认为这是一个完整的推动浪结构，而另一些投资者可能将其视为调整浪的一部分。这种主观判断的差异可能导致不同的投资决策，从而影响投资结果。此外，在确定波浪的级别时，也没有一个绝对客观的标准，投资者需要根据自身的经验和市场情况进行判断，这进一步增加了波浪理论应用的主观性和不确定性。

（3）对市场突发事件的适应性不足。波浪理论是基于市场价格的历史走势和内在规律进行分析的，对于突发的重大事件往往缺乏足够的预测能力和应对措施。这些突发事件可能会瞬间改变市场的供需关系和投资者的预期，从而导致市场价格出现剧烈波动，使原本基于波浪理论的分析和预测失效。例如，在金融危机期间，市场可能会出现连续的大幅下跌，打破正常的波浪结构和规律，如果仅仅依赖波浪理论进行投资决策，可能会遭受重大损失。因此，在应用波浪理论时，需要充分考虑市场突发事件的影响，结合基本面分析和其他技术分析方法，以提高投资决策的灵活性和适应性。

扩展阅读 8.6　40 种常见和重要的技术分析理论

（4）滞后性问题。波浪理论主要是对市场已经发生的价格走势进行分析和总结，进而试图预测未来的市场趋势。然而，这种分析方法存在一定的滞后性。往往需要等待价格走势形成一定的波浪形态后才能进行判断和决策，而此时市场可能已经发生了较大的变化，导致投资机会错失或风险增加。例如，当识别出一个完整的推动浪结构并准备在调整浪结束后买入时，调整浪的持续时间和深度可能难以准确预测。如果调整浪持续时间过长或深度过大，可能会错失部分利润，甚至面临更大的风险。因此，在应用波浪理论时，需要结合其他实时性较强的分析方法，如实时新闻资讯、市场情绪监测等，以提高投资决策的及时性和准确性。

即测练习题 8.2

自学自测　扫描此码

8.3　技术分析指标

技术指标是指按照事先规定的方法对证券市场的原始数据进行技术处理，所得到的某个具体的数值。技术指标分析是将连续不断的技术指标值绘制成图表，并根据所制成的图表对市场行情进行分析的过程。常用的技术指标主要有移动平均线指标（MA）、平滑异同移动平均线指标（MACD）、相对强弱指标（RSI）、随机指标（KDJ）及威廉指标（W%R）等。

微课视频 8.4　常见技术指标分析

8.3.1　移动平均线指标（MA）

移动平均线（moving average，MA）是一种常用的技术分析工具。它通过计算一定时期内证券价格（或指数）的平均值，并将这些平均值连接成一条曲线，以反映价格趋势的变化。其基本原理是通过消除价格短期波动的影响，揭示价格的长期趋势和市场的买卖信号。

1. 计算方法

1）简单移动平均（SMA）

简单移动平均是最基础和常用的计算方法。它将选定时间段内的证券价格逐一相加，然后将总和除以该时间段的天数，从而得到一个代表这段时间价格平均水平的数值。随着时间的推移，新的价格数据不断产生，计算过程不断重复，每次计算时都剔除最早期的价格数据，纳入最新的价格数据，如此便形成了一系列连续的平均值，这些平均值连接起来就构成了简单移动平均线。

2）加权移动平均（WMA）

加权移动平均考虑到不同时期的价格对当前平均价格的影响程度存在差异。它根据距离当前时间的远近为每个价格数据分配不同的权重，距离当前越近的价格数据被赋予更大的权重，反之则权重越小。通过这种方式计算出的加权平均值能够更突出近期价格变化对整体趋势的影响，使移动平均线对价格趋势的反映更加灵敏和准确。

3）指数移动平均（EMA）

指数移动平均与加权移动平均类似，也给予近期价格数据更高的权重，但它在计算权重时采用指数递减的方式，即不仅近期价格数据权重较大，而且随着时间推移，历史价格数据的权重呈指数级下降，从而使移动平均线能够更快地反映价格的最新变化趋势，同时又能在一定程度上保留历史数据的影响。

2. 组合应用

1）黄金交叉与死亡交叉

（1）黄金交叉。黄金交叉是指短期移动平均线向上穿过长期移动平均线的一种技术形态。通常，当短期移动平均线从下向上突破中长期移动平均线时，会形成黄金交叉（见图 8-37）。这一现象表明股价在短期内的上涨趋势较为强劲，市场上买方力量逐渐占据优势，可能预示着股价在未来一段时间内将延续上涨态势。此时，短期均线对股价起到支撑作用，如同股价上涨的助推器。

在实际投资中，黄金交叉通常被视为一个重要的买入信号。当这一信号出现时，投资者可以结合其他技术分析指标和基本面分析，综合判断是否买入股票或其他证券。

例如，若某股票的价格在一段时间内处于盘整状态且成交量较低，随后 5 日移动平均线向上穿过 20 日移动平均线形成黄金交叉，同时成交量明显放大，这可能意味着市场对该股票的需求增加，买方力量开始主导市场，股价有望开启一轮上涨行情。然而，需要注意的是，黄金交叉并非绝对的买入依据，有时可能会出现短期波动导致的假突破情况。投资者应谨慎对待，避免盲目跟风买入。

（2）死亡交叉。死亡交叉是与黄金交叉相反的一种技术形态，即短期移动平均线向下穿过长期移动平均线（见图 8-38）。一般而言，当短期移动平均线从上向下突破中长期移动平均线时，会形成死亡交叉。这表明股价在短期内的下跌趋势较为强劲，卖方力量逐渐占据上风，可能预示着股价在未来将继续下跌。此时，短期均线对股价产生压制作用，阻碍股价上涨。

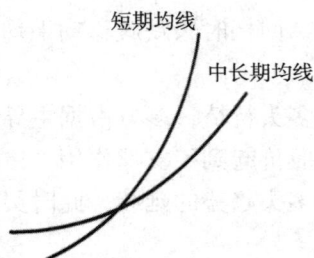

图 8-37　黄金交叉点　　　　　　　　图 8-38　死亡交叉点

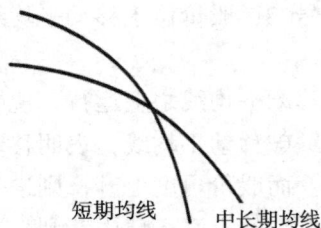

死亡交叉在技术分析中通常被当作卖出信号。当股票价格出现死亡交叉时，投资者应密切关注市场动态，并结合其他因素综合考虑是否卖出股票以规避风险。例如，若某只股票在经历了一段时间的上涨后，10 日移动平均线向下穿过 30 日移动平均线形成死亡交叉，且成交量放大，这可能暗示市场上的卖方开始大量抛售股票，股价上涨的动力减弱，下跌的风险随之增加。但同样，死亡交叉也可能存在误判，因此投资者不能仅仅依赖这一信号做出决策，还需综合分析其他相关因素。

2）葛兰威尔法则

葛兰威尔法则是基于移动平均线与股价关系的一套实用投资决策准则，通过细致观察股价相对于移动平均线的位置和变动情况，为投资者提供了较为全面的买卖时机参考（见图 8-39）。

具体法则内容如下。

买入信号 1：移动平均线从下降逐渐走平且股价从下方突破平均线。

移动平均线从下降转为走平，表明市场的下跌趋势逐渐减缓，空方力量开始减弱。而股价从下方突破平均线，意味着股价开始摆脱下跌趋势，进入上升阶段，此时多方力量开始占据优势。这是股价趋势发生反转的重要信号，预示着股价有望持续上涨。例如，在一个较长时间的熊市中，股票价格持续下跌，移动平均线也随之下降。当移动平均线逐渐走平时，说明市场的卖压在减轻。

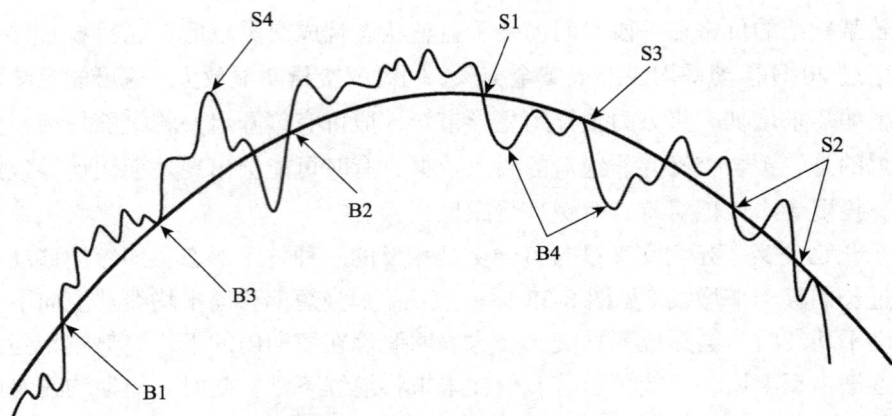

图 8-39　葛兰威尔八大买卖信号

买入信号 2：股价位于移动平均线之上运行，回档时未跌破移动平均线后又再度上升。

股价在移动平均线之上运行，说明市场处于多头行情，多方占据主导地位。当股价回档时未跌破移动平均线，表明移动平均线对股价起到了支撑作用，市场的多头趋势依然强劲。而股价再度上升，则进一步确认了多头趋势的延续，此时买入股票，投资者有望在后续的上涨行情中获利。

买入信号 3：股价位于移动平均线之上运行，回档跌破移动平均线，但短期移动平均线继续呈上升趋势。

股价虽然跌破了移动平均线，但短期移动平均线仍保持上升趋势，这说明市场的短期多头力量依然较强，股价的下跌可能只是短期的调整。移动平均线的上升趋势反映了市场的平均成本在不断上升，多方仍然占据一定优势。在这种情况下，股价在短期调整后有望继续上涨，因此是买入时机。

买入信号 4：股价位于移动平均线以下运行，突然暴跌，距离移动平均线太远，极有可能向移动平均线靠近（物极必反，下跌反弹）。

当股价在移动平均线以下大幅下跌且远离移动平均线时，市场存在超跌现象。根据物极必反的原理，股价在过度下跌后会有向移动平均线回归的需求，即会出现反弹。这是因为市场的空头力量在短期内过度释放，导致股价偏离其合理价值区间，而此时市场可能会出现短期的多头力量介入，推动股价反弹。

卖出信号 1：移动平均线从上升逐渐走平且股价从上方跌破平均线。

移动平均线从上升转为走平，显示市场的上涨动力在减弱，多方力量逐渐与空方力量趋于平衡。而股价从上方跌破平均线，意味着股价的上升趋势可能已经结束，空方力量开始占据优势，市场可能进入下跌阶段。此时卖出股票，可以避免后续股价下跌带来的损失。

卖出信号 2：股价位于移动平均线之下运行，反弹时未突破移动平均线，且移动平均线跌势减缓，趋于水平后又出现下跌趋势。

股价在移动平均线之下运行，说明市场处于空头行情。当股价反弹时未能突破移动平均线，表明移动平均线对股价形成了强大的阻力，空方力量仍然占据主导地位。而移动平均线跌势减缓后又再次下跌，进一步确认了市场的空头趋势，此时卖出股票可以避免股价进一步下跌带来的损失。

卖出信号 3：股价反弹突破移动平均线，但短期移动平均线却向下走。

股价虽然反弹突破了移动平均线，但短期移动平均线向下走，这表明股价的反弹可能只是短期现象，市场的短期空头力量仍然较强，股价难以持续上涨。短期移动平均线的向下趋势反映了市场短期的平均成本在下降，空方在短期内占据优势，股价可能很快会再次下跌。

卖出信号 4：移动平均线向上移动，股价位于移动平均线上方运行且离移动平均线越来越远。

当股价在移动平均线之上且距离移动平均线越来越远时，表明股价上涨速度过快，可能已经超出了其合理估值范围，市场存在回调风险。尽管移动平均线的上升趋势表明市场整体仍处于多头行情，但股价过度远离平均线意味着市场短期内可能出现过热现象，获利盘较多，容易引发获利回吐，从而导致股价下跌。

案例讨论 8.5　MA 的组合应用

8.3.2　平滑异同移动平均线指标（MACD）

MACD 指标通过对证券价格在不同周期的移动平均线进行计算和分析，以两条线（MACD 线和信号线）及它们之间的交叉、柱状图等形式来直观呈现市场的趋势特征和买卖信号。

1. 计算方法

MACD 指标的计算涉及多个步骤，主要包括以下几个关键部分。

1）指数移动平均线（EMA）

MACD 指标首先需要计算不同周期的指数移动平均线，一般分别计算 12 日和 26 日的 EMA。指数移动平均线对近期价格数据赋予较大权重，能够更快地反映价格的最新变化趋势，同时又能保留一定的历史价格信息，使计算结果更贴合市场的实际走势。

2）离差值（DIF）

离差值（DIF）是通过用 12 日 EMA 减去 26 日 EMA 得到的，它反映了短期和长期移动平均线之间的差异。DIF 的变化能够体现市场短期趋势相对于长期趋势的强弱变化。当 DIF 大于 0 时，说明短期均线在长期均线上方，市场处于多头趋势；当 DIF 小于 0 时，短期均线在长期均线下方，市场处于空头趋势。

3）信号线（DEA）

信号线（DEA）是对 DIF 进行再次平滑处理得到的。它通常采用 9 日指数移动平均计算，其目的是更平滑地反映 DIF 的变化趋势，减少短期波动的干扰，使投资者能够更清晰地观察到市场趋势的主要方向。

4）柱状图（MACD 柱状线）

MACD 柱状线是用于更直观地显示 DIF 和 DEA 之间差异的指标。它通过计算 DIF 与 DEA 的差值，并乘以 2 来放大这种差异，以便投资者更清晰地观察市场趋势的变化强度。当柱状线为正值时，用红色（或其他醒目的颜色）表示，说明市场处于多头市场，且柱状线越长，表明多头力量越强；当柱状线为负值时，用绿色（或其他相应颜色）表示，市场处于空头市场，柱状线越长，空头力量越强。

2. 应用法则

1）DIF 线与 DEA 线的交叉

黄金交叉（买入信号）：当 DIF 线从下向上穿过 DEA 线时，形成黄金交叉。这一现象表明市场的短期趋势开始向上突破长期趋势，短期内股价上涨动力较强，多方力量逐渐占据优势，市场可能进入上涨阶段。此时，DIF 线对股价起到支撑作用，推动股价进一步上升。

死亡交叉（卖出信号）：指 DIF 线从上向下穿过 DEA 线的情况。这表明市场的短期趋势开始向下突破长期趋势，短期内股价下跌动力较强，空方力量逐渐占据上风，市场可能进入下跌阶段。此时，DIF 线对股价产生压制作用，阻碍股价上涨。

2）柱状图的分析

（1）柱状图的长短变化。MACD 柱状图的长短反映了 DIF 线与 DEA 线之间差值的大小，从而体现市场多空力量的对比强度。当柱状图变长时，说明多空力量的差距在扩大；柱状图变短时，说明多空力量的差距在缩小。在多头市场中（MACD 柱状图为正值），柱状图逐渐变长，表示多头力量不断增强，市场上涨趋势加速；柱状图逐渐变短，虽然市场仍处于多头状态，但上涨动力在减弱，可能预示市场即将进入调整阶段。在空头市场中（MACD 柱状图为负值），柱状图变长意味着空头力量增强，市场下跌加速；柱状图变短则表明空头力量减弱，市场可能出现反弹或下跌趋势放缓。

（2）柱状图与 0 轴的关系。MACD 柱状图与 0 轴的位置关系也是重要的分析依据。当柱状图位于 0 轴上方时，表示市场处于多头市场，即当前价格在短期和长期移动平均线之上，市场整体趋势向上；当柱状图位于 0 轴下方时，表明市场处于空头市场，价格在短期和长期移动平均线之下，市场整体趋势向下。柱状图从 0 轴下方上穿 0 轴，是市场从空头转为多头的信号，预示市场趋势可能发生反转，多方力量开始占据主导；柱状图从 0 轴上方下穿 0 轴，是市场从多头转为空头的信号，意味着市场趋势反转，空方力量占据优势。

3）顶背离与底背离

顶背离是指在股价创新高时，MACD 指标中的 DIF 线和柱状图却未能同步创新高，反而出现下降趋势。具体表现为：股价逐波上涨，不断创出新高，但 DIF 线和柱状图在对应的高点处呈现出依次降低的态势。这种现象表明股价的上涨可能缺乏内在动力，市场的多头力量正在逐渐减弱，而空头力量在悄然积聚，市场趋势可能即将反转，是一种较为可靠的卖出信号。在实际投资中，顶背离的出现往往预示着股价上涨行情即将结束，市场可能面临调整或下跌。

底背离则与顶背离相反，是指在股价创新低时，MACD 指标中的 DIF 线和柱状图却未能同步创新低，反而呈现上升趋势。具体表现为股价一波比一波低，但 DIF 线和柱状图在对应的低点处呈现出依次升高的情况。这意味着市场的空头力量正在逐渐衰竭，而多头力量正在逐步增强，市场趋势可能即将反转向上，是一个潜在的买入信号。底背离通常预示着股价下跌行情可能接近尾声，市场可能迎来反弹或反转。

8.3.3　随机指标（KDJ）

随机指标（KDJ）是一种基于统计学原理设计的技术分析工具，主要用于分析证券市场价格的超买超卖现象、趋势变化及买卖时机。它通过计算一定周期内证券价格的最高价、最低价和收盘价之间的关系，得出 K 值、D 值和 J 值三条曲线，从而反映市场的买卖信号和多空力量对比。

1. 计算方法

KDJ 指标的计算涉及多个步骤，主要通过对一定周期内的最高价（H）、最低价（L）和收盘价（C）进行计算得出 K 值、D 值和 J 值。

1）未成熟随机值（RSV）

未成熟随机值（RSV）是计算 KDJ 指标的基础，它反映了当前收盘价在一定周期内价格波动范围中的相对位置。通过计算收盘价与最低价和最高价之间的比例关系，RSV 能够衡量当前价格的强弱程度。

2）K 值、D 值和 J 值

K 值是对 RSV 进行加权平滑处理得到的，它的计算目的是更稳定地反映价格的波动趋势，减少短期波动的影响。一般采用指数平滑移动平均的方法进行计算，初始值可以设定为 50。

D 值是对 K 值进行再次平滑处理得到的，它能够进一步平滑价格波动趋势，使指标更加稳定，减少噪声干扰。同样采用指数平滑移动平均的方法，平滑常数与 K 值计算时相同。

J 值是根据 K 值和 D 值计算得出的，它的作用是辅助判断市场的超买超卖情况，增强指标的敏感性和准确性。J 值的计算公式是通过对 K 值和 D 值进行加权组合得到的。

2. 应用法则

1）超买超卖判断

超买区域（卖出信号）：当 KDJ 指标中的 K 值和 D 值超过一定数值时，市场被认为处于超买状态。一般情况下，当 K 值大于 80 且 D 值大于 70 时，市场处于超买区域。此时，市场价格在短期内上涨过快，可能已经超出了其合理估值范围，多方力量过度消耗，股价继续上涨的动力可能不足，市场可能面临回调压力。当 KDJ 指标进入超买区域时，应保持警惕，这可能是一个卖出信号。

超卖区域（买入信号）：当 KDJ 指标中的 K 值和 D 值低于一定数值时，市场被视为处于超卖状态。通常，当 K 值小于 20 且 D 值小于 30 时，市场处于超卖区域。这表明市场价格在短期内下跌过快，可能已经低于其合理估值水平，空方力量过度释放，股价继续下跌的空间可能有限，市场可能存在反弹机会。当 KDJ 指标进入超卖区域时，可能是一个买入信号。

2）KDJ 指标的交叉

黄金交叉（买入信号）：指 KDJ 指标中的 K 值从下向上穿过 D 值的情况。当出现黄金交叉时，表明市场的短期趋势开始向上穿越长期趋势，短期内股价上涨动力较强，多方力量逐渐占据优势，市场可能进入上涨阶段。一般来说，在黄金交叉发生时，K 值大于 D 值，且 K 值和 D 值都处于相对较低的位置，这意味着市场刚刚开始启动上涨行情，具有较大的上涨潜力。在实际投资中，黄金交叉通常被视为一个重要的买入信号。

死亡交叉（卖出信号）：指 KDJ 指标中的 K 值从上向下穿过 D 值的情况。这表明市场的短期趋势开始向下穿越长期趋势，短期内股价下跌动力较强，空方力量逐渐占据上风，市场可能进入下跌阶段。通常，在死亡交叉发生时，K 值小于 D 值，且 K 值和 D 值都处于相对较高的位置，这意味着市场的上涨行情可能已经结束，即将进入下跌调整阶段。死亡交叉在技术分析中常被当作卖出信号。

3）KDJ 指标的背离

顶背离（卖出信号）：是指在股价创新高时，KDJ 指标中的 K 值和 D 值却未能同步创新高，反而出现下降趋势。具体表现为，股价逐波上涨，不断创出新高，但 KDJ 指标中的 K 值和 D 值在对应的高点处呈现出依次降低的态势。这种现象表明股价的上涨可能缺乏内在动力，市场的多头力量在逐渐减弱，而空头力量在悄悄积聚，市场趋势可能即将反转，是一种较为可靠的卖出信号。在实际投资中，顶背离的出现往往预示着股价上涨行情即将结束，市场可能面临调整或下跌。

底背离（买入信号）：与顶背离相反，是指在股价创新低时，KDJ 指标中的 K 值和 D 值却没有同步创新低，反而呈现上升趋势。即股价一波比一波低，但 KDJ 指标中的 K 值和 D 值在对应的低点处呈现出依次升高的情况。这意味着市场的空头力量在逐渐衰竭，而多头力量正在逐步增强，市场趋势可能即将反转向上，是一个潜在的买入信号。底背离通常预示着股价下跌行情可能接近尾声，市场可能迎来反弹或反转。

8.3.4　相对强弱指标（RSI）

相对强弱指标（relative strength index，RSI）是一种重要的技术分析工具，用于衡量证券价格或指数在特定时期内上涨和下跌的相对力度，进而判断市场的超买超卖状态以及价格趋势的强弱和反转可能性。

1. 计算方法

RSI 指标的计算主要基于特定周期内证券价格的上涨幅度与下跌幅度。

1）平均上涨幅度（AU）和平均下跌幅度（AD）

首先确定计算周期（通常为 14 日，但也可根据投资者的需求选择其他周期）。在这个周期内，分别计算每一天价格的上涨幅度和下跌幅度。对于上涨幅度，取当天收盘价高于前一天收盘价的部分；对于下跌幅度，取当天收盘价低于前一天收盘价的部分（如果当天收盘价等于或高于前一天收盘价，则下跌幅度记为 0）。然后分别计算这些上涨幅度和下跌幅度在计算周期内的平均值，得到平均上涨幅度（AU）和平均下跌幅度（AD）。

2）相对强弱值（RS）

相对强弱值（RS）是通过平均上涨幅度（AU）除以平均下跌幅度（AD）得到的。它反映了在特定周期内价格上涨力量与下跌力量的相对大小关系。如果 RS 值较大，说明上涨力量相对较强；如果 RS 值较小，说明下跌力量相对较强。

3）RSI 值

RSI 值是根据相对强弱值（RS）进一步计算得出的。它将 RS 值进行归一化处理，使其取值范围在 0 到 100 之间，以便更直观地反映市场的强弱状态。

2. 应用法则

1）超买超卖判断

超买区域（卖出信号）：当 RSI 值超过一定数值时，市场被认为处于超买状态。一般情况下，当 RSI 值大于 70 时，市场处于超买区域。这意味着在特定周期内，证券价格上涨的幅度和力度相对较大，市场上买方力量占据主导地位，且可能已经过度买入。此时股价继续上涨的动力可能不足，市场可能面临回调压力。市场情绪往往较为乐观，投资者普遍预期价格将继续上涨，但这种过度的乐观可能导致价格偏离其内在价值。当 RSI 指标进入超买区域时，投资者应保持警惕，这可能是一个卖出信号。

超卖区域（买入信号）：当 RSI 值低于一定数值时，市场被视为处于超卖状态。通常，当 RSI 值小于 30 时，市场处于超卖区域。这表明在特定周期内，证券价格下跌的幅度和力度相对较大，市场上空方力量占据主导地位，且可能已经过度卖出。此时，股价继续下跌的空间可能有限，市场可能存在反弹机会。市场情绪往往较为悲观，投资者普遍预期价格将继续下跌，但这种过度的悲观可能导致价格被低估。当 RSI 指标进入超卖区域时，对于投资者来说，这可能是一个买入信号。

2）RSI 指标的形态分析

顶背离（卖出信号）：是指在股价创新高时，RSI 指标却未能同步创新高，反而出现下降趋势。具体表现为：股价逐波上涨，不断创出新高，但 RSI 指标在对应的高点处呈现出依次降低的态势。这种现象表明股价的上涨可能缺乏内在动力，市场多头力量在逐渐减弱，而空头力量在悄悄积聚，市场趋势可能即将反转，是一种较为可靠的卖出信号。顶背离的出现往往预示着股价上涨行情即将结束，市场可能面临调整或下跌。

底背离（买入信号）：与顶背离相反，是指在股价创新低时，RSI 指标却没有同步创新低，反而呈现上升趋势。即股价一波比一波低，但 RSI 指标在对应的低点处呈现出依次升高的情况。这意味着市场空头力量在逐渐衰竭，而多头力量正在逐步增强，市场趋势可能即将反转向上，是一个潜在的买入信号。底背离通常预示着股价下跌行情可能接近尾声，市场可能迎来反弹或反转。

3）RSI 指标的曲线形态与趋势分析

RSI 曲线的上升趋势与下降趋势：RSI 曲线的上升趋势表明市场的多头力量在逐渐增强，价格上涨的动力相对较强，市场处于强势状态。在上升趋势中，RSI 值不断上升，意味着在特定周期内平均上涨幅度大于平均下跌幅度，且这种优势在持续扩大。相反，RSI 曲线的下降趋势表示市场的空头力量在逐渐增强，价格下跌的动力相对较强，市场处于弱势状态。在下降趋势中，RSI 值持续下降，说明平均下跌幅度大于平均上涨幅度，且下跌趋势在加剧。

RSI 曲线的形态分析（如头肩顶、头肩底等）：RSI 曲线的形态与价格曲线的形态类似，也可以形成头肩顶、头肩底、双重顶、双重底等形态。这些形态的出现往往预示着市场趋势的反转。例如，头肩顶形态在 RSI 曲线上出现，表明市场的多头力量在逐渐减弱，空头力量在逐渐增强，市场可能即将从上涨趋势转为下跌趋势；头肩底形态则相反，预示着市场可能从下跌趋势转为上涨趋势。

8.3.5　布林指标（BOLL）

布林指标是一种基于统计学原理的技术分析工具，用于衡量证券价格波动的区间和趋势变化，帮助判断市场的超买超卖情况、价格趋势的稳定性及潜在的反转时机。它由三条线组成，即上轨线（UB）、中轨线（MB）和下轨线（LB），通过计算价格的标准差来确定价格波动的区间范围，从而提供了一种直观的价格波动参考框架。

1. 计算方法

布林指标的计算涉及对一定周期内证券价格的统计分析。

1）中轨线（MB）

中轨线通常是一条简单移动平均线（SMA），它反映了证券价格在一定周期内的平均水平，是布林带的中心参考线。通过计算中轨线，投资者可以大致了解价格的长期趋势方向。

2）标准差（σ）

标准差是用来衡量价格波动程度的统计指标。它计算的是价格与中轨线（平均价格）的偏离程度。标准差越大，说明价格波动越剧烈；标准差越小，价格波动越小，市场越稳定。

3）上轨线（UB）和下轨线（LB）

上轨线和下轨线是基于中轨线和标准差计算得出的，它们分别位于中轨线的上方和下方一定倍数的标准差距离处。上轨线通常被视为价格的压力线，当价格上涨至上轨线附近时，可能面临较大的阻力；下轨线则被看作是价格的支撑线，当价格下跌至下轨线附近时，可能获得支撑而反弹。一般情况下，上轨线和下轨线与中轨线的距离是标准差的倍数（常见为 2 倍），这样的设置可以涵盖大部分价格波动情况。

2. 应用法则

1）布林带的形态分析

布林带收口（预示趋势变化）：指布林带的上轨线和下轨线逐渐靠近，即价格波动区间逐渐缩小的现象。这种情况通常发生在市场趋势即将发生变化之前，表明市场处于一种相对平静且犹豫的状态，多空双方的力量暂时达到一种平衡。在收口过程中，价格波动幅度减小，市场交易活跃度可能降低。当布林带收口时，应密切关注市场动态，因为这可能是市场趋势即将发生反转或突破的信号。如果在收口之前市场处于上涨趋势，那么收口后可能会出现两种情况：一是价格向上突破上轨线，开启新一轮上涨行情，此时投资者可以考虑买入；二是价格向下跌破下轨线，趋势反转进入下跌阶段，投资者应考虑卖出或避免买入。

布林带开口（趋势延续或加速）：指布林带的上轨线和下轨线逐渐远离，即价格波动区间迅速扩大的现象。这表明市场趋势正在加强，多空双方力量对比发生了明显变化，市场情绪趋于激动，价格波动加剧。在开口过程中，价格通常会沿着原有趋势方向快速运动。当布林带开口向上时，说明市场处于强烈的上涨趋势中，多头力量占据绝对优势，价格可能会持续上涨。

2）价格与布林带的位置关系

价格在上轨线附近（卖出信号或观望）：当证券价格上涨至上轨线附近时，表明价格在短期内已经上涨较多，处于相对高位，可能面临较大的压力。此时，价格可能已经超出了其正常的波动范围，市场上的获利盘可能较多，多头力量可能逐渐减弱，而空头力量可能开始积聚。

价格在下轨线附近（买入信号或观望）：当证券价格下跌至下轨线附近时，表明价格在短期内已经下跌较多，处于相对低位，可能获得支撑。此时，价格可能已经低于其正常的波动下限，市场上空头力量可能逐渐减弱，而多头力量可能开始积聚，存在反弹的可能性。

3）布林带与其他技术分析指标的结合应用

与移动平均线（MA）结合：布林指标与移动平均线结合使用，可以更全面地分析市场趋势和价格走势。移动平均线可以直观地显示价格的长期趋势方向，而布林指标则反映价格在趋势中的波动范围和变化情况。当移动平均线显示市场处于上升趋势（如短期均线位于长期均线上方且呈多头排列），同时布林带的上轨线向上扩张、下轨线向下扩张且价格位于中轨线上方，靠近上轨线运行时，这表明市场处于强势上涨阶段，多头力量较为强劲。此时，投资者可以选择继续持有多头头寸或逢低买入。

与相对强弱指标（RSI）结合：布林指标与相对强弱指标结合使用，可以更好地判断市场的超买超卖状态与趋势反转时机。RSI 指标主要用于衡量市场的相对强弱程度以及超买超卖情况，而布林指标则提供价格波动的区间范围。当布林带收口且 RSI 指标处于 50 附近时，表明市场处于一种相对平衡的状态，多空双方力量相当，投资者应保持观望，等待市场趋势进一步明朗。如果此时 RSI 指标从 50 下方回升至 50 以上，且布林带开始向上开口，这可能预示市场即将进入上涨趋势，投资者可以考虑买入。

与成交量指标结合：结合成交量指标与布林指标可以更深入地分析市场的供求关系和趋势的有效性。当布林带开口向上扩张且价格沿着上轨线上涨过程中，如果成交量持续放大，说明市场多头力量强劲，上涨趋势得到了成交量的有效支持，市场的上涨趋势可能持续，投资者可继续持有股票或在适当时机加仓。相反，当布林带开口向下且价格沿着下轨线下跌时，如果成交量放大，说明市场空头力量强大，下跌趋势得到了成交量的确认，市场的下跌趋势可能延续，投资者应避免买入或考虑卖出持有的股票。此外，当布林带收口时，成交量的变化也具有重要意义。如果在收口过程中成交量逐渐减少，说明市场交易活跃度降低，多空双方均处于观望，这可能预示着市场即将发生重大变化；如果收口后成交量突然放大，无论是价格向上突破还是向下跌破，都可能是市场趋势发生反转或加速的信号，投资者需密切关注并根据情况及时调整投资策略。通过将布林指标与成交量指标相结合，投资者可以更准确地判断市场趋势的强度和可持续性，从而提高投资决策的科学性。

8.3.6 威廉指标（W%R）

威廉指标（Williams % R，W% R）是一种基于价格波动区间的技术分析工具，主要用于衡量证券市场中价格在特定周期内的相对位置，以判断市场的超买超卖状态以及潜在的趋势反转时机。

1. 计算方法

在计算过程中，首先确定计算周期，然后在每个计算日，获取该周期内的最高价、最低价和收盘价。用最高价与收盘价之间的差额除以最高价与最低价之间的差额，再乘以 100，即可计算出当日的威廉指标值。随着时间的推移，新的价格数据不断纳入计算，威廉指标值也会相应更新。可以根据不同日期的威廉指标值来分析市场的动态变化。

2. 应用法则

1）超买超卖判断

超买区域（卖出信号）：当威廉指标值低于 20 时，市场被认为处于超买区域。这意味着在特定周期内，证券价格接近或达到了该周期内的较高水平，市场上买方力量占据主导地位，可能已经过度买入，股价继续上涨的动力可能不足，市场可能面临回调压力。此时，市场情绪往往较为乐观，投资者普遍预期价格将继续上涨，但这种过度的乐观可能导致价格偏离其内在价值。当威廉指标进入超买区域时，这可能是一个卖出信号。

超卖区域（买入信号）：当威廉指标值高于 80 时，市场被视为处于超卖区域。这表明在特定周期内，证券价格接近或达到了该周期内的较低水平，市场上空方力量占据主导地位，可能已经过度卖出，股价继续下跌的空间可能有限，市场可能存在反弹机会。此时，市场情绪往往较为悲观，投资者普遍预期价格将继续下跌，但这种过度的悲观可能导致价格被低估。当威廉指标进入超卖区域时，可能是一个买入信号。

2）威廉指标的趋势分析与曲线形态

上升趋势与下降趋势：威廉指标曲线的上升趋势表明市场的空头力量在逐渐增强，价格下跌的动力相对较强，市场处于弱势状态。在上升趋势中，威廉指标值不断上升，意味着当前价格逐渐接近周期内的最低价，且这种趋势在持续，反映出市场的悲观情绪在加剧，卖方占据主导地位。相反，威廉指标曲线的下降趋势表示市场的多头力量在逐渐增强，价格上涨的动力相对较强，市场处于强势状态。在下降趋势中，威廉指标值持续下降，说明当前价格逐渐远离周期内的最低价而靠近最高价，市场的乐观情绪在上升，买方力量逐渐占据优势。

形态分析：顶背离是指在股价创新高时，威廉指标却未能同步创新低（威廉指标值没有相应下降），反而出现上升趋势。具体表现为，股价逐波上涨，不断创出新高，但威廉指标在对应的高点处呈现出依次升高的态势。这种现象表明股价的上涨可能缺乏内在动力，市场的多头力量在逐渐减弱，而空头力量在悄悄积聚，市场趋势可能即将反转，是一种较为可靠的卖出信号；底背离则与顶背离相反，是指在股价创新低时，威廉指标却没有同步创新高（威廉指标值没有相应上升），反而呈现下降趋势，即股价一波比一波低，但威廉指标在对应的低点处呈现出依次降低的情况。这意味着市场的空头力量在逐渐衰竭，而多头力量正在逐步增强，市场趋势可能即将反转向上，是一个潜在的买入信号。

8.3.7　心理线（PSY）

心理线（psychological line，PSY）是一种用于分析证券市场中投资者心理预期变化的技术分析工具。它通过计算一定周期内上涨天数在总天数中所占的比例，衡量市场中投资者的乐观或悲观情绪程度，进而判断市场的超买超卖状态及趋势反转的可能性。其取值范围在 0 到 100 之间，其中 50 为多空双方的平衡线。

1. 计算方法

心理线的计算基于特定周期内证券价格的涨跌情况，通常选取 12 日或 24 日作为计算周期。在选定的计算周期内，统计收盘价高于前一天收盘价的天数，并将这一天数除以计算周期的总天数，即可得到心理线指标。随着时间的推移，新的交易日数据不断加入计算，计算周期逐步向前滚动，心理线值也会相应更新。

2. 应用法则

1）超买超卖判断

超买区域（卖出信号）：当心理线值超过 75 时，市场被认为处于超买区域。这表明在特定周期内，上涨天数占比较大，投资者普遍对市场前景过于乐观，大量买入股票，导致市场可能已经过度买入，股价继续上涨的动力可能不足，市场可能面临回调压力。此时，市场情绪高涨，投资者可能存在盲目跟风买入的现象，使价格偏离其内在价值。当心理线进入超买区域时，应保持警惕，这可能是一个卖出信号。

超卖区域（买入信号）：当心理线值低于 25 时，市场被认为处于超卖区域。这意味着在特定周期内，下跌天数占比较大，投资者普遍对市场前景过于悲观，大量抛售股票，导致市场可能已经过度卖出，股价继续下跌的空间可能有限，市场可能存在反弹机会。此时，市场情绪低落，投资者可能过度恐慌，导致价格被低估。当心理线指标进入超卖区域时，可能是一个买入信号。

2）心理线的形态分析

心理线的上升趋势表明市场中投资者的乐观情绪逐渐增强，更多投资者看好市场前景，买入力量逐渐占据优势，市场可能处于上升趋势或即将进入上升趋势。相反，心理线的下降趋势表明投资者的悲观情绪在加剧，卖出压力增大，市场可能处于下降趋势或即将进入下降趋势。心理线与价格走势类似，也可能形成一些特定的形态，如双顶、双底等。这些形态的出现往往预示着市场趋势的反转。

扩展阅读 8.8　常见的技术分析指标

即测练习题 8.3

自学自测　扫描此码

复习思考题

1. 请解释证券投资技术分析的基本概念与特点，并说明它与基本分析的主要区别。

2. 技术分析的基础假设有哪些？这些假设在实际市场中的意义是什么？

3. 请列举并解释技术分析中的四大基本要素，并说明它们在投资决策中的作用。

4. 价格在技术分析中占据什么地位？如何通过价格判断市场的买卖时机？

5. K 线图的基本构成是什么？请列举几种常见的 K 线形态，并解释它们的市场含义。

6. 如何通过 K 线图判断市场的买卖信号？请举例说明。

7. 什么是趋势线？如何绘制趋势线？趋势线在实际市场中的应用有哪些？

8. 请解释支撑线和压力线的概念及其作用原理，并举例说明它们在市场中的表现。

9. 轨道线是如何形成的？它在实际市场中的应用和意义是什么？

10. 请列举几种常见的技术指标，并解释它们是如何应用于投资决策中的。

11. 移动平均线指标（MA）是如何计算的？它在市场分析中的作用是什么？

12. 相对强弱指标（RSI）的计算方法和应用法则是什么？如何根据 RSI 值判断市场的超买超卖状态？

13. 布林指标是如何构成的？它在实际市场中的应用有哪些？

14. 请解释心理线（PSY）的概念及其计算方法，并说明它在投资决策中的作用。

15. 在实际应用中，如何结合技术分析和基本分析，全面、准确地判断市场的未来走势和投资机会？请举例说明。

第 9 章

证券投资价值分析

【本章学习目标】

通过本章学习，学员应该能够：

1. 理解股票价格、债券价格及其决定因素。

2. 熟悉股利贴现现金流模型，包括零增长模型、不变增长模型和可变增长模型的应用。

3. 熟悉一次还本付息债券、付息债券的估价公式及债券收益率的计算。

4. 理解基金资产净值计算方法，了解基金的价格决定机制，掌握基金的收益率计算。

引导案例

巴菲特投资案例

1987 年 10 月 19 日，美国股市遭遇了历史上著名的"黑色星期一"，道琼斯工业平均指数在这一天暴跌了 22.6%，创下了单日跌幅的历史纪录。这场金融风暴导致许多公司的股票价格大幅下跌，市场一片恐慌。然而，对于像巴菲特这样的价值投资者来说，这却是一个寻找被低估资产、进行长期投资的绝佳时机。

可口可乐作为全球最知名的饮料品牌之一，拥有极高的品牌价值和市场份额。其产品线涵盖碳酸饮料、果汁饮料、瓶装水等多种饮品，这些产品在全球范围内享有极高的知名度和消费者忠诚度。可口可乐的业务模式简单且稳定，具有很强的抗风险能力，即使在市场动荡时期也能保持稳定的盈利能力。

巴菲特一直非常看重公司的品牌优势、业务模式及持续盈利能力。在"黑色星期一"之后，他敏锐地发现了可口可乐股价被市场低估的机会。尽管当时可口可乐的股价已经大幅下跌，但巴菲特认为这一下跌与公司的基本面并不相符，因此他决定进行投资。

巴菲特对可口可乐进行了深入的分析，发现公司在过去的几十年里利润保持了稳定的增长，且这种增长趋势在未来有望继续保持。他认为，可口可乐的品牌优势、稳定的业务模式及持续的盈利能力是其核心竞争力的体现，也是其长期投资价值的保证。1988 年，巴菲特开始购买可口可乐的股票。在接下来的 12 个月内，他的投资公司伯克希尔·哈撒韦累计投资约 10 亿美元，购买了可口可乐约 7%的股份，成为公司的最大股东。

巴菲特对可口可乐的投资取得了显著的成功。自 1988 年以来，可口可乐的股价和利润不断上涨，为伯克希尔·哈撒韦公司带来了丰厚的投资回报。这一投资案例不仅验证了巴菲特价值投资理念的正确性，也展示了他在市场动荡时期寻找投资机会的敏锐洞察力。

巴菲特收购可口可乐的案例充分体现了价值投资的核心理念，即关注企业的内在价值，寻找被市场低估的优质公司。他通过对可口可乐品牌优势、业务模式、股价低估及持续盈利能力等因素的深入分析，成功地抓住了一个极佳的投资机会，并从中获得了丰厚的回报。

资料来源：百家号。

9.1　股票投资价值分析

9.1.1　股票的价格及其决定

1. 股票的价格种类

1）股票的理论价格

股票的理论价格基于股票投资价值与股息收入、市场利率水平之间的协变关系，通过分析和计算得出。

股票对于投资者的价值在很大程度上体现为未来能够实现的股息收益，而市场利率则代表了资金的机会成本及市场的平均收益水平。所以，股票理论价格取决于每股所取得的预期股息与当时的市场利率，即：股票理论价格＝预期股息收益/

微课视频 9.1　股票价值

市场利率。股票理论价格与预期股息收益的大小成正比。在市场利率保持不变的情况下，若公司预期股息收益越高，该股票的价值也就越高，其理论价格自然随之上升，而与市场利率成反比。当预期股息收益固定时，市场利率升高，意味着投资者将资金投入其他无风险或低风险资产能够获得更高的收益，其理论价格就会降低；市场利率下降时，股票的相对价值提升，理论价格会升高。

2）股票的票面价格

股票的票面价格又称股票的面额，是股份公司在发行股票时所标明的每股股票的票面金额。票面价格表明每股占公司总资本的比例，确定了股票持有者在股利分配时所应占有的份额，同时也为股票发行价格的确定提供了重要参考依据。股票票面价格的高低主要取决于公司的筹资总额、公司发行股票的股数、原公司股票的票面价格等因素。

3）股票的发行价格

股票的发行价格是指股份公司在发行股票时的出售价格，根据不同公司和发行市场的不同情况，会呈现出多种不同的形式，主要包括：①平价发行，即发行价格等于票面价格，也就是按照股票的票面金额进行发行。这种发行方式相对较为简单直接，适用于一些经营状况较为稳定、市场认可度较高且筹资需求符合票面金额设定的公司。②折价发行，即发行价格低于股票的票面价格。这种情况相对较少出现，一般是在公司急需资金、市场对公司信心不足或者特定的市场环境下才会采用，我国不允许折价发行股票。③溢价发行，指发行价格高于股票的票面价格。通常发生在那些盈利能力强、发展前景好、市场认可度高的公司身上。④中间价发行，即选择市场价格与股票面值之间的某个价格确定其发行价格，一般适用于老股东的配股等。

在一般情况下，同一种股票只能选择一种发行价格，究竟采用哪一种，主要取决于股票的票面形式、公司法的相关规定、公司状况及其他相关因素。

4）股票的账面价格

股票的账面价格也称为股票的净值，是指股东持有的每一股份在账面上所代表的公司财产价值，它通过公司总资产与全部负债之差与总股数的比值来计算。用公式表示即为：股票账面价格＝（公司总资产－全部负债）/总股数。

股票的账面价格与市场价格并不一致，这是因为市场价格是由股票市场上的供求关系等多种复杂因素共同决定的。对于成长型股票，由于投资者对其未来的发展前景充满信心，预期其未来能够创造更多的利润和价值，其市场价格往往高于其账面价格。

股票账面价格的变动主要取决于资产总额、负债总额等多项因素。当公司资产总额增加，股票的账面价格会相应提高；若公司资产减少或者负债大幅增加，账面价格则会降低。

5）股票的清算价格

股票的清算价格是指公司清算时，每股股票所代表的实际价值。

理论上，它等于公司清算时的资产净值与公司股票总股数的比值。但在实际操作中，由于存在清算费用（如法律费用、资产评估费用等）及资产出售价格等因素的影响，股票的清算价格往往不等于这一理论比值。如果公司在清算时，资产出售价格高于账面价格，扣除清算费用后，清算价格可能会高于账面价值；若资产出售价格不理想，且清算费用较高，那么清算价格就可能会低于账面价值。

2. 影响股票价格的因素

股票价格的形成虽以理论价格为依据，但在实际的股票市场中，受到众多因素的交互影响，其行情处于不断波动状态。这些影响因素从性质上可大致划分为基本因素与技术因素两类。基本因素主要源于市场外部，而技术因素则产生于股票市场内部的各种操作活动。其中，股市的主要运动趋势或长期走向主要由基本因素所主导；技术因素则更多地引发股价的短期波动。

1）影响股票价格的基本因素

（1）经济因素。经济因素作为影响股价的基础性要素，涵盖宏观、中观与微观三个层面。

宏观经济因素：宏观经济环境的整体状况对股票价格有着根本性的影响。这不仅包括商业周期波动这类纯粹的经济律动，还涉及政府经济政策以及特定的财政金融举措等综合性因素。经济周期的不同阶段会使企业面临不同的经营环境与盈利预期，从而左右股价变动。此外，国内生产总值、经济增长率、利率、通货膨胀等能够综合反映国民经济总体态势的主要经济指标及宏观经济政策，均会影响股票价格的变动。

中观经济因素：中观经济因素聚焦于特定行业的经济状况对股票价格的影响力，也称为行业因素。行业的市场结构不同、所处的生命周期阶段不同，均会表现出不同的行业特点，包括技术、政府、相关行业的因素都会导致行业面临不同的发展环境，进而导致行业内企业的股票价格发生不同的波动。

微观经济因素：微观经济因素主要围绕股票发行公司自身的特质对股价产生影响。公司的基本素质、财务状况、资产结构、偿债能力、盈利能力、营运能力等多方面因素都会直接或间接地影响公司股价的变动。

（2）政治因素。政治因素主要涵盖能够对股票价格产生冲击的政治事件及政府出台的各类政策措施。政局是否稳定对股市有着极为显著的影响，稳定的政治环境能够为企业营造良好的经营预期，增强投资者信心，促进股市平稳发展；政局动荡不安会带来极大的不确定性，降低投资者风险偏好，资金纷纷撤离股市，导致股价大幅下跌。

（3）其他因素。除经济与政治因素外，一些特殊事件也会影响股票价格，例如自然灾害的发生。当自然灾害导致企业的生产设备遭受严重破坏、生产活动被迫停滞时，企业的经营业绩会受到重创，投资者对其未来的预期恶化，股价随之下降。而在自然灾害后的复兴阶段，由于大规模的复兴建设需要大量投资，这会刺激社会需求的增长，部分企业可能受益于重建需求而迎来新的发展机遇，其股票价格有望上升。

2）影响股票价格的技术因素

技术因素主要源于股票市场内部的各种操作活动，多是投机行为的产物。由于投机活动主要着眼于短期利益的获取，所以技术因素通常只会引发股市的短期波动，难以对市场的长期波动趋势产生决定性影响。投资者基于不同的目的会反复进行不同的交易行为，买卖关系的变化直接影响股票的供求关系，进而直接影响股价的变动。不过，这种因素更多是在短期内改

扩展阅读 9.1　郁金香泡沫

变股价的供需平衡与市场情绪，难以改变股票价格的长期内在价值与趋势走向。

9.1.2 股票的内在价值评估

巴菲特说:"价值投资者们所拥有的知识共同点是:他们都在寻找公司的价值和其价格之间的差异,并从中获利。"股票的内在价值,是指股票在某一时刻的真正价值,它也是股票的投资价值。计算股票的内在价值需要采用贴现法。通常可根据内在价值与市场价格之间的对比来判断股票的投资价值。由于上市公司的寿命、每股税后利润及社会平均投资收益率等都是未知数,所以股票的内在价值较难计算。在实际应用中,一般都是根据未来预期的收益进行贴现,预测其所对应的价值。基于这样的原理,便构建出了股利贴现现金流模型的基本公式,以此来对股票的内在价值进行量化计算。

股利贴现现金流模型是基本的股票定价模型,该模型运用收入的资本化定价方法来决定普通股的内在价值。按照收入的资本化定价方法,任何资产的内在价值都是由拥有这种资产的投资者在未来时期中所收到的现金流决定的。由于现金流是未来时期的预期值,因此必须按照一定的贴现率将其转换成现值,也就是说,一种资产的内在价值等于预期现金流的贴现值。对于股票来说,这种预期的现金流即未来时期预期支付的股利。因此,股利贴现现金流模型的公式为:

$$P_V = \frac{D_1}{(1+k)} + \frac{D_2}{(1+k)^2} + \frac{D_3}{(1+k)^3} + \cdots + \frac{D_t}{(1+k)^t} = \sum_{t=1}^{\infty} \frac{D_t}{(1+k)^t}$$

式中,D_t 为在时间 t 内普通股的预期现金流,即在未来时期以现金形式表示的每股股票的股利;k 为在一定风险程度下现金流的合适贴现率;P_V 为股票的内在价值。通常可根据所测算的内在价值与当前市场价格 P 进行对比,若 $P_V > P$,则说明该股票被低估,值得投资;若 $P_V < P$,则说明该股票被高估,不值得投资。但是,现实中大多数投资者不可能永久持有股票,在这种情况下,股票的收入现金流分为两部分:一是每期股息,二是到期出售时的股价。于是股票的现金价值的计算公式变为:

$$P_V = \frac{D_1}{(1+k)} + \frac{D_2}{(1+k)^2} + \frac{D_3}{(1+k)^3} + \cdots + \frac{D_n}{(1+k)^n} + \frac{P_n}{(1+k)^n} = \sum_{t=1}^{n} \frac{D_t}{(1+k)^t} + \frac{P_n}{(1+k)^n}$$

式中,n 为股票的持有期;P_n 为股票出售时(第 n 期)的价格;D_t 为在时间 t 内每股股票的股利;k 为在一定风险程度下现金流的合适贴现率;P_V 为股票的内在价值。

由于 P_n 反映了第 n 期时股票的内在价值,它等于投资者在之后的持有期收到的现金流的现值之和,即从第 $n+1$ 期开始的股利现值之和。所以归根到底,股票的内在价值计算仍是采用无限期持有情况下的股利贴现现金流模型。在后续的模型中,我们仅考虑无限期持有的情况。

1. 零增长模型

零增长模型是一种相对简化的股票内在价值测算模型,它基于一个重要假设:假定股票未来每期支付的股利是固定不变的,即:

$$D_0 = D_1 = D_2 = \cdots = D_t$$

这意味着公司的盈利状况处于一种稳定状态，每年向股东分配的股利金额都维持在一个恒定水平，不会随着时间推移而发生增减变化。

从理论角度来看，根据股利贴现现金流模型，在零增长的情况下，由于每期股利相同，我们可以对其内在价值进行相应的简化计算，即：

$$P_V = \frac{D_0}{(1+k)} + \frac{D_0}{(1+k)^2} + \frac{D_0}{(1+k)^3} + \cdots + \frac{D_0}{(1+k)^t} = \sum_{t=1}^{\infty} \frac{D_0}{(1+k)^t}$$

化简：$P_V = \dfrac{D_0}{k}$

D_0 表示当前每股股利，也就是投资者当下预期每期能够获得的固定股利金额。k 代表在一定风险程度下现金流的合适贴现率，它综合考虑了市场的无风险利率、股票所属行业的风险状况及该股票自身的风险水平等诸多因素。

例 9-1： 假定某公司在未来每期固定支付的每股股息为 8 元，必要收益率为 10%，当前股票价格为每股 65 元，则该股票的内在价值为多少？是否应该购买该股票？

解： $P_V = \dfrac{D_0}{k} = \dfrac{8}{10\%} = 80 > 65$，则内在价值高于市场价格，该股票被低估，值得投资。

零增长模型在实际应用中适用于那些处于成熟期、业务稳定、盈利和股利分配都较为固定的公司股票价值估算。比如，一些传统的公用事业类公司，其经营模式相对固定，市场需求稳定，每年的盈利波动极小，向股东派发的股利基本维持在一个固定数额，就可以运用此模型来大致估算其股票内在价值。然而，现实中绝大多数公司的经营状况会随着市场环境、行业竞争、技术创新等因素不断变化，很难长期保持股利零增长的状态。所以，零增长模型只能对特定类型且经营极度稳定的公司股票价值提供一个相对粗略的估计，对于处于成长阶段或者经营波动性较大的公司，运用此模型测算的内在价值可能与实际情况存在较大偏差。

2. 不变增长模型

不变增长模型同样是在股利贴现现金流模型基础上发展而来的，它假设股票的股利按照一个固定的增长率（用 g 表示）持续增长，且这个增长率在未来长期内保持不变，即：

$$D_1 = D_0(1+g)$$
$$D_2 = D_1(1+g) = D_0(1+g)^2$$
$$\vdots$$
$$D_t = D_0(1+g)^t$$

也就是说，公司的盈利能力和股利分配呈现一种稳定且匀速增长的态势。基于这样的假设，我们可以将未来各期的股利表示为以当前股利为基础、按照固定增长率逐年递增的数列形式，进而通过贴现的方式来计算股票的内在价值，即：

$$P_V = \frac{D_0(1+g)}{(1+k)} + \frac{D_0(1+g)^2}{(1+k)^2} + \frac{D_0(1+g)^3}{(1+k)^3} + \cdots + \frac{D_0(1+g)^t}{(1+k)^t} = \sum_{t=1}^{\infty} \frac{D_0(1+g)^t}{(1+k)^t}$$

化简：$P_V = \dfrac{D_1}{k-g}$

D_0 表示当前每股股利，即当下投资者预期首次获得的股利金额。g 是股利的固定增长率，它反映了公司股利每年增长的速度。k 为在一定风险程度下现金流的合适贴现率，其确定因素与前文所述相同，综合考虑了市场各种风险因素。

例 9-2：某公司每股股票价格是每股 30 元，上一年支付股息为每股 1.5 元，必要收益率是 11%，预计在未来该公司股票的股息按每年 5%的速率增长，则该股票内在价值为多少，是否值得投资？

解：$P_V = \dfrac{D_1}{k-g} = \dfrac{1.5}{11\%-5\%} = 25 < 30$，则内在价值低于市场价格，该股票被高估，不值得投资。

不变增长模型适用于那些具有稳定增长特性的公司股票价值估算，常见于处在成熟期且行业前景较为明朗、经营模式相对成熟、有能力维持稳定盈利增速并相应提高股利分配的企业。比如，一些在细分市场具有一定竞争优势、产品需求持续增长的消费类公司，它们随着市场份额的稳步扩大和业绩的持续提升，股利往往会按照一定比例逐年递增，此时运用不变增长模型能够较为合理地测算其股票内在价值。

不过，该模型的局限性在于，现实中公司很难长期保证股利按照一个固定的增长率持续增长。因为企业经营会受到宏观经济波动、行业竞争加剧、突发重大事件等多种不可预见因素的影响，导致股利增长速度可能出现变化，所以不变增长模型也只是一种对理想状态下股票内在价值的近似估算方法，对于经营环境复杂多变的公司，其估算结果可能存在一定误差。

3. 可变增长模型

可变增长模型考虑到了更为复杂、贴近现实的情况，它假设公司股利在不同阶段呈现不同的变化。这种模型更符合企业在整个生命周期内经营和股利分配的实际变化情况，因为企业在初创期可能由于市场开拓、新产品推出等原因呈现出高速增长的态势。随着市场逐渐饱和、竞争加剧，增长速度会逐渐放缓并趋于稳定，与之对应的股利分配也会经历类似的变化过程。通常可以将公司的发展过程划分为两个阶段，在一段时间 T 内并没有特定的模式可以预测股利变化，在此段时间以后，股利按不变增长模型进行变动。因此，股利流可以分为两个部分。

第一部分为 $0 \sim T$ 期的不规律的股利现金流，其现值为：

$$P_{V-} = \frac{D_1}{(1+k)} + \frac{D_2}{(1+k)^2} + \cdots + \frac{D_T}{(1+k)^T} = \sum_{t=1}^{T} \frac{D_t}{(1+k)^t}$$

第二部分为 T 期以后以固定比率增长的股利现金流。假设不变的股利增长率为 g，那么有：

$$P_{VT} = \frac{D_{T+1}}{k-g}$$

需要注意的是，此时的现值 P_{VT} 是 $t = T$ 时点上的现值，$t = 0$ 时点上的现值为：

$$P_{V+} = \frac{P_{VT}}{(1+k)^T} = \frac{D_{T+1}}{(k-g)(1+k)^T}$$

因此，多元增长条件下的股利贴现现金流模型的公式为：

$$P_V = P_{V-} + P_{V+} = \sum_{t=1}^{T} \frac{D_t}{(1+k)^t} + \frac{D_{T+1}}{(k-g)(1+k)^T}$$

例 9-3：某公司预期今年支付每股 0.10 元股息，明年支付每股 0.90 元股息，后年支付每股 0.60 元股息，从第 4 年起，以后预计股息按每年 8% 的速率增长。假定必要收益率为 11%，股票市场价格为每股 18 元，则该股票内在价值为多少，是否值得投资？

解：$P_V = P_{V-} + P_{V+} = \sum_{t=1}^{T} \frac{D_t}{(1+k)^t} + \frac{D_{T+1}}{(k-g)(1+k)^T} = \frac{0.1}{(1+11\%)} + \frac{0.9}{(1+11\%)^2} + \frac{0.6}{(1+11\%)^3} +$

$\frac{0.6 \times (1+8\%)}{(11\% - 8\%)(1+11\%)^3} = 17.06 < 18$，则内在价值低于市场价格，该股票被高估，不值得投资。

可变增长模型由于充分考虑了公司不同发展阶段股利增长的差异，更贴合实际企业经营状况，因此在对处于不同生命周期阶段、经营变化较为复杂的公司股票内在价值估算时具有较高的适用性。然而，该模型的局限性在于其对各阶段增长率的预测难度较大，需要对公司所处行业发展趋势、自身竞争优势、宏观经济环境等诸多因素进行精准分析和判断，而且计算过程相对烦琐，任何一个阶段的预测偏差都可能导致最终估算的股票内在价值与实际情况出现较大差异。

扩展阅读 9.2　巴菲特投资华盛顿邮报

即测练习题 9.1

案例讨论 9.1　宏观经济因素对股票估值的影响

自学自测　扫描此码

9.2　债券投资价值分析

9.2.1　债券的价格及其决定

1. 债券的价格

1）理论价格

债券本质上是一种在未来特定时间会产生一系列现金流的金融资产。对于普通债券而言，这些现金流主要包括定期支付的利息以及到期时偿还的本金。债券的理论价格就是将这些未来现金流按照合适的贴现率折算到当前时刻的现值总和。根据贴现现金流模型可表示为：

微课视频 9.2　债券价值

$$P = \sum_{t=1}^{n} \frac{C_t}{(1+i)^t} + \frac{S}{(1+i)^{n+1}}$$

式中，P 表示债券的理论价格；C_t 表示第 t 期债券持有者预期得到的利息收入；i 表示债券持有者预期达到的实际收益率；n 表示实际付息的期数；S 表示第 $n+1$ 期出售债券预期收入或债券到期应收回的本金。

2）发行价格

债券的发行价格是指债券在一级市场首次向投资者发售时的价格，它可以根据发行时的具体情况与债券面值呈现不同的关系。平价发行，即按照面值发行；溢价发行，即以高于面值的价格发行；折价发行，即以低于面值的价格发行。

3）转让价格

债券的转让价格是指债券在二级市场流通交易过程中，买卖双方达成交易时的实际成交价格。债券的转让价格通常会围绕其理论价格波动，理论价格从价值本质上为转让价格提供了一个参考基准。而发行价格则是债券进入市场的初始定价，其高低及当时的市场情况等会影响后续二级市场转让价格的形成基础和波动范围。

2. 影响债券投资价值的因素

1）内部因素

（1）债券期限的长短。一般来说，在其他条件不变的情况下，债券的期限越长，其市场价格变动的可能性越大，风险也就越大，因此投资者要求的收益率补偿也就越高。

（2）票面利率。当市场利率提高时，票面利率较低的债券价格下降较快；当市场利率下降时，票面利率较低的债券增值潜力较大。因此，票面利率越低的债券，其价格的波动性越大；反之，票面利率越高的债券，其价格的波动性越小。

（3）提前赎回条款。提前赎回条款是指可赎回债券的发行人所拥有的一种选择权。这种规定在财务方面对发行人有利，因为发行人可以在市场利率降低时，发行利率较低的债券，取代原先发行的利率较高的债券，从而降低资金成本。对于投资者来说，提前赎回是不利的，因为如果利率降低，公司可以溢价赎回债券，而债券持有者拿回本金后再去投资就只能按较低的利率获取报酬；如果利率上升，公司可以不执行赎回规定，债券投资者无法获得利率上升带来的好处，此时选择把债券出售出去，就只能以相对较低的价格卖出，其收益就会受损。这种风险要从价格上得到补偿，因此，具有较高提前赎回可能性的债券应具有较高的票面利率，其内在价值相对较低。

（4）税收待遇。债券利息纳税与否直接影响投资者的实际收益率，因此税收待遇是影响债券市场价格和收益率的一个重要因素。一般来说，免税债券的到期收益率比类似的应纳税债券的到期收益率低，其内在价值较高。此外，税收还以其他方式影响债券的价格和收益率。例如，任何一种以折扣方式出售的低利率附息债券提供的收益有两种形式，即息票利息和资本收益。在有的国家，这两种收入都被当作普通收入进行征税，但对于资本收益的征税可以等到债券出售或到期时再进行。这种延迟表明大额折价债券具有一定的税收优势。在其他条件相同的情况下，低利付息债券的税前收益率必然低于高利付息债券，那么低利付息债券的内在价值也就高于高利付息债券。

（5）流动性。流动性是指债券在不遭受损失或遭受较小损失的前提下可随时变现的容易程度，它体现了债券规避因市场价格波动而导致实际价格损失的能力。流动性较弱的债券较难按市价卖出，持有者会因此面临遭受损失（包括承受较高的交易成本和资本损失）的风险。这种风险必须在债券的价格中得到补偿，因此，流动性好的债券比流动性差的债券具有更高的内在价值。

（6）违约风险。违约风险是指债券发行人无法按期履行合约规定的义务，足额支付利息和本金的风险程度。通常情况下，除政府债券外，一般债券都存在信用风险，只是风险大小不同而已。信用等级越低的债券，投资者要求的风险补偿越高，债券的内在价值就越低。

2）外部因素

（1）基础利率。基础利率一般是指无风险证券利率，是债券定价过程中必须考虑的一个重要因素。投资人投资债券需承担一定风险，其收益率必然高于无风险证券的利率。一般来说，短期政府债券的风险最小，可以看作无风险证券，其收益率可用作基础利率。另外，因为银行信用度高且银行利率应用广泛，因此基础利率也可参照银行存款利率来确定。

（2）市场利率。市场利率指市场上所有金融资产的平均报酬率，它对债券利率具有替代作用，是投资债券的机会成本，与债券价格成反比。如果市场利率上升，意味着投资债券的机会成本上升，债券收益率水平也上升，从而使债券内在价值降低；反之，债券内在价值增加。而且，市场利率风险与债券期限相关，债券期限越长，其价格的利率敏感度越高。

（3）其他因素。影响债券价值投资的其他因素包括通货膨胀水平和外汇汇率风险等。通货膨胀可能会使投资者从债券投资中获得的收益不足以弥补由于通货膨胀而造成的购买力损失。当投资者投资于某种外币债券时，汇率变化会使投资者未来的本币收入因货币贬值而遭受损失。这些损失都必须在债券定价中得到体现，以增加债券的到期收益率，降低债券的内在价值。

扩展阅读 9.3 华为公司债券发行

9.2.2 债券的基本价值评估

收入的资本化定价方法认为，资产的内在价值等于投资者投入的资产可获得的预期现金收入的现值。将此方法运用到债券上，债券的内在价值即等于来自债券的预期货币收入按某个利率贴现的现值。在确定债券的内在价值时，需要估计预期货币收入以及投资者要求的适当收益率（也称"必要收益率"）。债券的预期货币收入主要有两个来源：息票利息和票面额。债券的必要收益率一般是参照具有相同风险程度和偿还期限的债券的收益率得出的。

1. 一次还本付息债券的估价公式

如果按单利计息，其内在价值决定公式为：

$$P = \frac{M(1+in)}{(1+r)^n}$$

如果按复利计息，其内在价值决定公式为：

$$P = \frac{M(1+i)^n}{(1+r)^n}$$

式中，P 表示债券的内在价值；M 表示债券的票面金额；i 表示债券的每期利率；n 表示债券的付息期数；r 表示必要收益率。

贴现债券同样属于一次还本付息债券，它以低于票面金额的价格发行，到期按面值偿还本金，所以可以把面值视为贴现债券到期的本息之和。其内在价值计算公式为：

$$P = \frac{M}{(1+r)^n}$$

2. 付息债券的估价公式

其内在价值决定公式为：

$$P = \frac{C}{1+r} + \frac{C}{(1+r)^2} + \cdots + \frac{C}{(1+r)^n} + \frac{M}{(1+r)^n} = \sum_{t=1}^{n} \frac{C}{(1+r)^t} + \frac{M}{(1+r)^n}$$

式中，P 表示债券的内在价值；C 表示债券每期支付的利息；M 表示债券的票面金额；n 表示债券的付息期数；r 表示必要收益率；t 表示第 t 期。

9.2.3 债券收益率的计算

收益率的测算是指所得收益与支出的比率。债券的收益主要来自两部分：一是利息收入，即债券发行人按照票面利率定期向债券持有者支付利息；二是资本利得，即债券价格在二级市场上的变动所带来的交易买卖的差价或买入价格与到期收回本金的差额。由于投资债券时，投资者可以选择在一级市场从发行主体手中认购，也可以在二级市场从其他投资者手中买入；可以选择持有到到期收回债券本金，也可以选择在到期前

按照市场价格转让给其他投资者。因此，债券收益率的测算主要包括持有期收益率和到期收益率。

案例讨论 9.2 债券投资价值评估

1. 持有期收益率计算

持有期收益率即投资者持有债券在未到期前将其转让出售所获得的全部收益与买入债券支出的比率。由于投资者既可以在债券发行时进行认购，或者在发行后从其他投资者手中买入，因此持有期收益率的计算公式如下：

$$持有期收益率 = \frac{债券年利息 + (卖出价格 - 认购价格) \div 持有期限}{认购价格} \times 100\%$$

$$持有期收益率 = \frac{债券年利息 + (买出价格 - 买入价格) \div 持有期限}{买入价格} \times 100\%$$

式中，持有年数可根据实际持有天数与 365 的比值来确定。

例 9-4：某债券票面金额为 100 元，票面利率为 8%，偿还期限为 10 年。甲投资者在债券发行时以 102 元的价格认购该债券，持有 2 年后将其以 108 元的价格转让给乙投资者；乙投资者持有 3 年后，又以 106 元的价格将该债券转让给了丙投资者，则甲投资者和乙投资者的持有期收益率分别为：

$$乙投资者持有期收益率 = \frac{100 \times 8\% + (106 - 108) \div 2}{108} \times 100\% = 6.48\%$$

$$甲投资者持有期收益率 = \frac{100 \times 8\% + (108 - 102) \div 2}{102} \times 100\% = 10.78\%$$

则甲投资者和乙投资者的持有期收益率分别为 10.78% 和 6.48%。

2. 到期收益率计算

到期收益率即投资者持有债券到期并收回本金所获得的全部收益与买入债券支出的比率。同时，由于投资者可以在债券发行时认购，也能在发行后从其他投资者手中买入，因此到期收益率的计算公式如下：

$$到期收益率 = \frac{债券年利息 + (债券面值 - 认购价格) \div 到期期限}{认购价格} \times 100\%$$

$$到期收益率 = \frac{债券年利息 + (债券面值 - 买入价格) \div 剩余期限}{买入价格} \times 100\%$$

式中，剩余年数可根据实际持有天数与 365 的比值来进行确定。

例 9-5：甲投资者以 105 元认购一张面值为 100 元、票面利率为 10%、期限为 3 年的债券持有到到期；乙投资者从其他投资者手中以 106 元的价格买入一张面值为 100 元、票面利率为 8%、还有 2 年到期的债券持有到到期。则甲投资者和乙投资者的持有期收益率分别为：

$$甲投资者到期收益率 = \frac{100 \times 10\% + (100 - 105) \div 3}{105} \times 100\% = 7.94\%$$

$$乙投资者到期收益率 = \frac{100 \times 8\% + (100 - 106) \div 2}{106} \times 100\% = 4.72\%$$

则甲投资者和乙投资者的到期收益率分别为 7.94% 和 4.72%

即测练习题 9.2

自
学
自
测

扫
描
此
码

9.3   基金投资价值分析

9.3.1   证券投资基金的价值评价

1. 基金资产净值

微课视频 9.3   基金估值

基金资产净值是指在某一基金估值时点上，按照公允价格计算的基金资产的总市值扣除负债后的余额，该余额是基金份额持有人的权益。简单来说，它反映了基金资产的实际价值，是衡量一只基金实际价值的重要指标。计算公式如下：

基金资产净值 = 基金资产总值 – 基金总负债

式中，基金资产总值是指基金所拥有的各类有价证券、银行存款本息、基金应收的申购基金款以及其他投资所形成的价值总和；基金负债是指基金运作及融资时所形成的负债，包括应付给他人的各项费用、应付资金利息等。

基金资产净值的估算，一方面可为投资者购买基金提供参考依据，帮助投资者评估基金的投资收益情况；另一方面有助于基金管理公司评估自身的投资管理业绩，根据净值的变化调整投资组合，同时也是基金管理公司履行信息披露义务的关键内容。基金管理公司需定期公布基金资产净值，以保障投资者的知情权。

开放式基金：一般会在每个交易日进行估值，原因在于开放式基金的投资者可在交易日内申购和赎回基金份额。为保证交易价格的公平性，需及时估算资产净值。我国的开放式基金通常会在每个工作日收盘后，根据当日证券市场的收盘价等信息对基金资产进行估值，并计算出基金资产净值。

封闭式基金：虽然封闭式基金的份额在封闭期内不能申购和赎回，但为了反映基金资产的真实价值，一般也会定期进行估值。通常是每周或每月估值一次，部分封闭式基金也会在每个交易日进行估值。

2. 开放式基金的价格决定

开放式基金的价格主要由两部分构成，即基金单位净值和申购赎回费用。基金单位净值是决定开放式基金价格的核心要素，它是通过基金资产净值除以基金总份额计算得出的。申购赎回费用则是投资者在进行基金申购或赎回操作时需支付的额外费用。

$$基金单位净值 = 基金资产净值/基金总份额$$

1）申购价格

一般情况下，开放式基金的申购价格是在基金单位净值的基础上加上一定的申购费用。申购费用的收取方式有前端收费和后端收费两种。前端收费是在申购时就收取申购费用，计算公式如下：

外扣法下：申购价格 = 基金单位净值 × （1 + 申购费率）

内扣法下：申购价格 = 基金单位净值/（1 - 申购费率）

自 2007 年 6 月起，我国统一使用外扣法进行申购费用的计算。

后端收费是在赎回基金时收取申购费用，并且收费比例可能会根据持有基金的时间长短而有所不同，持有时间越长，后端申购费用可能越低。有些基金在特殊情况下，如促销活动期间，可能会减免申购费用，此时申购价格更接近基金单位净值。

2）赎回价格

赎回价格的计算公式通常为：

$$赎回价格 = 基金单位净值 × （1 - 赎回费率）$$

赎回费率的高低也会因基金公司、基金类型和持有期限等因素而有所不同。一般来说，持有基金的时间越长，赎回费率越低。

开放式基金的申购和赎回一般只能在证券市场交易日进行。在交易日内，基金单位净值会根据基金资产的实时市场价值动态变化。例如，在股票市场开盘期间，基金持有的股票价格波动会实时影响基金资产总值，进而影响基金单位净值。不同基金公司对于申购和赎回的具体时间截止点也有所不同。一般来说，在交易日下午 3 点之前提交的申购赎回申请，按照当日的基金单位净值计算价格；而在交易日下午 3 点之后提交的申请，则按照下一个交易日的基金单位净值计算价格。这是因为基金公司需要根据当日的市场情况来计算基金资产净值，交易日下午 3 点之后市场情况可能发生变化，所以需等到下一个交易日来确定准确的净值。

虽然开放式基金的价格不像股票那样直接由市场供求关系决定，但在一定程度上也会受到其影响。当市场对某只开放式基金的需求旺盛、大量投资者进行申购时，基金公司可能会扩大基金规模，增加基金总份额。在这种情况下，基金经理需要将新筹集的资金用于进行投资，可能会对投资组合做出调整，进而影响基金资产净值与价格。相反，如果出现大量赎回情况，基金公司可能需变现部分资产以满足赎回需求。如果资产变现的价格不理想，可能会导致基金资产净值下降，从而影响基金价格。而且，大量赎回可能会引发市场对该基金的担忧，进一步影响投资者的申购意愿，间接改变基金的供求关系和价格。

3. 封闭式基金的价格决定

与开放式基金不同，封闭式基金的份额在封闭期内是固定的，投资者不能像投资开放式基金那样直接向基金公司申购或赎回份额。这使市场供求关系成为影响封闭式基金价格的关键因素。当市场上对某只封闭式基金的需求大于供给时，其价格会高于基金单位净值，即出现溢价现象；相反，当市场对该基金的供给大于需求时，价格会低于基金单位净值，出现折价现象。

封闭式基金主要在证券交易所进行交易，交易方式与股票交易相似。这种交易方式使封闭式基金的价格受到证券市场交易规则和投资者交易行为的影响。在证券交易所中，封闭式基金的价格通过连续竞价的方式确定。投资者在交易所内通过委托买卖的方式进行交易，其价格根据买卖双方的报价和交易撮合情况而定。例如，当买方出价较高且卖方愿意接受时，交易就会以较高的价格成交；当卖方出价较低且买方愿意接受时，交易以较低价格成交。同时，市场的交易活跃度、投资者情绪及宏观经济环境等因素也会影响封闭式基金在交易所中的价格。

9.3.2 证券投资基金的收益率

1. 收益率

收益率是最直观的计算基金投资收益的方法。它通过计算投资收益与初始投资金额的比率来衡量基金投资的收益情况，计算公式如下：

$$收益率 = （期末资产价值 - 初始投资金额）/初始投资金额 \times 100\%$$

收益率能够快速地让投资者了解其投资的大致收益情况，该数值越高，表明基金的收益能力越强。

扩展阅读 9.4 开放式基金的申购及赎回

2. 年化收益率

年化收益率是将投资收益率按一年期限进行折算后的收益率，可让投资者在不同投资期限的基金之间进行公平比较。其简单计算方法如下：

如果投资期限为 t 年，总收益率为 R，那么：

$$年化收益率 = [(1 + R)^{1/t} - 1] \times 100\%$$

基金投资的期限可能各不相同，有的可能投资几个月，有的可能投资数年。年化收益率提供了一个统一的标准，便于投资者评估基金在一年时间内的预期收益水平，从而更好地选择符合自己投资目标的基金。

即测练习题 9.3

案例讨论 9.3　开放式基金的申购和赎回

自学自测

扫描此码

复习思考题

1. 简述股票价格的主要种类及其各自的含义。

2. 股票的理论价格是如何决定的？请解释其计算公式及影响因素。

3. 什么是股利贴现现金流模型？它在股票内在价值评估中的应用如何？

4. 请分别解释零增长模型、不变增长模型和可变增长模型在股利贴现现金流中的应用及其适用场景。

5. 影响股票内在价值的外部因素有哪些？这些因素是如何影响股票价格的？

6. 如何使用股利贴现现金流模型评估一家公司的股票是否被低估或高估？

7. 债券价格的决定因素有哪些？这些因素是如何影响债券投资价值的？

8. 请解释一次还本付息债券和付息债券的估价公式，并举例说明其应用。

9. 债券收益率的计算方法是什么？它与债券价格之间有何关系？

10. 基金资产净值的计算公式是什么？它反映了基金的哪些方面的信息？

11. 请解释开放式基金和封闭式基金的价格决定机制，并比较其异同。

12. 开放式基金的申购价格和赎回价格是如何确定的？影响因素有哪些？

13. 封闭式基金的交易方式与股票交易有何相似之处？其价格受到哪些因素的影响？

14. 收益率和年化收益率在基金投资收益评估中的作用是什么？请解释其计算方法。

15. 在进行证券投资价值分析时，投资者应如何综合运用股票、债券和基金等不同投资工具的分析方法？请举例说明。

第 10 章

证券投资收益与风险

【本章学习目标】

通过本章学习，学员应该能够：

1. 掌握证券投资收益的度量。
2. 了解系统性风险和非系统性风险对收益的影响。
3. 掌握证券投资风险的含义及其度量。
4. 理解投资收益与投资风险的匹配关系。

引导案例

特斯拉股票投资与风险管理

在探讨证券投资收益与风险这一复杂且重要的主题时，我们不妨以近年来备受瞩目的特斯拉公司为例，剖析特斯拉股票投资的一个真实案例，以此帮助我们深入理解投资收益与风险这两个要素之间的关系，以及风险管理的重要性。

案例背景：加拿大男子克里斯托弗·德沃赫特（Christopher DeVocht）原本是一名普通木工，他偶然将 88 000 加元的资金投入特斯拉股票。随着特斯拉股票价值的飙升，这笔投资迅速增长。截至 2020 年 6 月底，他的投资组合价值已接近 2 600 万加元，在 2021 年 11 月达到了惊人的 4.15 亿加元。然而，好景不长，特斯拉股价在 2022 年经历了一系列下跌，德沃赫特的财富也随之大幅缩水，最终血本无归。

投资过程：

（1）初始投资：德沃赫特最初将 88 000 加元投入特斯拉股票，随着特斯拉股票价值的快速增长，他的投资获得了巨大的回报。

（2）加杠杆与集中投资：德沃赫特通过开设保证金账户（margin account），借入资金进行交易，并集中投资于特斯拉股票及其衍生品。到 2021 年，他的净资产已增长至 1.86 亿加元，并在年底达到了 4.15 亿加元。

（3）风险忽视：尽管德沃赫特的财富快速增长，但他忽视了风险管理的重要性。他未能通过多样化投资分散风险，也没有设置止损订单以降低潜在损失。

（4）财务顾问的建议：德沃赫特声称，他得到了加拿大皇家银行（RBC）和均富会计师事务所（Grant Thornton LLP）的财务和税务顾问的建议，但这些建议并未充分考虑风险管理，反而鼓励他继续集中投资于特斯拉股票。

（5）崩盘与破产：特斯拉股价在 2022 年大幅下跌，德沃赫特试图通过短期交易弥补损失，但未能成功。最终，他不得不出售持有的特斯拉股票来偿还贷款，导致财富归零。

本案例深刻揭示了证券投资收益与风险的关系，以及风险管理的重要性。案例表明，高收益往往伴随着高风险。投资者在追求收益的同时，必须充分认识到风险管理的重要性，通过多样化投资和设置止损订单等措施来降低潜在损失。同时，财务顾问也应提供全面、客观的建议，充分考虑投资者的风险承受能力和投资目标，避免鼓励过度集中投资或忽视风险管理。

资料来源：凤凰网。

10.1　证券投资收益

证券投资收益是指投资者在特定期限内通过证券投资活动所获得的净收益，具体表现为投资所得收入与相应支出之间的差额，它是投资者参与证券市场交易实现的经济回报。具体而言，投资者在购买、持有直至出售某一有价证券的过程中，所累积的各种形式的投资回报包括但不限于利息、股息、红利及资本增值与其初始投入资本之间的差额，即为该证券的实际收益。值得注意的是，此处的收益强调的是已实现的投资收益，而在投资决策过程中，预期收益同样占据着举足轻重的地位。

微课视频 10.1　投资收益

投资者往往会采用一系列专业分析与预测方法，对目标证券的未来收益率进行合理预估，这一预估数值被称为证券的预期收益率。然而，投资者也需充分认识到，由于市场波动、宏观经济环境变化及信息不对称等多种因素的影响，实际实现的收益率往往与预期值不一致，二者之间存在一定偏差。这种实际收益率与预期收益率之间的不一致性，在投资领域被称为投资风险，它反映了投资结果的不确定性，是投资者在做出投资决策时必须审慎考量的关键因素。

一般来说，证券投资收益主要来源于两个部分：收入收益和资本利得。收入收益是指投资者获得的股息、红利和利息等；资本利得是指投资者从证券价格的变化中所获得的收益，即低价买进、高价卖出证券所得到的差价收益。

针对普通投资者群体，证券投资收益的常见来源进一步细分为股票投资收益、债券投资收益和基金投资收益。

（1）股票投资收益。股票投资收益是指股票持有人因拥有股票所有权而获得的超出股票实际购买价格的收益，如股利收益、资本利得、资本增值收益。

（2）债券投资收益。债券投资收益是指债券持有人因持有债券而获得的经济回报，如债券利息收益、资本利得。

（3）基金投资收益。基金投资收益的来源主要有两个：一是资本利得，即投资者通过买卖基金份额所获得的价格差异收益；二是基金分红收益，即基金根据其投资业绩，按照一定比例向投资者分配的红利。

下面将主要介绍股票投资收益和债券投资收益。

10.1.1 股票投资收益

股票投资收益主要由两部分构成：第一部分为股票持有收益，即投资者持有某种股票期间所获取的股息收益，通常包括股息和红利；第二部分为股票资本利得，即投资者通过买卖股票形成的价差收益。

1. 股息收益

股息收益是股份公司将其税后净利润以现金或股票等有价资产的形式分配给各位股东的部分。

1）派发股息的形式

股息的派发主要采取三种形式。

（1）现金形式。这是指公司直接以货币形式支付给股票持有人的股息，它是最普通、最常见的股息支付方式。企业一旦向股东宣告发放股利，就对股东承担了支付的责任，必须如期履约。比如，每股派现额"10派2"，即每股派现0.2元。分配现金股息的好处是，既可以满足股东预期的现金收益需求，又有助于提高股票的市场价格、吸引更多的投资者。但这种方式不利于公司的资本积累，影响公司的资金周转。

（2）股票形式。股票股息是指以股票的方式派发股息，通常由公司用新增发的股票或一部分库存股票作为股息代替现金分派给股东。比如，按照10送1向股东发放股票股利，也就是说，股东每持有10股当前股票，就能获得1股额外的公司股票。发放股票股息的好处是，既可以使公司保留现金，解决公司发展对现金的需要，又可以使公司股票数量增加、股价下降，有利于股票的流通。

（3）财产形式。财产股息是公司用现金以外的其他财产向股东分派股息。最常见的是公司持有的其他公司或子公司的股票、债券，也可以是实物。比如，2021年12月腾讯向股东派发了4.57亿京东股票，这是以现金以外的其他财产向股东分派股息。分派财产股息的好处是，可减少现金支出，满足公司对现金的需要，有利于公司的发展。而且，在现金不足时，将公司产品以优惠价格充当股息，还可扩大其产品销路。

2）影响公司派发股息的因素

股息收益是股票投资收益中的重要来源，公司派发股息的多少主要受以下几个方面因素的影响。

（1）公司的盈利能力。这是影响股息发放最核心的因素。若公司未能实现盈利，那么股息支付自然无从谈起。

（2）公司的经营策略。采取较为激进经营策略的公司，往往更倾向于以股票而非现金的形式来分配股息。

（3）公司的债权与债务状况。债务负担沉重的公司，其分红能力通常会受到限制。

（4）控股股东的态度。控股股东对于股息分配的看法和态度，往往会对公司股息派发的数量产生显著影响。

（5）相关法律法规。不同国家和地区的法律对股息分配有不同的规定。例如，一些国家为了鼓励长期持股，会对持股时间较短的股东征收更高的股息所得税。

2. 股票资本利得

股票资本利得是指投资者通过买卖股票所获得的差价收益，又称资本收益。对于许多投资者而言，股票资本利得是股票投资的最主要收益来源。特别是在一些证券市场发展尚不成熟的国家，由于许多上市公司并不积极派发股息，因此股票交易的收益便成为投资者获取回报的主要方式。影响股票交易收益的因素主要包括以下几个方面。

扩展阅读 10.1 股票投资收益与行为金融学：理解投资者的心理偏差及策略应对

（1）证券市场的成熟度。证券市场若不够成熟，往往会伴随着更强的投机氛围，致使股票价格波动更为剧烈，从而增加了通过价差获取收益的机会，但同时也提高了投资损失的风险。

（2）投资者的选股水平。股票价格变化无常，只有价格上涨的股票才有可能为投资者带来正向的资本利得。

扩展阅读 10.2 技术分析与量化投资：探索股票市场中的策略工具与技术前沿

（3）公司的未来盈利能力。上市公司若展现出持续增强的盈利能力，其股票价格上升的可能性也会随之增加，反之则可能导致股价下跌。

（4）金融市场的利率状况。金融市场的利率水平提高，往往会使流入股市的资金减少，一般而言，这会导致股票价格下跌。相反，利率下降则可能推动股价上涨。

（5）宏观经济周期。这也是影响公司股价的一个重要因素。在股市处于牛市（长期上涨趋势）时，股票普遍上涨，投资者获得资本正收益的可能性远高于熊市（长期下跌趋势）。

10.1.2　债券投资收益

债券投资收益主要由两个部分组成：第一部分是债券利息收益，即投资者因持有债券而获得的定期利息支付；第二部分是债券资本利得，即投资者在债券市场上通过买卖债券所获得的差价收益。

1. 债券利息收益

债券的利息是基于债券发行时所明确的票面利率或利息额来计算的。债券票面利率通常由债券发行方在发行时确定，并且在债券的整个存续期内保持不变（除非是浮动利率债券）。债券的利率不受发行公司经营业绩波动的影响，也并非仅仅取决于债券的持有期限，与银行存款的利率确定方式有所不同。债券利率的高低主要受以下因素影响。

（1）债券偿还期限。债券偿还期限是指从债券发行之日起至其清偿本息之日止的时长。债券的期限长度与投资者所需承担的市场风险密切相关。长期债券由于面临更多的不确定性，如市场利率变动、经济环境变化等，因此通常需要提供更高的利率，以补偿投资者承担的额外风险。相反，短期债券由于风险较低，其利率也相应较低。

（2）债券价格。债券价格包括发行价格和交易价格，发行价格是指债券投资者认购新发行的债券时实际支付的价格。在其他条件相同的情况下，债券发行价格提高，利率水平也相应提高；反之，利率水平则相应降低。这样可使债券的实际收益与一般收益水平相适应，不至于相差过大。

（3）债券计息方式。债券的计息方式多样，包括单利、复利和贴现计息等。这些不同的计息方式会对投资者的实际收益产生不同影响。例如，在单利计息方式下，债券的利率通常较高，因为这种方式下利息不参与后续计息；而复利和贴现计息方式则可能提供较低的初始利率，但从长期来看，由于利息的累积效应，投资者可能获得更高的总收益。

（4）债券的付息频率。付息频率是指债券发行方在债券存续期内向投资者支付利息的频率。付息频率可以是一次性支付、按年支付、按半年支付甚至按季度支付。付息频率越高，投资者实际获得的收益就越多，因为频繁的利息支付可以更早地让投资者享受到投资收益，并且这些利息还可以进行再投资以产生额外收益。

（5）债券的信用级别。这是由信用评级机构根据债券发行人的财务状况、偿债能力、风险水平等因素综合评估后给出的等级。信用评级越高，说明债券发行人的偿债能力越强，风险越低，因此投资者要求的回报率也相应较低，即票面利率较低。反之，信用评级较低的债券由于风险较高，通常需要提供更高的利率来吸引投资者。

2. 债券资本利得

债券资本利得是指投资者通过在证券市场上买卖债券所获得的价差收益，具体表现为卖出价与买入价的差额。债券资本利得是债券投资的重要组成部分。投资者基于对市场趋势的深入分析与判断，会在债券价格较低时购入，待价格上升后适时卖出，以赚取差价。然而，债券市场价格并非固定不变，其会随着多种因素的变化而波动，因此投资者所能获得的价差收益具有一定的不确定性。尽管如此，与股票价格的大幅波动相比，债券价格的变动通常更为平稳，波动幅度相对较小。

一般而言，债券价格的涨跌主要受以下几个关键因素影响。

（1）政府宏观调控政策。政府的经济政策、货币政策等宏观调控手段会直接影响市场利率和资金流向，进而对债券价格产生影响。

（2）利率水平。市场利率的变动直接影响债券的吸引力。当利率上升时，新发行的债券往往提供更高的收益率，使现有债券的相对价值下降，价格随之下跌；当利率下降时，债券价格则可能上涨。

（3）发债主体的经营状况。债券发行者的信用状况、盈利能力以及未来发展前景等因素，都会影响投资者对其发行债券的信心和需求，从而影响债券价格。

（4）汇率变动。对于跨国投资的债券来说，汇率的变动会直接影响其以本币计价的收益，进而影响债券价格。

（5）市场交易活跃度。债券市场的交易活跃度也会影响债券价格。交易越活跃，市场流动性越好，债券价格越能反映其真实价值。反之，交易冷清可能导致价格偏离其合理水平。

综上所述，债券的资本利得虽然具有不确定性，但通过深入分析市场趋势和影响因素，投资者仍有可能获取稳健的收益。

扩展阅读 10.3　福特汽车债券评级下调后的资本利得机遇

10.1.3　收益的度量

证券投资收益的度量是投资者在进行证券投资决策时至关重要的一环。它涉及对投资收益的量化评估，可以帮助投资者了解投资效果，为未来的投资决策提供依据。

1. 收益率

在证券投资中，收益率是衡量投资回报的重要指标。对于任何一项投资，其收益率通常可通过以下公式计算：

$$收益率 = \frac{收入-支出}{支出} \times 100\%$$

然而，在证券投资领域，投资者不仅可能获得现金收益（如股息、利息等），还可能因市场价格变动获得升值价差收益，因此收益率的计算更为复杂。具体来说，证券投资收益率的计算公式为：

$$收益率 = \frac{期内现金收入 + （期末市场价格 - 期初购买价格）}{期初购买价格}$$

式中，"期内现金收入"指的是投资者在投资期间内所获得的现金回报，如股息、利息等；"期末市场价格"指的是投资者在投资期末卖出证券时所获得的市场价格；期初购买价格指的是投资者在投资期初购买证券的价格。

需要注意的是，如果投资者的投资期限不是 1 年的整数倍，那么需将收益率转换为年化收益率。年化收益率的计算公式为：

$$年化收益率 = \frac{\frac{投资收益}{本金}}{投资天数} \times 365 \times 100\%$$

假设投资者在 2023 年 1 月 1 日投资 10 000 元购买了一款理财产品，到 2023 年

3月31日（共90天）时，该产品为其带来了250元的收益。其年化收益率 =
[（250/10 000）/90] × 365 × 100% ≈ 10.13%。这款理财产品的年化收益率约为10.13%。

综上所述，证券投资收益率的计算需考虑期内现金收益和升值价差收益，并根据
投资期限进行年化处理，以更准确地衡量投资者的投资回报。

例10-1：假设某投资者于2020年1月1日以100元的价格购买了一张债券，该债
券于2021年1月1日以110元的价格卖出，在此期间还收到5元的利息收入。请计算
这一年中该投资者的投资收益率。

解：一年中的投资收益：5 + （110 - 100）= 15（元）。其中，债券利息收益为5
元，资本利得为10元。

债券的投资收益率：[5 + （110 - 100）] ÷ 100 = 15%。其中，债券利息收益率为
5%，利得收益率为10%。

2. 预期收益率

在投资领域，由于未来充满了各种不确定性，投资者所能获得的收益率并非固定
数值，而是受到诸多不可预见因素影响，因此，可以将未来的投资收益率视为一个随
机变量。为了对这种不确定性进行量化和评估，我们通常假设收益率服从某种概率分
布。这样，就可以将所有可能出现的投资收益率，按各自发生的概率进行加权平均，
从而得到一个综合估计值，即期望收益率。

从数学的角度来看，期望收益率或收益率平均数的计算是一个相对简单的过程。
只需将所有可能的收益率与对应的概率相乘，再将这些乘积相加，即可得到期望收益
率的数值。这个过程实际上是一个加权平均的计算过程，其中权重就是各种收益率出
现的概率。期望收益率的计算公式如下：

$$期望收益率 E(r) = \sum_{i=1}^{n} P_i K_i$$

式中，$E(r)$ 为期望收益率；P_i 为第 i 种结果出现的概率；K_i 为第 i 种结果的期望报酬率；
n 为所有可能结果的数目。

通过这种方式，投资者能对未来的投资收益有更全面、客观的认识，从而做出
更明智的投资决策。当然，需要注意的是，期望收益率只是一个预期值，实际投资
收益可能因各种因素的影响而有所偏离。因此，投资者在做出投资决策时，还需考
虑风险承受能力、投资期限等多种因素，以确保投资的安全
性和收益性。

例10-2：假设有一位投资者考虑投资一家公司的股票，他
分析了该公司过去几年的表现，并预测了未来一年该股票可能
的三种收益率情况以及每种情况发生的概率。具体数据如下：
收益率为10%的概率为0.3（即30%）；收益率为15%的概率为
0.5（即50%）；收益率为–5%的概率为0.2（即20%），要求计

扩展阅读 10.4 预期收
益率的估算与风险管理
的探讨

算预期收益率。

　　解：预期收益率 =（10%×0.3）+（15%×0.5）+（-5%×0.2）= 9.5%

　　因此，该投资者预期未来一年该股票的收益率为 9.5%。

即测练习题 10.1

案例讨论 10.1　稳定股息——
国企股与高增长潜力科技股

自
学
自
测

扫
描
此
码

10.2　证券投资风险

10.2.1　证券投资风险的含义

　　投资者进行证券投资往往有两个基本目标：一是获得收益，二是规避风险。然而，这两者之间存在着一种固有的平衡关系，即收益往往与风险相伴而行，获取收益的过程必然伴随着风险的承担。因此，在证券投资活动中，理解和有效管理风险成为至关重要的环节。

微课视频 10.2　投资风险

　　风险的核心内涵是不确定性，其概念本身并非贬义词。具体到证券投资领域，风险在狭义层面可理解为投资结果相对于预期目标的偏离程度。这种偏离可能是负面的，表现为实际收益低于预期，甚至出现资本损失；也可能是正面的，即实际收益超出预期，带来意外的超额收益。无论哪种情况，都体现了实际收益围绕预期收益值上下波动的特征。

　　进一步而言，证券投资风险是指证券预期收益发生变动的可能性和这种变动的幅度。变动的幅度越大，意味着投资者面临的风险水平越高；变动幅度越小，则风险相对较低。那么，为何预期收益会发生变动呢？这主要是因为，在持有证券期间，众多外部因素（如宏观经济环境、政策调整、市场情绪、企业经营状况等）的变化都可能对证券的价值产生影响，进而可能导致预期收益减少，极端情况下甚至会使投资者的本金遭受损失。因此，证券投资风险普遍存在，是投资者在追求收益过程中必须正视和应对的挑战。

10.2.2　风险的种类

　　证券投资风险按其性质可划分为两大类，即系统性风险和非系统性风险。

1. 系统性风险

系统性风险是指那些源自整体政治、经济、社会等宏观环境因素，能够对证券市场价格造成广泛且深远影响的风险类型。它源于一系列全局性的共同因素，会导致投资收益发生变动。

1）系统性风险的特点

（1）普遍性：它会影响证券市场上所有证券的价格走势，无一例外。这意味着，无论投资者持有的是哪种类型的证券，都可能受到系统性风险的影响。

（2）不可分散性：由于系统性风险影响范围广泛，投资者无法通过简单的分散投资策略（投资于不同类型的证券以降低风险）来有效规避或消除这种风险。因此，系统性风险也被称为不可分散风险。

2）系统性风险的种类

一般而言，系统性风险包括政策风险、利率风险、购买力风险和市场风险等。

（1）政策风险。政府在经济、金融、证券等领域出台的经济政策和管理措施，都可能对证券市场的运行产生直接或间接的影响。例如，经济政策的变化可能影响公司的盈利水平，进而影响证券的投资价值；而证券交易政策的调整，如印花税的调整，则可能直接影响证券的交易成本和价格。此外，一些看似与证券市场无直接关联的政策，如房地产政策，也可能通过影响资金流动来间接影响证券市场的表现。

（2）利率风险。市场利率的变动对证券市场的价格具有重要影响。利率的上升或下降会改变投资者对证券市场的投资偏好和资金配置，从而影响证券市场的供求关系和价格水平。

（3）购买力风险（或通货膨胀风险）。物价水平的上涨会削弱货币的购买力，使同样金额的资金在购买力上缩水。在证券市场中，投资者获得的投资收益通常以货币形式支付。因此，在通货膨胀时期，即使投资收益在名义上保持增长，但实际上由于货币购买力的下降，投资者的实际收益可能会减少甚至遭受损失。

（4）市场风险。这是证券投资活动中最直接、最常见的风险类型。市场风险直接源于证券价格的波动。当市场整体估值过高时，市场风险会显著增加。例如，在股市高涨时期，市盈率等估值指标可能会偏离合理水平，为未来的市场调整埋下隐患。一旦市场情绪发生逆转，市场估值回归合理水平，股价可能会大幅下跌，给投资者带来巨大损失。

2. 非系统性风险

非系统性风险是指那些仅影响个别或部分证券价格波动的风险。这些风险通常由某一特定的、局部的因素触发，与整个证券市场的整体价格走势无直接或全面关联，因此也被称为微观风险或特定风险。其本质源于特定公司或行业内部独有的因素，这些因素能够引发证券价格的波动，导致投资收

扩展阅读 10.5   证券投资风险管理与评估方法

益率出现不确定性。诸如公司内部发生的工人罢工、新产品研发失败、丧失关键销售合同等突发事件，均属于此类风险的范畴。这些事件具有突发性和随机性，其影响范围通常局限于个别公司或少数几个公司，而不会对整个市场造成广泛冲击。

为了有效应对非系统性风险，投资者可采取多样化投资策略来分散风险。具体而言，当一家公司遭遇不利事件时，其股价可能会下跌，但如果投资组合中同时持有其他表现良好的公司股票，那么这些正面表现可以部分或完全抵消不利事件带来的负面影响。因此，非系统性风险也被称为特有风险或可分散风险，因为它是个别公司或个别资产所特有的，且可通过投资多样化来降低或消除。

1）非系统性风险的特点

（1）这类风险由一系列特殊因素引发，这些因素通常与公司的内部管理、运营策略、市场竞争环境等密切相关。例如，公司管理层决策失误、员工士气低落、产品质量问题等，都可能成为引发非系统性风险的诱因。

（2）非系统性风险的影响范围相对有限，主要影响某些特定证券的收益。当某个行业或企业面临不利因素时，其相关股票价格可能受到冲击，而其他行业或企业的股票则可能不受影响或影响较小。因此，投资者可通过选择不同行业、不同地区的股票来构建投资组合，以降低非系统性风险对整体投资的影响。

（3）非系统性风险可通过分散投资加以消除。由于这类风险主要源于个别公司或个别资产投资者可以通过增加投资组合中不同种类资产的数量和类型，来降低单一资产或行业对整体投资组合的影响。这样，即使某个特定资产或行业出现不利情况，也不会对整个投资组合造成过大冲击。

2）非系统性风险的种类

常见的非系统性风险包括经营风险、财务风险、信用风险和道德风险等。

（1）经营风险。这是指由于证券发行主体（如企业）的经营状况不佳，甚至面临破产或倒闭，进而对其发行的证券价格产生负面影响的风险。经营风险可能源于市场需求变化、生产成本上升、管理不善、市场竞争加剧等多种因素，这些因素都可能导致企业盈利能力下降，进而影响其证券的市场表现。

（2）财务风险。这是指证券发行主体在筹集资金过程中遇到困难，可能因市场环境变化、融资渠道受限、信用评级下降等原因，导致企业难以以合理的成本获取所需资金，从而增加其财务负担和运营风险。财务风险还可能表现为现金流短缺，影响企业的正常运营和偿债能力。

（3）信用风险，又称违约风险。是指金融产品的发行主体（如企业、政府或金融机构）无法按照合同约定履行其偿债义务，从而导致投资者面临本金或利息损失的风险。信用风险可能源于发行主体经营不善、资金链断裂、政策变动等多种因素，这些因素均可能致使其无法按时足额支付投资者应得的回报。

扩展阅读 10.6　系统性风险与非系统性风险的实际案例分析

（4）道德风险。这是指企业管理层或实际控制人出于自身利益考量，采取损害股东利益的不道德行为，诸如财务造假、内幕交易、利益输送等。这些行为不仅损害了企业的声誉和信誉，还可能使企业陷入法律纠纷，进而对其证券价格产生负面影响。道德风险的存在提醒投资者，在选择投资标的时，除关注企业的财务状况和市场前景外，还应重视其管理层的道德品质与职业操守。

10.2.3　风险的度量

预期收益率，简而言之，是一个加权平均数，它依据各种可能的收益率及其发生的概率来计算，代表了投资者预期能够获得的平均回报水平。这个指标旨在找到一个最优的点估计值，使实际收益与预测收益之间的平均偏差最小化。换句话说，当预期收益率较高时，意味着投资者对未来投资回报的期望值也相应提高。然而，投资者依据预期收益率做出决策时，必须清醒地认识到，他们同时面临无法实现这一预期收益率的风险。这是因为实际收益率与预期收益率之间往往存在偏差，这种偏差的大小直接反映了投资者所面临的风险水平。当可能的收益率分布较为分散，即各种可能的收益率之间差异较大时，实际收益率与预期收益率之间的偏离程度也可能随之增大，这意味着投资者需要承担更高的风险。

为了量化这种风险，引入了方差或标准差的概念。在数学上，方差是衡量数据离散程度的一个重要指标，标准差则是方差的平方根，二者都可用于度量收益率的偏离程度。当方差或标准差较小时，表明收益率的离散程度较小，即各种可能的收益率之间差异不大，因此收益的不确定性也相应较小，投资者所面临的风险也就较低。相反，当方差或标准差较大时，表明收益率的离散程度较大，即各种可能的收益率之间差异显著，这会导致收益的不确定性增大，投资者所面临的风险也随之提高。所以，衡量某种证券风险水平的一般尺度是各种可能收益水平或收益率的概率分布的方差或标准差。

方差和标准差的计算公式分别如下：

$$\sigma^2 = \sum_{i=1}^{n} p_i [r_i - E(r)]^2$$

$$\sigma = \sqrt{\sum_{i=1}^{n} p_i [r_i - E(r)]^2}$$

式中，σ^2 为方差；σ 为标准差；r_i 表示该证券在第 i 种状态下的收益率；p_i 表示收益率 r_i 发生的概率；n 表示该证券可能的收益状态的总数；$E(r)$ 表示该证券的预期收益率。

例 10-3：A 公司与 B 公司股票的收益率及其概率分布情况如表 10-1 所示，假设要对这两家公司的股票进行投资，那么你将如何估计两家公司股票的投资收益率和标准差?

表 10-1 A 公司与 B 公司股票的预期收益率和概率分布表

经济情况	发生概率	A 公司股票报酬率（%）	B 公司股票报酬率（%）
繁荣	0.3	30	70
一般	0.4	20	20
衰退	0.3	10	−30

解：在这个表格中，经济状况分为三种情况：繁荣、一般、衰退，发生概率分别为 0.3、0.4 和 0.3。在不同经济状况下，A 公司与 B 公司股票的收益率各不相同。由于两公司股票未来可能的投资收益率取决于未来的经济状况，并且已知各种经济状况发生的概率，于是我们可以计算出这两只股票的预期收益率：

A 公司股票的预期收益率 $E(r_A) = 30\% \times 0.3 + 20\% \times 0.4 + 10\% \times 0.3 = 20\%$

B 公司股票的预期收益率 $E(r_B) = 70\% \times 0.3 + 20\% \times 0.4 - 30\% \times 0.3 = 20\%$

由计算结果可知，A 公司和 B 公司股票的预期收益率相等。

A 公司股票的方差 $\sigma^2 = 0.3 \times (30\% - 20\%)^2 + 0.4 \times (20\% - 20\%)^2 + 0.3 \times (10\% - 20\%)^2$，如此得出 A 公司股票的标准差为 7.75%。

B 公司股票的方差 $\sigma^2 = 0.3 \times (70\% - 20\%)^2 + 0.4 \times (20\% - 20\%)^2 + 0.3 \times (-30\% - 20\%)^2$，如此得出 B 公司股票的标准差为 38.73%。

由于 A 公司股票收益的标准差小于 B 公司，由此可认为投资于 A 公司股票的风险小于 B 公司。

在比较不同投资机会的风险大小时，如果仅依赖标准差作为衡量标准，需有一个前提条件，即所比较的投资机会应具有相同或相近的预期收益率。然而，在实际投资环境中，各类投资机会的预期收益率往往存在显著差异。在这种情况下，如果仍单纯使用标准差来评估风险，就可能会产生误导性的结论。为更准确地衡量风险，需引入一个新概念——标准离差率，也称为离散系数。标准离差率是通过将标准差除以预期收益率计算得出，它反映了收益率波动相对于预期收益率的大小。因此，标准离差率能提供一个更为全面和准确的风险评估指标，尤其是在不同投资机会的预期收益率存在较大差异时。

例如，有两只股票 X 和 Y，股票 X 的预期收益率为 15%，标准差为 12.65%，股票 Y 的预期收益率为 40%，标准差为 31.62%。如果仅从标准差的角度来看，我们可能会错误地认为股票 X 的风险较小。然而，当我们计算两只股票的标准离差率后，结果却大相径庭。股票 X 的标准离差率：12.65%/15% = 0.84。股票 Y 的标准离差率：31.62%/40% = 0.79。这表明，在考虑预期收益率后，股票 X 的实际风险要高于股票 Y。

因此，投资者在进行投资决策时，不仅要关注预期收益率的高低，还需要密切注意收益率的方差或标准差等风险指标。更重要的是，通过计算标准离差率，可以更全面地评估投资项目的风险和收益潜力。这样，投资者才能做出更加明智和理性的投资决策，以实现财富的保值和增值。同时，投资者也应该认识到，风险是投资过程中不可避免的一部分，而有效的风险评估和管理是确保投资成功的重要因素之一。

10.2.4　风险与收益的关系

对于寻求高收益的投资者而言，他们必须意识到高收益总是与高风险紧密相连的。这意味着，想要获得更高的投资回报，就必须做好准备面对更大的风险挑战。然而，值得注意的是，高风险并不意味着一定能带来高收益。相反，高风险往往伴随着收益的不确定性，投资结果可能是丰厚的回报，也可能是微薄的收益，甚至可能是惨重的损失。因此，收益总是以承担风险为代价的。

微课视频 10.3　收益与风险的关系

为了吸引投资者承担风险，投资标的必须提供足够的收益作为回报或补偿。风险与收益之间存在一种紧密的联系：风险越大，投资者所要求的投资收益率就越高。这是因为，面对更高的风险，投资者自然期望获得更高的收益来平衡其可能遭受的损失。

在投资市场上，当多个投资标的提供相同的投资收益率时，投资者往往会倾向于选择风险较小的那个。这种选择行为会导致风险较小的投资标的的竞争加剧，进而可能降低其收益水平。相反，风险较大的投资标的的为了吸引投资者，必须提供更高的收益。因此，市场竞争的结果往往是，高风险的投资标的必须有高收益才能吸引投资者，而低收益的投资标的则必须保持低风险才能维持其吸引力。这种风险和收益之间的关系可以通过一个公式来表达：

$$预期收益率 = 无风险报酬率 + 风险报酬率$$

式中，预期收益率是投资者在投资中所期望获得的收益率，它因人而异，因为不同的投资者对风险和收益有着不同的态度和偏好。有的投资者愿意承担更高的风险以换取更高的收益，而有的投资者则更倾向于选择风险较低的投资标的，即使这意味着他们的收益可能会相对较低。因此，投资者在选择投资标的时，需要根据自己的风险承受能力和收益期望来做出明智的决策。

无风险报酬率，简单来说，就是那些被认为没有任何风险的证券所能提供的投资回报率。在证券市场中，中央政府发行的债券，尤其是短期国债，由于其收益率是固定且确定的，因此被视为无风险证券的代表。所以，我们通常会将短期国债的利率看作是市场中的无风险报酬率基准。

当投资者考虑投资于短期国债以外的其他证券时，他们往往会将这些证券与无风险的国债进行对比。为了吸引投资者，这些非国债证券通常需要在无风险的国债利率基础上，额外提供一定的风险报酬率。这个风险报酬率，实际上是对投资者承担额外风险的一种补偿。以通货膨胀为例，如果投资者预计在未来的投资期间内，价格水平会上涨，即存在通货膨胀的风险，那么,他们必然会考虑通货膨胀对货币购买力的影响。为了保持实际收益率不变，投资者会要求在无风险报酬率的基础上，再加上预计的通货膨胀率，作为通货膨胀风险补偿。

除了通货膨胀风险外，投资收益还可能受到其他多种不确定性因素的影响。如果投资者对未来的投资收益感到不确定，那么他们通常会要求对这种不确定性进行补偿，也就是投资的风险补偿。这种风险补偿与投资者所承担的风险程度成正比。

扩展阅读 10.7　资本资产定价模型（CAPM）

因此，风险报酬率可以说是对投资者承担风险的一种额外奖励。在投资市场上，风险报酬率的高低往往取决于投资者对风险的容忍程度和对投资收益的预期。投资者在选择投资标的时，会综合考虑无风险报酬率和风险报酬率，以做出最符合自己利益的投资决策。

即测练习题 10.2

自学自测　扫描此码

案例讨论 10.2　大型房地产公司债券违约的影响及应对策略

10.3　证券投资组合的收益与风险

前两节讨论的是投资单一证券的收益和风险，但在实际的金融投资活动中，投资者很少仅将资金投入到单一证券中，而是更倾向于构建一个包含多种证券的投资组合。接下来，我们的焦点将转向证券投资组合的收益与风险分析。

微课视频 10.4　组合收益与风险衡量

投资组合，简而言之，就是投资者根据一定的策略和比例，将不同的证券组合在一起进行投资。对于单个证券，我们通常使用预期收益率来衡量其可能带来的收益，用方差来评估其风险水平。而当面对一个投资组合时，我们关注的就不再是单一证券的表现，而是整个组合作为一个整体的收益和风险状况。

此时，我们还需要审慎地决定在各种证券上的投资比例，因为不同的比例分配会直接影响投资组合的整体表现。为了方便理解和分析，我们可以将投资组合视为一个整体、一个虚拟的"大证券"。这样，我们就可以像分析单个证券一样，使用预期收益率和方差这两个指标来衡量投资组合的收益和风险。

不过，需要注意的是，投资组合的预期收益率和方差并不是简单地由各个单一证券的预期收益率和方差相加得出的。实际上，它们是通过复杂的数学公式，结合各个证券的预期收益率、方差及它们之间的相关性来计算的。这些相关性反映了不同证券价格变动的相互影响，是投资组合风险分析中的一个重要因素。

因此，在构建投资组合时，投资者需要综合考虑各个证券的预期收益率、风险水平及它们之间的相关性，以确定最优的投资比例，从而实现风险与收益的最佳平衡。

10.3.1　两个证券组合的收益与风险

1. 组合收益

投资组合的预期收益 $E(r_P)$ 是投资组合中所有证券预期收益的加权平均值，其中的权数 x 为各证券投资占总投资的比率。公式为：

$$E(r_P) = x_A E(r_A) + x_B E(r_B)$$

式中，$x_A + x_B = 1$。

例如，假设有一个投资组合，它由两个不同的证券构成，每个证券的投资金额相等。证券 A 的预期收益率为 8%，证券 B 的预期收益率为 14%，则该投资组合的预期收益计算如下：$E(r_P) = 0.5 \times 8\% + 0.5 \times 14\% = 11\%$。所以，该投资组合的预期年化收益率为 11%。

2. 组合风险

在评估由两种证券构成的投资组合的风险时，我们通常使用收益率的方差作为衡量标准。然而，与直接计算投资组合的预期收益相比，确定其方差的过程要复杂得多。投资组合的方差并不是简单地将各个证券的方差进行加权平均后得出的结果。相反，它是基于投资组合的实际收益与其预期收益之间的偏差（离差）的平方来计算的。这个偏差反映了投资组合收益的不确定性或波动性，是衡量风险的关键指标。

具体来说，投资组合的方差计算涉及以下几个步骤。首先，确定每个证券在投资组合中的权重，这通常取决于投资者分配给该证券的资金比重；其次，计算每个证券的收益率与其预期收益率之间的偏差；最后，将这些偏差的平方与相应的证券权重相乘，并将结果相加，以得到投资组合的总方差。由 A、B 两个证券组成的证券组合的方差为：

$$\sigma_P^2 = x_A^2 \sigma_A^2 + x_B^2 \sigma_B^2 + 2 x_A x_B \, \text{COV}_{AB}$$

式中，x_A、x_B 为证券 A、B 在组合中所占的份额（比重）；σ_A^2、σ_B^2 为证券 A、B 的方差；COV_{AB} 为证券 A、B 的协方差。

协方差 COV_{AB} 反映了证券 A、B 的收益率变化间的相互影响程度，它又可以写成下述形式：

$$\text{COV}_{AB} = \rho_{AB} \sigma_A \sigma_B$$

ρ_{AB} 称为证券 A、B 的相关系数，它的取值在 −1 和 1 之间。正号表示正相关，负号表示负相关；ρ_{AB} 越接近 +1，A 与 B 的正向相关度越大；ρ_{AB} 越接近 −1，A 与 B 的负向相关度越大；当 $\rho_{AB}=1$ 时，A 的变动与 B 的变动绝对一致，被称为完全正相关；当 $\rho_{AB}=-1$ 时，A 的变动与 B 的变动绝对相反，被称为完全负相关；当 $\rho_{AB}=0$ 时，A 与 B 毫无关系，被称为互不相关。

因此，由 A、B 两个证券组成的证券组合的方差也可由相关系数表示为：

$$\sigma_P^2 = x_A^2 \sigma_A^2 + x_B^2 \sigma_B^2 + 2x_A x_B \rho_{AB} \sigma_A \sigma_B$$

那么，由 A、B 两个证券组成的证券组合的标准差可表示为：

$$\sigma_P = \sqrt{x_A^2 \sigma_A^2 + x_B^2 \sigma_B^2 + 2x_A x_B \rho_{AB} \sigma_A \sigma_B}$$

假设投资组合由两个证券 A 和 B 组成，它们的投资比例分别是 40% 和 60%。已知这两个证券的预期收益率分别是 10%、15%，标准差分别是 20%、28%，其相关系数为 0.3，两种证券投资组合的收益率和方差计算过程如下：

投资组合的收益率：

$$E(r_P) = x_A E(r_A) + x_B E(r_B) = 40\% \times 10\% + 60\% \times 15\% = 13\%$$

投资组合的方差：

$$\sigma_P^2 = x_A^2 \sigma_A^2 + x_B^2 \sigma_B^2 + 2x_A x_B \rho_{AB} \sigma_A \sigma_B$$
$$= 0.4^2 \times 0.2^2 + 0.6^2 \times 0.28^2 + 2 \times 0.4 \times 0.6 \times 0.2 \times 0.28 = (20.66)^2$$

投资组合的标准差：

$$\sigma_P = 20.66\%$$

从上述计算中我们可以明显看出，投资组合的总体风险（以方差衡量）并非仅仅是各组成证券风险的简单加权平均。这一结果的背后原因在于，投资组合的风险不仅受到单个证券波动性的影响，还显著地受到这些证券之间相互作用（它们的相关系数）的制约。

具体来说，相关系数的大小直接影响投资组合风险的增减。相关系数 ρ_{AB} 的数值越大，σ_P^2 也越大，意味着证券间的同向变动趋势增强，这会导致投资组合的整体风险也随之上升；ρ_{AB} 的数值越小，σ_P^2 也越小，表明证券间的变动趋势趋于独立或反向，这将有助于降低投资组合的总体风险。因此，我们可以得出结论：资产间的相关程度越高，投资组合面临的风险往往就越大。反之，若资产间的相关性较低或存在负相关，则投资组合的风险可能得到有效分散和降低。然而，在实际投资中，完全负相关或完全不相关的资产组合是非常难以实现的。这是因为大多数资产都会受到宏观经济环境、政策变动、市场情绪等多种因素的影响，从而表现出一定程度的同向变动趋势。因此，投资者在构建投资组合时，应尽可能选择相关系数较低的资产进行搭配，以期在保持一定收益水平的同时最大限度地降低风险。

扩展阅读 10.8　相关系数在金融风险管理中的应用

此外，方差的计算过程相对复杂，涉及大量数据的处理和运算，因此通常需要借助专业的计算机软件来完成。这不仅提高了计算的准确性和效率，也使投资者能够更便捷地测试和调整不同的投资组合配置，以找到最符合自己风险偏好和收益目标的组合方案。

综上所述，投资者在构建投资组合时，应充分考虑各资产间的相关性以及自身的风险偏好和收益目标，通过灵活调整组合权重来优化投资组合的风险和收益特性。这一过程需要借助现代金融理论和计算技术的支持，以实现投资组合的有效管理和优化。

10.3.2 多个证券组合的收益与风险

1. 组合的收益

投资组合 P 由 n 种证券构成，其权重分别为 x_1, x_2,…, x_n，其收益率分别为 r_1, r_2,…,r_n，则组合 P 的预期收益率为：

$$E(r_\mathrm{p}) = \sum_{i=1}^{N} x_i \times E(r_i)$$

因此，投资组合的预期收益率是构成组合的各种证券预期收益率的加权平均数，权重为各种证券在组合中的市场价值比重。

2. 组合的风险

对于多个资产的组合来说，计算方差的一般公式为：

$$\sigma_\mathrm{P}^2 = \sum_{i=1}^{n} \sum_{j \neq i}^{n} x_i x_j \, \mathrm{cov}_{i,j}$$

由于当 $i = j$ 时，$\mathrm{cov}(r_i, r_j) = \sigma_\mathrm{P}^2$，资产组合方差的一般公式也可表示为：

$$\sigma_\mathrm{P}^2 = \sum_{i=1}^{n} x_i^2 \sigma_i^2 + \sum_{i=1}^{n} \sum_{j \neq i}^{n} x_i x_j \, \mathrm{cov}_{i,j}$$

该公式表明，资产组合的方差是资产各自方差与它们之间协方差的加权平均，亦即表明投资组合的风险取决于 3 个因素：①各种证券所占的比例；②各种证券的风险；③各种证券收益之间的相互关系。

投资者无法改变某种证券的风险，所以，投资者能够主动降低风险的途径为调整不同的投资比例和优化不同的相互关系。

3. 资产组合中资产数量与资产组合风险的关系

1976 年，芝加哥大学的著名教授法玛进行了一项实证研究，旨在探讨资产组合的风险水平与其所含证券数量之间的关系。他从纽约证券交易所上市的股票中随机选出了 50 种，分别计算了它们在 1963 年 7 月至 1968 年 6 月间的月收益率的标准差，然后分别计算从包括 1 种到 50 种股票的投资组合的标准差。

研究方法是：首先选择了一种标准差为 11% 的股票，然后又随机选了另一种加进去，这两种权重相同的股票组合的结果，使资产组合的标准差降到了 7.2%。以此类推，一种一种地增加股票，分别计算出各种组合的标准差。结果，法玛发现，在最初几种股票被加入资产组合时，对标准差的降低作用非常大，股票从 4 种增加到 5 种的时候，标准差的降幅最大，当股票数增加到 20 种的时候，再增加股票，对资产组合标准差的降低作用就不大了。当股票数从 30 种增加到 34 种的时候，出现风险边际下降情况，这是因为进一步增加资产数量只能加大交易费用和管理的困难。

扩展阅读 10.9　量子基金科技股投资风云：从做空到做多，再到泡沫破裂的警示

因此，资产组合理论认为，要想有效地降低风险，至少要有 10 种左右的资产，15 种证券是比较好的数量，关于资产数量与资产组合风险程度的关系如图 10-1 所示。从图中可以发现，在资产组合中，15 种证券对于降低风险而言是比较好的。

扩展阅读 10.10　投资组合优化理念与实践

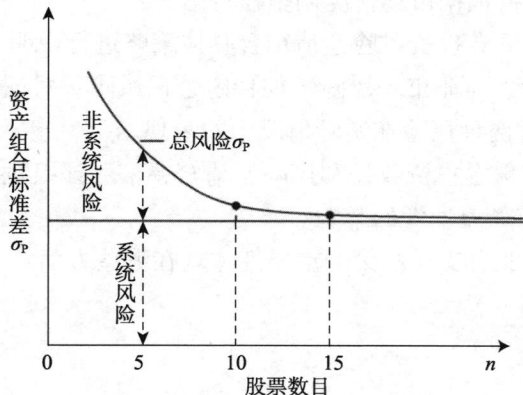

图 10-1　资产数量与资产组合风险程度的关系

即测练习题 **10.3**

案例讨论 **10.3**　蓝筹股与科技股：收益与风险的权衡选择

自学自测　扫描此码

复习思考题

1. 证券投资收益的组成部分是什么？

2. 股息收益与股票资本利得有何不同？它们各自受到哪些因素的影响？

3. 请阐述收益率的计算方法，并讨论其在评估证券投资回报时的重要性。

4. 分析预期收益率如何影响投资者的决策，并讨论实际收益率与预期收益率偏离的原因。

5. 证券投资风险有哪些主要类型？

6. 介绍常用的风险度量方法，并讨论这些方法在风险管理中的应用。

7. 风险与收益之间存在怎样的关系？

8. 证券投资组合如何影响收益和风险？

9. 构建有效的证券投资组合需要考虑哪些因素？

10. 讨论在构建投资组合时，投资者应如何平衡风险与收益，以及如何选择不同的证券类型来优化投资组合。

11. 在实际操作中，投资者如何根据市场情况调整投资组合？

12. 如何通过分散投资来降低证券投资风险？请结合具体策略进行说明。

13. 市场风险（如系统性风险）与非市场风险（如特定公司风险）对证券投资收益的影响有何不同？请举例说明这两种风险在实际情况中的表现。

14. 债券的信用评级如何影响债券投资收益和风险？请解释信用评级机构的作用以及信用评级变动对债券价格和市场流动性的影响。

15. 在评估股票投资收益时，股息支付政策的重要性体现在哪些方面？请分析不同股息政策对投资者收益的影响。

第 11 章

证券投资组合分析

【本章学习目标】

通过本章学习，学员应该能够：

1. 了解组合管理的概念及步骤。
2. 掌握现代投资组合理论的主要内容。
3. 了解投资者效用与无差异曲线。
4. 掌握可行集与有效边界、最优投资组合的确定。

引导案例

巴菲特投资《布法罗晚报》的成功实践

沃伦·巴菲特被誉为"股神"，是价值投资理念的杰出代表。他主张投资者应关注企业的内在价值，即其长期盈利能力、管理质量、市场前景等基本面因素，而非短期的市场波动或投机行为。巴菲特的投资策略和投资案例在全球范围内都备受推崇，成为众多投资者学习的典范。

让我们先回顾一下投资大师沃伦·巴菲特的经典投资案例——对《布法罗晚报》的收购。

资料显示，《布法罗晚报》成立于 1873 年，是布法罗地区历史悠久的家族企业，也是该地区仅有的两家报纸之一，拥有 26.8 万订阅量，在布法罗 47 万个家庭中占据了显著的市场份额。1976 年，该报纸的营业利润达到 170 万美元。巴菲特因投资《华盛顿邮报》而积累了成功经验，深知报纸杂志的盈利能力，并对《布法罗晚报》的发展潜力充满信心。当得知《布法罗晚报》要出售的消息时，他果断以 3 250 万美元的价格买下了其全部股份，对应的估值为 19 倍。巴菲特接手后，引进了一个高效的管理团队，进一步提升报纸的盈利能力。到 1986 年，《布法罗晚报》的税前利润已攀升至 3 500 万美元，这一利润额甚至超过了巴菲特当时的买入价格。

资料来源：周一. 通往巴菲特的道路[J]. 证券市场导报，1997(8)：53-55.

这一投资案例不仅展示了巴菲特对报纸行业深刻的理解和精准的判断，还体现了投资组合理论中的关键要素：选择具有潜力的投资标的，并通过有效的管理提升其价值。这一案例也为我们本章的学习提供了宝贵的启示：在构建证券投资组合时，需要综合考虑投资标的的基本面、市场潜力及管理能力，并通过科学的投资组合管理策略来实现风险与收益的优化。

11.1　投资组合理论

在证券投资领域，绝大多数投资者展现出了高度的风险意识与策略智慧。他们并不局限于单一资产的投资，而是倾向于采用一种更为稳健且灵活的投资方式——组合投资。组合投资的核心是将投资资金分配到多元化的资产类别中，以此构建一个全面而均衡的投资组合（portfolio），旨在实现风险的有效分散和收益的稳定增长。

这种分散投资的理念并非现代金融的独创，而是深深植根于人类长期积累的智慧。西方谚语"不要把所有的鸡蛋都放在同一个篮子里"，以及我国古语"东边不亮西边亮"，都形象地表达了通过多元化投资来降低风险、提高整体收益稳定性的朴素道理。

然而，尽管分散投资的理念早已深入人心，但传统证券投资的分析方法往往侧重于对单个证券进行深入研究，其投资组合的构建是这些独立证券的简单堆砌，缺乏系统且科学的理论指导。正是在这样的背景下，现代投资组合理论（modern portfolio theory，MPT）应运而生，为投资者提供了一套全新的投资分析与决策框架。

1952 年，哈里·马科维茨发表了经典论文《证券组合选择——投资的有效分散化》，这篇论文不仅揭示了如何通过优化资产配置实现风险与收益的最佳平衡，更标志着现代投资组合理论的正式诞生。马科维茨在该领域的研究贡献卓越，他运用数学和统计学工具，对资产间的相关性、波动性、预期回报率等关键指标进行了量化分析，为投资者提供了更精确、科学的投资指导。因此，他于 1990 年荣获诺贝尔经济学奖，以表彰他在投资理论领域的杰出成就和深远影响。

11.1.1　组合管理的概念

组合管理是一种投资策略，它涉及选择并管理一组不同的投资资产，以优化整体投资组合的风险和回报。这一策略的核心在于，通过挑选和配置不同类型的资产（如股票、债券、商品、房地产等），投资者可以在控制风险的同时，追求更高的投资收益。这意味着，在追求投资者期望收益的同时，将风险降至最低，或者在投资者可接受的风险范围内，实现收益的最大化。然而，传统的组合管理方式实质上更接近于证券的简单集合管理，它主要依赖非数量化的手段，如基本面分析和技术分析，来挑选和调整证券，其关注点局限于单项资产或资产的简单堆砌。

微课视频 11.1　组合管理概述

直到现代投资组合理论诞生，投资界才迈入了真正意义上的组合管理时代。这一理论由美国经济学家哈里·马科维茨于 1952 年开创，历经数十年的发展，已成为金融领域的核心理论。现代投资组合理论采用数量化的分析方法，将投资组合整体视为分析单元，聚焦于资产间的相互关系及组合整体的风险与收益状况，致力于通过科学管理实现投资组合效用的最大化。与传统组合管理相比，现代理论不再局限于单个资产的风险与收益，而是着眼于资产间的相关性及整个投资组合的风险与收益。

组合管理理论基于对理性投资者行为特征的研究，理性投资者通常表现出厌恶风险并追求收益最大化的行为倾向。组合管理的核心原则在于：在风险恒定的前提下，确保组合收益最大化；在收益既定的条件下，实现组合风险最小化。

11.1.2　组合管理的步骤

1. 确定组合管理目标

投资组合的管理目标，从根本上划分，涵盖不同类型的投资组合策略，如侧重于稳定收入的收入型投资组合、追求资本增值的增长型投资组合，以及旨在平衡风险与收益的均衡型投资组合。在这些大的分类之下，还可进一步细化到具体的收益预期指标。

在投资组合的推广与营销阶段（如基金产品的市场推广），明确的管理目标成为连接投资者与管理者的桥梁。它使投资者能够根据自身财务状况和投资偏好，更精准地匹配到适合自己的投资组合。例如，对于需要定期支付养老金的机构而言，确保投资组合能够提供稳定且持续的现金流，是其首要的管理目标。

此外，投资组合的管理目标不仅是指引管理者在既定的风险框架内追求收益最大化的行动指南，还为外部机构或个人在评估管理者的业绩表现时，提供了一个客观、可量化的参考标准。

2. 制定组合管理政策

组合管理政策的核心在于确立一套指导原则与行动方针，旨在实现既定的管理目标并有效引导投资活动。首要步骤是界定投资范围，即明确投资组合将涵盖哪些类别的证券。传统上，普通股、债券及货币市场工具是投资组合的主要组成部分。然而，随着全球化趋势的增强，国际股票及非美元债券也逐渐成为投资者的选择，拓宽了投资的地域范围。更进一步，部分投资者还将房地产及风险投资纳入投资组合，进一步丰富了投资领域的多样性。尽管资产类别相对有限，但每一类别下的具体证券选择可能极为广泛。

在制定投资组合管理策略时，还需要综合考虑多种外部因素，包括但不限于客户的个性化需求、市场监管机构的各项规定及税收政策的影响。以我国为例，《中华人民共和国证券法》对基金投资组合的构成及禁止性行为均有明确规定，这些构成了基金管理人必须严格遵循的法律框架。同时，信息披露制度的严格要求也对投资组合管理策略的制定产生了重要影响，要求管理者在策略制定与实施过程中保持高度的透明度。因此，构建投资组合管理策略是一个综合考量内外部因素、平衡各方需求的复杂过程。

3. 构建投资组合

在着手构建投资组合的过程中，投资者首要关注的是对不同资产类别潜在的收益预期及伴随风险的精准评估。这一过程的核心不仅在于计算出各资产类别的预期回报率与风险水平，更在于清晰阐释这些预估值，以便在众多资产选项中识别出最具吸引力的投资标的。投资组合的整体效能与所选资产的质量及其相互间的搭配密切相关。

投资者还要细致规划投资组合中各资产的配置比例，即权重设定。这一步骤涉及将多样化的资产类别整合为一个协调统一的投资体系，其关键在于深刻理解每种资产独特的风险-收益特征，并预测它们在未来市场环境中的相互作用和演变趋势。马科维茨模型以其客观性和简洁性，为投资者提供了一个理论框架和分析工具，帮助他们识别并构建最优投资组合。

值得强调的是，投资组合的构建深受组合管理者所采用的投资策略驱动。这些策略主要分为三类：积极型、被动型和混合型。采用积极型策略的组合管理者会投入大量精力精选资产，力求超越市场表现；采用被动型策略的管理者则倾向于模仿某一主要市场指数，按照指数的成分构建投资组合；采用混合型策略的管理者，其做法介于积极与被动之间，寻求两者的平衡。

4. 修正投资组合

在实践中，投资组合管理的难点在于持续不断地对各种资产进行深入分析和适时调整，以把握市场中的投资机会。由于单项资产的价格及其风险-收益特性是动态变化的，且市场大环境也可能出现不可预见的变动，如企业间的并购可能引发其生产和经营战略的重大调整，因此，虽然投资组合在初期构建时应符合既定的投资目标，但随着时间的推移和市场条件的演变，一旦某种资产的风险-收益特性发生显著变化，对投资组合的整体表现产生不利影响，就必须对投资组合进行相应调整。这可能包括剔除该资产，或引入能与其风险相抵消的其他资产，这一过程涉及对资产的选择以及买卖时机的精准把握。即便是采用被动投资策略的组合，也需要进行必要的调整，因为市场指数的构成同样会发生变动。

5. 投资组合的业绩评估

投资组合的业绩评估是组合管理的最后且至关重要的阶段。它不仅能回顾过往一段时间内组合管理的成效，还能为后续组合管理的方向提供指引。在评估经济成果时，仅对比收益率远远不够，还必须综合考虑投资组合所承担的风险。因为风险与收益紧密相连，不同风险水平下的收益率不具备直接可比性。投资组合的风险水平应根据投资者的风险承受能力设定，若投资行为超出了投资者的风险承受范围，即便收获了高额收益，也是不可取的。此外，在评估收益时，还需要明确区分哪些收益是组合管理者通过积极管理策略实现的，哪些是市场大势等客观因素带来的。

11.1.3　投资组合理论概述

1. 证券投资组合理论概述

投资组合理论是指由若干种证券组成的投资组合，其收益是这些证券收益的加权平均数，但其风险并非这些证券风险的加权平均风险，投资组合能够降低非系统性风险。

证券投资组合是指在特定市场环境下，将不同种类的证券按照一定比例进行配置，形成一个综合性的资产组合。其核心目的在于，在确保预期收益率的同时，将投资风险降至最低；或者在既定的风险水平下，追求最大的投资回报。

在马科维茨的理论基础上，夏普等经济学家在 20 世纪 60 年代中期提出了"资本资产定价模型"。这一模型揭示了资本性资产在市场上的定价机制，并强调资产的预期收益与其市场风险（通常以 β 值衡量）密切相关。资本资产定价模型的诞生深刻影响了证券投资的学术研究和实际操作，促使研究范式从传统的规范研究转向实证研究，从定性分析迈向定量分析。如今，该模型在证券估值、组合绩效评估、资本预算制定及公用事业股票管理等多个领域得到了广泛应用。

2. 现代投资组合理论的核心思想

现代投资组合理论的核心思想是通过多元化投资来优化风险与收益之间的平衡。该理论主张，投资者不应将所有资金集中于单一资产或少数几个资产，而应将资金分散投资于多种不同类型的资产。这种分散投资的策略可以降低投资组合的整体风险，因为不同资产之间的价格变动往往并非完全相关。当某些资产价格下跌时，其他资产的价格可能上涨，从而在一定程度上抵消损失，使投资组合的总价值保持稳定。

此外，现代投资组合理论还强调了资产之间的相关性及其对投资组合风险的影响。通过精确计算各资产之间的相关系数，投资者可以更准确地评估投资组合的风险水平。在此基础上，投资者可以根据自身的风险承受能力和投资目标，合理配置不同类型的资产，以实现风险最小化和收益最大化的目标。

总的来说，现代投资组合理论的核心思想是通过多元化投资和精确的风险评估，帮助投资者在复杂多变的市场环境中做出更明智的投资决策，实现财富的稳健增长。

3. 现代投资组合理论的基本假设

现代证券投资组合理论主要基于如下假设。

（1）投资者是理性的且厌恶风险。投资者在决策时会综合考虑预期收益以及风险带来的不确定性，追求效用最大化。在面临相同预期收益的情况下，投资者更倾向于选择风险较低的投资组合，体现了厌恶风险的特性。

（2）市场是有效的。市场中的资产价格反映了所有可用信息，即信息是完全对称的。投资者无法通过分析信息或采用特定策略来获得超额收益，这与有效市场假说（efficient market hypothesis，EMH）相契合。

（3）资产收益服从正态分布或联合正态分布。正态分布是一种常见的概率分布，具备许多良好的统计性质，如均值、方差和相关性等。这一假设简化了投资组合的风险分析过程，使投资者可以通过计算各资产的预期收益、方差和相关性来评估投资组合的整体风险。

（4）投资者可以无限制地买卖资产，且交易成本为零。这一假设简化了投资组合的构建与优化过程，使投资者可以更加专注于资产的选择和配置。然而，在现实世界中，交易成本是不可忽视的因素，并且市场并非总是允许无限制地买卖资产。

（5）存在无风险资产。例如政府债券等无风险资产，其方差为零，并且与所有其他风险资产的相关性为零。无风险资产的引入对潜在的收益和风险及可能的风险–收益组合均有显著影响，使投资者可以在投资组合中加入无风险资产，以进一步降低风险并提高整体投资组合的效用。

（6）投资者可以基于预期收益率、标准差和相关性进行投资决策。通过这些统计量，投资者可以评估不同资产或投资组合的风险和收益特征，从而做出理性的投资决策。在实际投资中，投资者通常会运用历史数据来估计这些统计量，并结合自身的风险偏好和市场环境来构建和优化投资组合。

这些基本假设为投资者提供了一种科学、合理的投资方法，即通过多元化投资和风险分散来降低风险并提高收益。然而，在实际操作中，投资者需要关注预期收益和风险的估计、交易成本和税收等现实因素，并根据市场环境变化和投资目标进行调整。同时，这些假设也存在一定的局限性，如现实世界中的投资者可能并非始终理性，市场也并非总是有效等。因此，投资者在运用现代投资组合理论时，应充分理解其基本原理和

扩展阅读 11.1 马科维茨和他的投资组合理论

局限性，并结合自身的风险偏好和市场环境灵活运用。

11.1.4　现代投资组合理论体系的形成与发展

现代投资组合理论体系的形成与发展是金融投资领域的一项重要变革，它从根本上改变了投资者对风险和收益的认知，并为投资组合管理提供了科学的方法与工具。这一理论体系的形成与发展历经多个阶段，从最初的萌芽到逐步完善，再到广泛应用，每一个阶段都标志着投资理念和实践的重大进步。

扩展阅读 11.2 巴菲特：如何用杠杆放大财富效应

现代投资组合理论的起源可追溯到 1952 年，哈里·马科

维茨首次提出了均值–方差模型，通过量化风险和收益的关系，为确定最佳投资组合提供了理论基础。这一模型的提出标志着现代投资组合理论的诞生，也为后续的研究和实践奠定了坚实的基础。

随着研究的深入，威廉·夏普等经济学家在马科维茨的基础上，进一步发展了资本资产定价模型（capital asset pricing model，CAPM）。CAPM 模型揭示了资产预期收益与风险之间的线性关系，为投资组合分析和基金绩效评估提供了重要的理论依据。该模型在金融领域得到了广泛应用，成为投资组合管理的重要工具。

扩展阅读 11.3 索罗斯：捕捉市场波动的投资大师

然而，CAPM 模型也面临着一些挑战和质疑。为了克服这些局限，史蒂夫·罗斯（Stephen Ross）等经济学家提出了套利定价理论（arbitrage pricing theory，APT）。APT 模型假设资产收益受多个因素的影响，而不仅仅是市场风险的影响，从而提供了更广泛、更灵活的投资组合分析框架。APT 模型的出现，进一步丰富了现代投资组合理论体系，推动了投资组合管理实践的发展。

扩展阅读 11.4 耶鲁捐赠基金：多元化投资的典范

在理论体系不断完善的同时，现代投资组合理论也在实践中得到了广泛应用。投资者通过运用这些理论和方法，可以更加科学地构建和优化投资组合，实现风险分散和收益最大化。同时，随着计算机技术的快速发展和数据分析能力的提升，现代投资组合理论的应用也变得更加便捷和高效。

即测练习题 11.1

案例讨论 11.1 投资组合管理策略的制定与实施

自学自测

扫描此码

11.2 投资组合效用分析

11.2.1 效用分析

效用分析是经济学和决策科学中的一个核心概念，它关注的是个体或集体在面临多种选择时，如何根据自身的偏好和期望来评估不同选项的价值或满足程度。这一分析方法广泛应用于个人消费决策、企业投资决策、公共政策制定等多个领域，为理解和预测人类行为提供了强有力的工具。

在微观经济学中，效用通常被定义为消费者从商品和服务的消费中获得的满足程度。效用函数则是用于量化这种满足程度的数学表达式，它反映了消费者对不同商品组合的主观评价。通过效用分析，经济学家能够预测消费者在面对价格变动、收入变化或商品供应调整时的购买行为，进而分析这些变化对市场均衡的影响。

在金融领域，效用分析同样发挥着关键作用。投资者会根据自身的风险偏好（风险厌恶、风险中性或风险偏好）构建效用函数，并以此作为投资决策的依据。例如，风险厌恶型投资者倾向于选择预期收益相对稳定、波动性较小的投资组合，因为这能使他们的效用水平最大化，也就是他们从这些投资中获得的满足程度。通过优化投资组合配置，投资者可以在给定的风险水平下实现效用最大化，或在给定的效用水平下将风险降至最低。在这里，效用可以理解为投资者从投资组合的预期收益和风险中获得的满足程度或幸福感。在构建证券投资组合时，投资者通常面临多种资产选择，每种资产都具有不同的预期收益、波动性和相关性。效用分析通过量化这些因素对投资者效用水平的影响，为投资者提供了一种科学的方法来评估不同投资组合的优劣。

11.2.2 无差异曲线

1. 无差异曲线

投资者效用是一个主观概念，可以用来衡量不同的投资组合给投资者所带来的偏好或满足程度。通常，随着投资收益率提高，投资者的满意度也会相应增强；当投资收益率的波动性增大时，投资者可能会感到担忧、困惑和不安，进而降低其投资效用。因此，投资效用的大小不仅取决于投资收益率的高低，还受投资风险的显著影响。换句话说，一个完整的投资者效用函数至少应纳入投资收益率和风险因素。

当然，除了预期收益率和风险之外，投资者效用还会受诸多其他因素影响，如收益率分布的偏态和峰态等特征。这些因素导致在不同情境下精准描绘每个投资者的效用函数极为复杂。不过，在特定条件下，我们可对投资者的效用函数进行简化处理，将其主要看作是预期收益率和收益率标准差的函数。这样一来，投资者在选择投资组合时，便可主要关注预期收益率和标准差这两个关键指标。

如果投资者效用仅是预期收益率和收益率标准差的函数，我们可用无差异曲线（indifference curve）来表示投资者的效用。无差异曲线描绘了对同一投资者而言，在预期收益率和风险（标准差）之间具有相同效用水平的所有投资组合的集合。所谓无差异曲线，是指在"预期收益率和标准差"平面上，将效用期望值相同的点连接而成的一条曲线，即对某一投资者来说，同一条无差异曲线上不同的投资组合给他带来的效用期望值相等。

2. 无差异曲线的特性

（1）无差异曲线呈现向右上方倾斜的趋势（或者说，无差异曲线上各点对应的斜率均为正）。这意味着，为了维持投资者在同一效用水平上的满足感，随着风险的逐步提升，他们期望获得更高的收益率作为补偿。换句话说，投资者需要额外的收益来抵消因风险增加而产生的不安，这就是所谓的"风险补偿"。

扩展阅读 11.5　风险偏好测试

（2）对于厌恶风险型投资者而言，他们的无差异曲线会向横轴方向凸出。这反映了一个现象：随着风险的不断累积，投资者对于相同程度的风险增量，会要求越来越高的风险补偿。换句话说，无差异曲线上的斜率随风险增加而逐渐增大，这表明投资者对风险的规避程度在加深。

这两个特性根本上源于投资者的两大心理特征：永不满足和厌恶风险。他们总是追求更高收益，同时又不愿承担过多风险，这种心理在无差异曲线的形态上得到直观体现。

扩展阅读 11.6　效用与投资者行为分析

（3）无差异曲线具有密集性。在任意两条无差异曲线之间，都能找到另一条无差异曲线。这些密集的无差异曲线构成了一个集合，我们称之为无差异曲线群。这个群合反映了投资者在不同效用水平上的多种选择。

（4）对于同一时期、同一投资者而言，无差异曲线之间不会相交。这是因为，如果两条无差异曲线相交，那么交点处的风险与收益组合就会同时对应两个不同的效用水平，这与无差异曲线的定义相矛盾。

扩展阅读 11.7　风险厌恶与金融市场行为

（5）在无差异曲线群中，越靠近左上方的曲线，其所代表的效用期望值越高。这反映了投资者对低风险、高收益的偏好。

这些性质确保每位投资者都能找到一条与他们的投资有效边界相切的无差异曲线。这条切线代表了投资者在给定风险水平下能够获得的最大效用。

投资者的效用和无差异曲线是由其个人主观偏好决定的。因此，不同投资者的无差异曲线形状可能有所不同。尽管我们假设所有投资者都是风险厌恶者，但他们的风险厌恶程度可能各不相同。

通过分析无差异曲线的形状，我们可以了解投资者的风险厌恶程度。较陡峭的无差异曲线表明投资者对风险持更为保守的态度，他们为承受额外风险，需要更多的额外预期收益率作为补偿。相反，较平缓的无差异曲线则显示投资者更敢于冒险，他们愿意为了获取额外的预期收益率而承受更多的风险。

即测练习题 11.2

案例讨论 11.2   张先生的投资组合
优化与风险厌恶影响分析

自学自测

扫描此码

11.3   投资组合的有效边界和最优组合的确定

11.3.1   投资的"可行集"或"机会集"

马科维茨的投资组合理论是以理性投资者及相关假设为前提，探讨了构建有效资

微课视频 11.2   投资的可行集

产组合边界以及确定最小方差资产组合的思想和方法。在深入探讨如何确定最优投资组合之前，让我们先了解投资的可行集。

投资组合，本质上是由多种有价证券组成的集合。所谓最优投资决策，就是在证券市场中为投资者遴选出一个最佳的证券组合。因此，最优投资决策也可看作是一个投资组合的选择问题。

在一个包含众多不同种类证券的证券市场中，投资者可构建的投资组合几乎无穷无尽。我们把所有可能被投资者选择用于构建投资组合的证券集合，称为投资的"可行集"或"机会集"。这个集合为投资者提供了广泛的选择空间，以便他们根据自己的风险偏好和投资目标，挑选出最适合自己的投资组合。

举例来说，假设在一个只有两种证券 A 和 B 的证券市场中，我们只需调整这两种证券的投资比例，就能创造出无数个投资组合。比如，"全仓持有证券 A（100% A，0% B）"是一个投资组合，"八成仓持有证券 A，两成仓持有证券 B（80%A，20%B）"是另一个投资组合，还有"五五分仓（50%A，50%B）""二成 A 八成 B（20%A，80%B）"及"全仓持有证券 B（0%A，100%B）"等，都是可行的投资组合。仅仅这两种证券就能组合出无穷多的投资策略，更不用说一个包含成百上千种证券的庞大市场了，那里的投资组合选择更是数不胜数。

如果用前面提到的两个数字特征——预期收益率和标准差来描述一种证券，那么每一种证券都可以在以预期收益率为纵轴、标准差为横轴的坐标系上找到一个对应的点。同理，任何一个投资组合也可以根据其预期收益率和标准差，在这个坐标系上定位一个点，并且这个点会随着组合内各证券投资比例的变化而变动。

因此，接下来我们将用"预期收益率和标准差"坐标系上的点来代表投资组合，用坐标系上的一组点（一个集合）来描绘投资的"可行集"。现在，让我们具体分析一下两种证券组合所形成的可行集。

1. 两种证券组合的可行集

假设证券市场上只有两种风险证券 A 和 B，证券 A 的预期收益率和收益率标准差分别为 $E(r_1)$ 和 σ_1，证券 B 的预期收益率和收益率标准差分别为 $E(r_2)$ 和 σ_2，证券 A 和 B 收益率之间存在一个相关系数，用 ρ 来表示，并且具有 $E(r_1)>E(r_2)$，$\sigma_1>\sigma_2$，意味着证券 A 的预期回报更高，但波动性也更大。现考虑证券 A 和 B 相关系数的不同情况，分析不同情况下的机会集形状。

1）相关系数 $\rho = +1$ 时的机会集

若证券 A 和 B 收益率的相关系数等于 $+1$，令组合中证券 A 的权重为 x，那么证券 B 的权重为 $(1-x)$。根据前面已经讲过的两种证券组成组合的收益和标准差计算公式，可得：

$E(r_P) = x\, E(r_1) + (1-x)\, E(r_2)$，将此公式记为公式 1。

当相关系数为 1 时，组合的方差应记为 $\sigma_P^2 = [x\sigma_1 + (1-x)\sigma_2]^2$，因此组合的标准差为 $\sigma_P = x\sigma_1 + (1-x)\sigma_2$，将此公式记为公式 2。

由公式 2 可得，证券 A 的权重 $x = (\sigma_P - \sigma_2)/(\sigma_1 - \sigma_2)$，将其代入公式 1 可得如下公式：

$$E(r_P) = \frac{E(r_2)\sigma_1 - E(r_1)\sigma_2}{\sigma_1 - \sigma_2} + \frac{E(r_1) - E(r_2)}{\sigma_1 - \sigma_2}\sigma_P$$

在这个公式当中，等号右侧的第一项为常数，第二项 σ_P 的系数也为常数，由此可以得出组合的期望收益 $E(r_P)$ 与组合标准差 σ_P 呈线性关系的结论。

即当两种证券收益率完全正相关时，由这两种证券构成的投资组合的机会集是一条直线，如图 11-1 所示。

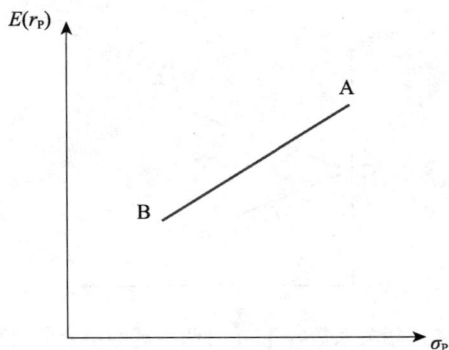

图 11-1　相关系数等于 +1 时两种证券组合的机会集

　　在上图中，线段 AB 部分表示不允许卖空情形下的机会集，也就是将一部分资金投资于证券 A，另一部分资金投资于证券 B 所形成的所有投资组合的集合。其中两个极端的点为 A 和 B：A 点表示将全部资金都投资于证券 A，证券 B 的投资比重为 0；B 点表示将全部资金都投资于证券 B，证券 A 的投资比重为 0。

　　通过以上的分析，可以发现，如果两种证券收益完全正相关，则组合的收益与风险是两种证券收益与风险的加权平均数，因而无法通过组合使投资组合的风险降低至比最小风险证券的风险还小。

　　2）相关系数 $\rho = -1$ 时的机会集

　　若证券 A 和 B 收益率的相关系数等于 -1，则组合的方差为：

$$\sigma_P^2 = x\sigma_1 - (1-x)\sigma_2$$

此时组合的标准差为：

$$\sigma_P = |x\sigma_1 - (1-x)\sigma_2|$$

　　很明显，相较于两种证券完全正相关的情况，组合的风险在两种证券完全负相关时大幅降低。

　　接下来分析此时组合的机会集。当相关系数为 -1 时，依据标准差的计算式，我们在分析组合的机会集会分两种情况：一种情况是 $x\sigma_1 \geq (1-x)\sigma_2$，另一种情况是 $x\sigma_1 \leq (1-x)\sigma_2$。

　　当 $x\sigma_1 \geq (1-x)\sigma_2$，$\sigma_P = x\sigma_1 - (1-x)\sigma_2$，此时的机会集方程为：

$$E(r_p) = \frac{E(r_2)\sigma_1 + E(r_1)\sigma_2}{\sigma_1 + \sigma_2} + \frac{E(r_1) - E(r_2)}{\sigma_1 + \sigma_2}\sigma_P$$

　　当 $x\sigma_1 \leq (1-x)\sigma_2$，$\sigma_P = x\sigma_1 - (1-x)\sigma_2$，此时的机会集方程为：

$$E(r_p) = \frac{E(r_2)\sigma_1 + E(r_1)\sigma_2}{\sigma_1 + \sigma_2} - \frac{E(r_1) - E(r_2)}{\sigma_1 + \sigma_2}\sigma_P$$

　　由此发现，当两种证券收益率完全负相关时，由这两种证券构成的投资组合的机会集是折线 ACB，如图 11-2 中实线部分所示。

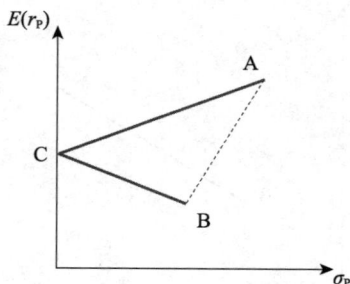

图 11-2　相关系数等于 -1 时两种证券组合的机会集

　　同样地，由上图可知，当两种证券收益率完全负相关时，由这两种证券可以构造一个零风险组合 C，组合中两种证券的权重分别为：

$$x\sigma_1 - (1-x)\sigma_2 = 0$$

证券 A 的权重：

$$x = \frac{\sigma_2}{\sigma_1 + \sigma_2} > 0$$

证券 B 的权重：

$$1 - x = \frac{\sigma_1}{\sigma_1 + \sigma_2} > 0$$

3）相关系数 $\rho=0$ 时的机会集

若证券 A 和 B 收益率的相关系数等于 0，那么组合的标准差即为：

$$\sigma_P = \sqrt{x^2\sigma_1^2 + (1-x)^2\sigma_2^2}$$

此时，投资组合可以降低风险。由 A、B 构成的投资组合的机会集是一条曲线，如图 11-3 中的实线部分所示。

4）一般相关系数情况下的机会集

实际上，同一股票市场中大多数股票之间一般都是正相关的，且相关系数小于 1。所以在一般相关系数情况下两种证券组合的机会集如图 11-4 中的实线 ADB 所示。其中，虚线 AB 是相关系数为 1 时的机会集，虚线 ACB 这条折线是相关系数为–1 时的机会集，另一条虚线曲线是相关系数为 0 时的机会集。

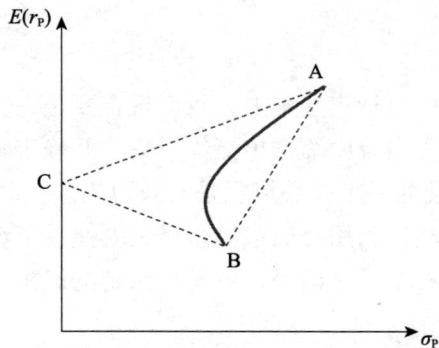

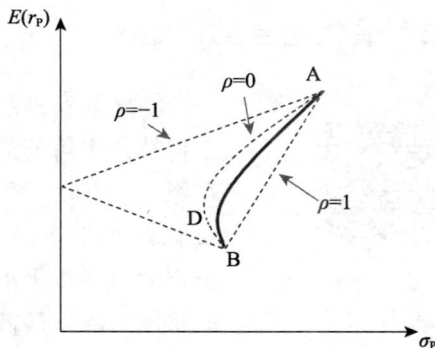

图 11-3　相关系数等于零时两种　　　　图 11-4　一般相关系数情况下两种
　　　　证券组合的机会集　　　　　　　　　　证券组合的机会集

从图中可以发现，由证券 A、B 构成的组合机会集 ADB 位于三角形 ABC 区域内。相关系数 ρ 越大，曲线 ADB 就越靠近直线 AB；相关系数 ρ 越小，曲线 ADB 就越远离直线 AB 而靠近折线 ACB。另外 ADB 是凸向纵轴的曲线，曲线上一定存在一点 D，其离纵轴的距离最近。实际上 D 点就是两种证券投资组合机会集中风险最小的投资组合，或称之为"最小方差资产组合"。

2. 多种证券组合的机会集

我们首先考察三种证券组合。假设存在三种证券 A、B 和 C，其预期收益率各不相同,并且彼此之间不完全相关。

首先由证券 A 和 B 进行组合,得到仅由 A 和 B 构成组合的机会集 ADB,D 是机会集 ADB 上的任意一个投资组合。然后再考虑组合 D 与证券 C 的组合,其机会集为曲线 CD。当 D 在曲线 ADB 上移动时,曲线 CD 构成了一个实体区域,如图 11-5 所示。

那么,随着投资组合中风险证券数量的增加,通过类似的方法可以得到组合的机会集,其形状为如图 11-6 所示的伞形区域。

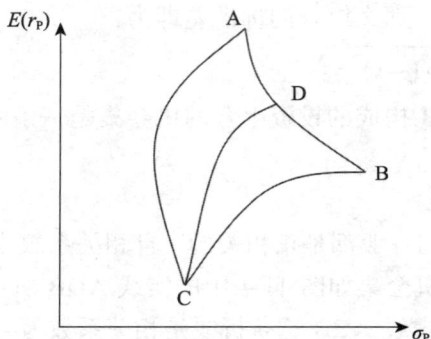

图 11-5　三种证券组合的机会集　　　　图 11-6　多种证券组合的机会集

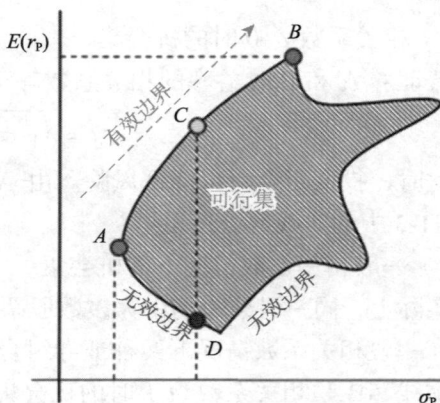

11.3.2　最优组合的确定

微课视频 11.3　最优组合的确定

在之前讨论的投资可行集基础上,我们现在要进一步探讨如何从众多可能的投资组合中筛选出最优子集,并确定最优投资组合。为此,所涉及的一个核心概念是有效边界。换句话说,我们需要找到一种方法,利用有效边界来界定哪些投资组合在给定的风险水平下能提供最高回报,或者在给定的回报水平下能将风险降至最低。

1. 有效边界

什么是有效边界?在投资组合的可行集中筛选最优子集,实际上需要考虑投资者的风险偏好,因为不同投资者的风险偏好不同,其最优子集也不同。假设投资者的风险偏好是,投资者可以承担较高的风险,只要该组合能够获得在此风险水平下的最高收益率。有效边界,就是投资者在这样的风险偏好下取得最高收益率的投资组合集合。即有效边界是在收益率—风险约束条件下能够以最小的风险取得最大收益率的各种证券的集合。

处于有效边界上的投资组合必须满足两个条件:第一,在一定的风险水平下具有最高的收益率;第二,在一定的收益率下具有最低的风险水平。

在图 11-6 所展示的投资组合可行集图示中,那些能同时实现风险最小化与收益最大化的组合都汇聚在了图的左上沿边界处。具体来说，A 点代表了风险最低（标准差最小）的组合；而 B 点则是预期收益率最高的点。位于 A 点和 B 点之间、沿着左上边缘的这一部分，就是我们所说的有效边界。

对于投资者来说，他们只需关注有效边界上的组合，因为只有当组合位于这一边界上时，才能确保在给定风险下获得最高收益，或在给定收益下承受最低风险。例如，对比有效边界上的 C 点与可行集中但不在有效边界上的 D 点，尽管两者风险水平相同，但 C 点的收益率却远高于 D 点。因此，作为理性投资者，自然会倾向于选择有效边界上的 C 点。

扩展阅读 11.8　投资组合管理失误案例：荣盛发展

有效边界呈现出向上凸出的形态，这是受协方差的影响，其凸出方向向上。对比曲线上下两部分，在面临相同风险水平时，位于曲线上半部分的投资组合所提供的收益率要显著高于下半部分。因此，处于曲线上半沿的投资组合属于有效边界，而处于下半沿的投资组合则属于无效边界。

扩展阅读 11.9　智能投顾与算法交易：投资组合管理的新趋势

有效边界是投资组合可行集中的最优子集，其位于可行集的左上沿边界。然而，有效边界上仍然有大量的投资组合，究竟哪一个组合是最优？投资者究竟会选择哪个组合，是由投资者的风险偏好决定的。而无差异曲线可以描述投资者的风险偏好，因此，我们可以借助有效边界和无差异曲线来进行最优投资组合的选择。

2. 最优投资组合的选择

最优组合，是指给定若干有效组合供投资者选择时，投资者最乐意选择的投资组合。投资者如何选择对自己而言最优的组合，主要由投资者的风险偏好决定，而无差异曲线可以描述投资者的风险偏好。

由于无差异曲线是下凸的，而有效边界是上凸的，因此二者会存在一个切点，这个切点就是最优投资组合，并且该切点具有唯一性。

如图 11-7 所示，在同一坐标系中绘制投资者的无差异曲线和有效边界，其中 U_1、U_2、U_3 为无差异曲线，P_1PP_2 为有效边界。最优投资组合就是无差异曲线与有效边界的切点 P。虽然投资者更期望能达到 U_1 的水平，但是这条无差异曲线上的组合已落在有效边界之外，是不可能实现的。无差异曲线 U_1 虽然也与有效边界有交点 P_1 和 P_2，但是，因为 $U_1 < U_2 < U_3$，所以 P 点的效用高于 P_1 和 P_2，且 P 点落在有效边界上，即 P 点构成了多元证券投资组合的最佳组合点。

简而言之，为了找出特定投资者会构建的投资组合（最佳投资组合），我们不仅要基于预期收益和标准差来评估不同投资组合的收益和风险特点，还需借助无差异曲线。通常，投资者会选择在有效边界与其能达到的最高无差异曲线的相交点构建投资组合，以实现投资效益最大化。

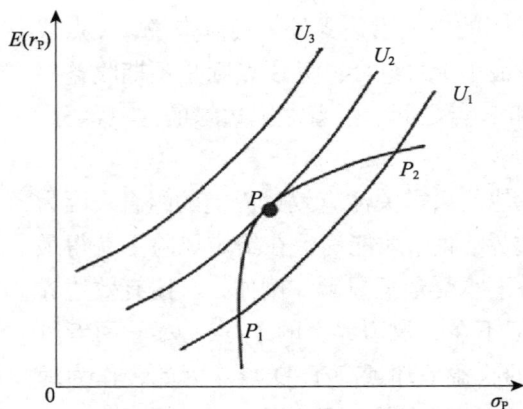

图 11-7 有效边界与无差异曲线

即测练习题 **11.3**

案例讨论 **11.3** 多元化投资组合
构建与风险收益平衡

自 扫
学 描
自 此
测 码

复习思考题

1. 组合管理的步骤有哪些？请按顺序列出并简要解释每一步的内容。

2. 证券投资组合理论的主要目的是什么？它如何帮助投资者做出决策？

3. 现代投资组合理论的核心思想是什么？它与传统投资观念有何不同？

4. 现代投资组合理论的基本假设有哪些？这些假设对理论的实际应用有何影响？

5. 简述现代投资组合理论体系的形成与发展过程。

6. 什么是效用分析？在投资组合管理中，它的重要性体现在哪里？

7. 无差异曲线在投资组合选择中起到什么作用？请举例说明。

8. 什么是投资的"可行集"或"机会集"？它对投资者意味着什么？

9. 在两种证券组合的可行集中，风险与收益的关系如何表现？请简要描述。

10. 扩展到多种证券组合时，机会集会发生什么变化？这些变化对投资者有何启示？

11. 有效边界的定义是什么？在投资组合选择中，它如何帮助投资者做出决策？

12. 如何确定最优投资组合？请简要描述最优投资组合的选择过程。

13. 为什么投资者需要定期修正投资组合？请列举几个可能的原因。

14. 投资组合的业绩评估通常包括哪些方面？请简要描述每个方面。

15. 结合本章内容，你认为一个成功的投资组合管理者需要具备哪些关键素质和能力？

参 考 文 献

[1] 方先明，陈楚. 证券投资学[M]. 南京：南京大学出版社，2023.

[2] 刘克，吴南，张玉智. 证券投资学[M]. 北京：中国铁道出版社，2022.

[3] 田穗，丁胜，袁桂秋，等. 证券投资学[M]. 杭州：浙江大学出版社，2021.

[4] 曹潇，周明，陈卫东，等. 证券投资分析[M]. 北京：中国政法大学出版社，2020.

[5] 王燕. 证券投资技术分析[M]. 北京：人民邮电出版社，2020.

[6] 陈嘉禾. 投资的奥妙[M]. 北京：中国人民大学出版社，2019.

[7] Daniela K, Mileva C M H, Marco R, et al. Central Bank Governance and Reserve Portfolios Investment Policies: An Empirical Analysis[M]. Washington: The World Bank, 2021.

[8] 彭文平. 基金家族利益输送问题研究[M]. 北京：中国人民大学出版社，2016.

[9] 齐杏发. 证券投资学[M]. 北京：北京大学出版社，2019.

[10] 吴晓求. 证券投资学[M]. 北京：中国人民大学出版社，2020.

[11] 赵锡军，魏建华. 证券投资分析[M]. 北京：中国人民大学出版社，2023.

[12] 邵宇. 证券投资分析[M]. 上海：复旦大学出版社，2019.

[13] 高洪民，于洋. 中国证券投资开放对企业技术创新的影响研究[J]. 世界经济研究，2024（10）：19-33+135.

[14] 王博. 人民币汇率波动对国际证券投资的影响分析[J]. 中国商论，2024，33（16）：118-121.

[15] 许宁，宇超逸. 双向证券投资与宏观金融风险：效应与机制[J]. 金融经济学研究，2024，39（1）：144-160.

[16] 鲜蕊. 警钟早已敲响？——硅谷银行的破产复盘分析[J]. 国际商务财会，2023（20）：38-43+53.

[17] 卞雨晨，高水文. 跨境资本流动与企业投融资期限错配：兼论宏观审慎政策与资本管制措施的作用[J]. 世界经济研究，2023（8）：119-134+137.

[18] 赵苏. 我国证券市场行为金融投资策略研究[J]. 中国市场，2023（20）：47-50.

[19] 张明. 中国海外资产配置：特征事实、问题挑战与应对策略[J]. 国际金融，2023（7）：48-56.

[20] 胡聪慧，杜君，刘玉珍. 行为偏误对个人投资者的影响：测度指标与干预策略[J/OL]. 经济学动态，2024（12）：92-110[2025-01-30]. http://kns.cnki.net/kcms/detail/11.1057.F.20250113.1755.012.html.

[21] 黄赛男，张爽，王腾，等. "一带一路"倡议能促进共建经济体的跨境资本流动吗？——基于金融账户子项目的视角[J]. 国际金融研究，2024（11）：40-50.

[22] 杨海珍. 国际资本流动态势分析[J]. 中国金融，2023（4）：56-58.

[23] 谭小芬，程颖越. 全球加息潮对跨境资本流动的影响及应对[J]. 清华金融评论，2022（12）：39-43.

[24] 昝秀丽. 两部门：严厉打击股市"黑嘴"非法荐股等行为[N]. 中国证券报，2022-12-24（A01）.

[25] 岳琦，林姿辰. ESG 来了，A 股上市公司成绩单如何？[N]. 每日经济新闻，2021-10-22（006）.

[26] 王宇露，张舒琳，杨皖玉. 私募条例"十年磨一剑"：支持发展与强化监管并重培育长期机构投资者[N]. 中国证券报，2023-07-11（A03）.

[27] 李宇惠. 股权质押下上海莱士市值管理行为及效果研究[D]. 兰州：兰州财经大学，2024.

[28] 马遥遥. 中国与"一带一路"共建国家的金融合作及其效应研究[D]. 长春：吉林大学，2023.

[29] 张赫昭. 基金自持与基金业绩的实证研究[D]. 杭州：浙江大学，2023.

[30] 张传超. 机构投资者持股对公司创新影响的实证分析[D]. 北京：对外经济贸易大学，2021.

[31] 本杰明·格雷厄姆，戴维·多德. 证券分析[M]. 北京：中国人民大学出版社，2013.

[32] 兹维·博迪，亚历克斯·凯恩，艾伦·J. 马科斯. 投资学精要（第九版）[M]. 北京：中国人民大学出版社，2016.

[33] 威廉·F. 夏普. 投资学[M]. 北京：中国人民大学出版社，2013.

[34] 约翰·赫尔. 期权、期货和其他衍生品[M]. 北京：清华大学出版社，2011.

[35] 史蒂夫·尼森. 日本蜡烛图技术新解[M]. 北京：机械工业出版社，2011.

教师服务

　　感谢您选用清华大学出版社的教材！为了更好地服务教学，我们为授课教师提供本书的教学辅助资源，以及本学科重点教材信息。请您扫码获取。

▶▶ 教辅获取

本书教辅资源，授课教师扫码获取

▶▶ 样书赠送

财政与金融类重点教材，教师扫码获取样书

清华大学出版社

E-mail: tupfuwu@163.com
电话：010-83470332 / 83470142
地址：北京市海淀区双清路学研大厦 B 座 509

网址：https://www.tup.com.cn/
传真：8610-83470107
邮编：100084